労働者人格権の法理

Der Persönlichkeitsschutz des Arbeitnehmers
im Arbeitsverhältniss

角田 邦重 著
Kunishige Sumida

中央大学出版部

装幀　道吉　剛

目　次

第Ⅰ章　序——労働者人格権とは何か

第1節　労働者人格権への関心 …………………………………… 1
　　1.　個別労働紛争の時代へ ………………………………… 1
　　2.　規制緩和と日本的雇用の変質 ………………………… 2
　　3.　労働者受難の時代 ……………………………………… 3
　　4.　職場いじめの諸相 ……………………………………… 4
　　5.　労働者人格権の保障へ向けて ………………………… 5
第2節　労働者人格権の保障 ……………………………………… 6
　　1.　労働者の精神的人格価値への関心 …………………… 6
　　2.　人格保護の法的構成 …………………………………… 7

第Ⅱ章　労働者人格権保障の法理

第1節　労使関係における労働者の人格的権利の保障 ………… 11
　　1.　現代企業と労働者の人格的権利 ……………………… 11
　　2.　人格的権利保障の法制 ………………………………… 14
　　3.　人格的権利保障の法的構成 …………………………… 18
　　4.　むすびにかえて ………………………………………… 26
第2節　企業社会における労働者人格の展開 …………………… 30
　　1.　課題と方法 ……………………………………………… 30
　　2.　伝統的企業社会とその法理 …………………………… 32
　　3.　高度成長による企業社会の変容と人権理論の展開 … 35

4. 企業社会と労働者人格の相克 …………………………… 42
第3節　団結権と労働者個人の自由 …………………………… 55
　　　1. 問題の提起 ……………………………………………… 55
　　　2. 生存権と自由の復権 …………………………………… 56
　　　3. 団結権と労働者個人の自由 …………………………… 61
第4節　ドイツにおける労働者人格の保障 …………………… 64
　　　1. 問題の所在 ……………………………………………… 64
　　　2. 基本的人権と労使関係 ………………………………… 69
　　　3. 労働者人格保護の法的規範 …………………………… 74
　　　4. 労使関係における労働者人格保護の諸相 …………… 80
第5節　Die Entwickelung des Persönlichkeitsschutzes
　　　des Arbeitnehmers im japanischen Arbeitsrecht ……… 96
　　　1. Einleitung ……………………………………………… 96
　　　2. Rückschritt des übermäßigen Kollektivismus im
　　　　 japanischen Arbeitsrecht ……………………………… 97
　　　3. Persönlichkeitsschutz des Arbeitnehmers und das
　　　　 Arbeitsrechtssystem in Japan ………………………… 101
　　　4. Schlussbemerkung …………………………………… 105

第Ⅲ章　労働者人格権保障の諸相

第1節　労使関係における労働者の人格的利益の保護
　　　――中央観光バス・共同絶交事件を契機として―― ……… 109
　　　1. 労使関係における労働者の人格権 …………………… 109
　　　2. 事件と判決の概要（大阪地判昭55・3・26）………… 111
　　　3. 共同絶交を生みだす労使関係 ………………………… 116
　　　4. 不当労働行為と人格権侵害行為の交錯 ……………… 125
　　　5. 労使関係における名誉の保護と人格権 ……………… 130

　　　　6. 共同絶交の不法行為性 ……………………………………… 138
第2節　組合所属を理由とする配車差別の不法行為性ならびに
　　　　損害賠償のあり方について
　　　　　　——サンデン交通事件・山口地裁下関支部判決
　　　　　　　（平3・9・30）についての鑑定意見書—— ………… 147
　　　　1. 問題の所在 …………………………………………………… 147
　　　　2. 不当労働行為と不法行為 …………………………………… 150
　　　　3. 仕事差別の不法行為性について …………………………… 156
　　　　4. 人格権侵害における慰謝料請求の役割 …………………… 164
第3節　労使関係における精神的人格価値の
　　　　法的保護について
　　　　　　——関西電力事件・神戸地裁判決（昭59・5・18判決）に
　　　　　　　ついての鑑定意見書—— …………………………………… 175
　　　　1. 問題の所在 …………………………………………………… 175
　　　　2. 労働者の精神的人格価値の保護 …………………………… 177
　　　　3. 人格保護の法的構成 ………………………………………… 179
　　　　4. 保護範囲の具体化と判断基準のあり方について ………… 187
第4節　職場における人格権確立へ大きな一歩
　　　　　　——関西電力人権裁判・最高裁判決の意義—— ………… 193
　　　　1. 閉鎖的企業社会への風穴 …………………………………… 193
　　　　2. 企業社会の法的空間化に向けて …………………………… 196
　　　　3. 被侵害利益と違法性 ………………………………………… 203
第5節　職場における労働者人格権の保護
　　　　　　——関西電力事件（最3小平7・9・5判決）—— ……… 208
　　　　1. はじめに ……………………………………………………… 208
　　　　2. 争点と判決の概要 …………………………………………… 209
　　　　3. 判決の経過 …………………………………………………… 212
　　　　4. 職場における労働者人格権の保護 ………………………… 216

　　　　5.　おわりに ……………………………………………………… 221
第6節　個人情報保護条例にもとづく人事考課の
　　　　開示義務について
　　　　──高槻市個人情報保護条例事件鑑定意見書──……… 223
　　　　1.　問題の所在 ……………………………………………… 223
　　　　2.　人事考課制度の実情と法的評価 ……………………… 225
　　　　3.　人事考課制度の法的評価 ……………………………… 228
　　　　4.　本件条例にもとづく人事考課の開示義務について … 237
補論──人事考課資料の開示請求
　　　　──高槻市個人情報保護条例事件判決
　　　　　（大阪地判平12・12・8）について──……………… 243
第7節　Mobbing im japanischen Arbeitsrecht ……………… 247
　　　　1.　Einleitung ……………………………………………… 247
　　　　2.　Über dem Begriff des Mobbing ……………………… 248
　　　　3.　Hintergründen und verschiedene Typs des Mobbing …… 250
　　　　4.　Rechtsschutz gegen Mobbing ………………………… 254
　　　　5.　Schlussbemerkung …………………………………… 261
第8節　Mobbing in Japan ……………………………………… 264
　　　　1.　Gegenwärtiger Stand der Diskussion ……………… 264
　　　　2.　Die rechtliche Situation ……………………………… 267
　　　　3.　Der Rechtsschutz in der Praxis ……………………… 270
　　　　4.　Dringende Aufgabe gegen Mobbing ………………… 274

第Ⅳ章　集団的労使紛争と人格権侵害

第1節　団結権侵害と損害賠償の法理 ……………………………… 277
　　　　1.　団結権侵害を理由とする労使紛争の損害賠償事件化 … 277
　　　　2.　労使紛争の損害賠償事件化──その背景と意味 ……… 281

　　　　3.　団結権侵害に対する損害賠償の法理 ……………………… 285
　　　　4.　団結権侵害行為の不法行為性 ………………………………… 290
　第2節　労働者の名誉侵害と損害賠償 ……………………………………… 300
　　　　1.　事　　　実 ………………………………………………………… 300
　　　　2.　判　　　旨 ………………………………………………………… 302
　　　　3.　労使紛争と損害賠償 …………………………………………… 304
　第3節　組合活動の権利 …………………………………………………………… 316
　　　　1.　狭義の組合活動 ………………………………………………… 316
　　　　2.　組合組織の企業内存在 ………………………………………… 317
　　　　3.　組合活動権の構造 ……………………………………………… 319
　第4節　企業秩序と組合活動 …………………………………………………… 321
　　　　1.　最高裁による「企業秩序」の定立 ………………………… 321
　　　　2.　「企業秩序」論をめぐる争点と軌跡 ……………………… 323
　　　　3.　組合活動の正当性 ……………………………………………… 326
　第5節　組合事務所の利用権と侵害に対する救済方法
　　　　――新潟放送事件二判決を契機として―― ………………… 330
　　　　1.　組合事務所供与慣行と紛争の類型 ………………………… 330
　　　　2.　事件の概要と判決の要旨 ……………………………………… 334
　　　　3.　組合事務所使用権限の法的性格 ……………………………… 339
　　　　4.　組合事務所の利用権の範囲と使用者の施設管理権 ……… 347
　　　　5.　組合事務所の利用権侵害に対する救済方法 ……………… 352
　　　　　　追　　　補 ………………………………………………………… 362

第Ⅴ章　終論——労働者人格権の射程

　第1節　労働者人格権の射程 …………………………………………………… 365
　第2節　憲法における労働者人格権の保障 ……………………………… 368
　　　　1.　憲法上の基本権としての労働者人格権 …………………… 368

		2. 労働者人格権の具体化 ……………………………………	370
第3節	労働者人格権保護の法的方法 ………………………………………	375
	1. 人格権保護の法的手段・方法 ………………………………	375
	2. 立法による保護の進展 ………………………………………	376
	3. 一般私法による保護 …………………………………………	379
第4節	労働者人格権保護の展開 ……………………………………………	381
	1. 人格権侵害の諸類型 …………………………………………	381
	2. 職場いじめの蔓延と人格権の保護 …………………………	383
第5節	課題と展望——結びに代えて ……………………………………	387
	1. 立法上の課題 …………………………………………………	387
	2. 人事資料の開示請求 …………………………………………	388
	3. 労働受領義務（就労請求権） ………………………………	389

あとがき ……………………………………………………………………… 393

第Ⅰ章　序——労働者人格権とは何か

第1節　労働者人格権への関心

1. 個別労働紛争の時代へ

　労働法の研究対象は、私が労働法の研究・教育に従事してきたほぼ44年の間に大きな変化を遂げた。集団的労使紛争から、個別の労働者と使用者（企業）の間で生じる労働問題への流れといってよい。労働者人格権の保障も、重要なテーマの一つである。

　高度成長の時代には、経済成長の成果の還元を要求する労働組合とこれを拒む資本との間で四つに組んだ争いが展開されていた。月額5万円の年金を政府に約束させた福祉国家元年の幕開け（1973年）が、当時の労働組合（国民春闘共闘会議）による350万人のゼネストを背景にしていたといったら、どれだけの人が信じられるだろうか。しかし、労働組合が強い発言権を発揮していた時代は、法律で禁止されているストライキ権の回復を求めて8日間・192時間に及んだ国鉄の労働組合のストライキの挫折によって（1975年12月）終焉を迎えたように思われる。

　それに替わって登場してきたのは、個人労働者一人ひとりが、直接、使用者（企業）と向き合うなかで生じる紛争だ。もともと労使関係は、労働者と使用者の間で取り決められる「労務の提供」とこれに対し対価である「賃金」を支払うという契約関係であって、その間に労働組合が介在することまで要求されてはいない。働くのは労働者個人であって労働組合が代わって働くわけではない。事実、労働組合に参加している労働者の割合となると18％を下回り、100

人未満の中小企業では3％に満たなくなるほど極端に低くなる。そして、いかにも形式的に聞こえるが、労働契約によって決まる労働時間や賃金といった労働条件の中身は、原則として当事者の自由な交渉による。

2. 規制緩和と日本的雇用の変質

　もっともこういってしまうと、労働法の存在価値はなくなってしまう。当事者間（労働者と使用者）の交渉力にはじめから対等性が欠けている事実に目をふさいで、自由な交渉に放任してしまえば、労働条件はもっと長く（労働時間）、もっと安く（賃金コスト）と望む使用者の要求を労働者は一方的に呑まされてしまう。労働法はこれを労働者の生存に対する脅威ととらえ、「労働条件は労働者の人たるに値する生活を営むための必要を充たすものでなければならない」（労働基準法1条1項）と、生存権の理念を掲げてさまざまな労働条件に規制を加える一群の立法といってよいからだ。

　問題は、その先にある。1990年代のグローバル経済競争の時代に入って、企業の国際競争力を維持・強化していくために、企業活動の自由を制限している規制をできるだけ廃止あるいは緩和すべきだとの規制緩和政策が目指されるようになった。規制立法である労働法も例外ではない。終身雇用、年功賃金といった日本的雇用慣行の見直しと、それに代えて、正規雇用は基幹部門だけに限定し、専門職には外国人を含む期限付雇用で、マニュアル労働にはパートタイマー、契約社員、派遣労働、嘱託などの非正規雇用で済ます方策が採用されるようになり（雇用のポートフォリオと呼ばれ、当時の日経連が1995年に『新時代の「日本的雇用」』で提唱した）、これを後押しする形で一連の労働法改正が行われた。正規労働者が減少する一方で、非正規労働者は増大し、雇用労働者に占める割合も女性では5割を超え、全体でも35％を超えるまでになった。それは、労働者個人が直接企業と向き合うなかで生じる紛争の増大と、そのなかから、労働者人格権を問題とするに値するさまざまな紛争を生み出すことになった。

3. 労働者受難の時代

　労使関係は、法律的には労働者と使用者の契約によって成り立っている。しかし、こういっただけでは、企業という制度的実態をもったイメージと結び付けるのは難しい。それよりも、最高裁のある判決がいっているように、企業は「それを構成する人的要素及びその所有し管理する物的施設を総合し合理的・合目的的に配備組織して企業秩序を定立し、この企業秩序のもとにその活動を行う」もの（国鉄札幌駅事件・最3小判昭54・10・30）という表現の方がピッタリする。つまり労働者は契約によって、企業という組織の「人的要素」に組み込まれ、その一員として使用者の指示に従って働いているというわけである。非正規雇用には、契約で定められた内容の労務に従事し賃金も時間給一本という限定的契約関係のイメージが当てはまる。しかし、正規雇用の場合には、会社への帰属意識が要求され、その代わりに労働時間に見合った賃金の他に、さまざまな福利厚生や退職金など生活を丸ごとカバーする給付が支給されてきた。正規社員に関する限り、わが国の会社は擬似共同体ともいうべき濃密な人間関係をもってきたわけである。

　ところが1990年代の日本的雇用の変質は、会社と社員の関係に大きな変化をもたらした。企業の立場から見れば、従来の雇用慣行を維持する余裕はなくなったし、成果を問わない平等な処遇では厳しい競争に生き残っていけない、というわけである。過剰な債務と生産施設の償却と同様に、余剰労働力を排出し（解雇）、その穴埋めは非正規雇用やアウトソーシングで、労働時間の規制など守っていたら少数精鋭による業務処理などできない、賃金は能力と成果次第、などなど数え上げればキリがないようなドライな人事施策が採用されるようになった。もちろん労働者からみれば災難である。リーマンショック後に、20万人を超えた派遣切りや住むところを失った労働者のための年越し派遣村の開設（2008～2009年）は、その延長線上にある。

4. 職場いじめの諸相

　職場いじめやパワー・ハラスメントという言葉を聞くことは、今では珍しくなくなったが、法律的には人格権侵害として違法と評価される行為を意味している。しかし、濃密な人間関係をもった閉鎖的な企業内部の出来事に、公共的空間を予定した法の適用を及ぼすのは簡単なことではなく、一種の治外法権のような様相を呈していた時期が長かった。何よりも、企業は使用者によって組織され支配される空間であり、労働者も組織の一員として企業の秩序を守り使用者の指揮に従って働くことを義務付けられている。加えて、労働者の管理に際して、企業に対する忠誠心や（残業を拒否したり、年休取得が多すぎると忠誠心が疑われたりする）政治的傾向などの内面が重要視されてきた。

　だから初期の職場いじめは、労働組合あるいは少数派に属するメンバーや特定の政治的信条の持主を対象に、会社に対する「忠誠と反逆」の観点から排斥する目的をもったケースが多い。対象とされた労働者もそれなりの信念をもって、不当労働行為（団結権の侵害）、信条差別（憲法14条・労働基準法3条）を理由に争うというものであった。

　だが様相が一変したのは、1990年代の労働者受難の時代に入ってからだ。そもそも「職場いじめ」という表現も東京都の労働経済局が行った労働相談の事例600件の分析ではじめて用いられ（1999年）、それによると、解雇や退職の強要などを目的としたものとならんで、被害者に心あたりがない「いじめそのもの」、女性に対しては性的な動機が多く（雇用均等法にセクシュアル・ハラスメントに関する規定が設けられる以前のことである）、手段としては、仕事を与えない・逆に過剰な作業を強要する、集団的・個人的無視、脅迫的で侮辱的言辞、ときには暴力を伴う行為などが、事業主や上司（5割強）、あるいは同僚（2割弱）によって行われている。つまり誰が被害者になってもおかしくないほど、普遍化し深刻化したのだ。

　解雇を免れた労働者も、安心してはいられない。過度の効率と競争が支配するようになった職場環境のなかで、成果を挙げられない、仕事のミスでチーム

の足を引っぱったなどの理由で手ひどい叱責やいじめを受けて精神疾患に陥ったり、自殺する労働者が出るなどのケースまで発生し、パワー・ハラスメントの名で注目を集めるようになっている。

5. 労働者人格権の保障へ向けて

このような職場いじめの蔓延が職場における労働者の人格権の法的保護への関心を深めることになった。生命・身体・健康・自由といった基本的でプリミティブな人格的価値が、今でも人格権の中核を占めていることはいうまでもない。しかし、職場いじめの方法・手段のなかで、集団的・個人的無視など孤立化を図る行為は、最高裁判所の言葉を借りれば「自由な人間関係を形成する自由を不当に侵害するとともに、その名誉を侵害する」違法な行為とされている（関西電力事件・最3小判平7・9・5労判680号28頁）。また、労働者への屈辱感や他へのみせしめにするなどの仕事差別が人格権の侵害とされるのは、仕事が労働者にとって人格的価値を現すものと受けとられているからである。これらは人格権の保護が精神的人格価値に及んでいることを表している。

このような人格権の対象の広がりは、この概念が特定の保護領域に限定されているわけではなく、包括的で開かれた母権的性格（Mutterrecht）をもっていることから生じている。そして情報技術の発展と応用領域の拡大とともに、個人情報保護法の制定に見られるように人格権の保護範囲と保護のあり方も広がり続けている。

第2節　労働者人格権の保障

1. 労働者の精神的人格価値への関心

1)　労働契約が、労務提供と賃金の交換を中心とする債権・債務の関係であることに違いはないが、その履行ないし展開の場である企業労使関係のなかに少し立ち入って見るだけで、それに尽きないさまざまな権利と義務、ないしは自由と組織的拘束の交錯する複合的内容からなっていることに気づかずにはいられない。労働者にとって企業は、一面では確かに、使用者の所有し提供する生産手段のもとで、かつ使用者の指揮命令下で、いい換えれば、使用者によって設定される他律的な生産秩序の中に組み込まれ組織的労働に従事する場であって、それに伴う一定の義務ないし組織的拘束も当然であろう。

　最高裁の指摘（国労札幌支部事件・最3小判昭54・10・30民集33巻6号647頁、この判決については第Ⅳ章第4節「企業秩序と組合活動」321頁参照）をまつまでもなく、社会的実態としての企業が、「事業の円滑な運営を図るため、それを構成する人的要素及びその所有し管理する物的施設の両者を総合し合理的・合目的的に配備組織して企業秩序を定立し、この企業秩序のもとにその活動を行う……」経済活動の主体であることは否定できない事実である。そして、この「人的要素」としての労働力（者）管理にあたって、従業員としての協調性と企業との一体感を求める傾向の強いわが国の企業が、単に、働き方やそれに伴う規律に限らず、労働者のプライバシーに属する事項への詮索と管理、労働の場を離れた私生活の領域にわたる自由の制限などなど広範囲に及ぶ拘束を課してきたし、これをさして不思議とも思わない風潮が労使間に根強く存在していることも事実であろう。

2)　しかし、企業労使関係が、労働者の人格保護から隔離されたブラック・ボックス的領域であってよいはずがない。これまで当然視されてきた労働力（者）管理のあり方に対する再考は、現実的にも法的にも避けられなくなって

いるというべきであろう。

　企業帰属意識が希薄で私生活への干渉を嫌う若年労働者に対し、企業との一体感を強調しても、到底受け入れられるものではないし、さらに、企業との接点がもともと限定的な多様な雇用形態の労働者が質・量ともに増大し、全人格的結合を強調する労働力管理の基盤を大きく変化させている。さらに、行政機関あるいは民間の金融・信用情報機関による個人情報の収集とその濫用に対するプライバシー保護への関心の高まりは、企業労使関係の場にも及んでいる。労働現場や人事資料の収集・管理の分野にも、カメラやテープレコーダー、コンピュータといった高度技術の導入が可能になるとともに、労働の監視やプライバシーに対する侵害の危険性は飛躍的に高まることとなり、同様の問題を生み出すことになるからである。

　労働者の人格保護の観点からみれば、労働者の生命・身体・健康などの根源的で最もプリミティブな人格価値を保護することが労働法の最大の関心であった。もちろん過労死に代表されるように、その重要性が今日なお失われていないことに違いはないが、それに加えて、プライバシーや名誉、あるいは職業的人格の表現でありその成長・発展でもある労働といった労使関係における労働者の精神的人格価値の保護が課題となっている点に、この争点の新しさがあるというべきであろう[1]。

2. 人格保護の法的構成

　1)　(1)　労働者人格保護の課題は、労働立法の固有の領域に限ってみても、何も今に始まったものではないことが分かる。労働基準法の冒頭におかれた憲章規定と呼ばれる部分が、直接具体的な最低労働条件を定めるのではなく、労使関係の場において労働者であることのゆえに生じやすい人格権の保障を意図した規定であることは明らかである。国籍・信条・社会的身分そして性別を理由とする差別禁止（3・4条）が人格の平等を宣言しているとすれば、直接的人格拘束（5条）、さらにそれに繋がる間接的足留め策（16-18条）、人身売買的行

為とピンハネ禁止（6条）は、戦前広範に見られた悪弊からの人格的自由の保護を、公民権行使の保障（7条）はさらに進んで、政治参加の実質的平等保障を意図した規定だということができる。

　労基法のなかには、過去の弊害を排除する部分的なものに留まってはいるが、労働者の私的領域の保護 Privatsphäre を定めた規定もある。ブラック・リストの禁止（22条）や事業附属寄宿舎における私生活の自由の確保（94条）を定めた規定がそれであり、同様の趣旨は、職業紹介と募集にあたる者に秘密保持義務を課した職安法（51条）、選考過程における労働者のプライバシー保護のため戸籍謄本の提出を求めないこと、といった行政指導にもみることができる。

　(2)　しかしこれらの規定は、「女工哀史」に代表されるような過去の深刻な弊害を踏まえており、今なおリアリティーをもってはいるものの、人格保護の範囲において部分的であり、また回顧的であって、新しい人格保護の要請に十分応えていない事実を否定することはできない。加えて、結婚退職制が労基法3条・4条のいずれにも違反しないとされた例が示すように、労基法が同時に刑罰を伴う処罰規定であるため罪刑法定主義の要請に服さなければならないことも、適用が限定されざるをえない原因のひとつとなっている。

　そのために、労働者の人格保護を労働立法以外のところで基礎付ける試みがなされてきたのは、ある意味では当然であった。そして、この試みが、どこまで労使関係のなかに浸透し、いかなる範囲で労働者人格保護の要請に応えることができるのかは、学説ならびに判例の蓄積を含めて、現在なお形成途上にあると評することができるであろう。

　2)　最も早い時点から行われてきたのは、憲法上の思想・信条・信教・結婚の自由（19・20・24条）、およびそれらを理由とする差別禁止（14条）にもとづく精神的人格保護の主張であったということができるであろう。憲法上の人権保障が労使間にどのような効力をもつのかが問題となるが、裁判所は、基本権の第三者効 Drittwirkung を否定しているため（三菱樹脂事件・最大判昭 48・12・12 民集 27 巻 11 号 1536 頁）、労働者人格の保護は、私法の解釈、とりわけ一般条

項の解釈にあたっては憲法による人権保障の趣旨を考慮しなければならないとのいわゆる間接適用によって行われることとなる。

判例は、労働者の採否決定にあたって労働者の思想・信条を調査し関連する事項について申告を求め、これを理由に採用を拒んでも違法ではないとする一方で（三菱樹脂事件判決）、「企業内においても労働者の思想・信条等の精神的自由は十分尊重されるべきである」（東京電力塩山営業所事件・最 2 小判昭 63・2・5 労判 512 号 12 頁）ことを認めており、労働者の人格保護と企業にとっての必要ないし相当性との間の比較衡量にあたって、形成途上にあるというにふさわしい揺れを示しているように見える。

3) 一番新しい動きが見られるのは、憲法上の個別的人権によってはカバーされていない領域における労働者人格保護の主張である。ドイツにおける一般的人格権 Das allgemeine Persönlichkeitsrecht は、個別的人権というより、その基礎にあって包括的・一般的な性格をもった「人間の尊厳」（ボン基本法 1 条 1 項）や「人格の自由な発展への権利」（2 条 1 項）に根拠をおきながらも、憲法上の権利ではなく、私法上の権利として承認されているものであるが[2]、わが国でもそれと同様のことが、憲法 13 条（個人の尊重と幸福追求の権利）を根拠とするプライバシーの権利について進行中であるのは周知の事実である。

労使関係における労働者人格権の保護は、判例も既にかなりの数に達し、先行する実務上の諸問題を理論的に整理して一定の方向付けを与えなければならない段階にきているといってよいであろう[3]。以下では、精神的人格価値の保護に関する判例を念頭におきながら簡単な素描を加えておくことにしたい。

(1) 労使関係における労働者の名誉ないし精神的自由の侵害を不法行為として救済する判例は、少なくない。市民として当然の保護が労働者に否定される理由はないというあたり前のように思える命題が、労使関係に浸透する意義は小さくないであろう（東芝府中工場事件・東京八王子支判平 2・2・1 労判 558 号 68 頁は最も最近の事例である）。村八分ないし職場八分と呼ばれる事件や、故意に仕事を取り上げたり無意味な仕事を命ずる行為が不法行為とされるのは、企業ないし職場もまた人間的コミュニケーションが交わされるひとつの社会であ

り、労働が人格の表現でもあるからに他ならない。

(2) 私生活領域ないしプライバシーの保護の問題がこれまで深刻に考えられてこなかったのは、法的保護の対象としての新しさもさることながら、むしろ労働者の全人格的評価や労使の相互信頼の必要性を強調するこれまでの人事管理が半ば当然視されてきた惰性によるところが大きいというべきであろう。この種の事件が、圧倒的に使用者による懲戒処分の限界を争うものであるのも、そのことを示している。しかし採用や人事資料の採集・管理に当たってのプライバシー保護など、課題は山積しているというべきであろう[4]。

(3) 労働の監視のためテープレコーダーの秘密裡での利用を人格権侵害にあたるとする判例(広沢自動車学校事件・徳島地決昭 61・11・17 労判 488 号 46 頁)は、電子機器利用の普及を考えれば、貴重な問題提起であろう。

(4) 労働が、単に生活の手段に尽きるものではなく、人格の表現であり、また職業人格の成長・発展でもあるという点からみれば、正当な理由のない労務受領の拒否(いわゆる就労請求権の問題である)、あるいは職業人格の能力発揮の制限を意味する競業避止業務についても、人格権保障の観点からの考察が必要だと思われる。

注
1) 角田邦重「労使関係における労働者の人格的権利の保障」季労 143 号 20 頁
2) 同「西ドイツにおける労働者人格の保障」(横井芳弘編『現代労使関係と法の変容』375 頁)
3) 同「労使関係における労働者の人格的利益の保護(1)(2)」(労判 354 号 4 頁・355 号 4 頁)
4) 道幸哲也「職場におけるプライヴァシーの保護(上)(中)(下)」(判タ 721 号 38 頁・722 号 3 頁・723 号 22 頁)

第Ⅱ章　労働者人格権保障の法理

第1節　労使関係における労働者の人格的権利の保障

1. 現代企業と労働者の人格的権利

1) 組織体としての企業

(1) さしあたって法的構成を抜きにしていえば、企業は現代の産業社会において生産と流通を担う経済活動の主体であり、営利という目的をもっとも効率的に達成するために統合された人的ならびに物的組織体としての実体を有するものであることは疑いのない事実である。もちろん、企業の人的組織を構成する近代的労使関係は、労働者と使用者の対等かつ自由な合意を本質的属性とする雇用契約によって創設され、権利と義務の内容もまた合意によって画されるものであることはいうまでもない。しかし実際に企業の内に従業員として足を踏み入れた労働者を待ち受けているのは、組織の構成員として働きかつ行動することを求める統一的組織体としての企業の規律であろう。もともと資本制労使関係における労働者は、使用者の所有し提供する生産手段のもとで、かつ使用者の指揮命令に従って、要するに使用者によって設定される fremd な生産秩序のなかに組織的に組み込まれて労働を提供せざるをえない存在であって、この点に関するかぎり労働者に中流意識が広まっているといわれる今日においても厳然として変わることのない現実なのである。

(2) 確かに現在、このような企業における組織的権力作用からそのまま使用者に特別の法的権限を導き出そうとする考え方は、もはや大方の支持を得ては

いない。労働契約は権力作用を含む組織体への編入をもたらすとの編入説 Eingliederungstheorie や、経営主体としての使用者に固有の経営権を認めるべきだとの主張は、今では影をひそめたといってもよいであろう[1]。それにかわって企業内における労働者の配置や規律についても、労使の契約内容によって範囲を画そうとする契約説が主張されている。しかし法的構成の違いが、現実の企業内における組織的権力作用にどこまで決定的な違いをもたらしているかといえば、効果のほどはきわめて疑わしいように筆者には思われる。継続的雇用関係は、その間に配転や出向を含む労働条件の流動的形成を予定するものといわざるをえないものであり、加えて最近の判例にみられるように、就業規則の包括的規定の存在から使用者の幅広い業務命令権を導きだしたり[2]、労働契約の付随義務としてこれまた包括的な「企業秩序遵守義務」を想定するならば[3]、労働契約における合意は、文字通り企業における組織的権力作用を追認するためのフィクションと化してしまうであろう。

2) 人格的権利主張の基盤

それどころか今日における企業の労働者管理は、推定操作をも含めた契約内容の特定や明確化によっても到底とらえがたい次元の問題を生みだしている。

(1) 経済のサービス化・情報化と総称されている産業構造の変動が、終身雇用・年功序列の名で呼ばれてきたわが国の雇用と人事慣行に変容をせまっていることは周知の通りである。ストックからフローへというソフトないい方で、必要な時に必要な質と量の労働力を外部労働市場から調達する多様な雇用形態の利用が進められる一方で、正規労働者についても、中高年齢層を中心とした過剰労働力の排出と処遇の見直し、労働力の再配置と能力主義的個別管理の徹底などは、おおよそ共通してみられる傾向であろう[4]。このような施策が企業にとってたとえやむをえない選択であるとしても、それが企業の組織的権力の名で一方的に進められるならば、その過程には公正さを欠いた選別・差別の介在する危険性がつきまとうというものであろう。国鉄の分割・民営化の過程における一連の「国労に対する一種物理的な強圧」[5]のなかで生じたさまざまな

出来事は、あらためてこの危険性を示していると思われる。

　(2)　労働者の個別的管理の徹底は、職務の遂行とその能力に対するきめ細かな人事考課・査定を伴ってはじめて可能となる。労働能力の発揮が労働者の精神的・人格的意欲に決定的に依存することはいうまでもない。しかし、人事考課の対象が客観的に発揮された能力＝業績の範囲を越えて、仕事への意欲や潜在的能力をひきだすことを目的に人格的適性や他従業員との協調性といった内面的事項を含み、さらには組織への帰属意識をはかるため私生活領域 Privatsphäre に属する事項にまで及ぼされることになれば、企業の管理が労働者の全人格的領域をおおうことになりかねない。

　そしてこれらの人事資料の収集と蓄積のための技術的手段の開発は、カメラやテープレコーダーそしてコンピュータの導入などによって、著しい進歩をとげるに至っている。職場における労働力の行動の細かな観察と記録、さらに労働者の職業的キャリアから私生活に属する経歴、健康、家族さらには資産の状態、組合所属、宗教・政治的信条にいたるまでの多種多様な情報が企業によって集められ、労働者の人事考課や処遇の資料として利用されるならば、情報の独占を合わせもつ組織的権力への労働者の従属は決定的なものとならざるをえないであろう[6)]。行政機関や民間の金融・信用情報機関によって収集・蓄積された膨大な個人情報とその濫用の危険から個人のプライバシーを守るために、遅まきながら法的措置の必要性が議論されているのは周知の通りである。しかし実は、企業内における労働者の人事データの収集と蓄積はずっと以前から格段に進められてきたにもかかわらず、その問題点についてはあまりにも無関心に放置されてきたのではあるまいか。

　(3)　しかし市民としてなら当然享受できるはずのプライバシーや名誉、精神的自由などの人格的権利の保護が、いったん企業組織のなかに編入せられた労働者についてはなぜ問題となりえないのか。このような疑問に対して、企業の労働者管理の手法が深化し、さらにそれを可能にするさまざまな技術的手段の開発による人格的権利侵害の危険性の増大とともに、法的にも正面から解答しなければならない段階であるというべきであろう。

もちろん、労使関係は、単にきまりきった固定的な労務の提供とそれに対する賃金の支払に尽きないさまざまの付随的権利と義務の束によってなりたっており、労働者が必要な組織的拘束を受けるものであることはいうまでもない。しかし企業組織に組み込まれた労働者は包括的な使用者の指揮命令と企業秩序に従うべきは当然で、その人格的権利の侵害をうんぬんする余地はないとの考え方は、もはや許されるものではない。投入された労働が企業にとって生産要素の一つであることに違いないが、同時にその担い手である人格としての労働者はそれ以上の存在であって、使用者による不当な侵害に対して法的保護が否定されてはならないはずである。また労働者にとって、企業は、1日の活動時間の大半を過ごし、労働を通して人間的コミュニケーションが行われる生活の場でもある。そこでの労働者にふさわしい人格的権利保障のあり方がはかられることを通して、市民について語られる人格的権利の内容はより豊かなものとなりうるであろうと思われる。

2. 人格的権利保障の法制

1) 従来の議論

　(1)　労使間における名誉や社会的信用、あるいは秘密領域 Geheimsphäre などの人格的権利保障に関する従来の事例をみて気づくことは、それらの多くが労働者の人格的権利についてというよりも、反対に労働者の行動からいかに企業の人格的権利を守るかに比重がかけられてきた事実である。たとえば、労働者が一般市民に対して企業の労務政策の不当性を訴えるとか、そのなかで、企業機密に関することを公表するとかいった類いの行為をとらえて[7]、企業の社会的名誉の毀損や、機密保持義務を理由に懲戒処分の対象にされるなどのケースがその典型である。これらは、直接企業を批判の対象とするものであるだけに、企業の人格的利益の保護と、反対に組合の情宣活動の正当性とが鋭く対立することになるのは避け難い。

しかし企業の名誉や社会的体面の毀損を理由としてなされる懲戒処分は、それにとどまらない。企業外非行を理由とする懲戒処分や解雇が争われた各種の事例に明らかなように、たとえ労働者の私生活上の、また企業に向けられたものではない行為であっても、従業員の非行は同時に企業の名誉・体面を損うものとの社会的評価の一体性が主張せられてきたのであった[8]。

これに対して、労働者の人格的権利の保護についてみれば、事情はむしろ反対であったということができよう。企業組織に組み込まれた労働者が包括的な使用者の指揮命令と企業の規律に従うべきは当然で、市民一般について考えられるような名誉やプライバシーの法的保護を企業内における労働者について考えることはできないというのが、暗黙の前提として考えられていたのではあるまいか。

(2) もちろん、労使関係における人格的権利の保護が争われてこなかったわけではない。それを法的な構成の観点からみれば、労働者の人格的権利の主張としてではなく、憲法19条（思想及び良心の自由）、14条（法の下の平等）などの基本的人権の保障、あるいは労基法上の差別禁止規定（3・4条）に依拠したものであった。これらの主張がどこまで認められてきたか、あるいはその当否についてはここでの対象外であるが、ただ労働者の人格的権利の保護を部分的にカバーしえたと同時に、その射程範囲が限られたものであったことは指摘しておかなければならない。

例えば、憲法上の基本的人権についていえば、これまで争われてきた事例が圧倒的に思想・信条を理由とする差別のケースであったことから分かるように、きわめて限られた範囲のものをカバーできたにすぎない。またこの種の政治的信条をめぐる事件が、わが国では特殊な政治的色彩のゆえに生じたものとの受け止め方が一般的で、広く労働者の人格的権利の一環をなす普遍的性格のものとしての理解は、きわめて乏しかったことも指摘されなければならない。そして最高裁は、十勝女子商業高校事件（最判昭27・2・22民集6巻2号258頁）では、憲法上の基本的人権といえども自己の自由意思にもとづいて制限を受ける旨の特約をすることをさまたげられるものではないと述べ[9]、さらに三菱樹

脂事件では（最大判昭48・12・12民集27巻11号1536頁）、周知の通り、憲法上の基本的人権はもっぱら国または公共団体と個人との関係を規律するものであって、私人相互の関係を直接規律することを予定していないと労使間における適用を否定したのであった。一般論としていえば、基本的人権の自己制限に関する特約が認められないわけではないし、また自由権的基本権の直接適用が否定されたからといって、民法90条の公序良俗を通して間接的に労使関係を規律する余地がありうることは、とりわけ女子労働者に対する結婚・出産退職制や差別定年制を違法・無効とする判決によって確認されているとおりである（日産自動車事件・最判昭56・3・24民集35巻2号300頁）。しかし、最高裁の判旨が、現実的な対等性を欠いている労使間の特約について客観的な有効要件を検討する姿勢に欠け（十勝女子商業高校事件判決）、また企業が労働者の採用にあたって思想・信条に関する事項について調査ならびに申告を求め採否を決定することも、憲法ならびに労基法で直接禁止されていない以上は企業の自由に委ねられているとの態度に止まっているのは（三菱樹脂事件判決）、明らかに労働者側に保護に値する法的権利ないし法益の存在を認めていないからである。公序良俗を用いるにせよ、両当事者の権利ないし利益の衡量を通して慎重に保護の範囲を画するにせよ、その前提になるのは、一方当事者である労働者にとって人格的自由の保護の必要性を承認することであろう。

　労働基準法上の差別禁止規定（3・4条）が、政治的信条のみならず、国籍を理由とする採用内定の取消し（日立製作所事件・横浜地判昭49・6・19労民集25巻3号277頁）、男女の賃金差別のいくつかのケースに適用され、いわれのない差別の是正に効果を発揮してきたことはいうまでもない。しかし同時に、労働基準法が基本的には刑罰を伴う取締り法規であることから、罪刑法定主義による厳格な法解釈を要請され、その適用の範囲がきわめて限定的にならざるをえなかったことも周知の通りである。労基法3条で禁止されている労働条件のなかには採用それ自体あるいは採用に伴う手続きは含まれないとか、賃金以外の女子差別は3・4条のいずれにも該当しないなどの結論はその限りでやむをえないものとされ、法的救済は別のところで考えざるをえないとされてきたのであ

った。

2) 人格的権利保障と労働法規

(1) このように、憲法上の個別的人権規定の適用や労働基準法上の規定による労働者の人格の権利の保護が、性格上狭い範囲での効果しか期待できないとすれば、その保護の法理はより普遍的・一般的な私法のレベルに立ち返って行わなければならないであろう。

確かに企業内で展開される労使関係の具体的局面に即した形で労働者人格の自由と権利の保障がなされるためには、例えば、職場における労働者の安全と健康を守るため労働安全衛生法で定められているような、労働者に対する法令の周知義務、安全衛生委員会による労働者参加、あるいは危険発生時における退避の権利といった労働法制の整備が好ましいし、また不可欠でもある[10]。ドイツの経営組織法では、労働者に仕事内容や安全衛生上の危険とその防止措置の他に、担当する業務の事業所における位置と格付け、人事考課について説明を受け、意見や提案を行う権利、人事簿の閲覧と評価についての反論の添付、さらに差別待遇や不公正な取扱いに対する苦情申立ての権利などを認める規定がおかれている（Betriebsverfassungsgesetz §§ 81-84）。いずれも1972年の同法の改正によって新たに設けられたものであるが、全従業員の法定代表機関である経営協議会の活動によって使用者に対する労働者の地位の対等性を確保するという従来の集団的制度の構想のみでは、とくに大規模経営においてそうであるように、依然として単に客体として取扱われているにすぎないとの個別労働者の疎外感を克服できないことが明らかとなったため、個別労働者に固有の主体的人格としての地位を承認したものであると説明されている[11]。

しかしこのような個別の法規が存在しない以上、一般の市民について認められることに疑いのない人格的権利の労使関係における適用を通していく以外にはないであろう。

労働者の人格的権利の保護は、「労働の人間化」のスローガンに込められているような労働組合の協約政策あるいは法政策の理念の次元の課題であるにと

どまらず、現実に法的救済を必要とする問題として取扱われねばならない。

3. 人格的権利保障の法的構成

1) 市民法における人格的権利保障の進展

(1) 市民法が財産権秩序の保護という従来の狭い性格付けを脱して、人格的権利の保護、それも生命・身体・健康・身体的拘束といった根源的ではあるがプリミティブな人格価値にとどまらず、名誉・肖像・氏名・プライバシーそして精神的自由などの内面的・精神的人格価値の積極的保護をはからなければならないことについては、およそ今日では異論のないところといわなければならない。人格的領域への侵入を容易にするさまざま技術的手段の開発に加えて、他人の私的領域への好奇心に訴えて膨大な利益をあげるマスコミ資本の繁栄ぶりは、改めて現在、人格的権利保護に対してこれまで以上の積極的対応が求められていることを示しているといえよう。

法理論上、これらを名誉権や肖像権など個々の個別的人格権が存在しているにすぎないとみるか、それともドイツ法におけるように、確かに人格の「自由」は所有権その他の財産的権利のようにその内容と範囲とを一義的に明確に確定できるものではないが、むしろ侵害行為の態様の多様性や広がりに対応して絶えず新たに確認され具体化されていかざるをえない性格をもっており、むしろそれゆえに母権的性格 Muttersrecht をもつ包括的ないし一般的人格権 Das allgemeine Persönlichkeitsrecht を承認すべきだとみるかは、ある意味では、法的構成の違いにすぎないということが許されるであろう。ドイツの連邦通常裁判所 BGH が、一般的人権の存在を否定していた第一次世界大戦前のライヒ裁判所 RG の立場を変更してその承認に踏み切ったのは、ボン基本法が冒頭で「人間の尊厳の不可侵」(1条1項)を謳い、さらに直接適用される法として立法・行政ならびに裁判を拘束する性格を付与された（同条3項）基本的人権として、「人格の自由な発展への権利」(2条1項)が認められたからであ

った。一般的人格権が憲法上に基礎をおくものとして承認された以上、私法の法領域においてもそこで示された客観的な価値秩序を無視した解釈がなされてはならないとして、そこから、民法が特に不法行為に関する規定において保護しようとしている権利に一般的人格権が加えられなければならないとの結論が導き出されたのであった[12]。

(2) このような法解釈の方法は、さしあたり一般的人格権承認の是非という点を除けば、わが国でも別異に解されなければならない根拠は存在しない。たとえば、プライバシーを私的権利として認めた最初の判決として知られる「宴のあと」事件の東京地裁判決（昭39・9・28下民集15巻9号2317頁）は、「近代法の根本理念の一つであり、また日本国憲法によって立つところでもある個人の尊厳という思想は、相互の人格が尊重され、不当な干渉から自我が保護されることによって確実なるものとなる」と憲法上の個人の尊厳の理念に基礎を求め、それは「単に理論的に要請されるにとどまらず、不法な侵害に対しては法的救済が与えられるまでに高められた人格的な利益である」と、その私法上の権利性を承認したのであった[13]。問題はそこから出発して、企業という使用者の支配下におかれている組織体に組み込まれて労働せざるをえない労働者について、どのような形で適用をみるのがふさわしいか、あるいは反対に制限を受けざるをえないのかを検討することでなければならない。

2) 判例の消極的態度

(1) もう一度、一人の市民としてなら当然認められているはずの人格的権利の保護がなぜ労働者についてはネガティブな評価を受けてこざるをえなかったのか、その点を確認することから考察をはじめよう。

その一つは、労働契約関係が、ドイツ労働法の伝統的理論におけるように忠実と配慮の関係を伴う人格法的共同体であるといった理解の仕方に賛成するか否かにかかわらず、労働と賃金の交換につきないさまざまな付随的権利と義務の束からなっていることから生じている。もちろん付随的権利義務は双務的であって労働者のみが一方的に負担を負わされる性格のものではないが、使用者

によって組織され運営される企業が、労働者にとっては他律的な労働と生活の領域であることを否定できない以上、圧倒的に労働者に対する拘束として現象することになるのは、ある意味では当然であろう。基本的人権を制限する特約も有効であるとの十勝女子商業高校事件・最高裁判所の言い方を敷衍すれば、労働者はみずから求めて労働契約を締結した以上、組織体としての企業に必要な規律と秩序に服する限度において人格的権利の制限と放棄は当然ということになるのであろうか。

　(2)　もう一つは、労働契約が、労働という生きた人間活動自体を給付の目的とし、労働者は高度に組み合された企業内分業・協業体制のなかでその一員として集団的労働に従事することに由来する。そのために企業の人事・労務管理は、職務遂行の能力や適格を外部から観察するのみならず、仕事への意欲から潜在的能力などの内面的人格的能力を判定し、かつその能力を最大限にひき出し活用するためのさまざまな手法を採用してきたし、さらに進んでわが国の実情が、労働者に企業集団への過度の献身を求め、私生活を含む個人の全人格的領域に及ぶ管理の色彩を帯びていることはよく知られている通りである。そして、労働者の採否の決定に先立って企業が思想・信条にまたがる事項を調査し申告を求めることができるかどうかが争われた三菱樹脂事件・最高裁判決は、それを肯定するにあたって、「企業における雇傭関係が、単なる物理的労働力の提供の関係を超えて、一種の継続的な人間関係として相互信頼を要請する（からには）、……企業活動としての合理性を欠くものということはできない」と述べていた。労使の人格的信頼関係の強調にこのような意味付与が許されるならば、現実に行われている個人の内面と私生活領域にわたる全人格的管理のあり方も、そのまま承認されてしまうことになりかねない。

　しかし、労働者に対する企業の包括的支配を肯定したり労働契約関係の人格的相互信頼を強調することによって、労使関係の場における人格的権利保護の必要性を一般的に否定できるものであろうかと問われれば、答は否といわざるをえないであろう。個人の名誉やプライバシーなど人格的権利の不当な侵害として違法評価を受けなければならない行為であっても、労使関係においてなら

許される、あるいは法の介入すべき領域を離れるという法原則なるものは存在していない。かえって今日の労使関係にみられる市民的・人格的意識の成熟は、これまで当然ないしはやむをえないと考えられてきた労働者の人格的権利に対する包括的制限や拘束に、改めて厳しい再検討をせまっているというべきなのである。

3) 人格的権利保障の労使関係への適用

労使関係の領域においても、労働者の人格的権利保護の必要性は失われるものではない。この自明のことを労使関係のもつ特殊性に合わせて確認するのが次の作業である。

(1) 出発点は、労働者がたとえ他律的な労働に服し、企業という他律的生活空間で一日の大半を過ごさなければならないとしても、労働する主体である労働者の人格的権利が否定されるものではないことにおかれなければならない。使用者が買入れた労働力の効率的利用をはかることに最大の関心を抱くのは当然であるが、その担い手である労働者は単なる生産の一要素に尽きない人格的存在であることに変りはない。仮に労務指揮権や企業の規律保持のための懲戒権の行使という形がとられる場合であっても、労働者の人格を不当に侵害する形でなされる場合には違法評価を免れるわけにはいかないのである。

労働基準法総則中の基本的原則の表明（1・2条）、差別禁止（3・4条）ならびに強制労働と中間搾取の禁止（5・6条）加えて公民権行使の保障（7条）などの規定は、この観点からみれば、労働条件の最低基準の確保というよりも、労使関係の場において労働者であることのゆえに制約される労働者人格の保障を意図した憲章的性格をもっていることは明らかである[14]。これらの規定が刑罰取締り法規としての性格をもつ限りにおいて、解釈・適用の範囲が限定されざるをえないことはすでに指摘したとおりである。しかし労使関係の場におけるさまざまな労働者の人格権侵害がこれらの条項によってカバーされるものではないし、またそのような限定が意図されているわけでもあるまい。むしろ過去の悪弊の除去（5・6条）、労働者の市民権行使の現実的保障（7条）、そして

理由のない差別（3・4条）が同時に労働者に対する人格的蔑視 Mißachtung を意味するように、労使関係の場において最も発生しやすい労働者人格への侵害の類型を取り上げて定めたものというべきであろう。これらの規定は、より一般的な労使関係の場における労働者の人格的権利保護の必要性を積極的に確認し、同時にその一環をなすものとして位置付けられなければならない。

(2) 企業という、労働者にとって他律的生活領域を意味する場は、確かに使用者によって設定された規律と秩序が妥当するところである。しかしだからといって、労働者はいったん労働契約を結んだ以上、包括的に企業の支配下に服することになり人権的権利の制限ないし放棄をしたものとみなされるといった議論が到底受け入れ難いものであることは先に述べた通りである。

むしろここで指摘されなければならないのは、企業ないし職場は、そこで働く労働者相互の人間的関係が成立している一つの社会であり、労働者が1日の活動的時間の半分以上そこで過ごし仕事を中心とした人間的交流が展開されるという意味では、決定的に重要な生活空間でもあるという事実である。その当否を抜きにしての話ではあるが、わが国では、企業における生活空間が地域あるいは場合によっては家庭といった私生活領域に劣らないかそれ以上の比重を占めていることは、広く知られているところといわなければならない。特定の労働者を対象に他従業員との接触を妨害していわゆる職場八分の状態をつくりだし、人間的孤立化さらには退職に追い込むことを意図するなどの行為に対して不法行為の成立を認めた判例がすでにいくつか存在しているし、係争中のケースもある[15]。共同絶交あるいは村八分といわれる現象は、もともと村落・部落などの濃密で閉鎖的な生活共同体の場で発生し問題とされてきた性格のものであった。それが、今日最も合目的的に組織された企業内部で発生している事実は、企業ないし職場が単なる労務提供の場であるにとどまらず、労働者にとって密度の濃い生活空間でもあることを何よりも雄弁に語っているといわなければならないであろう。それだけに、企業内は労働者の人格的権利について語りうる場ではないとされてしまうならば、労働者は人格の自由な発展の場から決定的に疎外されてしまうことになる。

(3) 市民法における人格的権利の保護が、生命・身体・健康あるいは自由でも身体的拘束を受けない自由といった肉体的・外面的人格価値を中心に考えられていた時代から、名誉やプライバシー、精神的自由などの内面的・精神的人格価値へと進んできたことは、すでに指摘したとおりである。それは、単に量的な保護範囲の拡大を意味するのみならず、質的により高度な人格価値の承認といってよいであろう[16]。

同様のことは、労働法についても妥当するといわなければならない。最高労働時間の制限と労災扶助を中心とした初期の労働保護法が、生命・身体・健康といった根源的でかつ最もプリミティブな人格価値の保護から出発し、職場の確保と賃金保護による経済生活の安定を目的としてきたとすれば、今日の労使関係や労働法・労働政策の価値理念は、それに加えて、労働の人間化 Humanisierung der Arbeitswelt というスローガンに代表されるように、職場環境や労働のあり方など労働生活の質を問題にしなければならない時代だといってよいであろう。もちろんその背景に、ME化に伴う労働の質の変化が、かえって仕事の密度や緊張感の増大など新たな重圧と、ストレスに代表される新しいタイプの職業病を生みだしているように、労働の質そのものを問題とせざるをえない状況が広く存在しているからに他ならない。あるいはコンピュータの導入による人事資料の収集と蓄積が改めて労働者のプライバシー保護の必要性を認識させていることも、繰り返し述べてきたとおりである。

しかしここでは、新たな脅威の発生だけで説明しうるものでないことにむしろ注目すべきだと思うのである。労働者の価値志向や欲求は、賃金や手当などの経済的労働条件にしても、その額だけでなく公正な取扱いや差別に対する敏感な反応を生みだし[17]、また労働・仕事そのものを重視し自己の能力の発現としての労働に意義を求める傾向となって現れている。これらは、市民法理に基礎をおく人格的権利保護の労使関係への適用にあたって、労働者の生命・身体・健康のみならず、精神的人格価値の保護にまで及ぼされなければならないことを要請するものである。

(4) このような労使関係における労働者の精神的人格的価値の保護にあたっ

て特別の位置を占めるのは、労働・仕事のもつ特別な性格であろう。従来この問題は、労働者には労働契約上賃金請求権のみならず就労を請求する権利があるのかという、いわゆる就労請求権 Beschäftigungsanspruch の存否として論じられてきた。いまこの問題に深入りするもりはないが、正当な理由がないにもかかわらず労働者から仕事を取り上げる[18]、意味のない仕事をさせる[19]、差別的な労働に従事させるなど[20]の措置は、ことさら労働者に屈辱感を与え、かつ企業内における労働者の人格的評価を損うものとして、就労請求権の存否にかかわりなく人格的権利侵害として評価されるといわれなければならない。

先に、企業内ないし職場が労働者にとって生活空間としての意義をもつことを指揮したが労働者は人格一般ではなく何よりも職業的人格としての存在である。つまり労働者の人格的能力はそこでは担当している労働と仕事に凝縮して表示され、企業社会における人格的評価も第一次的にはそれを通して行われるのである。たとえ労働が他律的に決定されるものであるとしても、労働者にとっては人格の投影であり、また職業的能力の開発と人格の形成要因として決定的に重要な意味をもつことは、疑いのない事実であろう。正当な理由がないのにことさら労働者から仕事を取り上げたり職業上の差別的取扱いをするなどの措置は、労働者の人格に対する蔑視としての意味をもち、同時に、企業社会における労働者の人格的評価を損なうものといわざるをえないであろう。

4) 労働者の人格的権利と使用者の配慮義務

(1) これまで検討してきたことは、市民一般について承認されている人格的権利の保護が労使関係の領域においても否定されるべきではないとすれば、その具体的適用にあたって何が特殊的事情として考慮されなければならないかという問題であった。

ところで私法上の人格権は一般的に侵害行為に対する防衛権利 Abwehrrecht としての性格をもつものと理解されている[21]。その救済方法として考えられるのは、侵害が継続して行われているかまたは確実に予測される場合には、その行為の差止めあるいは予防の訴えが認められなければならないし[22]、事後的な

救済としては、不法行為として損害賠償、ならびに名誉侵害の場合にはこれに加えてその回復のために必要な措置が取られることになる。そして通常、内面的・精神的人格価値の侵害の場合には、直接的な財産上の損害の発生はほとんどありえないために、人格的評価の低下に伴う無形の損害、精神的苦痛、場合によってそれらに起因する健康障害などに対する慰謝料請求権の性格や算定をめぐってさまざまな議論がなされていることは周知の通りである。

　しかしここでの問題は、このような人格権一般に与えられている法的救済手段によって、労使関係における労働者の人格的権利の保護が十分にはかれるのかという疑問を否定できないことである。もちろん労働者の人格的権利の保護が、労使関係で現に発生し、または生じる可能性のある、いかなる問題をカバーできるのかによって解答は異なるというべきであろう。しかし例えば、コンピュータの導入による労働者の人事情報の収集と蓄積が進み、それが人事考課や処遇の資料として用いられる場合を想定してみれば、少なくともドイツの経営組織法で定められているような自己に関して作成された人事簿の閲覧や不利益な評価について反論の添付を求める権利は不可欠であろうし、さらに本来収集が許されるべきではない個人的領域 Intimsphäre に属する事項、あるいは歪められたり誤った情報の除去を求める権利の必要性も高いといわなければならない。プライバシーの権利については、私事をみだりに公開されない保障にとどまらず、「自己についての情報をコントロールする権利」[23]という定義付けも主張されているが、そこから直ちに上のような権利を導くことができるかどうかは疑わしい現状にある。

　(2)　このような請求権を人格権一般に与えられる法的保護によって基礎付けることができないとすれば、それを別のところに求める法的構成が必要であろう。

　最高裁判所が使用者の安全配慮義務を契約における信義誠実の原則を労働契約の特殊的性格にそくして具体化した（陸上自衛隊八戸駐屯隊事件・最3小判昭50・2・25民集29巻2号143頁）先例に倣って、労働者の人格的権利を尊重する義務を信義則から導かれる付随的義務の一つとして承認することに求められる

べきであろう[24]。先にも述べたように、人格価値の保護が、今日、生命・身体・健康といった身体的・外面的なものにとどまらず、内面的・精神的価値にまで及ぼされなければならないとすれば、信義則から導かれる労働契約上の付随義務として労働者人格の尊重を使用者に求めることを不当視するいわれはない。それどころか、三菱樹脂事件・最高裁判決が述べていた、「雇傭関係は単なる物理的労働力の提供の関係を超えて、一種の継続的な人間関係として相互信頼を要請する」との判示は、判決が意図しているものとは反対に、だからこそ労働者の人格的権利を尊重しなければならないとの趣旨に読み替えられなければならない。

4. むすびにかえて

　本章では労使関係の領域において労働者の人格的権利の保護がはかられなければならないこと、その法理は普遍的・一般的な私法レベルに立ち返ると同時に、使用者は信義則から導かれる労働契約上の付随義務である労働者の人格的権利を尊重する義務として構成されなければならない旨を説いた。
　しかし問題はそこでとどまるものではない。労働者の人格的権利保護の必要性が承認されるとしても、それは労使関係のいかなる局面での、どのような使用者の行為や措置が労働者の人格権を侵害する行為として問題になりうるのかの検討を抜きにしては、いまだ抽象的な議論の域をでていないとのそしりを免れえないであろう。また人格的権利が違法に侵害されたといいうるためには、単に人格的権利の使用者による損傷を指摘するだけでは不十分であろう。それは決して無制限な保護を主張できるものではなく、保護範囲を具体的に画定するためには、使用者の有する正当な利益との慎重な比較衡量の作業を必要とするからである。問題は労使関係の全領域にまたがるとともに、人事・労務管理の手法が開発され採用されるに伴って、新しい問題を発生させている[25]。すでに労使関係における労働者の人格的権利をめぐる判例はある程度の蓄積をみているといいうる状態にあり、筆者はそれらの判例を中心とした分析を試みてい

るが[26]本章ではそれら具体的問題の検討にあえて立入ることをせず、第Ⅲ章の労働者人格権保障の諸相に委ねたい。

注
1) かつて、労働者の配置、解雇、経営秩序の維持と懲戒、さらに就業規則の制定と一方的不利益変更までを含め、経営権によって根拠付けられていた時代があった。今日でも経営権を法的概念として承認すべきだとの主張がなされていないわけではない。例えば、高島良一「労働法律関係と労働契約(1)～(5)」独協法学 20-23 号。
2) 帯広電報電話局事件判決・最 1 小判昭 61・3・13 労判 470 号 6 頁。石井保雄「職業病総合精密検診の受診を業務命令により強制することの適否」季労 141 号 148 頁を参照。
3) いうまでもなく、最高裁第 3 小法廷によって富士重工業事件判決(昭 52・12・13 判時 873 号 12 頁)以来採用されている考え方である。
4) 例えば、エコノミスト編集部の編になる『人事新時代―47 社の実験レポート』。
5) 師岡武男「時評・国労への注文」週刊労働ニュース 1257 号はこう表現している。その最たるものは、朝日新聞が「仕事ない『収容所』生活」の見出しで報じている人活センターへの配置と処遇ではあるまいか。人活センターへの配置について作業内容の必要性、有用性が必ずしも明らかでなく、選定の理由も明確でないとして人活センターへの担務指定命令の効力を人事権の濫用で無効との判断を示しているのは京都地裁福知山支部の仮処分決定である(昭 62・2・26 国労法対時報 20 号)。
6) コンピュータを利用した労働者の人事情報システムの導入に伴う西ドイツ労使関係の議論については、横井芳弘「人事情報システムと労働者のデータ保護」(蓼沼謙一編『企業レベルの労使関係と法』297 頁)を参照。
7) 社宅地域での会社の労務政策を批判したビラの配布が会社を中傷誹謗するものであって企業秩序遵守義務に違反するとの理由で懲戒処分が認められた関西電力事件判決(最 1 小判昭 58・9・8 労判 415 号 29 頁)が前者の典型だとすれば、後者のそれは、会社のメッキ作業の廃液が農作物に悪影響を与えている旨のビラを組合が住民に配布したいわゆる公害告発闘争に対して、会社の名誉と社会的信用を失墜させるものとの理由でなされた懲戒解雇が、公益性に関わり、かつ信ずるにつき客観的合理的理由があったとして無効とされた日本計算器峰山製作所事件(京都地峰山支判昭 46・3・10 労民集 22 巻 2 号 187 頁)であろう。
8) 少し古い事件ではあるが、デモ行進の制限に関する占領軍の命令に違反し有罪の判決を受けたことが社員の体面を汚し懲戒解雇事由に該当するとした日本製鉄事件判決(福岡地小倉支判昭 25・10・2 労民集 1 巻 5 号 798 頁)は、その理由を「正しくない行為で社会から甚だしく非難される行為をした者を其のまま雇傭して行く事は、会社としても社会に対し憚るところがある為に、社会に対する関係上引続き雇傭関係を継続し難い」ことに求めていた。
9) 事件は、校内では政治活動をしないとの合意のうえで教師として雇用された労働

者が、政治的傾向を帯びた本を生徒に販売して解雇され、憲法14条・19条を理由に解雇の無効を争ったものであった。
10) 水野勝・岡村親宣・畠中信夫『労災・職業病・通勤災害』47頁以下は（畠中執筆部分）、労働安全衛生法が労働者に、知る権利・参加する権利・退去する権利の三権を保障していると説明している。
11) Günther Wiese, Individualrechte in der Betriebsverfassung, RdA 1973,1f. ヴィーゼはまた、これらの個別労働者の権利は、労働契約上の使用者の配慮義務として当然導き出すことのできるものを法律によって明確にした意義をもち、経営協議会にその支持権限を与えた点で新たなものを付与したにすぎないと指摘している。
12) ドイツ民法823条1項の文言は、「故意または過去によって、他人の生命、身体、健康、自由、所有権またはその他の権利を違法に侵害した者は、それによって生じた損害を賠償する義務を負う」となっているが、一般的人格権をこの「その他の権利」として認めるかどうかがその争いであった。判例の承認による法秩序への定着の過程については、斎藤博『人格権法の研究』108頁以下、ならびに五十嵐清・松田昌士「西ドイツにおける私生活の私法的保護——一般的人格権理論の発展」（戒能通孝・伊藤正巳編『プライヴァシー研究』150頁以下）に詳しい。
13) わが国の不法行為論が、「権利侵害」から「違法性」への転換によって法的保護の拡大をはかってきたことが、反対に、人格価値を権利として正面から認めることを遅らせ、さらに本来は人格権にもとづいて認められるべき差止め請求権を、不法行為論の延長で議論する誤った方向に歩ませることになったと指摘するのは、斎藤博『人格価値の保護と民法』とくに107頁以下である。
14) 沼田稲次郎『労働法入門』97頁以下で強調されている通りである。
15) 組合所属の少数組合員を企業外に排除する目的から職制によって組織された共同絶交と退職勧告書の交付を、自由及び名誉の侵害にあたるとした中央観光バス事件（大阪地判昭55・3・26労判339号27頁）、特定政党に属する労働者を職場の内外を問わず特別の監視態勢のもとにおき、企業内での孤立化をはかった使用者の系統的措置が、「思想・信条の自由を侵害し、職場における自由な人間関係の形成を阻害するとともに、原告らの名誉を毀損し、その人格的評価を低下せしめたもの」と評価された関西電力事件（神戸地判昭59・5・18労判433号43頁）などがそれである。裁判係争中の東芝府中工場・職場八分事件の経過は、熊沢誠『職場史の修羅を生きて』11頁以下に、「裁かれる企業社会」のテーマで描かれている。
16) 斎藤博『人格価値の保護と民法』は、精神的人格権への侵害はやがて生理的機能へと影響を与え、健康なり身体への影響をもたらすかもしれないが、それ以前にすでに入口のところで保護するところにその新しさと意義があると指摘している（45頁）。これに、結果的に悪影響をもたらすか否かを問わずと付け加えれば、もっとその意義は明らかとなろう。
17) 日本生産性本部の『労使関係白書』（昭和62年版）が提言しているように、労働者に対する一律的平等から、公平、公正を前提に処遇についても差異を積極的に認める方向で進めなければならない時代に入ったというのなら、ますますこの点は重

要となろう。

18) 朝日新聞の記事によれば、退職勧奨に応じなかった労働者が、職制から白ペンキの枠の中から出たら職場放棄になるとして、資材置き場などに1日中立たされていた事実が報じられている（昭62・4・9）。

19) 組合脱退に応じない幼稚園教師に、照明設備のない保育室の片隅でことさら意味のない仕事を命じ、幼稚園児との一切の接触を禁じた使用者の措置を不当労働行為と認定した米野幼稚園事件（愛知地労委昭53・9・4労判カード306号）はその典型であろう。

20) 運転手個人の技能と人格的評価を示すものと受け取られているバスの配車差別ならびに古参ガイドとしての教習担当を組合所属を理由に取り上げた山陽急行バス事件判決（山口地下関支判昭52・1・31労判270号39頁）は、このような措置は「個人の人格及び名誉をいたずらに傷つけるもの」という。

21) Günter Wiese, Der Persönlichkeitsschutz des Arbeitnehmers gegenüber dem Arbeitgeber, ZFA, 1971, 273f.

22) 労使関係における人格的権利侵害を理由として、労働者、あるいは反対に使用者側から労働組合を相手とする差止め請求を認めた判例もすでに存在しているが、北方ジャーナル事件・最高裁判決（最大判昭61・6・11判時1194号3頁）が差止請求権の法的根拠として人格権を承認した意義は小さくないであろう。

23) 佐藤幸治「現代社会とプライバシー」（『現代損害賠償法講座』2巻53頁以下）。

24) 何も筆者の思いつきではなく、労働者に人事簿に記入された不当な警告処分Abmahnungの撤回と人事簿からの削除を請求する権利があることを認めたドイツの連邦労働裁判所の判決は、その根拠を信義誠実の原則から導かれる使用者の配慮義務の一つとして、労働者の一般的人格権をその名声と社会的評価ならびに職業上のキャリア形成の各側面にわたって損なうことのないように配慮する義務があることに求めている。BAG, Urteil v. 27. 11. 1985, AuR, 1986, 222f.

25) 例えば、ニューズウィークの特集「検査の嵐にさらされる米サラリーマン」は、アメリカ企業のなかに、従業員犯罪の防止や薬物乱用の防止のため、求職者や従業員に対し、うそ発見器の利用や尿検査・血液検査などの各種テストを強制するところが増大し、プライバシー保護との論争がおこっていることを伝えている（1986年5月29日号）。

26) 角田「労使関係における労働者の人格的利益の保護（1・2）」労判354号4頁、355号4頁を参照されたい。

第2節　企業社会における労働者人格の展開

1. 課題と方法

(1) 労使関係の法的考察にあたって、敢えて「企業社会」という言葉を用いているのは、労働契約が履行される場である企業という場もひとつの社会である、ということを強調したいがために他ならない。

　企業が使用者によって経営され運営される組織体であることはいうまでもないが、同時に、労働者の労働と生活が展開されるひとつの生きた社会でもあることは、労働社会学や労務管理論にとっては、ある意味では常識に属している。それは、仕事に関する職場のルールがいかにイン・フォーマルな職場における労働者の集団的仲間意識や規範意識によって規制されているかを明らかにした、労務管理の分野で古典的をいわれるホーソン実験を想起するだけでも十分であろう。そこから生まれたヒューマン・リレーションズが、労働者を「労働社会」における生きた人間としてとらえることの重要性から出発していたとするならば、今日の人事施策のなかで中心的位置を占めている仕事へのモチベーションを高めるためのさまざまな手法は、そこで発見された労働社会を、文字通りの「企業社会」に作り替え、「企業人としての人格的能力の開発」を目指すものということができるであろう。

　しかし、ここでわれわれが企業もひとつの社会であることを強調するのは、組織体としての企業が使用者の管理下におかれているとはいえ、企業内もひとつの社会として、外部の一般社会から遮断され隔離された法的空間であることは許されないといいたいからであり、そこで展開される労働者の精神的人格価値の保護の重要性を訴えたいからである。

(2) これまで労働法や労働法学にとって、労働者の生命・身体・健康などの安全の確保ならびに肉体的自由といった根源的ではあるがプリミティブな人格的価値を超えて、一種のコミュニティーでもある企業という社会で生きる労働

者の精神的人格価値を正面から法的保護の対象として論じようとする試みは、むしろ未知の領域であったということができるであろう。

しかし、現代における企業の情報管理技術の飛躍的進歩と人事管理への応用は、ドイツにおいて警告の意味を込めて「労働者はガラスの人間と化す」(Gläserne Belegscht) といわれているようなプライバシーへの脅威をはじめとする精神的人格への無遠慮な進入の危険性を高め[1]、さらに労働（者）管理の強化によって、いわゆる「職場八分」に代表されるような人格的名誉の侵害も引き起こされている。労働法のなかに、これらに対する特別の法規が存在しないからといって、一般の市民社会でなら当然保護の対象であるこれらの精神的人格価値の保護が、一歩企業内に立ち入れば失われてしまうという根拠を見いだすことはできないであろう。

われわれは、企業内もひとつの社会であり、労働者の人格保護から法的に隔離されたブラック・ボックス的領域ではありえないとの前提から出発し、その法的保護のあり方を考察しようとするものである。労働の質を高めることへの要請を「労働の人間化」と呼ぶのなら、今日、それとならんで「労働の場の人間化」の必要性もそれに劣らず重要であることを強調したいのである。

(3) 従来の、団結権あるいは労働者権といった労働者の社会的地位と結びついた権利にかえて、敢えて労働者の「人権」ないし「人格的権利」という概念を用いていることにも、それなりの理由がある。

日本の戦後労働法学の回顧と展望にあてられた、昨年秋の学会のテーマのひとつは、生存権と集団主義優位から、個人と自由の復権へのパラダイムの転換というものであった。労使関係の対抗軸が、集団的関係から自立的個人へ移りつつあることの認識と、それに伴う市民法理の見直しの必要性が主たる関心であった、ということができるであろう[2]。

しかし、単なる自立的個人の強調や市民法理への復帰によって、労使関係における労働者の自由の確保とりわけ企業という組織体による管理から生じている自由への脅威が取り除かれうるものではない。契約の自由と私的自治といった古典的市民法理への回帰は、かえって使用者の包括的支配権限を根拠づけた

り、企業組織体の論理による労働者の自由の制約をもたらしているというべきであろう[3]。われわれは、団結権や労働者権といった集団的性格をもつ権利から、もう一度、普遍的な人格的権利に立ち返ってこの問題を考察する必要性を痛感するからである。

2. 伝統的企業社会とその法理

1) 考察条件の成熟

企業内もひとつの社会であり、労働者の精神的人格価値の保護から隔離された領域ではありえないという考察の出発点は、当然のことのように見えながら、ある意味では、長い間かかって現在やっと正面から議論する条件が整いつつある命題だというべきであろう。

いうまでもなく企業内は、使用者によって設営された空間であり、また、労働者は、使用者の指令命令下で働く義務を負っている。言い換えれば、労働者にとって企業は、使用者によって設営される他律的な生産秩序のなかに組み込まれ、組織的労働に従事する場であって、一定の合理的範囲内で、それに伴う義務ないし組織的拘束を甘受せざるをえないのは当然ということができるのである。そして、わが国の企業労使関係の場合、終身雇用や年功賃金制に支えられ、従業員としての協調性と企業との一体感を求める擬似共同体傾向が強かったこととあいまって、人事管理のあり方も、単に働き方やそれに伴う規律に限らず、労働者のプライバシーに属する事項への詮索と管理、労働の場を離れた私生活の領域にわたる自由の制限などなど、広範囲に及ぶ拘束を課してきたし、また、これをさして不思議とも思わない風潮が根強く存在してきたことも事実であろう[4]。

このような企業の外に広がる社会から隔離された閉鎖的企業内で、労働者の精神的人格価値の法的保護をいうためには、企業社会そのものの変容と、それを論じる法的構成としての新たな権利概念の導入が必要であったといわなけれ

ばならないからである。

2) わが国の伝統的企業社会と経営権法理

(1) 戦後民主化による変革の洗礼を受けた点で、労使関係や企業社会のありかたも例外でありえなかったことはいうまでもない。今日から考えれば、欧米諸国よりも一足先に実現しているようにみえるホワイト・カラーとブルー・カラーの社会的身分の同一化や、公務員の労働運動への参加、あるいは従業員にも開かれた経営者への登用といった労使関係の世界における社会的平等ないし民主化の進展も、戦後民主化の過程を抜きに考えることはできないであろう。

しかしそれにもかかわらず、わが国の企業社会が、伝統的な閉鎖的擬似共同体の性格を払拭されたわけではないことに注目しなければならない[5]。企業の内部で生じた問題がおよそ法的視野の領域から離脱してしまいやすい傾向は、今日でも濃厚であるといわなければならないが[6]、その原因のある部分は、依然として、あたかも「法律は家庭内に立ち入らず」との法格言に類似した伝統的な企業社会の観念によって説明することができるであろうし、企業社会で労働者の権利を振り回すことに対する反感は、隣人訴訟に対する社会的拒絶反応を、もっと強く、あるいはもっと打算的にしたものということができるであろう。

(2) 法的にも、労働が行われる職場ないし企業内は、使用者によって設営された空間であり、労働者もまた使用者によって組織され管理されることは当然と考えられてきたことは、昭和30年代まで猛威を振るった、包括的な使用者の支配権としての経営権万能ともいえる風潮を指摘するだけで十分であろう。実際、争議権の正当性の限界から、国の立法、行政、司法の三権になぞらえて、就業規則の制定・不利益変更の権限、配転・出向命令権を含む労務指揮権、経営秩序と懲戒権といった重要な問題が使用者の経営権から導き出されたのであった。

確かに企業を社会的制度としてとらえ、労働関係の集団的・組織的性格から生ずるさまざまな権利義務を個別労働契約以外のところから説明しようとする

試みは、ドイツにおける編入説（Eingliederungstheorie）にみられるように、何もわが国に限られたものではない。しかし、わが国におけるそれは、ドイツやフランスにおけるように企業ないし経営を使用者の支配から相対的に別個の存在としてとらえ、労働者の解雇をはじめとする保護やさまざまな労働条件の法的規整、さらには従業員の参加法制を基礎づけるためにというよりも[7]、もっと素朴で権威主義的な社会的有機体としての企業であり経営権であったというべきであろう。少なくとも、わが国の労働法学の理論においては、労働関係を人格法的共同体（Personenrechtliches Gemeinshaftsverhältniss）とみる考え方が第二次世界大戦後も有力に維持されたドイツと異なり[8]、ナチス労働法の延長にあるものとして拒否的反応が強かったように思われる。しかし、労使関係の実際においては、ドイツにおけるよりももっと権威主義的な有機体的共同体の形をとって支配してきたといわなければならない。企業外非行（企業外政治活動）を理由とする懲戒処分を正当とする判決が（八幡製鉄労組事件・福岡地小倉支判昭25・10・2 労民1巻5号798頁）、その理由として「刑事法規に触れなくとも正しくない行為で社会から甚だしく非難される行為をした者をそのまま雇傭して行く事は、会社としても社会に対し憚るところがある為に、社会に対する関係上引続き雇傭関係を継続し難い」と述べるとき、その前提にあるのは、このような意味での労働者を組み込んだ人格共同体としての企業の観念であるというべきであろう[9]。

3）　集団的法理の優位性

(1) この時期の労働法を彩った生存権理念のもとでの労働基本権ないし労働者権のとらえかたは、国家の関与ないし配慮による経済的生存の確保に力点をおくものから、資本所有権に代表される市民的自由の濫用に対する抗議概念であることを強調するものまで決して一様ではなかったが、いずれにせよ、労使関係において、市民法との連続性より断絶を強調し、一言でいえば、使用者の財産的自由の修正を団結による集団的規制に期待するというものであったことは疑いない。

それは確かに、団結の力を抜きにしては使用者に対する個人労働者の発言権の確保も問題になりえなかった伝統的な擬似共同体的労使関係の実態に支えられていたからであり、解雇と経済的窮乏に脅えた生活を余儀なくされていた多くの労働者にとって、企業内における精神的人格価値の保護の主張は、いまだ切実な課題にはなりえなかったからでもあろう。いずれにせよ法的にも空白の領域に留まっていたといわなければならない。

(2) 例外的存在は、レッド・パージに代表される思想・信条の自由の侵害を争う事件と、繊維女工に対して手紙の開封から面会人の制限にいたるまで、戦前の寄宿舎における「篭の鳥」そのままの管理が続いていた近江絹糸のゼンセン同盟による組織化の過程で問題になったような古典的な自由侵害のケースであった[10]。

最高裁は、マッカーサー書簡が超憲法的効力を有することを理由に直接の判断を避けたレッド・パージ事件を別にしても、学校内での政治活動禁止の特約に反したことを理由とする解雇の有効性が争われた十勝女子商業高校事件判決（最2小判・昭27・2・22民集6巻2号258頁）で、このような合意の客観的有効要件についての検討を何ら行うことなく、基本的人権といえども合意による自己制限に服するとだけ述べて訴えを退けている。そこには、単純な契約の自由や私的自治の援用とならんで、精神的人格価値の保護という一般的・普遍的な土俵を欠いたところで、思想・信条の自由だけが何か特別の問題であるかのように扱われてきたわが国の傾向が現れているようにみえる。それは一方で、冷静な法的考察を歪めかねない雰囲気として、他方では、思想・信条の自由だけを特別視する理解として、今日なお続いているようにみえる。

3. 高度成長による企業社会の変容と人権理論の展開

1) 高度成長による企業社会の変容

(1) およそ20年におよぶ高度成長期から、2度のオイルショックを経て今

日にいたる社会変動や労使関係ならびに労働運動の変化は、決して直線的ではなく複雑な経過をたどったが、高度成長が労働者の生活や意識さらに労使関係に与えた影響は甚大であった。

労働生活の変貌という意味では、労働市場が過剰から不足に転じ、それまで宿命的と考えられてきた失業の不安が薄らいだことは、決定的な重みをもった。さらに、毎年10パーセントを超える賃上げによって、「三種の神器」ともてはやされた家電商品にはじまり自動車の普及などに代表される豊かな消費生活がもたらされることとなった。

それは、一方で、国民の間に、生活水準の向上を肯定的に受け止め、それをもたらしている経済と企業の発展に将来を託しても悪くはないと考える生活保守主義的心情の反映というべき「中流意識」を広げることとなったが、同時に、消費生活への関心の移動と生活意識の多様化は、自己の私的生活の領域に対する使用者の干渉を嫌う市民的自由意識の高まりを意味するものでもあった。

(2) かつてのように全人格を包摂する擬似共同体としてとらえてきた伝統的企業社会の観念が、とくに青年労働者の間でイデオロギーとしての呪縛力を失い、契約的労使関係観とでもいうべき考え方が現実的にもそれに取って替わるようになった。それは、わが国の「市民社会化」が労使関係の世界に浸透し、伝統的企業社会の観念を大きく揺り動かすことを意味していた。

日立電子事件（東京地判昭41・3・31労民17巻2号368頁）や、日野自動車工業事件（東京地判昭42・6・16労民18巻3号648頁）に代表されるように、出向や配置転換を契約の範囲内かどうかで判断すべきだとする判決の登場や[11]、就業規則の一方的不利益変更を経営権によって正当化していたかつての最高裁判例の変更（秋北バス事件・最大判昭43・12・25民集22巻13号345頁）にみられるような経営権理論の退場は、このような背景を抜きに考えることはできないであろう。

また、結婚退職制を争う訴訟のように、特別の信念にもとづくというのではなく、ごくあたり前のこととして個人の権利を主張する労働者の出現は、それ

までの閉鎖的企業社会の壁を破るものとして、それ自体画期的意味をもつものであったというべきであろう[12]。

(3) 見逃すことができないのは、このような個人の価値観の多様化や私生活保守主義というべき心情の増大は、一方では伝統的企業社会を掘り崩すものであったと同時に、他方で労働組合への労働者の求心力の弱体化を意味していたことである。

また、官公労組合のストライキ権回復闘争が高まっていた高度成長期は、同時に、民間企業労使にとって、経済の国際化によって生ずるチャンスと危機に労使の協議で対処する体制が成立をみた時期でもあった。その過程で生じた多くの労・労紛争とならんで、労使関係の制度化の進行のなかから、労働者あるいは組合員と労働組合の間で、あるいは組合員であっても労働組合を経由しないで直接使用者を相手とする労働者個人の訴えが重要な比重を占めるようになった。

このように、労使関係の対抗軸が、従来の使用者と組合という集団的労使関係にとどまらず、個別的労使関係や組合対組合員ないし労働者の関係を含めて広がりをみせ、個別的労働者の権利保護の必要性が認識されるようになったことの意味は大きいといわなければならない。

2) 人権理論の展開

(1) 個人の復権ともいうべき社会変化が、これまでの生存権理念と集団主義優位の労働法理論に再考を促すものであったことは、ある意味では当然であったというべきであろう。戦後の窮乏状態から解放され、経済的生存の確保が緊急の課題であった時代が去ったときから、人々の関心はより「自由の拡大」へと向かうことになったし、労使関係の対抗軸の変化が個人労働者の自由と権利保護の必要性を認識させるようになったとき、その方向が市民法理と断絶した集団法理から、「市民法理」との親和性ないし契約法理の見直しに繋がるものであったのは、それなりの根拠があるといわなければならないからである。

しかし、「自由の拡大」にせよ、「市民法理」にせよ、そのままで労使関係に

おける労働者の自由や企業社会における労働者の精神的人格価値の保護に連なるものであるといえるかどうかは、それほど単純ではありえない。先に十勝女子商業高校事件・最高裁判決で指摘したように、契約の自由や私的自治の労使関係における適用は、むしろ、労働者の自由の制限を合理化するものであった。同様に、経歴詐称を理由とする懲戒解雇に関する多くの判決や三菱樹脂事件・最高裁判決（最大判昭 48・12・12 民集 27 巻 11 号 1536 頁）のように、「雇傭関係が、単なる物理的労働力の提供を超えて、一種の継続的な人間関係として相互信頼を要請する」ものであることを理由に、労働者の思想・信条の申告や調査、それを理由とする採用拒否も承認されうるのであれば、労働者の全人格的結合を特徴としてきた労使関係のあり方を変えうるものでないことは明らかであろう[13]。

(2) それは、労働者の自由や精神的人格価値の保護のための法理が、もっと別個のところに求められなければならないことを意味している。結婚退職制を無効とした判決が、私的自治や契約の自由ではなく、使用者の力の優位に支えられたその野放途な適用に対する歯止めを、「公序良俗」（民法 90 条）による制約に求めたものであったことが、何よりも雄弁にそのことを示している。

① 結婚退職制が労働者に結婚を選ぶか職場をとるかの選択を迫るものであったとすれば、それを無効とした判決は、働き続けたいと希望する労働者の「結婚の自由」の保障を意味していたということができよう。このことをもう少し一般化していえば、労使関係のもとにおかれた労働者にとっては、「結婚の自由」という市民的自由の保護のために、不合理な差別の禁止と生存権・労働権の理念に支えられた「公序良俗」を必要としたということになるであろう。

それは、労働者の自由やその他の精神的人格価値の保護が、単なる契約の自由や私的自治への復帰によってではなく、生存権・労働権理念の労使関係への浸透による市民法の社会化によってもたらされたことを意味しているといってよいであろう。

② それを可能にしたのは、高度成長下での経済的豊かさの達成による実

感的生存権意識の後退に変わって、生存権理念に新しい展開がみられるようになったことであった。

　生存権理念は、今日もはや、戦後的状況に規定された国による最低限の生活の確保というプリミティブな内容にとどまるものではなく、精神的・文化的側面を含む「人たるに値する生存」という内容を含むものとし理解され主張されている[14]。

　また、どのような実定法的権利内容をもっているかという議論のレベルを超えたところで、生存権・労働権の理念がはたしてきた人権論の深化に対する貢献も強調されなければならないであろう。契約法への浸透が、結婚退職制の無効判決と同様、解雇権濫用法理の展開や安全配慮義務の法理を生みだしていったとすれば[15]、労働を単に経済的生存の手段とだけみるのではなく、社会的参加と自立の基礎であり人格の形成と発展にとって重要な意味をもつものととらえる考え方が、障害者の雇用促進や男女の雇用平等を促進する一連の立法を支えてきたことも疑いのない事実であろう[16]。

　(3)　企業社会における労働者の自由の拡大や精神的人格価値の保護については、もともと市民法理の適用こそ最もふさわしいようにみえながら、労使関係を擬似共同体とみる観念が弱体化し、それを支えてきた経営権理論がみられなくなった今日でも、困難な状態はなお継続しているといってよいであろう。

　最高裁のように、組織体としての企業が、「人的要素と物的要素の両者を総合し合目的的に配備組織して企業秩序を定立し、この企業秩序のもとにその活動を行う」ものであることを理由に、企業秩序の定立から懲戒権を含む広範な権限を与え、また、就業規則に定めを置いておけば、指定医の受診命令を含め広範な業務命令権を取得できるということになれば、たとえそれが、「企業秩序遵守義務」[17]、あるいは就業規則中の条項は契約の内容になるといった契約論的構成によって導き出されるとしても、事態に何ら変更をもたらすものではない[18]。

　ここでも、伝統的企業社会の残滓にその原因を求め、契約の自由や私的自治に克服の途を見いだそうとすることが妥当だとは思えないのである。

① 労働契約が履行され展開される企業社会が、使用者によって設定される他律的生産秩序のなかに組み込まれ組織的労働に従事する場であることに違いはない以上、法理論的構成の仕方はともかくとして、労働者が組織体としての管理と秩序に服する必要性を否定することはできない。そして現代企業における管理と秩序の確保は、コンピュータに代表される新しい情報技術の開発と応用を伴いながら、より精緻なものになりつつあるというべきであろう。それは、閉鎖的共同体の観念が依然として残り、労働者の自由や精神的人格価値の保護に関する社会的経験が弱かったわが国の場合、抵抗なしに、よりスムーズに進行する危険性をもつものといわなければならない。

② さらに、たとえ労使関係を全人格的結合と考える観念が受け入れられなくなっているとしても、労働が生きた人格的能力の発露であること自体に変わりはない以上、労働(者)管理の方法が、人格的・精神的能力への関心に向かうことも否定できないであろう。そしてわが国の場合、この点でも、労働者の人格的適性や能力開発、さらに他の労働者との協調性といった全人格にまたがる労働(者)管理の手法が広く普及し、しかも今日、それが日本的経営の誇るべき真髄として広く喧伝されていることは周知のとおりである。

これを、依然として残っている伝統的労使関係観の残滓として片づけてしまうことができないのは、QC や ZD 運動、あるいは提案制度などに代表される小集団活動が、高度成長時代の技術革新による年功的熟練とそれに支えられた伝統的な年功的職場秩序の解体の危機や、生産の基幹的部分を担うこととなった青年労働者の企業帰属意識の希薄化に直面した企業によって、労働のモチベーションを高めるために採用された手法であったことを想起するだけで十分であろう[19]。

③ これらは、とりわけ情報技術の飛躍的発展を基礎として進行しつつある、社会のあらゆるレベルにおける組織化ならびに管理の強化によって生じている自由への脅威と基本的に共通の性格をもつものであることが留意されなければならない。行政機関のもつ膨大な情報による国民のプライバシーに対する侵害の脅威は、民間の信用供与機関による個人情報の野放途な収集とその利用

によって発生している個人の自由の侵害という問題と何ら異なるものではない。それはまた、企業が労働（者）管理のために行う労働者に関する個人情報の収集とその利用による労働者の自由侵害の危険性という問題も、それとまったく同質のものといわなければならないからである。

そして実は、高度成長によって可能となった福祉国家的施策が、このような情報の収集と社会の組織化を一層進展させている事実も指摘されなければならない。雇用保障や社会保障政策は、産業・経済・雇用状況の正確な把握にとどまらず、個人に関する情報と、それにもとづく政策と経済の組織化を抜きにしてありえないからである。同じことが、企業レベルで行われているさまざまな福祉施策についても共通していえることは、労働者の住宅や家族構成に応じてつくられている諸手当、健康管理のための施策などを想起するだけで十分であろう。

④　しかしそれによって、プライバシーや自己情報に関するコントロールの権利ないし人格権といった一般的・普遍的広がりをもった議論の基礎がつくられたことの意義は大きいといわなければならない。

かつて行政権による個人情報の収集の危険性が指摘されてきたとき、典型的事例として念頭に置かれたのは、公安・警察情報であったといってよいであろう。もちろん今日でもその重要性が失われていないことを否定するわけではないが、問題の普遍的広がりを抜きにしてその十分な保護の展開も困難であることは、企業社会における人格価値について先に指摘したとおりである。そうだとすれば、このような人権論の新しい展開が、わが国の閉鎖的な企業社会をどこまで変えることができるのかが問われている、ということができるのである。

4. 企業社会と労働者人格の相克

1) 企業社会における労働者人格保護のあり方

(1) これまでみてきたように、企業社会における労働者の自由や精神的人格価値の保護は、契約の自由や私的自治への回帰によるのではなく、反対に、生存権・労働権理念の契約法理への浸透や憲法上の基本的人権保障の間接的適用である「公序良俗」によるその制約をとおして導き出されてきたものであった。そしてそれは、労働契約の人格的結合や擬似共同体としての企業あるいは組織体としての企業秩序という観念に守られた防御の壁を破りながら進められてきたものであった。

① 法理念のレベルでみれば、労働者の精神的人格価値の保護についてわが国よりはるかに進んだ議論が展開され、実際に、労働立法によるその具体化をはかっているドイツの労働者人格権の法理 (Der Persönlichkeitsschütz des Arbeitnehmers) を支える次のような認識と、共通するものであろう。すなわち、劣悪な労働条件と職場環境から労働者の生命・身体・健康などの根源的で、かつ最もプリミティブな人格価値の保護から出発した初期労働立法法の時代から、今日の労働法理は、労働を単に生産要素のひとつ、あるいは単なる商品と同様に経済的財としてのみ取扱うのではなく、その担い手である労働者が倫理的・精神的存在である人格であること、すなわち憲法で保障されている人間の尊厳の主体であることから要請される労働者の人格保護にまで及ぶものでなければならないとの認識がそれである[20]。

このような認識の背景になっているのは、もちろん、新しい科学技術の開発とその労働現場への応用が進むことによって、労働者の人格領域への侵害の可能性が格段に大きくなった事実である。私的領域ないしはプライバシー保護や労働の監視といった問題自体は、例えば、雇い入れに際して思想・信条や、健康などの私的事項についてどこまで申告を求めることができるかといった問題や、入退時の所持品検査のように、以前から議論されていた問題であることに

違いはないが、心理テストやうそ発見器の利用、さらにはビデオカメラやテープレコーダー、コンピュータによる仕事の監視や、人事情報の収集と管理などの新しい技術の導入が、格段の深刻な問題を発生させて何らかの歯止めの必要性が認識されるようになったことは明らかであろう。

② しかしこれに合わせて、情報化社会の進展に伴う一般的人格権の豊富化に現れているように、社会的レベルにおける市民の自由や精神的人格価値の保護に対する要求の労使関係への波及としての性格をもつことも否定することはできない。憲法の理念に基礎をおきながらも、それ自体は私法上の権利である一般的人格権（Das allgemeine Persönlichkeitsrecht）の労使関係への適用によって、労働者の私的領域（Privatspäre）や秘密領域（Geheimspäre）の保護、あるいは個人の性格像（Charakterbild）、名誉（Ehre）、盗聴に対する声（Stimme）、ビデオカメラを利用した労働の監視に対する肖像（eigene Bilde）の保護、さらには自己に関する個人情報のコントロール（Informationelle Selbstbestimmung）といった、労働の場における労働者の精神的人格価値の保護の具体化の努力が進められているのは、その現れである[21]。

これは、今日における市民法理の労使関係への適用といってよいであろう。しかしより正確にいえば、市民法が適用される社会的関係の場にふさわしい具体化をみながらその内容を豊かにしていくという今日的な市民法理の社会化の一形態といわなければならない。ドイツの場合、さらにそれを受けて、より労使関係にそくした労働者人格の保護を意図した労働法制の整備も進められている（経営組織法の改正 Betriebsverfassugsgesetz § 75 Abs. 2, 1972）。

より一般化していえば、それは、労働法における自由や精神的人格の保護が、現代的市民法における人格の自由と尊厳の保障に連なりながら、労働者の社会的存在にそくした人格の自由な発展の具体的保障を目指すものでなければならないことを示すものといわなければならない。

(2) しかし、企業社会における労働者の精神的人格保護のあり方について具体的な考察を試みるためには、単に、法の理念を語るだけでは不十分であり、少なくとも次の二つの問題の検討を避けてとおることはできないであろう。第

一は、いかなる実定法の根拠にもとづきどのような精神的人格価値について保護を及ぼすことができるのかという問題であり、第二は、保護の範囲と限界を確定するにあたっては、企業社会における労働者人格の展開と、他方における企業秩序や労働（者）管理のあり方との衝突・調整をどう考えたらよいのかという、いわば企業社会と労働者人格の相克といってよい問題である。

2） 労働者人格保護の法的根拠

労働者の精神的人格価値の法的保護は、労働法規、憲法で保障された基本的人権の間接適用、および市民法の適用といった複合的ないし重層的法規範をとおしてなされることとなる。わが国における展開を追跡する形で述べると次のようにいうことができよう。

(1) 労働者人格保護が古くからの課題であったことは、労働基準法の冒頭におかれた憲章規定と呼ばれる部分が、直接具体的な最低労働条件を定めたものではなく、労使関係の場において労働者であることのゆえに生じやすい人格の保障を意図した規定であることからも明らかであろう。

① 国籍・信条・社会的身分そして性別を理由とする差別禁止（3・4条）が人格の平等を宣言しているとすれば、直接的人格拘束（5条）、さらにそれに繋がる間接的足留め策の禁止（16条～18条）、人身売買的行為とピンハネ禁止（6条）は、戦前広範にみられた悪弊からの人格的自由の保護を、公民権行使の保障（7条）は、さらに進んだ政治参加の実質的平等保障を意図した規定だということができる。労基法のなかには、過去の弊害を排除する部分的なものにとどまってはいるが、労働者の私的領域の保護（Privatsphäre）を定めた規定もある。ブラック・リストの禁止（22条）や事業附属寄宿舎における私生活の自由の確保（94条）を定めた規定がそれである。

同様の趣旨は、職業紹介と募集にあたる者に秘密保持義務を課した職安法（51条）、さらに最近では、労働者の健康診断によって知りえた心身の欠陥や健康状態に関する秘密保持義務を定めた労安法（104条）も制定されており、この他、立法の形は取ってはいないものの、労働者の選考過程における労働者の

プライバシー保護のため、身元調査を行わないことや、本人の適正・能力に関係のない家族の職業・家庭状況などの申告や、さらに戸籍謄本の提出を求めないことといった企業に対する行政指導にもみることができる[22]。

　これらの規定は、「女工哀史」に代表される過去の深刻な弊害を踏まえて定められたものであり、今日でもリアリティーをもっていることを否定するものではないが、しかし、人格保護の範囲において部分的であり、また回顧的であって、新しい人格保護の要請に十分答えていない事実も否定することはできないであろう[23]。加えて、結婚退職制が労基法3・4条のいずれにも違反しないとされた例が示すように[24]、労基法が同時に刑罰を伴う処罰規定であるため罪刑法定主義の要請に服さなければならないことが、適用を限定されざるをえない原因のひとつとなっていることも明らかであろう。そして、その後の時代変化にあわせた立法の進展がみられない事実もあわせて指摘することができよう。

　②　しかし、労働者の人格保護を企業内で展開される労使関係の具体的局面にそくした形で進めるためには、労働法制の整備にまつところが大きいことはいうまでもない。ドイツ労働法の特徴のひとつに挙げられている経営ないし事業所レベルに法定の従業員代表制度の設置を定めた経営組織法（Betriebsverfassugsgesetz）はその一例であろう。同法は、1972年の改正にあたって、使用者と従業員代表機関である経営協議会に対し、当該経営に雇用されている被用者の人格の自由な発展を保護し促進しなければならないとの任務を定める規定をおいた（§ 75 Abs. 2）。この規定は、人格の自由な発展を求める基本的権利が経営の門前で止まってしまうのではなく、まさしく労働生活の中でその意義を展開させていかなければならないことを明らかにしたものと理解され、経営組織法における「マグナ・カルタ」としての位置を占めるといわれているものである。

　そしてそれを具体化するため、労働者個人に、自己に関わる人事考課や処遇について説明を求め（§ 82 Abs. 2）、人事台帳の閲覧権と反論の添付請求（§ 83）、不当な処遇に対する苦情の申立て（§ 84）の権利を与え、経営協議会には、そ

れへの助力や、労働者の行動と業績を監視することを予定した技術的装置の導入と利用（§ 87 Abs. 1-6）、労働者の雇い入れにあたって不当な質問ないし方法が採用されるのを防ぐため、質問票の作成にあたっての同意権（§ 94 Abs. 1）が与えられるなど、労働者の人格保護のため多くの規定が用意されている[25]。

(2) わが国の場合、もっとも早い時点から行われてきたのは、憲法上の思想・信条の自由の保障（19条）、およびそれを理由とする差別禁止（14条1項）にもとづいて解雇を争う訴訟であった。憲法上の人権保障が労使間にどのような効力をもつのかが問題となる。

同様の問題の立て方が行われてきたドイツにおいて、連邦労働裁判所が基本的人権の私人間効力（いわゆる Drittewirkung）を肯定するのに対し、憲法裁判所が間接適用説の立場をとって対立しているとはいうものの、後者の採用する「憲法は決して価値中立的秩序ではなく、そこで決断された根本的価値体系と矛盾するような解釈は私法においても許されない、基本権の法的内容は、とりわけ私法の領域を直接支配する諸規定、ことに広義の公序を形成する一般条項のなかに発露する」との方法は、両者の差異を実質的に失わせる意味をもっている[26]。

これに比べれば、わが国の初期の判例が、その適用に消極的であったことは先に述べたとおりである。しかし、企業内での労働者の思想・信条の調査の是非が問題となった東京電力塩山営業所事件（東京電力塩山営業所事件・最小判昭63・2・5労判512号12頁）において、「企業内においても労働者の思想・信条等の精神的自由は十分尊重されるべきである」ことを認め、調査の必要性ならびに調査方法にも相当性を要求するなど、労働者の人格保護との比較衡量にあたって、微妙な揺れを示しているようにみえる。

生命・身体に対する危険が予測される場合の就労拒否を認めた全電通千代田丸事件（最3小判昭43・12・24民集22巻13号3050頁）と同様の考え方が、精神的人格価値である信条や良心の自由にまで広げて考えうるものであることに異論はないであろうと思われる[27]。結婚退職制を無効とした判決を含めて、個別的人権規定の間接適用による精神的人格保護の領域は、依然として大きいとい

わなければならないであろう。

(3) 一番新しい動きが見られるのは、憲法上の個別的人権によってはカバーされていない領域という以外にない労働者の精神的人格価値の保護の主張である。

① 比較的早くからみられたのは、不当労働行為の手段として用いられる、故意に仕事を取り上げる、照明施設のない部屋での意味のない仕事を命じる、至近距離からの写真撮影、レクリエーションからの排除や職場仲間から意識的に孤立化をはかる「職場八分」などに代表される使用者の人格侵害行為が不当労働行為として訴えられるケースであった[28]。

不当労働行為の成立要件である「不利益」（労組法7条1号）は必ずしも労働条件に限定されないとの考え方から、法的救済の対象として取り上げられることが容易であった領域ということができよう。さらに、不当労働行為は労働法で禁止された違法行為であるから、同時に不法行為でもあるとして、損害賠償を認める判例が登場することとなった[29]。わが国の不法行為に関する判例法理が、必ずしも権利侵害の場合に限らず、被侵害利益と違法行為の相関関係を考慮するという方法を採用してきたことも、その一因をなしていたということができよう[30]。

② しかし、ドイツにおける一般的人格権は、憲法上の個別的な基本的人権というより、その基礎にあって包括的・一般的な性格をもった「人間の尊厳」（§1 Abs. 1）や「人格の自由な発展への権利」（§2 Abs. 1）に根拠をおきながらも、憲法上の権利ではなく、私法上の権利（ein eigenständiges privates Recht）として承認されたのものであった。それはさらに、一般の市民に対して認められる権利が労使関係において否定される理由はないとして、労使関係のさまざまな領域で生じている問題に労使関係の特質に応じた形を取りながら適用されている[31]。

わが国でもそれと同様のことが、憲法13条（個人の尊重と幸福追求の権利）を根拠とする、しかし私法上の権利として人格権やプライバシーの権利の承認までにいたっていることは、もはや周知の事実である。これからの課題は、人格権

によって労使関係におけるどのような範囲の問題が保護の対象になるのか、そして企業社会における秩序や労働(者)管理の必要性をいう使用者権限との権利調整ないし法益衡量をとおして保護の範囲と限界をどう確定するのかという作業にあるといわなければならない。

3) 人格保護の問題領域

(1) わが国で最初に私法上のプライバシー権の定着に途をひらいたのは、いわゆる「宴のあと」事件判決(東京地判昭39・9・28下民集15巻9号2317頁)であったが、それから四半世紀を経過した現在、労使関係における労働者の精神的人格価値の保護に関する判例はすでにかなりの数に達しており、先行する実務上の諸問題を理論的に整理して一定の方向付けを与えなければならない段階にきているといってよいであろう。

具体的な領域の問題を取り上げ、それにふさわしい法理と保護範囲を確定する作業は各論的別稿に委ねられているので、ここではこれまでの判例の蓄積を念頭におきながら、企業社会における人格保護の問題領域を素描するにとどめたい。

(2) 取引先や顧客という対外的に社会に向けてなされるのではなく、企業内で、思想・信条、組合所属、あるいは労働者の働きかた、権利行使の仕方などを問題として行われる労働者の自由や精神的人格価値の侵害を不法行為として争うケースは、依然としてかなりの割合を占めている。市民として当然の保護が労働者に否定される理由はないというあたり前のように思える命題が、閉鎖的企業社会のなかに浸透する意義は小さくないであろう。

企業内における労働者の人格価値をことさら損なうような措置が、たとえ労務指揮権の行使という外形を取って行われても名誉侵害とされ、いわゆる「職場八分」による職場仲間からの孤立化によって「職場における自由な人間関係の形成を阻害する」行為が(関西電力事件神戸地判昭59・5・18労旬1100号58頁)労働者の人権侵害にあたるとされるのは、企業あるいは職場が労働者が活動時間の大部分を過ごし人間的コミュニケーションが交わされるひとつの社会であ

り、自由な人格の形成にとって決定的意味をもつからに他ならない。

　もちろん、企業社会を家庭や地域におけるような意味でのコミュニティーと同一視することはできない。何よりも使用者によって設営された空間であり、人的組織体も使用者によって組織され効率と競争原理に支配される作業組織としての性格をもつものだからである。しかしそのことから、労働者が生活時間の大部分を過ごす労働と生活の場であり、職場における労働者相互のコミュニケーションが、自由な人格の形成にとって決定的意味をもつことを否定するわけにはいかない。むしろ労働者にとっては、活動的時間の大部分をそこにとどまることを義務づけられ、私的友人の選択と違って一緒に仕事をする同僚を選ぶこともできないなかで、人間的交流と人格の形成をはかる以外にないからこそ、企業というコミュニティーの場の人間化はより切実な要請となり、その場に決定的支配力をもつ使用者の責任は重いといわなければならないであろう。

　(3)　私生活領域（Privatspäre）ないしプライバシーの保護の問題がこれまで深刻に考えられてこなかったのは、法的保護の対象としての新しさもさることながら、むしろ労働者の全人格的評価や労使の相互信頼の必要性を強調するこれまでの人事管理が半ば当然とされてきた惰性によるところが大きいというべきであろう。

　　①　確かに、労働者の適正配置のためには、労働者の職務能力を正確に判断することが必要であり、キャリアに関する個人情報の収集を欠かせないし、正確な健康状態を知っておく必要は、安全配慮義務の観点からも重要であろう。また諸手当や福祉制度の実施にあたって、労働者の家族構成や財産状態の把握が前提とされることもあろう。そして企業による労働者の個人情報の集積は、ますます精緻になりつつあるといわなければならない。

　しかし、無制限な使用者による個人情報の収集とその利用を野放しのまま放任してしまうことになれば、労働（者）管理や能力開発の名で、精神的内面を含めた全人格的管理が推し進められることになりかねない。その結果、企業の情報権力の前に、労働者の自由な私生活形成の領域は極端に狭められ、人格の自由やプライバシーは深刻な脅威にさらされることになる。使用者により人事

情報の収集と利用は不可欠であり、その情報は、採用時に始まり、その後のキャリアと退職後にいたるすべてのステージにわたって、労働者の職業的人格の展開に重要な意味をもっている。そうであるだけに、収集を許される個人情報の範囲と限界、自己情報について何が収集されているかを確認する機会の付与、範囲の逸脱や誤った情報に対する消去と訂正要求、利用と管理についての慎重な責任などなど、検討すべき問題は山積しているといわなければならない。

② 労働の監視のため、秘密裡で行われたテープレコーダーの利用を人格権侵害にあたるとする広沢自動車学校事件・徳島地裁判決（徳島地決昭61・11・17労判488号46頁）は、労働現場への電子機器利用の普及を考えれば、貴重な問題提起といわなければならないであろう。

(4) 労働が、単に生活の手段につきるものではなく、人格の表現であり、また職業人格の成長・発展でもあることも留意されなければならない。資本制労働が、労務給付の質とリズムといった労働の内容から職場環境にいたるまで、使用者の決定と指揮命令のもとで行われる他律的労働であることはいうまでもないが、一般の労働者にとっては——多くの労働者にとっては生涯をとおして——、そのような労働と労働の場から逃れることはできないのである。そして、むしろそのことが、労働と労働の場の人間化に対する要求の根拠をなすものといわなければならない。このことは、いくつかの問題領域での再考をせまるものである。

故意に仕事を取り上げたり、無意味な労働を命ずることが労働者の名誉侵害にあたるとされるのは、担当している仕事が特殊専門的でなくとも、また自己の能力が正当に評価されているとの満足感がないとしても、善かれ悪しかれ仕事は労働者の人格の投影としての意味をもっているからであり、それらの措置が労働者の人格的軽視（Mißachtung）であり、企業社会における彼の人格的評価を損なうものと評価されるからである。

同様の観点からでいえば、使用者が正当な理由なしに労務受領を拒否するいわゆる就労請求権（Beschäftigungsanspruch）、あるいは職業人格の能力発揮の制

限を意味する競業避止義務についても、労働者の人格保護の観点からの検討が必要になると思われる。

注
1) 横井芳弘「人事情報システムと労働者のデータ保護」（蓼沼謙一編『企業レベルの労使関係と法』297 頁）。
2) 西谷敏「団結権論の回顧と展望」（学会誌・労働法 77 号 65 頁）は、これまでの生存権と集団主義優位の労働法理論から、個人と自由の復権へのパラダイムの転換を主張するものであった。
3) 角田邦重「団結権と労働者個人の自由」（同 77 号 138 頁）は、現代における組織体の管理によって脅威にさらされている個人の自由は、単なる私的自治や市民法理への復帰によって守られるものではないことが、今日的問題の出発点であることを主張した。
4) 道幸哲也「職場におけるプライバシーの保護（上・中・下）」（判例タイムズ 721 号 38 頁・722 号 3 頁・723 号 22 頁）のなかに引用された多数の判例のケースが、何よりもそのことを示している。
5) イギリスと日本の工場をつぶさに比較したロナルド・ドーア（『イギリスの工場・日本の工場』とりわけ第 8 章「コミュニティーとしての工場」216 頁以下を参照）が、企業集団主義（コーポラティズム）と権威主義の混合であった戦前の日本の「企業家族的体質」は、戦後の「社会民主革命」の結果として権威主義の色合いは修正されたものの、前者は残り、むしろ会社共同体論によって補強され強化されたと述べているのは、まさに慧眼というべきであろう。
6) わが国の民事・行政を含めた 1 年間の労働関係訴訟事件が約 750 件前後、これに労働委員会に対する不当労働行為申立て件数約 500 件を加えても、その数は、およそ 1,300 件に過ぎない（最高裁判所事務総局行政局「平成元年労働関係民事・行政事件の概要」法曹時報 42 巻 8 号 93 頁、中労委事務局監修「平成元年度版・不当労働行為事件・労働争議調整事件の概要」）。これを、人口がわが国の約半分に過ぎなかった旧西ドイツにおける労働裁判所の年間訴訟件数が、30 万件を超えていることと比較されたい（Arbeits-und Sozialstatistik Hauptergebnisse 1987, S. 197）。西ドイツで指摘される労働関係の法規化現象（Verrechtlichung）とは逆に、わが国の労働関係が脱法規化現象（Entrechtlichug）ともいうべき現状にあることが分かる。いかなる権利概念の構成も、その浸透を拒んでしまう企業社会の壁を崩壊させることなしには現実には無力に終ってしまう。このことがもっと真剣に考えられなければならない。
7) 三井正信「戦後フランスにおける労働契約衰退論についての一考察 1・2」はポール・デュランに代表された企業制度論を紹介している（法学論叢 125 巻 4 号 31 頁、126 巻 2 号 55 頁）。ドイツにおける学説の展開を詳細に紹介しながら経営権理論の法的再生を主張する高島良一「労働法律関係と労働契約 1 - 4」（獨協法学 20 号 1

頁、21号2頁、22号1頁、23号1頁）も、類似した問題意識に立つものというこ
とができる。しかし今日、このいずれの国においても、制度理論に代わって契約説
の復活が顕著となっているばかりでなく、この時期におけるわが国の経営権が端的
に使用者権限の強調に力点をおいたものであったのは、戦後のラジカルな組合運動
に対する失地回復として主張された歴史的事情によるところが大きいというべきで
あろう。

8) R. Richardi, Entwickelungstendenzen der Treue-und Fürsorgepflicht in Deutschland, in ; W. Braumüller Treue -und Fürsorgepflicht im Arbeitsrecht, S. 41, 1975. 片岡曻『団結と労働契約の研究』204頁以下。

9) 同様に企業外政治活動で逮捕・起訴され「会社の体面を汚した」として懲戒解雇された日本鋼管砂川事件において、最高裁判決（最2小判昭49・3・15民集28巻2号265頁）が、営利を目的とする会社の存立ないし事業の運営にとって社会的評価は不可欠であることに求めているのは（結果的に解雇は無効）、このような擬似共同体的観念からの脱却を示すものであろう。

10) 全繊同盟による組合組織化で始まり組合承認をめぐる「人権争議」の性格をもった近江絹糸事件ではロック・アウトに対抗する多数の仮処分判決がでているが、なかでも寄宿舎居住の女子従業員の通信・交通・面会の自由の妨害禁止を命じた二つの仮処分決定（富士宮工場事件静岡地決昭29・7・10労民5巻3号349頁、大垣工場事件岐阜地決昭29・7・24労民5巻3号357頁）が、戦前を彷彿とさせる寄宿舎の管理が行われていたことを認定している。なお井出孫六『ルポルタージュ戦後史（上）』249頁以下が、「近江絹糸・組合誕生」を取扱っている。

11) 興味深いのは、労働契約の一身専属性を理由として出向義務を否定した日立電子事件判決も、現業部門から事務部門への配転を労働契約の範囲（黙示の合意）を超えるとした日野自動車事件判決も、不当労働行為や思想信条による差別、生活条件の変化といった、それまでの判例の傾向にそくしてなされていた当事者の実質的不利益の主張・立証について何らの判断もすることなく、労働契約の法的性格から直接に導き出す手法を採用していることである。そして以後、契約説の登場として新しい時代を築くことになった。しかし、労働市場の流動化に伴って、使用者の配置権限の拡大を承認する傾向が現われ、再び包括的合意説への回帰現象が指摘されていることは周知のとおりである。

12) 住友セメント事件判決（東京地判昭41・12・20労民17巻6号1407頁）の出現によって、以後、たくさんの訴訟が提起されることとなった。そのなかには、結婚退職制が労働組合との協定できめられていたものがあったことに注目すべきであろう（三井造船事件大阪地判昭46・12・10労民22巻6号1163頁）。

13) 経歴詐称を懲戒解雇の理由になりうることを肯定する多くの判決が、「労働力の源泉である人格の価値判断」の必要性を根拠に（関西ペイント事件・東京地決昭30・10・22労民6巻6号788頁、事案は公職選挙法違反で裁判継続中の事実を経歴として記載しなかったというもの）、およそ個人の全人格にまたがる事情を問題にすることに疑問を呈しようとさえしない。

もっとも最近になって変化がみられることは、道幸哲也・前掲論文（とりわけ判例タイムズ721号42頁以下）に引用されている判決によって知ることができる。
14) 片岡曻『現代労働法の展開』52頁参照。
15) 労働基準法の定める具体的労働条件が、人身拘束的意味をもつ契約条項の禁止と部分的解雇制限、広義の労働時間、賃金、労災補償といった戦前の苦い経験を踏まえた基本的・部分的事項に限られていることから分かるように、労働法がいかに整備されても、労使関係の法的規範が労働法だけで自己完結できるものではない。それだけに民法をはじめとする市民法の労使関係への適用にあたって、労働法理念の浸透のもつ意義は、とりわけ重要だといわなければならない。
16) 菊池高志「わが国における生存権の展開」（荒木誠之還暦論集『現代の生存権―法理と制度』257頁参照)。
17) いうまでもなく最高裁第3小法廷が富士重工業事件（昭52・12・13民集317号1037頁）において採用して以来、さまざまな疑問が提起されながらも、その後も判例として次第に定着をみていった「企業秩序」論ともいうべき考え方がそれである。
18) 帯広電報電話局事件判決（最1小判昭61・3・13労判470号6頁）。
19) 仁田道夫「『自主管理活動』の登場と生産・労務管理」（社会政策学会年報第22集163頁）を参照。
20) G. Wiese, Der Persönlichkeitsschutz des Arbeitsnehmers gegnüber dem Arbeitgeber, ZfA 1971, S. 273.
21) アメリカにおけるプライバシー権の一環として論じられている労使関係における労働者のプライバシーの保護も、ほぼ同様の問題をカバーしている（I. M. Shepard & R. I. Duston & K. S. Russell. BNA special report-workplace privacy. 2nd ed. 1989.) なお、竹地潔「アメリカに見る労働者のプライバシー保護」（季労160号172頁）を参照。
22) 田島湧二「雇用とプライバシーの保護」（ジュリスト742号186頁）、坂本昌成『身元調査とプライバシー』。これらの行政指導の内容は、三菱樹脂事件・最高裁判決を遥かに超えてプライバシーを守るものとなっており、私的自治や契約の自由を強調する判決の考え方がもはや現実的ではないことを示しているということができる。
23) 例えば、ブラック・リストの禁止規定について、①使用者があらかじめ第三者と共謀し、②労働者の就業を妨げる目的で、③国籍・信条・社会的身分または組合運動に関する通信をする場合という要件をすべて満たさなければならず、③は制限列挙規定である（昭22・12・15基発502号）ということになれば、労働者のプライバシー保護の範囲は著しく狭いことになる。
24) 判例が、女子労働者に対する昇格差別はたとえ性差別にあたることが明らかでも、賃金差別には該当せず、また昇格自体を請求する契約上の平等取扱い義務なるものも認められないとして、結局、不法行為にもとづく損害賠償請求以外にないとするのも同様である（たとえば社会保険診療報酬支払基金事件・東京地判平2・7・4労判565号7頁）。これに対しドイツにおける議論によりながら、労働契約の組織的

性格と人的性格から、使用者の付随義務のひとつとして平等取扱い義務を導くのは、和田肇『労働契約の法理』（とくに235、252頁）である。
25) A. Hallenberger, Die Pflicht des Arbeitgebers zur Förderung der freien Persönlichkeitsentfaltung nach § 75 Abs. 2 Betriebsverfassungsgesetz, S. 73 f. は、経営組織法のこれらの規定は、一般的人格権に新たな規範的内容をつけ加えたというよりも、その侵害に対する制裁や、経営協議会に保護のための権限を与えるなど経営内における保護をより確実にするための制度的仕組みをつくりだしたものだと述べる。
26) 芦部信喜『現代人権論』第1部に詳しい。
27) 三重宇部ナマコン事件（名古屋地判昭38・4・26労民14巻2号668頁）が、信仰の違いを理由に宗教行事への参加命令を拒否した労働者の懲戒解雇が争われたケースであり、判決は、信教の自由にもとづく拒否は権利として保障されているという。
28) 角田邦重「労使関係における労働者の人格的利益の保護1・2」（労判354号4頁、355号4頁）で引用した判例を参照。
29) 角田邦重「団結権侵害と損害賠償の法理」（季労112号20頁）で引用した判例を参照。
30) このような不法行為の判例法理のあり方が、逆に、人格権の権利性の確立を遅らせることになったと指摘するのは、原島重義「わが国における権利論の推移」（法の科学4号54頁）、斉藤博『人格価値の保護と民法』（107頁以下）である。
31) 角田邦重「西ドイツにおける労働者人格の保障」（横井芳弘編『現代労使関係と法の変容』375頁）で、労使関係のどのような領域に適用されているかを概観した。

第3節　団結権と労働者個人の自由

1. 問題の提起

　戦後のわが国の労働法学を彩ってきた集団主義的団結権法理についての回顧を試み、その大胆な見直しの必要性を強調する西谷教授の報告は、労使関係ならびに組合の制度化の進行という今日の事態のなかで、もう一度労働者個人の市民的自由に立ち返ることの重要性を主張するものということができる。

　本節では、この西谷報告を受けて、そこで提起されているいくつかの重要な問題に関する論評を加えるとともに、これに若干の論点を補足することによって、団結権法理の直面している今日的問題の検討に参加しようとするものである。

　西谷報告で一番のポレーミッシュな問題提起は、1950年代前半までにほぼできあがった生存権と集団主義優位とでもいうべき団結権の法理は、その妥当を支えた基盤の変化にもかかわらず、「理論だけがそのまま一種の惰性ないし慣性で持続している」状態にあり、「大胆な自己変革をとげなければならない」という指摘であろう。組織強制、組織統制、労働基本権論の法理の見直しが具体的に取り上げられているが、問題はそれに尽きるものではなく、協約自治の限界といった労働者と労働組合の関係を問う問題から、さらに生存権や団結権と労働者個人の自由といったより基本的問題を含んでいると思われる。

　何がどう変化したのか、その変化は団結権論にどう反映されなければならないのか、この論点について、報告ではかならずしも明確な指摘がなされているわけではないが、キーポイントは、高度成長によってもたらされた経済発展による「豊かな社会の出現」とわが国の「市民社会化」の結果、生存権意識が後退しそれに代わって個人的自由を求める意識が強くなったこと、これに加えて、労働組合の労使協調への転換によって、『団結によってのみ高次の自由が獲得できる』という集団主義を支える考え方が通用しなくなったことの2点に

置かれているように思われる。したがって、以下の検討もこの点を中心におくことにしたい。

2. 生存権と自由の復権

(1) 西谷報告で指摘されているように、戦後わが国の団結権論が、生存権理念と集団主義の優位と結びついて形成されてきたことは、そのとおりであろう。

もちろん生存権理念については、国家の関与ないし配慮による経済的生存の確保を宣言したものとするものから、資本所有権に代表される市民的自由の経済的機能によって生みだされた貧困＝生存の脅威に対する抗議概念であることを強調するものまで、決して統一的理解があったわけではないが[1]、19世紀的自由権的基本権との異質性は自明のことであった。

また集団主義の優位についていえば、契約の自由＝市民的自由は労使関係において資本に対する労働の従属を強制する形式に転化しており、だからこそ生存権理念に支えられた団結法理によるその修正が課題とされた。それは、市民法との連続性より断続性に力点をおき、使用者の財産権的自由の修正を団結による集団的規制に期待したからであったということができよう。

しかしそのうえにたって、生存権理念と集団主義優位の団結権法理は戦後的貧困とわが国の市民社会の未成熟という特殊的時代状況の反映であり、高度成長を経た今日においては、個人の自由の強調ないし市民的自由の再評価という市民法理へ復帰すべきだとの主張に結びつくものであろうか。

一般的にいって、社会科学に属する法理論も時代の産物であり、主張された時代の制約を帯びざるをえないことは当然であろう。しかしまた、その時代を最も深いところですくいあげることに成功しえた理論だけが、最もよく時代を導くことができることも看過されてはならないであろう。その意味で、生存権理念に支えられ集団主義優位を特徴とする団結権思想も、ある意味では、社会的窮乏状態と市民社会の未成熟というわが国の戦後状況を反映したものであっ

たことに異論はないが、それが労働者個人の自由や尊厳を不当に軽視するものであったとの評価に直結するものかどうかについては、より慎重な検討を必要とするように思われる。

この点でいえば、労働者個人と労働組合との関係を問題にする以前に、権威主義的労使関係観が依然として使用者と労働者の関係を支配していた時代であった事実を想起すべきであろう。労働法学説では批判的であったが、経営を「人格的共同体」とみるドイツ労働法的考え方は、現実の労使関係を支配していたとみるべきであり、裁判例のレベルでは、企業を社会的有機体とみたてて、使用者にその支配権限を承認する経営権万能の時代でもあった。

したがって、使用者の人格的支配に対する労働者の市民的権利の主張そのものが、団結によって、つまり集団的に担われなければならなかったのである。それは、賀川豊彦の手になるといわれる1919年の友愛会宣言のなかで謳われていた「労働者もまた人格なり」との主張が現わしているように、使用者に対する労働者の市民的権利の主張そのものが労働組合によって担われなければならないという、戦前から引きずってきたわが国の前近代的社会構造に根ざす重い課題を反映したものであった、といわなければならない。

アメリカの占領政策が、上から、かつ外からのこのような前近代的社会構造の変革を意図したものであったとすれば、戦後の労働組合の活発な活動は、疑いなくそれに呼応する下からの運動であり、労働者の市民的自由の伸長に多大の貢献があったことを否定することはできないであろう。現在では考えられないような、集団主義的組合活動が横行したことが事実であったとしても、今日から考えれば、欧米諸国より一足先に実現したように思えるホワイトカラーとブルーカラーとの間の社会的身分の同一化や、公務員の労働運動への参加、あるいは従業員に開かれた経営者への登用といった労使関係の世界における社会的平等ないし民主化も、この過程を抜きに説明できないであろうと思われるのである。

(2) 高度成長は、わが国の社会構造に大きな変化をもたらした。労働市場がわが国の宿命的とさえ考えられてきた労働力の慢性的過剰から不足に転じ、毎

年10パーセントを超えるベースアップが実現するようになるにつれて、ヨーロッパなみの賃金や「豊かな労働者」の出現が語られるようになった。それは、直接的生存の脅威からの解放をもたらしたし、国民の間に、「中流」意識の広がりや私生活重視の傾向といった価値観や生活スタイルの変化など、「市民社会化」ないし「市民社会の定着」といってよい現象を生み出すことになった。西谷報告でいうように、これまでのような実感的な生存権意識や、労働者の集団主義的階級帰属意識が希薄化するのは、ある意味では当然であったというべきであろう。しかしそのことが、生存権理念から労働者個人ないし市民的自由権の重視へという労働法におけるパラダイムの転換に結びつくものであるかどうかについても、いくつかの留保すべき問題点を指摘しなければならない。

　生存権の理念にしても、今日、もはや生理的生存や経済的生存の国家による配慮ないし確保という戦後的社会状況に規定されたプリミティブな意味にとどまってよいものではない。生存権の具体的内容が、それぞれの国や時代の直面している現実の要求に支えられ、国民の規範意識に承認されることによって具体的権利として結実し形成されていくものであることは、社会権という権利の性格からくる、ある意味では当然のことというべきであろう。

　そして事実、生存権の理念が、一方では、労働契約における解雇制限法理や完全配慮義務の法理を生みだしたことに示されているように、契約法理の社会化を推進していったとすれば[2]、内容的にも、「人たるに値する生存」の保障として、人格や自由の否定ではなく、むしろ現実の社会の中で精神的・文化的側面を含む人格の発展を目指すものとして理解されなければならないのではあるまいか[3]。

　(3)　個人の自由の重要性の主張が、確かに、高度成長期における社会構造の「市民社会化」を背景とする自由と平等、権利意識の高まりによるものであることはいうまでもないが、しかし同時に、あらゆるレベルで進行する組織化とそこでの管理の強化によって引き起こされるようになった、自由に対する現実的脅威を自覚するところから生じたものでもあることが見逃されてはならない

であろう。

　労働者の雇用保障や社会保障の拡大を目指す福祉国家は、同時に他方で、国民経済の高度の組織化と管理を意味しており、そこには国民背番号制度に象徴されるような自由への脅威が潜んでいることも疑えない事実なのである。そして同じことは、信用供与機関における個人情報のような取り引きのレベルから、企業の人事情報に代表される労使関係のレベルにまで及ぶものであろう。

　さらにいえば、今日の市民社会とは、組織の時代であり、これら巨大組織の活動によって支えられている。個人は、いやおうなく、いずれかの組織に組み込まれあるいは参加することによってしか、社会生活を送ることも何らかの社会的発言権を得ることもできない。そして、労働組合と労働者個人という問題も、労使関係と労働組合の制度化の進行に伴って生じている「組織と個人」というテーマの一類型をなすものといわなければならない。

　これらの現代的組織体の管理による自由への脅威は、前近代的共同体規制による個人の抑圧から生じているというより、もっと現代的な組織体による機能的合理性と効率性の追求から発生している問題ということができるのであり、自由一般あるいは古典的自由への復帰を対置させることによって対応できるものではなく、むしろ自由の現代的発展として論じなければならない問題というべきであろう。同様に、たとえ日本的経営の特徴として擬似共同体的性格の残存がいわれ得るとしても、今日では、機能的合理性の補完的機能を果たしているに過ぎないというべきであって、したがってまた、自由一般あるいは古典的自由の強調によっては、この問題に十分対応することはできないといわなければならない。

　(4)　この点を強調しなければならないと思うのは、契約の自由あるいは私的自治の労使関係への適用という形をとって行われている「労働法の市民法化」とでもいうべき現象が、その実態において、生存権理念の労使関係への浸透に対する阻止的機能を果たしている事実を看過できないからである[4]。また同様に、わが国の裁判所が、現代的組織体の管理から生じる自由への脅威に対していかに寛容であり、これに対する古典的自由の主張がいかに無力であるかとい

う現状も、残念ながら指摘しておかねばならないであろう[5]。

　このような労働法における自由の発現形態は、とりわけオイル・ショック以降強くなった自由な市場への過剰な信頼、競争と効率を強調するニュー・リベラリズムと共通するものであろう[6]。「法と秩序」を強調するかに見える一連の裁判例の出現が、ほぼこの時期から始まっているのも、単なる偶然ではないといわなければならない。それは、契約の自由や私的自治といった古典的自由への復帰が、むしろ使用者の包括的支配権限を根拠づけたり、企業組織体の論理による労働者の自由の抑制をもたらしかねないことを示しているといい得るのではあるまいか。

　(5)　こう考えてみれば、生存権理念か自由の意義の再確認かという問題のたてかたや、単なる個人ないし市民的自由の再評価が手放しで肯定されるべきではなく、重要なのは、労働者にとっての「人たるに値する生存」、労働者の人格の自由な発展をいかに保護するかを追求することにあるのではあるまいか。

　もちろんそれは、市民法から断絶したところではじめて成立しうるものでないことはいうまでもない。われわれは、市民法が財産権秩序の維持という伝統的理解の枠を越え、複雑で多元的な利益が錯綜する現代社会において、もっとも根源的な価値でありながら深刻な侵害の脅威にさらされている人格の自由と尊厳を守る開かれた体系へと、法理念のダイナミックな展開を遂げていることに注目しなければならないと思うからである。プライバシーや人格権といった民法における新しい法理の発展が、高度の組織化と管理の強化が進行する現代社会における機能的合理性と効率性追求への対応であることを指摘するだけで十分であろう。労働法にとって自由の復権を語るとすれば、このような現代的市民法における人格の自由と尊厳の保障に連なりながら、労働者の社会的存在にそくした人格の自由な発展の保障の具体化を目指すものでなければならない。

3. 団結権と労働者個人の自由

(1) 対使用者のみならず対組合との関係でも、労働者の個人としての権利が尊重されなければならないという認識は、今日、広く共有されているといってよいであろう。組織強制や統制権行使の実態に対する警戒心、協約による規制力の限界に関する議論など、いずれも労使関係と労働組合の制度化の進行に伴って、労働組合もまた「組織と個人」として論じられている問題から逃れられない存在であることを示している。

しかし他方、団結はもともと労働者の集団的行動の組織化を生命とするものであって、労働者個人の自由の強調は、団結の解体へつながりかねない危険性をもつということができよう。それだけに、労働者個人の自由の一般化に対しては、より慎重な検討が必要だと思えるのである。

(2) わが国の組合運営に見られる過度の集団主義や統制主義の弊害が、労働者個人の自由の尊重や主体的活動の余地を狭め、多様化する個人の要求に対応できないでいること、企業別組合主義とでもいう以外にない体質が、少数意見の組合員に対する寛容さをなくしているとの批判に値する実態は、是非とも指摘しておかなければならない[7]。しかしそのうえで、なおかつ団結権と結社の自由との異質性と、両者の違いが、他ならぬ強制の契機を含む集団主義に由来することは、団結法理の基本的性格からみて否定することはできないように思われる。

もちろん団結権が、労働者にとっての結社の自由を意味していること、争議権もまた、「拡大された自由権」としての性格をもつことは[8]そのとおりであろう。その意味で、労働基本権は、労使関係の制度化を意図した法政策的基本権としての性格をもつ団体交渉権を別にすれば、自由権的基本権としての性格をもっているのは疑いのない事実であろう。また、団結も近代的結社のひとつとして、労働者個人の自由な参加意思によって結成され維持されるものであることも当然であろう。

しかし、それらの自由が市民法的・個人主義的自由と異なるものであるとい

う理解は、労使の個別的契約による労働条件交渉が、事実上使用者の経済的支配力を保障するにすぎないこと、換言すれば、「労働の従属性」による労働者の自由の社会的被規定性を問題にしてきたからであり、そこから団結による集団的規制の必要性(「団結の必然性」)が主張されてきたからであった。「労働の従属性」については、高度成長による「豊かな労働者」の出現が、労働者の市民としての意識を定着させたという社会的背景から、その内容や存否を含めさまざまな議論がなされているが[9]、資本制賃労働のはらむ基本的問題が解消されたわけではなく、労使関係における労働者の実質的自由の確保が、強制の契機を含む集団的行使によってはじめて現実的たりうることを、否定することはできないであろう。

(3) 契約の自由や私的自治といった古典的市民法への回帰が、かならずしも労働者の人格の発展の保障を意味するものではないことは、労使関係におけるその適用の現実について指摘したとおりであるが、このことは、集団的規制を欠いた労働者相互の関係についても妥当する。

労働者個人にとっての自由は、何よりも他の労働者との「競争の自由」を意味しているであろう。そして競争に対する有効な組合の規制が欠如しているところでは、労働者に競争への参入の機会が与えられても、厳しい条件が使用者の裁量によって一方的に設定され、それをクリアできない労働者を振り落とす「選別」と化してしまうのではあるまいか。その意味でいえば、労働者の自由と権利の保障は、集団的規制を抜きにありえないということができるであろう。

あえてこのようなことをいったのは、今日のわが国の組合に本当に欠けているのは、この働き方に対する集団的規制なのではないか、といいたいからである。オイル・ショック後の急激な産業構造の変動に伴って、雇用と就労形態の双方にまたがる弾力化・柔軟化が進んでいるが、労働組合の集団的規制力の欠如もあって、労働者はほとんど個人でこの変化に立ち向かわざるをえない状況におかれているように見える[10]。「過労死」が社会問題になる背景は、集団的規制のないところで展開されている過酷な個人主義的競争にあるといわなけれ

ばならない。

注
1) 菊池高志「わが国における生存権の展開」(荒木誠之還暦論集『現代の生存権—法理と制度』257頁)。
2) 同上。
3) 片岡曻『現代労働法の展開』53頁参照。
4) 例えば、三菱樹脂事件(最大判昭48・12・12)や、就業規則の包括的規定から業務命令権を導き出している東亜ペイント・単身赴任事件(最2小判昭61・7・14)および帯広電報電話局・指定医の受診命令事件(最1小判昭61・3・13)、退職届の形式的受理に労働契約の合意解約の効力を認める大隈鉄工所事件(最3小判昭62・9・18)などの判決をあげることができるであろう。
5) 例えば、国鉄札幌駅事件(最3小判昭54・10・30)以来の一連の企業秩序に関する判決をあげることができる。
6) 蓼沼謙一・角田邦重・諏訪康雄「座談会・現代労使関係と法の動向」季労150号158頁。
7) 角田邦重・西谷敏・菊池高志『労働法講義2・労働団体』(西谷執筆)170頁。
8) 西谷敏「ユニオン・ショップ協定の再検討」(久保敏次還暦論集『労働組合法の理論課題』52頁)。
9) 例えば、遠藤昇三「『人間の尊重の原理』と現代労働法学の課題」(1)〜(4)(島大法学33巻3・4号〜34巻3号)。
10) 角田邦重「企業と人権」(労旬1196号4頁)。

第4節　ドイツにおける労働者人格の保障

1. 問題の所在

1) 労働者人格保護への関心

(1) 労働者の精神的人格価値

　初期の労働保護法は、劣悪な労働条件と職場環境から労働者の生命・身体・健康といった根源的でかつ最もプリミティブな人格的価値を守ることから出発した。それに続いて、職場の確保と賃金その他の労働・経済条件の維持・向上による労働者の経済生活の安定が労働法の目的となった。産業社会の変動や新しい技術開発の労働現場への導入によって、現在でもこれらの領域で絶えず新しい困難な問題を生み出していることはいうまでもない。

　しかし今日の労働法にとっては、それにとどまらず、労働者の精神的人格価値の保護の必要性が、ますます重要な課題になりつつある。それは、労働を単に生産要素の一つあるいは経済的財として取扱うのではなく、その担い手である労働者が倫理的・精神的存在である人格であること、すなわち法的には、憲法で保障されている人間の尊厳の主体として尊重されなければならないとの要請にもとづくものである。労働者の人格保護の必要性 Der Persönlichkeitsschutz des Arbeitnehmers を強調する論者に共通している主張の出発点は、ここにおかれている[1]。

(2) 問題の新しさ

　労働者の人格保護は、永い間、労働法のテーマの対象外であった、というのはドイブラーである[2]。しかしこの主張には、いくらかのコメントが必要であろう。労働者の人格保護のテーマのもとに取扱われている具体的問題のなかには、使用者は雇入れにあたって、どのような事項について労働者に申告を求め

ることができるか Fragerecht des Arbeitgebers od. Offenbarungspflicht des Arbeitnehmers あるいはすでにワイマール時代から議論のあった、企業施設の入退時の管理とそれに伴う所持品検査 Torkontrolle mit Leibesvisitationen や、いわゆる就労請求権 Beschäftigungsanspruch などなど、以前から論じられてきた問題も少なくない。そのうえで、このテーマの新しさに同意するためには、少なくとも次の二つの事情が付加されなければならないであろう。

　一つは、新しい科学技術の開発とその労働現場ならびに労使関係への導入が、従来から論じられてきた問題の延長線上で、しかし明らかに質的転換を伴うような形の問題を発生させている事実である。雇入れにあたって労働者に一定の事項の申告を求めるのは、いうまでもなく労働者の職務遂行上の能力と適格性を知るためであるが、そのための科学的技術は、心理テスト・うそ発見器の利用から、最近では医学的な遺伝学的診断の可否 Genetische Analyse をめぐる論議にまで及んでいる。所持品検査を労働者に対する管理・監督手段の一つとして考えるならば、労働者の仕事ぶりを機械的装置を使って監督することが許されるのかという問題は、明らかにビデオカメラやテープレコーダーあるいはコンピュータなどの技術が飛躍的に進んだ事実を背景にして生じているものであろう。雇入れの時点に限らず、労働者の能力と適性を正確に掌握するためにコンピュータを利用した人事情報の収集と蓄積が進められるに伴って、使用者のもっている人事情報への労働者の閲覧権の保障が承認されるに至ったのも、同様に考えることができる。これらは、たとえ新しい現象への従来の法理の適用という形をとる場合であっても、出発点であるその法理を改めて見直す必要性を意識させずにはおかないというものであろう[3]。

　そしてもう一つ重要なことは、技術的あるいは経済的変化によってもたらされた労働生活への新たな脅威の側面だけではなく、むしろ労働者の価値志向や意識の顕著な変化の与えた影響力の大きさであろう。労使関係の領域でいえば、「労働の人間化」Die Humanisierung der Arbeitswelt のスローガンに代表されるように、職場環境や労働のあり方そのものの質を問題にする動きが顕著になったことがその現われであり、もっと広く、環境問題や情報化社会の進展

に伴う一般的人格権の内容の豊富化などなど、全社会的領域で生じている変化と軌を一にしていることはいうまでもない。

2) 労働者人格保護の射程

(1) 人格保護の対象

労働者人格の保護が、基本法 Grundgesetz で保障されている「人間の尊厳」Schutz der Menschenwürde（1条1項）と「人格の自由な発展への権利」Recht auf die freie Entfaltung seiner Persönlichkeit（2条1項）に基礎をおき[4]、労使関係のなかでその特質にそくして社会的・現実的に具体化していく努力を意味していることはいうまでもない。しかし、それぞれの論者が労働者の人格保護として何を想定しどういう方法で具体化をはかろうとしているかという領域に立入ると、かならずしも共通した理解があるわけではない。

私法上の一般的人格権 Das allgemeine Persönlichkeitsrecht の労使関係への適用という形でこの問題を考えようとするヴィーゼは、労働者の人格保護は労働者の精神的人格価値一般というより、労働者の人格的領域の保護 Persönlichkeitssphäre の意味に限定して理解すべきだと主張している[5]。一般的人格権を基礎づけ体系化したフープマンは、人格権を、「人格の発展を目的とする権利」Das Recht auf Entfaltung der Persönlichkeit,「人格に関する権利」Das Recht an der Persönlichkeit と並ぶ第三の類型に、個人領域 Individualsphäre、私的領域 Privatsphäre、秘密領域 Geheimsphäre という三つの領域からなる人格的領域への侵害をあげ、それを「個性に対する権利」Das Recht auf Individualität の名で総称している[6]。ヴィーゼの提案は、そのうえにたって、プーフマンのいう第三類型の問題に限定しようというものである。その理由として、第一類型に属する一般的行為の自由、あるいは憲法上に根拠規定をもつ個別的自由の保障の重点は、第一次的には労働者自身の行為による発展におかれており、使用者による侵害に対する保護は第二次的で、かつ新しい議論が必要とされる問題ではないからだと説明している。

これに対し、労働者の人格保護を、それを貶める行為からの消極的防禦と考

えるだけでは不当に狭すぎると批判する立場からは[7]、それは基本法の規定を経由して労働法秩序に流れ込み、単に個々の規範の解釈のみならず、人間にふさわしい労働の組織と編成 Rechtsverpflichtung zu menschengerechter Arbeitsgestaltung を積極的に行う一般的義務を使用者に課したもの、との広い内容が与えられている。そしてこのような義務は、単に、使用者に対する道徳的要請や労働組合の闘争の目標、あるいは経営協議会の共同決定の可能性に途を開くというにとどまらず、使用者の法的義務であることが強調されている。もちろんこのような抽象的内容の義務から直ちに具体的権利・義務の基準が導きだされるわけではない。むしろ一般条項的な概括的義務 eine generalklauselartige Ramenverpflichtung であり、個々の事件における裁判所を含む当事者に、労働者の人格保護を具体化するための努力に対する手がかりを与えるものと理解されている。そして憲法によって基礎付けられたこの義務は、それぞれ異なる方法によって労働関係の中に移行させ具体化することが可能であるとされ、私法上の一般的人格権の適用のみならず、使用者の配慮義務 Fürsorgepflicht のような一般条項を経由した基本的人権の間接的適用や、場合によって基本的人権の第三者効を肯定すべき場合もありうるし[8]、また個別労使関係における使用者のこの義務違反は、かならずしも労働者の権利侵害の場合に限定される必要はない[9]とも説明されている。

さらにこの義務は、個別的労使関係の領域にとどまるものでもない。労働者の生命・健康の保護のみならず、職場の編成や労働の手段と作業工程を含めて可能なかぎり労働者の人間的要求にふさわしい職場環境を整える義務という定義が与えられるならば、その義務を実現するための法的手段は、義務内容の個別具体化というより、使用者の決定権限に対する労働者の集団的参加と協働という手続き的制度機構を整備することの方がふさわしいというべきであろう[10]。

(2) 本節の課題

このように、労働者の人格保護の必要性が強調されながらも、対象の範囲な

らびにそれを受け止める法理の双方について、かならずしも共通した理解が存在しているわけではない。そこで、このような現状をもたらしていると思われる根拠そのものに触れながら、本節なりの課題を明らかにする方法を採ることにしたい。

　まず労働者の精神的人格価値の保護という新しい問題であるだけに、そのために特別の統一的労働法規が用意されているわけではなく、多くの問題について、結局さまざまな法規範を用いながらの議論にならざるをえない事情がある[11]。基本法の「人間の尊厳」や「人格の自由な発展への権利」といった包括的な一般的自由権にまで立返らなければならないということ自体、その端的な現われといわなければならない。

　また、新しい侵害の形態が生じているとはいえ、労働者の精神的人格価値の保護の必要性は、別に突然発生したわけではない。その侵害の脅威は、使用者によって設営され運営される経営という fremd な領域で労働し生活せざるをえない労働者にとって、最初からつきまとわざるをえない宿命であったというべきであろう。そして、労使関係を特殊な人格法的共同体関係 Personenrechtliches Gemeinschaftsverhältnis とみることから導き出された使用者の配慮義務や、憲法上の個別的な基本的人権を直接あるいは間接的に労使関係に適用する試みを通して、これまでもその要請に答えようとする努力がなされてきたことも事実であった。そうだとすれば、ヴィーゼのように、これらと無関係に私法上の一般的人格権の法理だけを取り出して論ずるのは、あまりにも狭すぎるといわなければならない。またツェルナーのように集団的労使関係にまたがる制度や機構の整備によって保障される以外にないような、極度に抽象的で概括的義務を想定することの意義は疑わしいとしても、1972年の経営組織法改正によって労働者の自由な人格発展への権利の保護と促進が謳われ、それとともに個別の労働者にはじめて固有の権利をもつ人格的主体としての地位が与えられたことの意義をまったく無視するわけにはいかないであろう。

　この意味でここでは、まずドイツにおける労働者の人格保護に関して論じられてきた基本権の労使関係への適用（第2項）と、複合的で部分的には錯綜す

る法規範（第3項）を概観する。それを踏まえて、労使関係における労働者の人格保護として論じられている具体的問題のなかから、とくに労働者の人格領域に対する侵害からの保護を取り上げて（第4項）検討することにしたい。

2. 基本的人権と労使関係

1) 基本的人権の第三者効

　一般的人格権を基礎付ける基本法の「人間の尊厳」（1条1項）と「人格の自由な発展への権利」（2条1項）の保障規定は、もともと、その他の個別的人権規定と同一のレベルにあるというよりも、その根源にあって、それらに方向付けを与える包括的・一般的性格をもつものということができる。その意味で、この規定を基礎に、私法上の一般的人格権が判例を通して定着し、さらに労使関係への適用が論じられる以前から、憲法上の個別的人権規定の直接あるいは間接的適用によりながら、労使関係における労働者人格の法的保護への努力が試みられてきたのは当然のことであろう。基本的人権の私人間への適用が主張されるにいたった最大の理由は、いうまでもなく、現代の社会において公権力に類似する経済的・社会的権力をもった団体が登場し、これに依存して生活せざるをえない個々の市民の人権に対して重大な脅威を与えるようになった事実と、それを対等な私人間の法律関係に委ねて人権保障の外に放置することは、事実上の空洞化から眼を閉ざすことになるとの認識にあった。その最も典型的な例が、資本に対する労働の従属として把握されてきた労使関係であったことはいうまでもないからである。

　もっとも、ここで基本的人権の第三者効をめぐる議論をそれとして取扱うつもりはないし、その必要もあるまい[12]。ただ後で述べるように、基本法1条、2条を基礎にした私法上の一般的人格権が承認されるに伴って、基本権の私人間とりわけ労使間に及ぼす法的効果の問題は、従来の第三者効の議論が実質的に意味をもたなくなるほどの影響を与えている。もともと基本権規定の私人間

への直接適用を認める考え方も、その法的効果については、民法上の規定にもとづく法律行為の無効[13]（134条）、あるいは権利侵害・不法行為として違法（823条1項）であることに求めてきた。それに合わせて、人格権侵害に対して、所有権と同様の（1004条）不作為ないし妨害排除請求が認められるならば、帰するところは同一といわなければならないからである。

2) 労使関係への具体的適用

以下では、これまで労使関係におけるいかなる人格保護の問題が基本法による基本的人権の適用として論じられてきたかを概観するにとどめる。

(1) 婚姻の自由

広く支持されているのは、婚姻ならびに家族の保護を定めた基本法6条1項の規定（「婚姻および家族は、国家的秩序の保護を受ける」）のなかに公法・私法の全領域にまたがる価値決定を意味する原則規範 Grundsatznorm が定立されているとみて、労働契約中のいわゆる独身条項 Zölibatsklausel の無効を導き出した連邦労働裁判所の判決であろう[14]。判決は、このような契約条項は、婚姻についての憲法上の保護に違反するだけではなく、人間の尊厳と人格の自由な発展への権利にも反する、結婚はせいぜいのところ、それによって契約上の正常な義務の履行が不可能となるような場合に使用者に解雇の正当事由を与えるにすぎないと述べて、基本権規定の直接適用による無効（民法134条）を宣したのであった。同様の法理が、子供を産みたいと思っている女子労働者に対して、妊娠を契約終了原因と定めた契約条項の無効に及ぼされたのは当然であろう（BAG, Urteil v. 28. 11. 1958, RdA 1959, 359.）。

さらに判決は、同条4項（「すべての母親は、共同社会の保護と配慮を請求する権利を有する」）が第三者効をもつことを否定しながらも、同条ならびにこれを受けて制定された母性保護法 Mutterschutzgesetz のなかに現われている憲法上の基本原則から、解約効果をもつロック・アウトの対象とされた妊産婦については、たとえ再雇用に関する協定が存在せず使用者の裁量に属している場合で

あっても、争議終了後に再雇用する義務があるとの結論を導き出した（BAG, Urteil v. 19. 10. 1960, RdA 1961, 89.；BAG, Urteil v. 25. 1. 1963, BAGE 14, 52.）。

(2) 良心の自由

基本法上の良心の自由の保障 Gewissensfreiheit（4条1項）が、労使関係にどのように適用されるべきかについても議論がある。これを純粋に内心的な良心の不可侵性の領域にとどまるとみるならともかく、自己の良心に忠実に従って行為する自由の保障を含むと一般に考えられているところから、使用者に命じられた労働を良心にもとづいて拒否する自由をもつのかという問題が生ずることになる。かつて連邦労働裁判所が、その法的構成について詳細に言及することなく、基本法4条から、「いかなる連邦共和国の市民も、自由にして民主的な法治国家を攻撃し、ナチズムの血ぬられた暴力と不法な体制を称賛しあるいは故意に過少評価しようとする雑誌のために、ほんのわずかでも活動させられることを労働契約によって義務付けられるものではない。労働者は、使用者のそのような要求に対しては、活動することを拒む権利があり、また義務を有する」との見解を示して以来（DAG, Urteil v. 29. 1. 1960, RdA 1960, 400）、とりわけ活発な議論を呼び起してきた問題であった[15]。そして連邦労働裁判所は、類似のケースについて[16]再びこの結論を踏襲することを明言している。

良心の自由の憲法上の保障が労働法関係に効力を及ぼすとの先の判決は、少数の反対意見を除けば圧倒的多数の支持するところであった。ただそれを基礎づける法理については、基本権の第三者効によるとみるものから、民法上の一般条項である信義誠実の原則（242条）を憲法に適合的に解釈し、期待不可能の観点 Unzumutbarkeit に依拠することによって導き出そうとする考え方まで多様であった[17]。新しい判決は、そのいずれにも従わず、使用者の労務指揮権そのものが、基本法4条に照射された公正な裁量 nach billigem Ermessen（民法315条1項）による制限を受けなければならないからだと述べている。すなわち使用者は、労働契約において概括的に定められているにすぎない労働者の給付義務の内容を、労務指揮権にもとづいて一方的に決めることができる。し

かしそれは、民法315条1項にいう公正な裁量に従ってのみ行使しうるのであり[18]、そこで要求されている公正の内容そのものが、良心の自由を保障した基本法の精神に従って判断されなければならないというのである。

(3) 労働者の表現の自由

基本法による表現の自由の保障が労使関係にどのような効果を及ぼすかという問題は、早くから争われそして今日依然として厳しい対立が続いている[19]。連邦労働裁判所が一貫して基本権の第三者効を肯定してきたのに対して、連邦憲法裁判所は、とくに私法上の一般条項を通して間接的に憲法による価値決定の現実化をはかるべきだとの立場からこれに反対してきた、と理解されている。しかし両者の対立は、具体的結論に差異をもたらすものではないと指摘されているように[20]、実際上の観点からどれほどの意味をもつかは疑わしい。

労使関係における労働者の表現の自由は基本法5条1項によって直接保護されるとのBAGの見解に立てば、その制限も同条2項でいう「一般的法律の規定によって」in den Vorschriften der allgemeinen Gesetze のみ可能だということになる[21]。しかしBAGは、この一般的法律とは、名誉毀損罪に関する刑法 (StGB, Art. 193)、信用毀損・不法行為に関する民法 (BGB, Art. 824 Abs. 1) あるいは使用者と経営協議会に経営内における政党政治活動を禁止している経営組織法 (BetrVG, Art. 74 Abs. 2) などの形式的意味での法律を指すだけでなく、「労働関係に関する基本的原則」Grundregeln über das Arbeitsverhältnis も含まれると解している。そこから、労働契約に従って労務を提供する義務のみならず、業務の正常な運営と経営平和を侵害し、あるいはそれに具体的に危険を生じさせる行為をしてはならない義務、さらには、事業所の内外を問わず労働関係から生じる忠実義務 Treupflicht des Arbeitnehmers に違反してはならない[22]といった広い制限が導き出されている。

他方で、基本法の表現の自由の保障が私法の領域を直接規律することを否定する憲法裁判所も、同時にそれが、自由かつ民主的な国家秩序にとって不可欠であるばかりでなく、人間としての人格の本質的表現形式の保障でもあると指

摘し、その重要性がそれぞれの法領域で可能なかぎり生かされなければならないことを繰り返し強調している。労使関係の領域がとくにそこから除外される理由は存在しない。このことがはっきりと読み取れるのは、地方議会選挙に際して、労働組合の組合員であり経営協議会の議長でもあった労働者が、組合の擁立する組織内統一候補者への支持と投票を呼びかけるビラを勤務時間の開始直前に事業所構内で配布したことを理由に、労働裁判所に経営協議会委員からの解任を求める申立てがなされたというケースであった[23]。経営内での政党政治活動の禁止を定めた経営組織法74条2項[24]に違反するこの行為は、経営協議会委員として重大な法律上の義務違反を犯したものであり委員からの解任事由に該当する（23条1項）というのが使用者の主張である。

憲法裁判所は、二つの理由をあげて解任を認めていた原審の判断を覆している。その第一は、「もし立法者が多数の国民の生活形成を本質的に決定する経営における労働の世界の領域から政治的意見を表明する自由を隔離してしまおうとするならば、基本法5条における基本権保障の根本的意義と両立しえない」との基本的認識である。直接には立法権の限界について述べられたものであるが、それにとどまらない意味をもつ。そこから、経営組織法が、使用者と経営内において特別の役割を与えられた経営協議会の構成員だけを対象とし、かつ禁止の範囲についても政党政治活動とそれ以外のものを区分し、前者についてだけ作業の運行と経営平和を損なうかどうかを問わず許されないとしているのは、その要請にもとづくものとされる。第二に、表現の自由に基本法が与えている特別の価値内容の認識を踏まえて、基本権を制限する規範の適用にあたってはそれ自体制限的に解釈されなければならないとの原則がたてられる。そこから、地方議会選挙のための宣伝活動はたしかに団結権保障（9条3項）の範囲に含まれるとはいえないが、複数の政党所属の立候補を含んでいる点で、経営組織法で禁止される「政党政治活動」に該当するかどうかは疑問である。仮に、そうだとしても経営協議会からの解任事由となる重大な義務違反が存在するとの判断は、憲法による基本権の保障を考慮すれば相当性を欠くものとの結論が導かれている。

このように、両裁判所の間に具体的差異を見い出すことは難しい。

3. 労働者人格保護の法的規範

1) 一般的人格権の適用

(1) 一般的人格権の承認

① 市民相互間で認められている一般的人格権が特定の人的グループに適用を限定される性質のものでないからには、原則として労使関係における労働者にも保障されなければならない。確かに雇入れにあたって、労働者の私的生活に関する事項の開示が求められたり、あるいは労使関係のなかでは、職務にかかわって合意や労務指揮権の行使などの方法で労働者の人格権が制約されざるをえない場合が少なからず生じうるが、それは原則的保障を前提としたうえで、制限の範囲ないしその可能性の問題として論ずれば足りる[25]。これが、一般的人格権の労使関係の適用に関する最も典型的な説明の仕方であろう。しかしそれが、決して以前から当然のこととされてきたわけではなく、またたとえ具体的には同一の問題を取扱う場合にも、人格権の保護の観点から論じられてきたものでないことも、すでに前項で述べたとおりである。

もともと包括的な人格的権利の保護がドイツ民法典のなかにおかれているわけではない。むしろドイツ民法は、人格的権利の保護に関しては、「生命・身体・健康・自由」(823条1項)[26]と氏名権 Namensrecht（12条）を規定するだけの個別的列挙主義をとり、名誉 Ehre の保護についてすら権利ではなく生活利益にすぎないとの立場がとられていた。そこで第二世界大戦前のライヒ裁判所 Reichsgericht は、氏名権や、商標権・肖像権・著作権のように特別に法の規定によって保護されている個別的な人格権以外の、一般的・包括的な人格権なるものは存在しないとの立場を採っていた。一般的人格権は、せいぜい法秩序によって承認されている個々の権能を整序するための上位概念にすぎないと理解されていたのである。しかし第二次世界大戦後、ナチ・ファシズム体制下で

人間の自由と尊厳が踏みにじられた深刻な事態に対する反省から、ボン基本法の冒頭に「人間の尊厳の不可侵」(1条1項)と「人格の自由な発展への権利」(2条1項)を保障する規定が設けられたことによって事態は一変した。学説と判例の協働による法形成 Rechtsfortbildung の形をとって、一般的人格権の承認と定着は揺るぎないものとなっていったのである。

　一般的人格権が、憲法上のこの規定に基礎をおきながらも、基本権のいわゆる第三者効 Drittwirkung der Grundrechte にもとづくものではなく、私法上の固有の主観的権利 ein eigenständiges subjektives privates Recht であることについては、今日ほぼ共通した理解となっている[27]。連邦憲法裁判所が述べているように、「基本法は、決して価値中立的な秩序ではなく基本権の条項のなかには客観的な価値秩序が打ち建てられており、それはすべての法領域に妥当する。当然のことながら民法にも影響を与える。いかなる民法の規定も、憲法の価値秩序と矛盾することは許されないし、すべてはその精神において解釈されなければならない。新しい法が憲法の価値体系と調和しなければならないのと同様に、既存の法もまた、内容的にこの価値体系に準拠しなければならない」[28]との考え方にたつものである。

　②　もっとも一般的人格権が承認されるとはいっても、それは内容と具体的権利の範囲をあらかじめ一義的で明確に確定することのできない性質をもっている。単なる個別的人格権の寄せ集めではなく、むしろ侵害行為の態様の多様化や広がりに対応して、絶えず新たにそこに立ち返り、すでに具体化された人格権の不備を補いあるいは新たな人格権を生みだしていく母権 Mutterrecht ないし根源的権利 Quellrecht である点に意味があると解されている[29]。

　それだけに、一般的人格権の具体化と保護範囲を確定するにあたっては、他の権利や利益との慎重な衡量 Das Prinzip der Güter-und Interessenabwägung が欠かせないことが強調されている。このことは、さまざまな権利と義務の束によってなりたっているといってもよい労使関係の場合には、一層強く妥当するものであろう。

(2) 一般的人格権と使用者の配慮義務

① 一般的人格権の保護が労使関係に及ぼされることになれば、従来この領域で、労働者の人格保護の機能を果してきた配慮義務との守備範囲の競合、あるいは分担といった問題が生ずることは避けられないであろう。労働者が使用者に従属し使用者の優越的地位を特質とする労働関係においては、使用者は、その管理する経営と指揮下で働く労働者とその利益の保護に配慮するとともに、労働者の利益を損なうことになるあらゆる行為を差し控えなければならないとの定義にみられるように、配慮義務の特徴は、何よりもその包括的性格にある。実際、労働の場における労働者の安全と健康の保護を使用者に義務付けた民法上の明文の規定 (618条)[30]以外に、さまざまな具体的な法的義務が導きだされてきたのであった[31]。

就労請求権の問題を除けば、従来の配慮義務として議論されてきた具体的内容のうちに労働者の精神的人格価値の保護を見いだすことは難しい。しかし配慮義務の具体化が継続的法形成の成果であったことを考えれば、それを別異に考えなければならない根拠は存在しないであろう。ヴィーゼは、一般的人格権の労使関係の適用によって使用者の配慮義務の範囲が限定されるどころかかえってそれに触発され、労働関係にかかわる労働者の正当な精神的利益を尊重し、回避可能な不利益を労働者に与えないようにする義務があるとの意味で理解すべきであり、それにはもちろん、使用者のとるあらゆる措置に際して、労働者を人格として尊重することも含まれると強調する[32]。そうなると、配慮義務はその保護の範囲において、労働者の人格領域 Persönlichkeitssphäre への侵害を問題とするヴィーゼの人格権保護の場合を当然に含み——この限りで請求権の競合ということになる eine Anspruchskonkurrenz——、かつそれよりも広いことになるし、また法的保護の内容についても、一般的人格権が防衛的権利 Abwehrrecht としての性格のゆえに、侵害の除去と不作為請求 Beseitigungs-und Unterlassungsanspruch にとどまるのに対して[33]、配慮義務は、使用者の作為ないし行為義務を含む点で重要な差異を残すことになる。

② 事実、配慮義務の新たな展開ともいうべき動きには、注目すべきもの

がある。その一つは、就労請求権の根拠ならびに範囲をめぐる問題である。周知のように、永い歴史をもつこのテーマは、一度は、労働関係のもつ特別な「人格法的共同体関係」Personenrechtliches Gemeinschaftsverhältnis から、職業上の特別な利益がある場合に限らず一般的に承認されるとの考え方で決着をみたかの観があった（BAG, Urteil v. 10. 11. 1955, BAGE 2, 221.）。

ところが、労働関係を特別視するこの考え方への批判とともに、就労請求権の一般的承認に疑問を呈する考え方がみられるようになったこと、反対に、いずれにせよ就労請求権の前提として解約告知期間を含め労働関係の存続が必要とされてきたため、解雇の無効を争う訴訟の係属中についてまでは認められないことに変りはなく、訴訟の長期化傾向とともに不充分さが目立つこととなった[34]。これら二つの異なる方向からの批判に答えて、連邦労働裁判所大法廷は、改めて就労請求権に関する法理を整理し直している[35]。判決は、もはや労働関係の特殊な人格法的共同体関係について、まったく言及していない。それにかわって、基本法上の「人間の尊厳」と「人格の自由な発展への権利」の保障のなかに示されている客観的価値秩序は、労働関係における労働者の人格保護とりわけ精神的利益の保護を要請していることが強調されている。そして、労働は、労働者の自尊心あるいは家族や友人、同僚といった生活領域において、労働者の人格に対する決定的な評価の価値尺度であり、また労働者の精神的・肉体的能力ならびに人格の発展の可能性を支えるものであることを考えれば、「労務の給付は、単に経済的財ではなく、同時に労働者の人格の表現として理解されなければならない」とされる。そのうえで、使用者の労務受領義務は、民法上の信義誠実の原則（242条）の労働関係における具体化を意味する配慮義務として再構成が試みられている[36]。

③　もう一つは、人事台帳の閲覧や自己に関わる人事情報のコントロールに関する問題である。経営組織法における個人労働者固有の地位と権利については次で述べることにするが、それを離れて判例は先の就労請求権に関する大法廷判決にならって、使用者による人事台帳の作成は、職務ならびに人格的事項に関し労働者の正しい人格像を伝えるものでなければならず、労働者の人格

権をその社会的評価ならびに職業上のキャリア形成の各側面にわたって損なうことのないよう配慮する義務を、同様に信義誠実の原則から導きだしている[37]。

2) 経営組織法における労働者人格の保護

(1) 労働者人格保護の宣言

① 労働者人格の保護が、一般的人格権や基本権規定の直接・間接的適用によってはかられ得るとしても、経営内で展開される労使関係の具体的局面にそくした形で進めるには、労働法制の整備にまつところが大きいことはいうまでもない。またその保護が本当に実効性をもちうるためには、労働組織のあり方に関する使用者権限の制限と、労働者集団に発言権を保障する法制の存在が不可欠であろう。労働者の人格保護を、人間にふさわしい労働の組織と編成を積極的に実施する使用者の法的義務と広く理解すべきだというツェルナーが、経営組織法における、とりわけ労働と職場の組織・編成に関して個別労働者ならびに経営協議会に与えられている諸権限を、その立法による具体化として重要視するのはそのためである[38]。しかし以下では、このような広い理解の仕方に従うのではなく、経営組織法 Betriebsverfassungsgesetz 1972年改正の主要な柱の一つが、労働者の人格保護にあったことを指摘するとともに、それを受けて具体的にいかなる権限が個別労働者ならびに経営協議会に認められることになったのかを概観するにとどめる。

② このことは、経営協議会 Betriebsrat の任務を定めた経営組織法第4部の冒頭に、「使用者と経営協議会は、当該経営に雇用されている被用者の人格の自由な発展を保護し促進しなければならない」（75条2項）との規定が新しく設けられたことに現われている。この規定は、「人格の自由な発展を求める基本権が経営の門前で止まってしまうのではなく、まさしく労働生活の中でその意義を展開させていかなければならないことを明らかにしたもの」と理解され[39]、さらに、経営内で働くすべての者が正義と公平の原則に従って取扱われ、差別されることのないよう監視する任務を定めた同条1項、ならびに、被

用者とその経営の福祉のため両者の信頼に満ちた協力を謳った原則規定[40]（2条1項）と相まって、経営組織法のマグナ・カルタの地位を占めるものと考えられている。そこから、これを受けて次に述べる具体的規定が新設されただけではなく、この規定そのものが、「人格の自由な発展への権利」（2条1項）をはじめとする基本法の自由権に裏付けられた労働者人格の保障が経営内にも妥当することを、立法上も間接的に確認した意味をもつと理解されている[41]。例えば、使用者の労務指揮権の行使によるか、経営協議会との経営協定の締結によるかを問わず、ことさら労働者の人格を蔑視した作業を命じたり、正当な根拠なしに服装・身だしなみなど私的な決定に委ねられている自由を制限することは許されない[42]、といった効力もそこから生ずることになる。

(2) 経営組織法の具体的な人格保護規定

① 経営組織法の1972年改正は、はじめて個別の労働者に固有の権利をもつ人格としての地位を与えたという点で、新しい指導理念を付け加えたと理解されている[43]。個別の労働者はこれまで、経営協議会によって代表される従業員集団の一員として以上の位置を与えられてはいなかった。しかし技術革新の進行と、経営組織の規模拡大のなかで生じてきた経営組織あるいは経営協議会自体の専門化・官僚化のなかで、個別労働者の疎外感を克服するためには、職場レベルで自己にかかわる事項に直接参加する権利を保障することが不可欠だと認識されるようになったからである。

個別労働者に認められた参加の権利を、ヴィーゼは労働者の人格保護の観点から三つの類型に分類する[44]。事業所内での災害ならびに健康への危険とそれに対する防止措置や施設に関する情報提供義務 Unterrichtungspflicht を定めた規定（81条1項）が、最もプリミティブな人格保護であるとすれば、給与の計算と構成、自分に関する人事考課、これからの処遇について説明を求める権利 Erörterungsrecht（82条2項）は、経済的利益の保護を目的としたものである。しかしこれにとどまらず、労働者の精神的利益の保護の観点から、人事台帳の閲覧権 Einsicht in die Personalakten と労働者の反論の添付請求（83条）、不当

な処遇に対する苦情の申立て (84条)、ならびに与えられた任務と責任の経営内における位置付けについて知らされ (81条1項)、自己にかかわる経営上の事項について権限を有する者から意見を聴取され、職場編成と作業工程について見解を表明し提案する権利 (82条1項) などが保障されている。そして同時に実効性を高めるため、個別労働者は、自己の人事考課や人事処遇についての説明を求め、あるいは人事台帳の閲覧や不服申立ての権利を行使するにあたって、経営協議会の委員に助力を求めることができることとされている。

② 労働者の人格保護にかかわる経営協議会の権限も拡大されることとなった。「被用者の行動と業績を監視することを予定した技術的装置の導入ならびに利用」が、明確に共同決定の対象となった (87条1項6号) が、その他に労働者の人事に関する事項についても、経営協議会の関与権が広い範囲で認められることとなった[45]。

例えば、雇入れにあたっては、労働者の人格領域を侵すような質問や方法の採用を防止するため、質問表の作成 Personalfragebogen (94条1項)、ならびに選考の基準・方法などの一般的評価原則の設定 Beurteilungsgrundsätze にあたっては (同2項)、その内容について経営協議会の同意が必要とされている。また募集、配置転換、格付けの変更、解雇など人事の選考にあたっての一般的指針 Auswahlrichtlinien にも経営協議会の同意が (95条)、職業訓練の促進と、経営の内外を含むそれへの労働者の参加については経営協議会の協議権 (96・97条) が、経営内での実施には共同決定権 (98条) がそれぞれ保障されている。

4. 労使関係における労働者人格保護の諸相

1) 労働者の人格的領域の保護

一般的人格権の承認によってとくに充実した法的保護が与えられるようになったのは、個人の性格像 Charakterbild、私生活や秘密領域・名誉などなど、プーフマンが「個性に対する権利」の名で総称している個人の人格的領域

Persönlichkeitsphäre に対する侵害からの保護であった。

しかし労使関係においては、使用者による制約の必要性が最も強く主張されているのもこの領域である。人事計画の策定から労働者の適正配置、あるいは日常の労働の管理にいたるあらゆる段階を通して、使用者は、労働者に関するできるだけ正確な情報を知る必要があるというものであろう。加えて、労働という生きた人間活動自体を給付の目的とする労使関係においては、使用者の人事情報への関心は、職務遂行の能力や適性を単に外側から観察するのみならず、仕事への意欲や潜在的能力などの人格の内面にかかわる事項から、さらには、労働者の私生活や社会的・政治的分野の行動までを含む全人格領域にまで及ぶことになりかねない。さまざまな技術的手段の開発と人事・労務管理への応用が進められていることを考えれば、労働者の人格的領域は、絶えず侵害の脅威にさらされているのである。

以下では、人事・労務管理による労働者の人格領域の侵害の危険性として論じられている具体的問題のなかから、議論の多い、①私的領域の保護、②労働の監視、の二つの場合に限定して考察することにしたい。

2) 私的領域の保護

労働者の適性をできるだけ正確に掌握したいという使用者の要求がまずぶつかるのは、労働者の私的領域の保護というもう一方の要請であろう。その意味で、古くて新しい問題に属する。

(1) 質問権 Fragerecht の制限

比較的早くから論じられてきたのは、使用者は雇入れに際して、どのような事項について労働者に申告を求めることが許されるかという問題であった。もちろん、予定されている職務の遂行に本質的に要求される事項に関しては、たとえ質問されなくとも申告する義務 Mitteilungspflicht が肯定されるであろう[46]。しかし、その範囲を越える使用者からの質問に対しては、労働者の私的領域保護の要請の観点から、正直に答える義務 Offenbarungspflicht を無制限

に認めるわけにはいかない。そして、過去の犯罪歴 Vorstrafen[47]、妊娠しているかどうか Schwangerschaft[48]、病気や傷害の有無 Krankheit or. Körperbehinderung[49] などに関する質問が、その限界事項[50] として争われてきた典型的ケースであった。

　それぞれの問題ごとのニュアンスを抜きにしていえば、判例を通して形成されてきた考え方は、およそ次のようにいうことができる。使用者は、解雇の他に、労働者の虚偽の申告を理由として、一般の契約と同様、錯誤（民法 119 条）あるいは詐欺（同 123 条）による労働契約の取消しを主張することができる[51]。ただ真実に反するすべての回答が取消しの理由になるのではなく、むしろその前提として、使用者の質問自体が許容される限界を越えるものでないことが必要である。つまり、質問は労働者の答えに対して、使用者が労働関係上の正当かつ公正にして保護に値する利益 ein berechtigtes, billigenswertes und schutzwürdiges Interesse を有する場合に限って許される。そしてこの利益は、客観的かつ労働者の人格的権利の保護と個人的領域の不可侵性を上廻るに値するほど強いものでなければならない[52] との制限に服する、とされるのである。労働者の個人的領域に侵入する無遠慮な質問 indiskrete Befragungen に対して真実を告げなかったとしても、それは「悪意ある欺罔行為」arglistige Täuschung（民法 123 条）に該らないとの構成を取りながら、そこで行われているのは、両当事者の権利ないし利益衡量 Das Prinzip der Güter-und Interessenabwägung による労働者人格保護の範囲を慎重に画定する試みであるといわなければならない[53]。

　しかしこのような質問権の制限による救済の法理は、いずれにせよ、労働者のうそをつく勇気によって守られうるものにすぎない。前節で述べた経営組織法 1972 年法改正が、使用者の作成する質問表の内容について、経営協議会の同意を必要とする旨の規定を設けたのは（94 条 1 項）、人格領域への侵害を意味する質問を事前にチェックする役割を期待したからに他ならない。

(2) 医学的テストの採用

　雇入れあるいはその後で労働者の適性や健康障害を調べるために医学的テストを用いることが許されるかという問題は、質問権の制限と同一の性質をもつものであるが、それにとどまらない側面を合わせもっている。科学技術の開発によって、各種の心理テスト psychologische Testverfahren や筆跡鑑定 graphologische Begutachtung による性格診断が労働者の適格性判定に応用されたり、さらには遺伝学的診察 genetische Analyse の可否が論議されるなど、質的高度化が進むと同時に、人格領域への侵害の脅威も高まらざるをえないからである。

　これらの方法は、使用者の質問表や面談に比較すれば、格段に深く内的人格領域の透視を可能にする。しかもその科学的診断の確実性や信頼性が充分なものでなかったとしても、一度下された判断の誤まりを正すことは、事実上不可能に近い。加えて、許容の限度を越えた使用者の質問に対してなら、労働者はうそをつく権利を行使することで防禦できるが、これらの技術の利用に対しては防ぎようがない立場に立たされる。許容されうる要件と手続きについて、慎重な検討が要求される理由はそこにある。

　もっとも、このようなテストや医学的診察が必要とされる場合があることを否定するわけにはいかない。連邦労働裁判所は、使用者がバス運転手の適格性を判断するため医学的心理テストの受診を指示し、その結果にもとづいてトラック運転手への変更解約権を行使した措置を肯定するにあたって、次の事実に注目している。人命をあずかる職務の性質に加えて、労働者が幾度も交通法規違反を繰返し適格性に疑いを生じさせていたとの客観的事情と、労働者が受診に異論を申立てなかったことである[54]。このように職務の特別の性質から必要性が高く──例えがパイロットのような──、かつそのために合理性が認められる相当性の範囲内 Verhältnismäßigkeit での適格検査は、同意の有無を問わず要求されうるであろう。特定の健康障害の危険を伴う職務への就労に際して、あるいは他の労働者に感染する危険のある病気についての医学的検査の受診も同様である[55]。しかしこのような場合を除いて、一般にテストや医学的検

診を義務付けることは許されないと解されている。労働者の同意があれば許されるかどうかについては議論があるが、包括的・一般的同意が労働者の自由な意思を確保できないものであることは、一致して認められている[56]。

使用者による質問表の作成の場合と同じく、経営組織法は、ここでもこれらを採用することやその方法について経営協議会に同意権を与えて（94条2項）、その濫用に対する歯止めの役割を期待している。

3) 労働の監視

従来の最も代表的な議論は、入退時の管理とそれに伴う所持品検査 Torkontrolle und Leibesvisitationen による人格的自由の侵害の危険性をめぐるものであった[57]。しかし、機械的装置を使った作業工程の管理や、さらにコンピュータの導入によって、労働に関するあらゆる情報の収集と蓄積、労働者の人事管理への応用の可能性に途が開かれるという事態の発生によって[58]、労働の監視をめぐる問題にも新たな展開がみられるようになった。

(1) 経営組織法による規制

作業工程を自動的かつ正確に記録し管理する技術的装置の導入は、交通の安全確保の観点からトラックやバスの走行にいわゆるタコグラフの取付けが義務付けられているように、第一次的には、機械それ自体の正常な運行を監視するためであろう。しかし同時に、その記録は、機械を使って仕事をしている労働者の行動や業績を正確に把握し、人事管理の資料として利用することを可能にする。それは一面では、人間労働に伴う誤まちを少なくし、あるいは管理職の個人的で恣意的な人事考課に比べて客観的公正な資料を提供しうるかも知れない。しかし、より効率的で高密度の労働を促進し、また匿名でなされる強力かつ全面的な労働の監視として機能することによって、免れようのない精神的重圧を労働者に与える危険性をもつことは争いえない事実であろう。すなわち、労働者の人格的領域への侵害の危険性は、労務指揮権の行使を意味する管理職による労働の監督に比べて格段に大きいといわなければならない。

経営内における労働者の「人格の自由な発展」を法目的の一つに謳った経営組織法の改正が、「被用者の行動と業績の監視を予定した技術的装置の導入と利用」（87条1項6号）を経営協議会の共同決定事項に加えたのは、そのためであった[59]。そこから、たとえ第一次的な使用者の目的が労働者の監視を意図したものではない場合でも、それによって得られたデータから、付随的効果としてではあれ客観的に労働者の行動と業績の判定に利用することが可能となるものであれば共同決定に服する、との考え方が採用されるに至った[60]。そしてさまざまなケースについてこの原則の適用を求める動きが現われ、判決として定着をみつつある[61]。

(2) 労働の監視と人格権侵害

　経営組織法による集団的規制とは別に、安全の確保や機械の正常な運行の監視に付随するというより、直接労働者の労働それ自体を監視するための技術的監視装置の導入は、労働者個人の人格的権利を侵害するとの評価にさらされる。一方からだけ透視できるガラス Einwegscheiben を使った監視、秘かに取付けられたテープレコーダーで労働者の会話を録音したり、写真の撮影やビデオカメラを使った監視方法などが議論されている[62]。

　経営内における労働が使用者の指揮監督下で行われるものであり、労務管理者による監督を伴うことは否定できないが、機械的装置を用いた労働の監視は、その匿名性と完全さないし徹底ぶりにおいて、到底同一視できない性質をもっている。間断なく監視され観察されているという意識は、労働者に強い心理的苦痛やその方法によっては屈辱感を感じさせるものであろうし、仮に継続的監視が行われていないとしても労働者の側からそれを識別するのは不可能であって、監視に対して防衛の方法がないこと自体のもつ精神的重圧には何の違いもない、というべきであろう。この点から、労働者の人格領域に対する侵害として許されないとの評価が導かれるのである[63]。

　これに類似し、かつ微妙なのは、労働者の経営内に設置された電話の利用と、使用者によるその監視から生じる問題である。経営内の電話を利用した労

働者の私的な会話を監視の目的で盗聴あるいは録音したりすることが、労働者の私的領域の侵害として許されないことはいうまでもない[64]。しかし私的目的のための業務上電話の利用を抑制する必要性は、情報・通信の役割の増大に応じてそのコストの占める割合も高くなっている実情を考えれば、使用者にとって大きな関心事であることはいうまでもない。規制のための技術的装置の開発と、反対に、労働者の私的領域侵害の危険性が議論される背景はそこにある。予め私的な電話であることが申告された場合を除いて——この場合は度数と料金のみにとどめられる——、業務上あるいはそれに伴う私的会話については、利用された電話の特定・日付と時刻・通話時間・相手方の電話番号・度数と料金などを自動的に記憶する装置 Telefondatenverarbeitung の導入の可否が争われた事例で、連邦労働裁判所は、経営協議会との共同決定事項ではあるが（87条1項6号）、経営協定あるいはそれにかわる調整委員会の裁定 Einigungsstellenspruch によって許容されうるとの判断を示している[65]。

注

1) 例えば、G. Wiese, Der Persönlichkeitsschutz des Arbeitnehmers gegenüber dem Arbeitgeber, ZfA 1971, S. 273 ; W. Zöllner, Arbeitsrecht und menschengerechte Arbeitsgestaltung, RdA 1973, S. 212.

2) W. Däubler, Das Arbeitsrecht 2. Bd., 1979, S. 133 ff. は、労働者の人格保護を取扱うにあたって、わざわざ「殆んど放置されてきたテーマ」ein fast vergessenes Problem という見出しをつけることから始めている。

3) ドイブラーは、従来の労働法における保護原理は、集団的労使関係と並んで健康と賃金の保護で充分と考えられて、その他は労働契約当事者の合意に委ね、せいぜいのところ使用者の労務指揮権に制約を加える努力であったと批判的な要約をしている。W. Däubler, a. a. O., S. 133. ちなみに最も標準的とされてきた Hueck-Nipperdey, Lehrbuch des Arbeitsrecht, 7 Aufl. 1. Bd. 1969, にも、労働者の人格保護を扱う項は存在せず、同様に標準的な判例集、Huck-Nipperday-Dietz, Arbeitsrechtliche Praxis, Nachschlagewerk des BAG (AP) に、労働者の人格権 Persönlichkeitsrecht という項目が取入れられるのは、1973年からである。

4) 基本法の同条の文言は、「人間の尊厳は不可侵である。これを尊重しかつ保護することは、すべての国家権力の義務である」(Art. 1 Abs. 1)、ならびに「各人は、他人の権利を侵害せずかつ憲法秩序または道徳律に反しないかぎり、人格の自由な発展への権利を有する」(Art. 2 Abs. 1) となっている。この二つの条項を基礎に、私

法上の一般的人格権が導き出されていることは、後に述べる通りである。
5) G. Wiese, a. a. O., S. 274, 283.
6) H. Hubmann, Das Persönlichkeitsrecht, 2. Aufl. 1967, S. 175, 220, 268 ff.; ders., Der zivilrechtliche Schutz der Persönlichkeit gegen Indiskretion, JZ 1957, S. 521.
7) W. Zöllner, a. a. O., S. 214 ; ders., Arbeitsrecht, 1977, S. 125.
8) 労働者の人格保護の問題を、労働法に与える憲法規範の影響として論じる者は少なくない。例えば、G. Künchehoff, Einwirkung des Verfassungsrechts auf das Arbeitsrecht, RdA 1969, S. 97.
9) この点では、例えば、労働法上の平等取扱いの原則 Grundsatz der Gleichbehandlung の法的根拠に関する議論が参照されるべきであろう。P. Schwerdtner, Arbeitsrecht I, 1976, S. 188. のように、恣意的差別は、人間の固有の価値を無視し労働者の人格に対する蔑視 Mißachtung を意味するとして、一般的人格権に根拠を求める考え方もある。しかしツェルナーは、平等原則は一種の一般条項的な客観的法原則であって、そこから直接主観的権利を発生させる性格のものではないとの立場を採っている。W. Zöllner, Arbeitsrecht, 1977, S. 133. 平等原則をめぐるさまざまな考え方については、P. Schwerdtner, a. a. O.
10) 事実、ツェルナーは、経営組織法の改正（1972年）で設けられた労働と職場の編成に関する一連の経営協議会の共同決定権をこの義務の具体化として重視している。W. Zöllner, Arbeitsrecht und menschengerechte Arbeitsgestaltung, RdA 1973, S. 215 ; 同様の観点から経営組織法の基本的性格付けを行うのは、A. Söllner, Betrieb und Menschenwürde, RdA 1968, S. 437.
11) ドイツ労働組合同盟 DGB が提案している「労働関係法草案」DGB-Entwurf zum Arbeitsverhältnisrecht（1977. 4. 5）は、このような状態の克服を意図したものとして興味深い。労働関係の全分野をカバーする146条にのぼる詳細な法律案であるが、とりわけ「労働関係における労働法上の基本権」の見出しで冒頭におかれた以下の条文は、労働者の人格保護を意識したものとなっている。
第1条　労働力の保護
　(1)労働力は国の特別の保護を受ける。
　(2)人間の尊厳を損なうような義務は、労働関係によって基礎付けられうるものではない。
　(3)人格の自由な発展への権利は、労働関係において、労働契約の履行に不可欠な限度でのみ制限に服する。
　(4)労働者は、不当な労働条件ならびに品位を欠いた恣意的取扱いからの保護と、経営内の危険ならびに健康への脅威に対する安全への権利を有する。
第2条　平等ならびに平等取扱い……略……
第3条　職場に関する権利……略……
第4条　人格の保護
　(1)使用者は、労働者の人格と尊厳ならびにその健康を尊重し保護しなければならない。職場の編成と作業の方法、作業の工程と経営の組織はそれにふさわしい

ものでなければならない。
(2)労務給付に関する使用者の命令は、相当かつ事理にそくしたものでなければならない。
(3)労働者は、法律あるいは労働法上の諸原則に異なる定めがない限り、合意された方法で就労する権利を有する。
(4)労働者の私的生活は、労務給付の履行のため必要とされる場合を除いて、労働契約上の義務の対象あるいは解雇理由にされてはならない。

　　これらの原則規定を受けて、雇入れにあたっての使用者の質問や労働者の申告義務の制限、医学的診断の限度（11〜14条）、就労後の所持品検査や機械的装置による作業の監視に対する制限（33条）、就労請求権の保障（35条）、職場内での労働者の表現の自由、自己の処遇ならびに職業的発展の可能性にかかわる事項について説明を受け不服を申立てる権利（91条）、労働関係終了時の使用証明への不当記載、ならびに労働者に関する不当な情報の提供に対する保護（135〜139条）などなど、労働者の人格保護に関する詳細な規定が用意されている。RdA 1977, S. 166 ff. DGB のこの提案が、統一的労働法典（Arbeitsgesetzbuch）作成のための連邦政府によって設けられた専門委員会による草案 Entwurf eines Arbeitsgesetzbuches- Allgemeines Arbeitsvertragsrecht に対抗して作成された経由と、労働者の人格の尊重を強調したものであることについては、AuR 1977, S. 245. に解説されている。
12) この問題が憲法学によって好んで取り上げられてきたテーマであることは、周知の通りである。例えば、芦部信喜『現代人権説』（1974）第Ⅰ部を参照。
13) 同条は、「法律の禁止に違反する行為は、無効とする。但しその法律に別段の定めがある場合にはこの限りではない」と定めており、これとは別個に「善良の風俗に違反する法律行為は無効とする」との規定（138条）が用意されている。基本権の第三者効とは、私法上の禁止規定を設定した意味をもつとの理解に立つものである。
14) BAG, Urteil v. 10. 5. 1957, BAGE 4, 274. ラントの療養施設で見習看護人として働いていた女子労働者との間で結ばれていた、結婚した月の末日で契約は終了する旨の合意の効力が争われたケースであった。
15) Bosch u. Habscheid, Vertragspflicht und Gewissenskonflikt, JZ 1964, S. 213. には、よく知られているケースとして、病院の看護婦が宗教上の理由からいわゆる安楽死 Euthanasie への関与を拒否した場合や、薬局の店員が、医師のカルテによらない、あるいはカルテがあまりにも安易に作成されたと信じて避妊薬の販売を拒んだ場合などがあげられている。
16) BAG, Urteil v. 20. 12. 1984, AuR 1986, 379. mit Anm. U. K. Preuß. 良心にもとづく兵役拒否を認められ、また反ナチズム・反ファシズム団体の活発なメンバーでもあった印刷労働者が、第三帝国と第二次世界大戦を擁護する内容をもった歴史ドキュメント出版のためのパンフレットならびに宣伝文の印刷労働に従事することを拒否して解雇されたというケースであった。原審の判決は（LAG Schleswig-Holstein,

Urteil. 6. 1. 1983)、真の良心的決定は、政治的立場からではなく、倫理的・道徳的ないしは信仰上の価値観にもとづくものをいい、それは、戦争や暴力的支配が本人にとって耐えられない形で及んでくる場合にのみいいうるのであって、ファシズムとの闘争を主張する本件労働者の場合はそれに該らないとしていた。BAG は、このような解釈基準の区分を否定し、良心にもとづく労務拒否の正当性を承認する判断を示している。もっとも良心的決定がもっぱら理性的、政治的あるいは世界観的感情から発するものであることを要しないとはいえ、その動機のいかんは良心的決定の義務からの解放にあたって考慮されうると付言している。

17) U. Mayer, Arbeits-und sozialrechtliche Probleme der Gewissensfreiheit, AuR 1985, S. 105. が、この判決を機に、従来の議論の流れと論点を整理している。

18) 同条の文言は、「給付内容が契約締結当事者の一方によって特定される場合に、疑念があればその決定は公正な裁量に従って行われなければならない」となっている（BGB Art. 315 Abs. 1）。

19) とくに、1979 年の連邦議会選挙の際、右派政治家として著名なシュトラウスが、CDU/CSU の首相候補に指名されたのに対して、労働組合がそれに強く反対する選挙キャンペーンを展開し、衣服に STRAUSS NEIN DANKE などと書かれたワッペンを着用したまま就労する手段を採用したことから、これを理由とする解雇の相当性が争われることとなり、表現の自由論争の再燃がみられる。BAG Urteil v. 9. 12. 1982. AuR 1984, 122 mit Anm, W. Kohte ; BAG Urteil v. 21. 12. 1983. U. Zachert, Plaketten im Betrieb-Ausdruck von Meinungsfreiheit oder Störung des Betriebsfriedens?, AuR 1984, S. 289 が、解雇を認めた BAG 判決に批判的な検討を加えている。

20) G. Schaub, Die Freiheit der Meinungsaüßerung im Individualarbeits-und Betriebsverfassungsrecht, RdA 1979, S. 136.

21) 基本法 5 条は、その 1 項で「各人は、言話、文書および図画をもって自由にその意見を表明し、および流布し、一般に接近可能な情報源から妨げられることなく知る権利を有する。出版の自由およびラジオおよび映画による報道の自由は保障される。検閲は行われない。」と表現の自由を保障し、制限について、2 項で「これらの権利は、一般的法律の規定、少年保護のための法律規定および個人の名誉権によって制限される」と定めている。BAG の理解する「一般的法律」について詳細な検討を加えているのは、K. Schmitter, Meinungsfreiheit und Arbeitsverhältnis, AuR 1968, S. 353. である。

22) とりわけ BAG が、ラント議会の選挙に際して、自己の勤務する銀行が進めている吸収合併について言及し非難した記事を掲載した政党新聞を、勤務時間外に一般市民に配布した従業員の行為についても、忠実義務違反を認めたことから（BAG, Urteil v. 28. 9. 1972, AuR 1973, 218. Anm. T. Ramm が批判的な論評を加えている）、"さるぐるわ判決"の名で活発な論争を呼び起こした。

23) BVerfG, Beschl. v. 28. 4. 1976, NJW 1976, 1627.

24) 経営組織法 74 条 2 項は、1 文で、使用者と経営協議会の間の労働争議行為を禁止し、2 文・3 文で以下のように定めている。「使用者と経営協議会は、作業の運

行ないし経営平和を損なう活動をしてはいけない。使用者と経営協議会は、経営内でいかなる政党政治活動もしてはいけない。もっとも当該経営とその被用者に直接関係する労働協約政策、社会政策ならびに経済的事項を取扱うことは、この規定に抵触しない」。

25) 例えば、E. H. Schwenk, Das allgemeine Persönlichkeitsrecht des Arbeitnehmers, NJW 1968, S. 822.

26) ドイツ民法 BGB 823 条 1 項は、「故意・過失によって、他人の生命、身体、健康、自由、所有権その他の権利を違法に侵害した者は、これによって生じた損害を賠償する義務を負う」となっている。この「その他の権利」のうちに、人格権一般すなわち一般的人格権を含めることができるかというのが争点であった。民法典の立法過程で意図されていたのは、所有とそれに類する物権 das Eigentum oder die anderen Rechte an Sachen という限りでの不確定概念であって、いずれにせよ財産権以外の権利が想定されていたわけではない。斎藤博『人格権法の研究』(1979) 59 頁以下。なお同書は、ドイツにおける人格権保護に歴史的体系的考察を加えたもので、以下の記述は、同書、ならびに、第二世界大戦後の連邦通常裁判所 Bundesgerichtshof の判例による一般的人格権の承認の過程を中心に取扱った五十嵐清・松田昌士「西ドイツにおける私生活の私法的保護――一般的人格権理論の発展」、戒能通孝・伊藤正己編『プライバシー研究』(1962) 150 頁以下に負うところが大きい。

27) H. Hubmann, Das Persönlichkeitsrecht. 2. Aufl. 1967, S. 107 ff. もっとも初期の連邦通常裁判所が、基本法 1 条、2 条によって公権ならびに私権としての一般的人格権を直接基礎づけるニッパーダイの影響を受けていたことについては、五十嵐清・松田昌士・前掲書 185、162 頁、斎藤博・前掲書 106 頁を参照。

28) 連邦憲法裁判所の有名なリュート判決 Lüth-Urteil で述べられた見解がそれである。BVerfG Urteil v. 15. 1. 1958, BVerfGE 7, 198 (205)、ハンブルグ州の情報局長リュートが、かつてナチス時代にユダヤ人迫害の映画を作成した経歴をもつ監督の手になる映画の上映をボイコットするよう呼びかけたのに対して、これを製作した映画会社が良俗違反 (826 条) を理由にその差止めを求めた事件であった。連邦憲法裁判所は、一般条項である何が良俗 die guten Sitten に反するかの解釈に際しては基本法による表現の自由 (5 条 1 項) の保障を考慮しなければならないと、この訴えを斥けた。

29) その発展を追っている最近の論文は、H. E. Brandner, Das allgemeine Persönlichkeitsrecht in der Entwicklung durch die Rechtsprechung, JZ 1983, S. 689 ff. である。

30) 安全保護義務を定めた同条の文言は、「使用者は、労務の遂行に供されている場所、装置又は器具の設置と維持、ならびに使用者の指示ないし指揮の下で行われる労務の提供について、労務の性質が許すかぎり、労働者を生命および健康への危険から守る措置を講じなければならない」となっている。

31) Hueck-Nipperdey, a. a. O., S. 390 ff.; T. Mayer-Maly, Treue-und Fürsongepflicht in rechtstheoretischer und rechtsdogmatischer Sicht, in: W. Braumüller (Hersg.) Treue-

und Fürsorgepflicht im Arbeitsrecht, 1975, S. 71 ff. は包括的配慮義務がその具体化を通して果してきた主要な機能として、労働保護法や社会保険法などの公法上の義務規定を労働契約上の使用者の義務に取り込んできた統合的機能 Integrationsfunktion、平等取扱いの原則・有給休暇・労働者が事業所内に携帯してきた財産についての保管義務など、新しい法思想を労働関係に受容するにあたって果した継受的機能 Rezeptionsfunktion、そして企業年金などの付加給付に際してみられる、厳密な契約上の合意がなく、あるいはそれがあってもその後の事情による契約内容の変更を必要とする際に用いられてきた弾力化機能 Elastizitätsfunktion の三つがあげられるという。和田肇「西ドイツ労働契約における忠実義務と配慮義務㈡」名古屋大学法政論集 96 号 552 頁以下が、配慮義務として取り上げられてきた具体的内容に解説を加えている。

32)　G. Wiese, a. a. O., S. 278 ff.
33)　一般的人格権の侵害に対する法的救済は、原則として、相手方の故意・過失にかかわりなく認められる、事前の差止ならびに事後ないし侵害の継続に対する妨害排除請求である。具体的な方法としては撤回 Wiederruf や訂正 Berichtigung、テープレコーダーを利用した秘密裡の録音に対してはその抹消が認められている。これに違反した場合には、債権者の請求にもとづく強制執行の方法として、民事訴訟法で 5 万ドイツ・マルク以下の秩序金 Ordnungsgeld または 6 ヵ月以下の秩序拘禁 Ordnungshaft が予定されている（ZPO 890 条）。
　　これに加えて、判例によって慰謝料請求 Schmerzensgeld も認められている。もっともドイツ民法は、精神的損害に対する金銭賠償は法律に定めがある場合にのみ認められるとの規定（253 条）をおき、それを身体・健康・自由（847 条）ならびに貞操侵害（1300 条）に限っている。そのためこの規定を越えて、一般的人格権の侵害に慰謝料請求を認める判例も、加害者に「重大な過失」があるか、人格権に対する「重大な侵害」の場合に限られるとの加重的要件が必要だとしている（斎藤博・前掲書 337 頁以下を参照）。労使関係における労働者の人格権侵害に慰謝料の請求を認めることについて、連邦労働裁判所 BAG がことさらこの要件を厳しくしていないかと批判するのは、G. Wiese, Kein Anspruch auf Entschädigung des immateriellen Schadens in Geld wegen Verletzung eines Persönlichkeitsrechts bei gleichzeitiger Vertragsverletzung?, DB 1975, S. 2309 ; Wichmann, Der Schmerzensgeldanspruch im Arbeitsverhältnis, AuR 1975, S. 105.
34)　経営組織法 1972 年改正は、この点でも、経営協議会に一定の事由があれば通常解雇に対する異議申立て権を認め、その場合、解雇無効を争う訴訟期間中の継続雇用を使用者に義務付ける規定を新設した（102 条）。連邦労働裁判所は、この規定から、経営協議会の異議がない場合には、原則として訴訟係属中の就労請求権は認められないとの解釈を示して、厳しい論争をまき起していた。BAG, Urteil v. 26. 5. 1977, BAGE 29, 195.
35)　BAG, GS. Beschluß v. 27. 2. 1985, AP Nr. 14 zu § 611 Beschäftigungspflicht. 前注の判決に対する批判を考慮した連邦労働裁判所第二法廷によって、問題の再検討が大

法廷に委ねられていた（BAG, Beschluß v. 18. 1. 1979, BAGE 31, 288)。
36) もう一つの争点であった解雇無効を争う訴訟係属中の就労請求権の存否については、不確定な法的状態から当事者双方の利益衡量が必要だとして、明らかな解雇無効の場合を除いて、就労請求権が認められるためには解雇を無効とする第一審判決がなされなければならないとの見解を示している。
37) BAG, Urteil v. 27. 11. 1985, AuR 1986, 223. 不当な警告処分を人事台帳から削除するよう求めた労働者の請求を認めている。
38) W. Zöllner, Arbeitsrecht, 1977, S. 125, 353 ff.
39) Dietz-Richardi, Betriebsverfassungsgesetz, 5. Aufl. 1973, S. 757.
40) 「使用者および経営協議会は、現に効力を有する労働協約の尊重のもとに、信頼に満ち、かつ経営内における代表的な労働組合および使用者団体と協力して、労働者と経営の福祉のために協働するものとする」(2条1項)とのこの規定は、両者に絶対的平和義務を課した同条2項とともに、経営組織法の基本的性格を定めたものと理解されている。
41) Löwisch, Schutz und Förderung der freien Entfaltung der Persönlichkeit der im Betrieb beschäftigten Arbeitnehmer (§ 75 Abs. 2 BetrVG 1972), AuR 1972, S. 359.
42) Söllner, Betrieb und Menschenwürde, RdA 1968, S. 437. は、わざと無意味な労働を命ずるような、使用者による恣意的で嫌がらせ的取扱いは特定の法益の存否を問わず人間の尊厳を侵害することになると法改正の以前から強調していた。服装・身だしなみの制限の限界について詳細な議論を展開しているのは、G. Wiese, Freiheit und Bindung des Arbeitnehmers bei der Gestaltung seines Äußeren, UFITA 1972, S. 145. である。
43) K. Fitting (Ministerialdirektor), Die Grundzüge des neuen Betriebsverfassungsgesetz, Bundesarbeitsblatt 1972, S. 276. 連邦労働・社会省発行のこの雑誌の同号（5月号）は、経営組織法の改正について特集し、当時の労働・社会省大臣であったW. Arendの他、ドイツ使用者団体連盟BDA、労働組合（ドイツ労働組合同盟DGBとドイツ職員組合DAG）の各代表者が、それぞれの立場から、改正法の評価を行っている。
44) G. Wiese, Individualrechte in der Betriebsverfassung, RdA 1973, S. 1. は、これらはもともと、労働契約上の使用者の配慮義務から導きだすことのできるものを法律上明確にした意味をもつと指摘し、経営組織法の適用されない経営の労使関係においても、経営協議会の支援がない点を除いて同様のことが承認されなければならないという。
45) 中嶋正雄「西ドイツにおける人事問題の共同決定」季労128号157頁が、1972年法改正によって認められた経営協議会の権限について要をえた概観を行っている。
46) Hofmann, Zur Offenbarungspflicht des Arbeitnehmers, ZfA 1975, S. 1. 47 ff.
47) BAG, Urtil v. 5. 12. 1957, BAGE 5, 159. 住宅貯蓄組合にタイピストとして採用された労働者が、雇入れの際に犯罪歴の有無について質問されたのに、禁止された政治結社に加入した罪で2ヵ月の執行猶予付軽懲役刑に処せられた事実を秘匿したと

して、詐欺にもとづく契約の取消しを通告された事件であった。判決は、個人的領域の保護ならびに社会復帰の観点から、犯罪歴に関する質問は、銀行の出納係として予定された者に幾度も横領罪の前科があるとか自動車運転手に飲酒運転の犯罪歴があるなど、予定された職務と関連するものに限られるとして、この事件の場合はそれに当たらないと判断した。

48) BAG, Urteil v. 22. 9. 1961, BAGE 11, 270. は予定されている職場が妊婦の就労制限をうけるか否かを問わず妊娠の有無を質問することは許される、真実に反する解答は、それによって錯誤の要件である「取引上の本質的性質」verkerhrswesentliche Eigenschaft を誤ったとまではいかないが、詐欺にもとづく取消し理由にはあたるとした。この見解は、多くの批判にもかかわらず維持されている。しかし雇用における男女平等実現のための民法改正（611条a）によって、契約締結時の差別も許されないとの規定が設けられたことに関連して、男女の応募者がある場合には、女子に不利益になる妊娠の有無を質問するのは間接的差別にあたり許されないとの判断を示して注目されている。BAG, Urteil v. 20. 2. 1986, NZA 1986, 739.

49) BAG, Urteil v. 7. 6. 1984, DB 1984, 2706. は、重傷者就業法の意味での障害の有無に関する質問は制限を受けないが、その他の病気や障害については予定された職務との関連性のあるものに限られるという。

50) 傾向経営のような特殊な場合を除けば、政党・労働組合・宗教ないし信仰といった事項を質問することが許されないのは当然である。文献は多岐にわたるが、K. Hümmerich, Wonach darf der Arbeitnehmer bei der Einstellung gefragt werden?, BB 1979, S. 428.; Hofmann, a. a. O.; Schwerdtner, a. a. O., S. 27 ff. が、包括的にさまざまの場合について検討を加えている。

51) ただし、取消しの効果は、将来に対してのみ生じるとされている。また妊・産婦に対する解雇制限規定（母性保護法9条）は、取消しの場合には適用されないという。

52) BAGの注(49)に掲げた判決がもっとも整理された形でこの旨を述べている。

53) BAGの注(16)の判決が、憲法上の基本権保障に含まれる客観的価値秩序に従った民法規定の解釈の必要を強調し、基本権の第三者効の有無の議論と違った方法に途をひらいていたことを想起すべきであろう。

54) BAG, Urteil v. 13. 2. 1964, RdA 1964, 196. この問題に関する文献は少なくないが、K. Schmid, Die rechtliche Zulässigkeit psychologischer Testverfahren in Personalbereich, NJW 1971, S. 1869; ders., Rechtsprobleme bei der Anwendung von Intelligenz-Tests zur Bewerberauslese, DB 1971, S. 1420. が、さまざまな手法について検討を加えている。

55) G. Wiese, Genetische Analyse bei Arbeitnehmern, RdA 1986, S. 120. は、1985年9月に連邦議会の遺伝子工学に関する委員会の公聴会に提出された参考人としての意見書をもとに書かれた論文であるが、そのなかで遺伝学的診察と人格保護の限界領域について論じている。

56) AG München, Urteil v. 14. 4. 1975, NJW 1975, 1908; LAG Baden-Württemberg

(Freiburg), Urteil v. 26. 1. 1972, NJW 1976, 310. は、いずれも使用者が、人事台帳の労働者の手書きの経歴書を同意をえずに筆蹟鑑定に供し、労働者の人格診断の資料とした行為について、一般的人格権の侵害を理由に慰謝料の請求を認めたものである。労働者の経歴書の提出によって、筆跡鑑定などの検査に対する同意があったと認められることはできないと判示している。

57) A. Hueck, Torkontrolle und Betriebsvereinbarung, RdA 1950, S. 137；D. Gaul, Torkontrolle und Leibesvisitationen, DB 1963, S. 1771. に代表されるように、いずれも、基本法による人格的自由の保障の見地から、もはや労務指揮権によって正当化されるものではなく、①労働契約ないし集団的協定による合意にもとづいて、かつ、②盗難のおそれなど導入に合理的根拠があり、③労働者に平等に実施され、④労働者の名誉感情を損なわないような方法で行われることが必要だとされている。

58) コンピュータの導入による人事情報システムとそれに伴う問題については、原則として横井芳弘「人事情報システムと労働者のデータ保護」（蓼沼謙一編『企業レベルの労使関係と法』〔1986〕297頁以下）に譲り、以下では取扱わないこととする。

59) 改正以前の経営組織法（1952年）では、単に「経営の秩序および経営内における被用者の行動の規律に関する問題」（56条1項f号）という文言があるにすぎなかった。そして、印刷機械に取付けられたプロダクトグラフによって、機械の運転と停止の理由（整備・色の交換・組み版ミス・仕事の休止・その他の補充の時間）が自動的に記録され中央制御室に伝達されることになる場合でも、その導入には経営協議会との共同決定を必要としないというのが連邦労働裁判所の見解であった。BAG, Beschluß v. 27. 5. 1960, BAGE 9, 238.

60) 同じ機能をもったプロダクトグラフの施盤機械への取付けが問題となったケースで、連邦労働裁判所は、今度は、法改正の目的は、「匿名の技術的監視装置の利用による労働者の人格領域への侵害」からの保護にあることを強調して、この原則を採用した。BAG, Beschluß v. 10. 6. 1975, DB 1975, 2223. この点に関する経営組織法改正の経過と意義を踏まえて、さまざまな装置の導入に対する共同決定の妥当範囲を包括的に検討しているのは、M. Schwarz, Arbeitnehmerüberwachung und Mitbestimung, 1982. である。

61) コンピュータを利用した人事情報システムの導入と利用に関する一連の連邦労働裁判所の判決がそれであり、いずれも経営協議会の共同決定権を承認する内容のものとなっている。BAG, Beschluß. v. 14. 9. 1984, AuR 1985, 261.（この判決については、手塚和彰「西ドイツ労働事情・判例展望」判時1149号18頁、同1152号12頁が翻訳・紹介を行っている）v. 23. 4. 1985, AuR 1986, 60；v. 18. 2. 1986, AuR 1986, 283；v. 11. 3. 1986, AuR 1986, 285；v. 27. 5. 1986, NZA 1986, 643.

62) ミュンヘンのデパート内におかれた米軍直営店舗で盗難防止を理由に隠し撮り用のビデオカメラを設置しようとしたところ、販売店員として働いていた女子労働者からその違法性の確認を求められたケースで、連邦労働裁判所は、西ドイツ政府には、米軍に中止を働きかける義務があると、その訴えを認めている。判決は、その

理由として、カメラによる秘かな監視は恒常的で途絶えることのない圧力を与えるもので許されない、この種の監視が許容されるのは、それを必要とする現実的でかつ優越的な利益の存在を使用者が証明しうる例外的場合に限られるが、本件はそれに該らないと述べている。BAG, Urteil v. 7. 10. 1987, AuR 1987, 415.
63) W. Musa, Arbeits-und verfassungsrechtliche Grenzen bei der Einführung mechanischer Arbeitskontrollgeräte, AuR 1961, S. 357 ; H. Monjau, Die Zulässigkeit von Arbeitskontrollgeräten am Arbeitsplatz, BB 1964, S. 224 ; G. Wiese, Der Persönlichkeitsschutz des Arbeitnehmers gegenüber dem Arbeitgeber, ZfA 1971, S. 284 ff. が、さまざまなケースについて検討を加えている。
64) BAG, Urteil v. 1. 3. 1973, AP Nr. 1, zu BGB §611 Persönlichkeitsrecht. ただし勤務時間中の私的電話を途中で自動的に切ってしまう装置の設置と利用は、労働契約上の義務の観点から労働者の一般的人格権の侵害にあたらないという。
65) BAG, Beschluß v. 27. 5. 1986, NZA 1986, 643. この判決については、AuR 1987, 149. Anm. M. Mostert ; L. A. Verstey, Telefondatenerfassung im Betrieb, NZA 1987, S. 7. が、それぞれ反対・賛成の立場で論評を加えている。法的争点は、電話に関するデータを自動的に記録する点で連邦データ保護法でいう「個人に関するデータが、……データ集積体に記録、変更、消去され、またデータ集積体から提供される場合」（1条2項）にあたることを前提に、経営組織法上の経営協定あるいはそれにかわる調整委員会の裁定（76条）が、データ保護法自体が許容する「この法律あるいは他の法規定によって認められる場合」（3条1項）に該当すると考えることができるかどうかという点にあった。

第5節　Die Entwickelung des Persönlichkeitsschutzes des Arbeitnehmers im japanischen Arbeitsrecht*⁾

1. Einleitung

Für das Arbeitsrecht in Japan war der Persönlichkeitsschutz des ArbN im Betrieb bis in jüngster Zeit kein nennenswertes Thema. Als Grund dafür muß zuerst auf den starken Gemeinschaftsgedanken hingewiesen werden. Unser Arbeitsrechtsgedanke hat sich schon vor dem Zweiten Weltkrieg unter dem starken Einfluß des Deutschen Rechts entwickelt. Dabei wurde auch der Gedanke, Arbeitsverhältnisse nicht als bloße Schuldverhältnisse, sondern als personenrechtliches Gemeinschaftsverhältnis zu sehen, übergenommen.

Der englische Arbeitssoziologe *Ronald P. Dore* hat in seinem Buch „British Factory – Japanese Factory"[1], das über Gemeinsamkeiten und Unterschiede der Arbeitsbeziehungen in beiden Ländern ausführlich berichtet, als charakteristische Eigenschaft der japanischen Arbeitsbeziehungen die Kooperation dargestellt. Seiner Meinung nach war die Arbeitsbeziehung vor dem Zweiten Weltkrieg sehr stark autoritativ gefärbt; diese autoritative Seite wurde nach dem 2. Weltkrieg in Folge der unter amerikanischer Besatzung durchgeführten Demokratisierung stark geschwächt. Trotz allem blieben die kooperativen Arbeitsbeziehungen nach wie vor unverändert, der Gemeinschaftsgedanke wurde sogar noch verstärkt.

Dieser gemeinschaftsgedanke ist heute, so scheint es mir, aus zwingenden Gründen viel schwächer geworden. Bei jungen ArbN ist es verständlich, dass für sie die Arbeitsbeziehung nicht mehr das sog. persönliche Gemeinschaftsverhältnis darstellt, sondern als Tausch der Arbeitskraft gegen Lohn ein rein gesetzliches Schuldverhältnis ist. Auch verwundert es nicht, dass ein ArbN ohne Gewerkschaftshilfe unter Umständen auch gegen den Gewerkschaftswillen auf seinen individuellen Rechten gegenüber dem Arbgeb. besteht. Im folgenden möchte ich nun untersuchen :

Erstens, vor welchem Hintergrund der kooperative Gedanke der japanischen Arbeitsbeziehungen solche Änderungen erfährt.

Zweitens, auf welchen Rechtssystemen und Theorien der Persönlichkeitsschutz des ArbN beruht.

Drittens, welche Arbeitsverhältnisse und welches Verhalten des Arbgeb. als rechtswidrig beurteilt werden.

Abschließend die Durchsetzungsmöglichkeiten für den Persönlichkeitsschutz des ArbN.

2. Rückschritt des übermäßigen Kollektivismus im japanischen Arbeitsrecht

1. Der Gedanke des Vorrangs des Kollektiven vor dem Individuellen war im japanischen Arbeitsrecht lange Zeit übermäßig stark. Ein Grund dafür kann in der historisch späten Entwicklung hin zur kapitalistischen Modernisierung gesehen werden. Weil in den späten kapitalistischen Ländern die prämoderne Sozialstruktur nicht genügend aufgelöst wurde, blieb der Autoritarismus nicht nur im Verhältnis Staat und Bürger, sondern auch in der Sozialstruktur, besonders im Arbeitsverhältnis, sehr stark. Die Gleichberechtigung von ArbN und Arbgeb. im japanischen BGB, das den ersten Entwurf des deutschen BGB übernommen hat und im Jahre 1896 erlassen wurde, stand nur auf dem Papier. In Wirklichkeit stellte sich das Arbeitsverhältnis als „Herr und Gefolge" –, das Arbeitsrecht als „Vaterrecht" des Arbgeb. gegen siene Belegschaft dar.

Darum konnte der Liberalismus, der die einzelnen ArbN als gleichberechtigte

Bürger gegenüber dem Arbgeb. sieht, in unserer Gesellschaft vor dem Zweiten Weltkrieg keine Wurzeln schlagen.

2. Dennoch begann nach dem Zweiten Weltkrieg durch die Initiative der amerikanischen Besatzungsmacht ein ganz neuer Schritt. Japans Verfassung, die 1946 erlassen wurde, gewährleistet nicht nur liberale Grundrechte, sondern auch einige soziale Grundrechte, die aus der Weimarer Verfassung stammen. Wichtige Vorschriften für das Arbeitsrecht sind die Art. 25, 27 und 28. Nach Art. 25 hat jeder Staatsbürger ein Recht auf ein gesundheitliches und kulturelles Existenzminimum, das theoretisch „Recht auf Existenz" bedeutet und Ähnlichkeit mit dem Recht auf menschenwürdiges Dasein des Art. 151 der Weimarer Reichsverfassung hat. Um diese Rechtsidee in der Arbeitswelt zu verwirklichen, gewährleistet Art. 27 Abs. 1 jedem Staatsbürger das Recht auf Arbeit. Art. 27 Abs. 2 erlegt dem Gesetzgeber die Pflicht auf, ein das Minimum des Arbeitslohns, der Arbeitszeit, der Pausen und sonstige Arbeitsbedingungen bestimmendes Arbeitsschutzgesetz zu erlassen. Art. 27 Abs. 3 verbietet die Kinderarbeit. Das Arbeitsstandardgesetz von 1947 wurde mit Bezugnahme auf diese Vorschrift erlassen. Art. 28 gewährleistet, anders als das Grundgesetz, nicht für jedermann und jeden Beruf, sondern nur für die ArbN einseitig das „Koalitions-, Kollektivverhandlungs- und Arbeitskampfrecht". Auch das Gewerkschaftsgesetz von 1945 enthält diesen verfassungsrechtlichen Schutz für die Gewerkschaft und erweitert ihn zum Teil.

Trotz dieser unmittelbar nach dem Zweiten Weltkrieg durchgeführten Demokratisierung blieb der Gedanke, individuelle Rechte oder die Persönlichkeit einzelner ArbN zu respektieren, in den 50er Jahren nach wie vor sehr schwach. Der Gedanke, Arbeitsbedingungen kollektiv zu verhandeln und zu bestimmen, prägt stark zahlreiche Arbeitsrechtslehren wie auch wichtige Rechtsprechung. Im folgenden versuche ich, dafür einige Beispiele zu nennen.

Die einseitige Bestimmung der Arbeitsbedingungen durch den Arbgeb. wurde legitimiert durch den sehr umfassenden Begriff des Managementsrechts. Dieser Begriff bedeutet das Recht des Unternehmens, den Betrieb als vom Arbgeb. organisierte einheitliche Organisation zu führen. Der Arbgeb. kauft auf dem Markt einerseits die Produktionsmittel und andererseits die Arbeitskraft und verwendet sie, um verschiedene Waren oder Dienstleistungen zu produzieren oder anzubieten.

Dieses Managementrecht spielte vor allem in der Rspr. der 50er Jahre eine sehr wichtige Rolle, weil aus ihm eine sehr umfassende Machtbefugnis der Arbgeb. abgeleitet wurde, die eine Analogie zu Staatsorganen aufweist. Erstens konnte der Arbgeb. durch die von ihm einseitig erlassene Arbeitsordnung die Arbeitsbedingungen einheitlich und gleichförmig bestimmen und verändern, genau wie der Gesetzgeber als Staatsorgan. In seinem Urt. v. 4. 7. 52[2] erklärte das *Oberste Gericht,* dass der Arbgeb. aufgrund des Managementrechts die Befugnis habe, die Arbeitsordnung einseitig zu erlassen und auch zu verändern. Damit ermächtigte das *Oberste Gericht* den Arbgeb. dazu, durch sogar von ihm einseitig durchgesetzte Veränderung der Arbeitsordnung den Lohn zu kürzen, auch gegen den Willen der Belegschaft.

Zweitens entschied die Rspr., das Managementrecht umfasse auch die umfassende Weisungsbefugnis im Bereich der Personalangelegenheiten. Das entspricht dem Verwaltungsrecht des Staatsorgans. Unter diese Weisungsbefugnis eingeordnet wurden nicht nur die Anordnungen über die von den ArbN zu leistende Arbeit, sondern auch umfassende personelle Maßnahmen einschließlich der Versetzung, Umsetzung und Entlassung usw.. Drittens wurde aus dem Managementrecht das Recht zur Verhängung von Betriebsstrafen durch den Arbgeb. in Analogie zur Justiz des Staatsorgans abgeleitet. Zur Begründung hieß es, dass sonst ein reibungsloser Unternehmensablauf unmöglich sei. Diese Theorie ist noch heute im wesentlichen in der Rspr. erhalten geblieben. In seinem Urt. v. 13. 12. 82[3], in dem es um eine Verletzung der Nebenpflicht ging, an einer

Untersuchung des Arbgeb. wegen politischer Betätigung im Betrieb gegen Nuklearwaffen mitzuarbeiten, sprach das *Oberste Gericht* dem Arbgeb. grundsätzlich das Recht zu, Betriebsstrafen zu verhängen, um die Betriebsordnung zu wahren. Obgleich das Managementrecht nicht ausdrücklich erwähnt wurde, ist es klar, dass im Vergleich zum deutschen Arbeitsrecht bei uns der Gedanke, Unternehmen oder Betriebe als eine vom Arbgeb. geführte organische Substanz zu sehen, heute noch sehr stark geblieben ist.

Trotzdem entwickelt sich in der Gegenwart der Schutzbereich des Persönlichkeitsrechts des ArbN, der Schutz der Privatsphäre, der Ehre und der freien Entfaltung der Persönlichkeit im Betrieb sehr schnell. Auch steht heute das Recht auf informationelle Selbstbestimmung im Arbeitsverhältnis in der arbeitsrechtlichen Diskussion.

3. Von Mitte der 50er Jahre bis zur Ölkrise von 1973 hatte Japan ein dauerndes Wirtschaftswachstum und Vollbeschäftigung. Infolge der jährlichen Lohnerhöhung von 10% oder höher konnten auch die ArbN an den Früchten des Wirtschaftswachstums teilhaben und einen relativen Wohlstand erreichen. Wegen des Besitzes vielartiger Elektrogeräte, von Autos sowie reichlich anderen Verbrauchsgütern fühlten sich die durchschnittlichen Staatsbürger als zum Mittelstand gehörend. Hinzu kam, dass die relativ lang andauernde Vollbeschäftigung zum ersten Mal die Befreiung vom Joch der drohenden Arbeitslosigkeit brachte.

Selbstverständlich wurde im Laufe dieser Zeit der Gedanke, von dem ArbN personellen Gehorsam gegenüber dem Arbgeb. zu fordern, entscheidend schwächer. Der Begriff des Managementrechts wurde in der Rspr. gestrichen. Statt der eigentümlichen gemeinschaftlichen Kategorien im Arbeitsrecht verstärkte sich das Gewicht des Zivilrechts. Dies bedeutet, die Auslegung von Willenserklärungen der Vertragspartei für wichtig zu halten und trotz der Ungleichheit der Verhandlungsmacht zwischen ArbN und Arbgeb. durch Anwendung der Allgemeinklauseln, der öffentlichen Ordnung und der guten Sitten (Art. 90 Japanisches

BGB), sowie des Prinzips von Treu und Glauben (Art. 1 Abs. 2 JBGB) die Billigkeit des Vertragsinhalts zu erreichen.

Beispielsweise stützt die Rspr. die Weisungsbefugnis des Arbgeb. für personelle Angelegenheiten nicht mehr auf das Managementrecht, sondern auf den Vertrag, der die Grenzen der Weisungsbefugnis für den Arbgeb. festlegt, die durch Übereinkunft beider Vertragsparteien bestimmt wurden. In dem sehr bemerkenswerten Urt. v. 16. 6. 67, das die Versetzung von Facharbeitern einer Fabrik in die Personalabteilung für ungültig erklärte, wies das Landgericht *Tokio* darauf hin, dass diese Weisung die durch den Arbeitsvertrag festgelegte Grenze überschreite[4]. Im Urt. v. 20. 12. 66 erklärte das *Tokio* Landgericht die sog. Zölibatsklausel nur für Frauen im Arbeitsvertrag, die die Heirat zum Kündigungsgrund werden läßt, für ungültig, weil diese Klausel gegen das öffentliche Interesse und die guten Sitten (Art. 90 JBGB) verstoße[5]. Dabei machte das Gericht grundsätzlich darauf aufmerksam, dass bei der Auslegung der Allgemeinklauseln wie öffentliche Ordnung und gute Sitten die Wertentscheidung des Verfassungsrechts zu respektieren sei. In diesem Fall verbiete Art. 14 Abs. 1 die Diskriminierung wegen des Geschlechts und Art. 24 gewährleiste die Freiheit der Heirat.

3. Persönlichkeitsschutz des Arbeitnehmers und das Arbeitsrechtssystem in Japan

1. Es wäre an sich schon ein Problem festzustellen, was unter dem Begriff des Persönlichkeitsschutzes des ArbN zu verstehen ist. Hier jedoch wird davon ausgegangen, dass es dabei primär um den Schutz der ideellen Interessen des ArbN, nicht primär um den Schutz von Leben, Körper, Gesundheit und Vermögen geht. Ein ArbN im Arbeitsverhältnis ist nicht nur als Arbeitskraft, sondern auch als Mensch zu achten.

2. In unserem Arbeitsrechtssystem gibt es, von einigen Bestimmungen im

Arbeitsstandardgesetz (1947) und im Gleichberechtigungsgesetz der Frauenarbeit (1985) abgesehen, kein Spezialgesetz für Persönlichkeitsschutz des ArbN oder die Sicherung der Gleichbehandlung der ArbN im Betrieb wie im deutschen Arbeitsrecht, insbes. § 75 Abs. 1 und 2 BetrVG.

Eine Ausnahme bildet das ArbStdG, das in Art. 3 die Diskriminierung des ArbN wegen Nationalität, Religion und sozialer Herkunft, im Art. 4 die diskriminierende Behandlung von Frauen hinsichtlich ihres Lohnanspruchs verbietet. Mit der Begründung, dass das Gesetz bei Rechtswidrigkeit auch die Strafe vorsehen müsse, wird die analoge Anwendung oder weite Auslegung dieser Bestimmungen wegen Verstoßes gegen das strafrechtliche Analogieverbot strikt abgelehnt. Deswegen ist es unmöglich den Persönlichkeitsschutz, insbesondere den Schutz der ideellen Interessen des ArbN, mit diesen Bestimmungen zu erreichen.

Der allgemeine Persönlichkeitsschutz allerdings machte einen sehr bemerkenswerten Fortschritt im Zivilrecht: Das Landgericht *Tokio* erkannte erstmals in der Rspr. in seinem Urt. v. 28. 9. 64 die Privatsphäre als ein geschütztes Rechtsgut i. S. d. unerlaubten Handlung (Art. 709 JBGB) an, weil nach Art. 13 der Verfassung jedermann als Individuum zu achten und dies auch im Bereich des Privatrechts zu respektieren sei[6]. Das Gericht sprach einem Kl. immateriellen Schadensersatzanspruch zu, da seine Privatsphäre schwer verletzt wurde, weil sein Privatleben in einem von dem berühmten Schriftsteller *Yukio Misima* verfaßten Roman mit seinem echten Namen und ohne seine Erlaubnis öffentlich bekannt gemacht worden war. Mir scheint, dass der dahinter stehende Rechtsgedanke mit der Theorie zum allgemeinen Persönlichkeitsrecht im deutschen bürgerlichen Recht übereinstimmt. Dadurch wurden die Voraussetzungen geschaffen, den Persönlichkeitsschutz des ArbN auch im Arbeitsverhältnis zu ermöglichen. Darüber hinaus ist es wichtig, darauf hinzuweisen, dass der Schutz des Persönlichkeitsrechts des ArbN in der folgenden Zeit auch ohne eine sachgerechte arbeitsrechtliche Gesetzgebung in fast allen Fällen nach der allgemeinen bürgerlichen Theorie der unerlaubten Handlung behandelt wurde.

3. Im folgenden möchte ich einige konkrete Fallgruppen darstellen, die in der Rspr. als rechtswidriger Eingriff in das Persönlichkeitsrecht des ArbN beurteilt wurden.

a) In der Rspr. behandeln viele Fälle die Verletzung der Ehre des ArbN im Betrieb und unter Kollegen. Diese Eingriffe durch Arbgeb., Betriebsleiter oder Vorgesetzte kommen in vielerlei Formen und Weisen vor, wie z. B. vorsätzliche Diffamierung der Person, Isolationsmaßnahmen usw. Auch liegen diesen Maßnahmen verschiedene Absichten des Arbgeb. zugrunde ; zum einen, einen ArbN wegen seiner politischen oder gewerkschaftlichen Betätigung zu sanktionieren, seinen persönlichen Einfluß bei seinen Kollegen zu verringern oder einfach einen Rechtsanspruch zu unterdrücken usw.

Diese Maßnahmen des Arbgeb. sind nach der Rspr. deswegen rechtswidrig, weil es sich um ungerechtfertigte Eingriffe in die Ehre des ArbN handele und die freie Entfaltung seiner Persönlichkeit oder den freien menschlichen Umgang mit seinen Kollegen verhindere[7].

b) Die Diskriminierung der ArbN unter dem Deckmantel des Direktionsrechts fällt ebenso unter die Verletzung des Persönlichkeitsrechts des ArbN. Für diese Fallgruppe ist es typisch, einen ArbN ohne gerechte Gründe mit einer sinnlosen oder für den ArbN unpassenden und unwürdigen Arbeit zu beauftragen. In der jetzigen langandauernden Konjunkturkrise ist es sehr oft zu beobachten, dass ArbN, vor allem mittleren und hohen Alters, ihre Aufgabe entzogen und sie zu unwürdiger Arbeit gezwungen werden. Im Urt. v. 4. 7. 95 des *Tokio* Landgerichts ging es um die Versetzung einer Angestellten, die über 30 Jahre in einer Bank als Facharbeiter beschäftigt war und Erfahrung wie die eines Vorgesetzten hatte, an einen Arbeitsplatz, der normalerweise von einer jungen, ungelernten ArbN besetzt wird. Das Urt. sah dies als rechtswidrigen Eingriff i. S. d. unerlaubten Handlung (Art. 709 JBGB) an, weil diese Maßnahme, einen ArbN an den Pranger zu stellen, die Mißachtung seiner Persönlichkeit bedeute[8].

c) Der Rechtsschutz der Privatsphäre des ArbN im Arbeitsrecht gehört eher zu den neueren Themen, obwohl in Rechtsstreitigkeiten zwischen Bürgern untereinander schon früh die Privatsphäre als ein schutzwürdiges Rechtsinteresse i. S. d. unerlaubten Handlung anerkannt wurde. Im Arbeitsverhältnis war es dagegen eher selbstverständlich, dass der Arbgeb. an der Persönlichkeit eines ArbN einschließlich seines Privatlebens und sogar auch seines Glaubensbekenntnisses großes Interesse hatte. Da die Trennung der Arbeitskraft von der Persönlichkeit als unmöglich betrachtet wurde, waren sogar Untersuchungen hierüber bei dem ArbN gerechtfertigt. In einem Urt. des *Großen Senats des Obersten Gerichtshofs* v. 12. 12. 73[9] wurde die Maßnahme eines Unternehmens, das einem Studenten die Anstellung wegen seines politischen Glaubensbekenntnisses verweigerte, aus dem Grund gebilligt, dass die Grundrechte des Verfassungsrechts keine Anwendung im Privatrecht fänden und auch bei nur mittelbarer Wirkung keine Rechtwidrigkeit vorliege, da gem. den öffentlichen Interessen und den guten Sitten des JBGB bei der in Japan üblichen Praxis der lebenslangen Anstellung die besondere Bedeutung der Persönlichkeit des ArbN für den Arbgeb. auch rechtlich zu beachten sei.

Dazu kommt, dass es für einen ArbN selbst fast unmöglich wäre, seine in der Personalabteilung gespeicherten personenbezogenen Daten zu wissen. In Japan gibt es, anders als in Deutschland, kein Gesetz wie das Datenschutzgesetz und §§ 99 ff. BetrVG oder das Recht auf informationelle Selbstbestimmung.

Angesichts der wichtigen Rolle der Personalakte sollte es für uns eine dringende Aufgabe sein, das Recht der ArbN auf Auskunft über die zu ihrer Person gespeicherten Daten zu gewährleisten.

d) Der sog. Beschäftigungsanspruch wird in der Rspr. grundsätzlich abgelehnt. Auch im Gesetz kann dafür kaum eine Regelung gefunden werden. Die

Ausnahme bilden Fälle wie der eines ArbN, der als Koch in einem erstklassigen Hotel arbeitet und bei dem die besondere Bedeutung seiner Arbeit anerkannt wurde (Urt. v. 7. 9. 70 *Nagoya*[10] Landgericht). Dabei handelt es sich jedoch um Sonderfälle.

4. Schlussbemerkung

1. Diese teils positive, teils negative Rspr. zeigt die Eigentümlichkeit unseres Deliktsrechts. Das japanische BGB hat in Bezug auf die unerlaubte Handlung keine drei Tatbestände wie das deutsche BGB, sondern nur eine Klausel. Zwar lautet Art. 709 JBGB : „Wer vorsätzlich oder fahrlässig die Rechte eines anderen verletzt, ist verpflichtet, den daraus entstehenden Schaden zu ersetzen." Nach ganz übereinstimmender Ansicht in Lit. und Rspr. sind als Rechte eines anderen nicht nur subjektive Rechte, sondern auch andere schutzwürdige Rechtsinteressen zu verstehen[11]. Zur Begrenzung des Schutzbereichs im konkreten Fall bedarf es der sorgfältigen Abwägung aller Umstände und unterschiedlichen Rechtsinteressen. Das bedeutete einerseits eine Ausdehnung des Schutzbereiches des Persönlichkeitsrechts. Andererseits verspätete sich die Anerkennung des Persönlichkeitsrechts als subjektives Recht. Die Folge ist, dass in unserem geltenden Recht ein Anspruch auf tatsächliche Beschäftigung und auf Auskunft über die eigenen Daten in der Personalakte eines ArbN noch nicht anerkannt ist.

2. Trotz dieser etwas unvollständigen Anwendung des Persönlichkeitsrechts in der Rspr. wäre es sinnvoll, ein kleines, aber doch bedeutendes Loch in die Geschlossenheit der japanischen Betriebe zu bohren.

In Japan wird im Vergleich mit Deutschlend ganz wenig geklagt. Arbeitsrechtliche Klagen gibt es in Japan insgesamt nur 2200 bis 2300 pro Jahr. Dazu kommen ungefähr 300 jährliche Fälle beim Arbeitsausschuß, einem nach dem Vorbild des National Labor Relations Board in den USA konzipierten speziellen Verwaltungsorgan, das nach dem Gewerkschaftsgesetz für unfaires Handeln gegen Koalitionen zuständig ist, insgesamt also nur ca. 2500 Sachen. Es ist nicht so einfach, die Ursache dafür zu klären. Eine Meinung betont die Mentalität der Japaner, nach der wenn möglich Streit zu vermeiden ist und Einigkeit den Vorzug genießt. Nach anderer Meinung liegt die Ursache in der armseligen Ausstattung der Justiz. In Japan sind nur ganz wenige Juristen tätig. Es gibt insgesamt nur 2000 Richter, 1200 Staatsanwälte und ungefähr 16000 Rechtsanwälte. Ein Gerichtsverfahren dauert sehr lange, bis zum Urteil oder dem Vergleich sind in der Regel 2 oder 3 Jahre erforderlich. Außerdem sind die Rechtsanwaltshonorare noch sehr teuer. Sie sind nicht gesetzlich geregelt, sondern werden zwischen Auftraggeber und Rechtsanwalt vereinbart.

Auch gibt es nur wenige juristische Einrichtungen, keine Rechtsschutzversicherung, unzulängliche Prozeßkostenhilfe usw.

Schließlich möchte ich noch auf eine wichtige historische Tatsache aufmerksam machen, und zwar die von der Regierung konsequent verfolgte Politik, der Verwaltung nur eine schwache Justiz gegenüberzustellen. Nach meiner Auffassung gab es seit Beginn der Meiji Restauration noch nie eine effektive gerichtlich Kontrolle gegen Verwaltungsmacht. Die Regierung und das starke Beamtentum haben immer noch sehr große Ermessensspielräume, die keiner richterlichen Kontrolle unterworfen sind. Vom Finanzministerium ist die finanzielle Unterstützung für die Gerichtsbarkeit kaum zu erwarten, die erforderlich wäre, um die Kapazität der Gerichtsbarkeit auszuweiten. Deshalb ist für die nähere Zukunft keine effektive Gerichtsbarkeit zu erhoffen.

Obwohl es so wenig Rspr. gibt, ist trotzdem die Tatsache nicht zu übersehen, dass ein Urteil sehr schwerwiegende Einflüsse, nicht nur auf die direkt Betroffenen, sondern auch auf die Öffentlichkeit haben und neue Verhaltensnormen schaffen kann. In diesem Sinne ist ein Urteil nichts anderes als ein öffentliches Gut. So kam es beispielsweise, als das Landgericht Tokio die Unzulässigkeit der sogenannten Zölibatsklausel erklärte, zu vielen Klagen von Frauen auf Feststellung der Unwirksamkeit ihrer auf dieser Klausel beruhenden Kündigung.

Deswegen ist die Erwartung, dass sich der Persönlichkeitsrechtsschutz weiter fortentwickeln wird, nicht überspannt.

*) Überarbeitetes Manuskript eines Vortrags, den der Verf. am 28. 4. 97 in der Universität Münster gehalten hat.
1) *Ronald P. Dore*, British Factory – Japanese Factory – The Origins of National Diversity in Industrial Relations, 1973.
2) *Oberstes Gericht 2. Senat* Urt. v. 4. 7. 52, Saikosaibansyo Minjisaibanreishu (OG Zivilrechtliche Entscheidungen) 6. 7. 635.
3) *OG 3. Senat* Urt. v. 13. 12. 82, OG ZvireE 31. 7. 1037.
4) *Tokio* LG Urt. v. 16. 6. 67, Rominsyu (Arbeitszivilrechtliche Entscheidungen) 18. 3. 648.
5) *Tokio* LG Urt. v. 20. 12. 66, ArbzvireE 18. 3. 648.
6) *Tokio* LG Urt. v. 28. 9. 64, Kakyusaibansyo Minjisaibanreishu (Unterinstanz Zivilrechtliche Entscheidungen) 15. 9. 2317.
7) *OG 3. Senat* Urt. v. 5. 9. 95, Rodohanrei (Zeitschrift für Rspr. im Arbeitsrecht) 580. 28. In dem Urteil, in dem es um das sogenannte Mobbing im Betrieb ging, bejahte das *OG* zum ersten Mal, dass nicht nur die Ehre des ArbN, sondern auch seine Privatsphäre, die freie Entfaltung seiner Persönlichkeit sowie der freie menschliche Umgang mit seinen Kollegen zu den durch das Deliktsrecht geschützten Rechtsgütern gehören. Damit verbesserten sich die Möglichkeiten des Persönlichkeitsschutzes im Betrieb ganz erheblich.
8) *Tokio* LG Urt. v. 4. 12. 95, Rodohanrei / ZfResArt) 685. 17.
9) *OG Großer Senat* Urt. v. 12. 12. 73, OG ZvireE 27. 11. 1536.
10) *Nagoya* LG Urt. v. 7. 9. 70, Rodohanrei (ZfResArt) 110. 42.
11) Die Vorschrft des Art. 709 ist im 2004 Jahr so revidiert, „Wer vorsätlich order fahrlässig die Rechte order rechtlich schutzwürdigen Interessen eines anderen verletzt, ist verpflichtet, den daraus entstehenden Schaden zu ersetzen."

第Ⅲ章　労働者人格権保障の諸相

第1節　労使関係における労働者の人格的利益の保護
　　　——中央観光バス・共同絶交事件を契機として——

1. 労使関係における労働者の人格権

(1)　民法とりわけ不法行為法の分野では、正当な理由なく他人のプライバシー・名誉・精神的自由等々を害する行為が、人格的権利を侵害するものとして違法評価をうけなければならないことは、今日、疑いのない事実に属する。

　プライバシーの権利の定着に途をひらいたものと評価されているいわゆる「宴のあと」事件[1]の東京地裁判決（昭39・9・28下民集15-9-2317）は、「近代法の根本理念の一つであり、また日本国憲法のよって立つところでもある個人の尊厳という思想は、相互の人格が尊重され、不当な干渉から自我が保護されることによってはじめて確実なものとなるのであって、そのためには、正当な理由がなく他人の私事を公開することが許されてはならないことは言うまでもない」と、その基礎を個人の尊厳の理念に求め、それは「単に倫理的に要請されるにとどまらず、不法な侵害に対しては法的救済が与えられるまでに高められた人格的な利益である」として、その私法上の権利性を承認したのであった[2],[3]。

(2)　しかし、このような民法上一般市民に保障されることが明らかな人格権ないし利益の保障が、労使関係における労働者についてどのような具体的適用をみるのかということになれば、今日でも、実はそれほど自明のことではない。問題の検討はいまだ始まったばかりというのが現状であろう[4]。

しかし、労働者が労使関係のなかで生じる人格的権利の侵害を理由として、使用者に不法行為・慰謝料支払いを求める訴訟は、確実に増大する傾向をみせはじめている[5]。それは、一般市民相互間ではすでに承認されているプライバシーや人格的権利の主張が、遅ればせながら、もともと種々の拘束と企業秩序のなかで生活し、むしろその拘束は当然のことであると観念せられてきた労使関係のレベルにまで侵透してきたことを示すもの、ということができよう[6]。

しかし、労使関係は、単にきまりきった固定的な労務の提供とそれに対する賃金の支払いに限定されない種々の付随的な権利・義務の束によってなりたっている。そうである以上、おのずから、一般市民相互間におけるとは異なったかたちの問題が発生することになる。人格権の保護にあたっては、その範囲や反対に使用者の利益による限界づけも、労使関係の性格にそくして考えなければならないことは当然であろう。いったい労使関係のいかなる局面での、どのような使用者の行為や措置が労働者の人格権侵害行為として問題になりうるのか、救済方法として適切な手段は何か、等々、検討すべき問題は少なくない。

(3) 本章は、これらの問題を包括的に検討しようとするものではない。素材として取り上げる中央観光バス事件判決（大阪地判昭55・3・26労判339-27）は、企業外に組織の基盤をもつ横断的組合に加盟している少数の、しかし、企業外組織の支援をうけて活発に活動している組合員を企業外に排除するために行われた、他従業員による共同絶交＝村八分行為が問題とされた事例である。使用者側職制の主導下で組織された共同絶交は、組合員といっしょに仕事をしないだけでなく、いっさいの個人的コミニュケーションをたち切るという内容の退職勧告書を作成し通告するというかたちで行われたものである。

組合員であることを理由として——もちろん普通は他の口実を使って——解雇するという直截的方法がとられるとすれば、不当労働行為として争われることになるし、それが組合を忌避する使用者がとる典型的手段というものであろう。ところが、この事例では、一般従業員の参加なしには成立しようのない共同絶交という手段が、しかも、組合の存在に対抗するという使用者の目的に向けて組織化されている点が注目せられるのである。

もともと、共同絶交というのは、村落・部落などの濃密な生活共同体の場で発生し、問題とせられてきた性格の行為であった。それが企業内部で、企業目的に向けて組織化されるという事態は、企業ないし職場が、単なる労務提供という意味をこえた生活の場としてうけとめられていることを示すものであろう[7]。しかし、それこそ実は、企業という組織体のなかに生きる労働者によって、その人格的権利が自覚され主張される今日的基盤でもあるといわなければならない[8]。

企業内で行われた共同絶交＝村八分行為が訴訟で争われたのも、それに対して人格権の侵害として慰謝料請求が承認されたのも、本件が最初の事例であろう。しかし、本章は、この種行為の発生の要因を、高度に組織化せられた今日のわが国労使関係のなかで起こりうる人格権侵害の一事例としてとらえ、さらに、これを企業内における労働者の人格権保護という観点から論じることが、労使関係のあり方自体に対して何を要請することになるかを考えてみたいのである。

2. 事件と判決の概要（大阪地判昭55・3・26）

1) 事件の争点

中央観光バス労使の紛争をめぐっては、共同絶交そのものが問題とせられている本判決以外にも筆者が気づいただけでも4件の民事訴訟、2件の不当労働行為の申立てがなされている。そこでの事実認定を総合することによって、本件共同絶交行為を生みだす背景をたどることができる。

複雑な事実関係のなかから、共同絶交行為を発生させるにいたった経緯ならびにその組織化の過程を中心に事件の争点を要約すれば、ほぼ次のようになる。

(1) 共同絶交にいたる労使紛争

被告・中央観光バスは、従業員約70名で観光バスの運行と旅行の斡旋を営む会社であるが、本件事件発生のもともとの発端は、昭和45年9月、そこに従業員26名によって労働組合が結成され、しかも、ただちに全国自動車交通労組（全自交）に加盟し、活発な活動を展開しはじめたことにある。

早くも組合結成の数ヵ月後には、組合役員4名を含む6名の組合員が、料金着服横領を理由に解雇された。組合側は、労働委員会に不当労働行為の申立てを行い救済命令を得たものの、その時点で組合員はわずか4名——その後、本件訴訟の原告である2名を残すのみとなる——という壊滅的な打撃をうけるにいたった（大阪地労委昭46・12・9命令集45-501。労働委員会は、解雇の口実とされた料金横領というのは旅行斡旋業者からのチップであり、解雇は組合破壊の意図で行われた多彩な反組合活動の一環であったと認定している）。

ここにいたって、会社は、爾後もはや組合は存在しないとして団体交渉に応じようとしないばかりか、組合事務所からの立ち退きを強要するなど徹底して強硬な組合否認の態度をうちだし、あわせて、2名を残すのみとなった原告に対する配車差別や、他従業員に原告と話をしないように指導するなど、その孤立化を図る措置をとるようになった。

組合もまた、上部組織の直接的支援のもとに、会社の労基法・道路運送法・道路交通法などの法規違反を監督官庁に申告したり、上部団体の応援をえた抗議のピケットで観光バスの出発を阻止するなどしてこれに対抗し、紛争は、単に労働条件・経済条件をめぐる紛争の域を越えた団結承認紛争のもつ長期深刻化の様相を呈するにいたった。

本件の共同絶交は、上記のような団結承認紛争の延長線上に生じたものであることが留意せられねばならない。

(2) 共同絶交の経過

(1) 組合による法規違反の告発闘争によって、営業停止処分や強制捜査をうけることになった会社は、昭和50年3月、従業員の動揺に対処するため、運

行部次長・営業部次長の地位にあった2人の職制が中心になり、原告2名を除く従業員を参集させて会社に対する要望や不満を聞く機会をもち、そこに集まった従業員に「中央観光を明るくする会（守る会）」を結成させた。

(2) ついで同年6月、「中央観光を守る会」の名義で従業員の集会が開催された——原告2名は、同時刻、集会への出席拒否を意味する庭の草取りを命じられ、これに従っている——。

前述の2名の職制の挨拶・司会で進められた集会は、どうすれば原告2名を会社から退職させることができるかについて、出席者に意見を求めるものであった。そして、出席者中の数名の従業員から、次のような内容の勧告書を作成・通告することが提案され、これに応じなければ会社から配車差別等の不利益をうけることを恐れた者も含め、出席した従業員30名が署名指印した。

「　勧告書

　今般、両氏の行動の為に我々一同は多大な迷惑を受け、正常な仕事も出来ず非組合員の生活権をおびやかされている現状であります。

　よってここに同志一同が話し合いの結果両氏の退職を希望するものであります。

　尚右の件を受け入れられない場合は、会社内外に於て何事にも一斉無視致します。

　尚今後仕事も思想が違う為同行業務及び同乗も拒否致します。

　　　　　　　　　　　　　　　　　　職場を守る同志一同」

なお前述の職制2名は、この勧告書に署名すること自体をしてはいない。そして、この勧告書は、その作成・通告を提案した数名の従業員によって原告らに手渡された。

(3) 原告2名は、この勧告書通告をうけて以後、署名をした従業員から会話や挨拶をすることはもちろん、同乗・同行勤務も拒否されることとなり、勤務の遂行そのものも危ぶまれる事態となった。

そこで勧告書の署名者に対し、刑事・民事上の責任追及を行う用意のあることを文書「真意打診の件」を渡して通告すると同時に——それによって約10

名が署名の撤回を申し出ている——、勧告書の作成・交付は、原告らが退職に応じなければその自由と名誉に対し害を加えるべきことを告知する脅迫行為にあたるから、その組織者である2人の職制は共同不法行為者（民法719条1項）——ただし2人のうち運行部次長は途中で会社を退職したことから被告からもはずされている——、会社はその使用者として（同715条）、精神的苦痛に対する慰謝料50万円を支払うべきだとする訴訟を提起した。これが本件訴訟である。

2） 判決の要旨

(1) 勧告書の作成・交付の違法性

「本件勧告書は、原告らに被告中央観光から退職することを求め、これに応じなければ原告らを無視すると共に、原告らと同乗・同行勤務をすることを拒むという、いわゆる共同絶交を宣言するものであるということができるところ、右共同絶交は、職場という限られた社会生活の場において行われるものであるとはいえ、右職場は原告らにとって日常生活の重要な基盤を構成する場であり、それが実行されると、原告らはその意に反して右職場から離脱せざるを得ないこととなるであろうことが容易に推測しうるものである。従って、右勧告書が作成され、原告らに対し交付されたことは、原告らに被告中央観光を退職することを強要し、退職しない限り原告らの自由及び名誉を侵害することとなる旨告知した違法な行為というほかない。」

(2) 共同絶交に果たした管理職員の責任

被告中央観光の中堅管理職員2名は、「意を通じて……従業員らに対し、第2回中央観光を明るくする会を開催する趣旨が原告らを被告中央観光から退職させることにある旨をあらかじめ知らしめたうえ、右集会において、その方法を検討させ、その結果、その意を諒解した一部乗務員が本件勧告書を作成し、提出するや、……これを是認したうえ、……他の乗務員らにも署名することを求め、出席していた全乗務員が署名指印を了して右勧告書を完成させ、これを

一乗務員が原告らに交付し、また右署名者らは原告らと共同絶交を実行する様相を呈するに至ったものということができる。」

　上記の管理職員の行為は、「共同して、被告中央観光の乗務員に対し、同乗務員が本件勧告書を作成し、原告らに交付するという不法行為をなすことを教唆し、幇助したものというべきであ（る）」（民法 719 条 2 項）。

　上の 2 名が、共謀のうえ、多数の従業員を使って勧告書を作成・交付したもの（同 719 条 1 項）という原告の主張は、「右乗務員らの行為が同人らの意思に基づくものと評価し得ない程に（管理職員 2 名）の意思に左右されていたものとは認め難いこと」から支持しえない。

(3)　被告中央観光の責任

　従業員を指導・監督すべき管理職員の本件行為は、「結局のところ、被告中央観光における人事管理、ひいては中央観光労組対策としての性格をもおびるものであること、本件勧告書に従った共同絶交は、直接的には従業員相互間において行われるものであり、右決定に関与したこと自体、従業員の指導、監督上の一環として行われたものとも評価できる……」。

　そうすると、「被告中央観光の事業の執行と同視し得る程に密接な関連を有すると認められる行為というべきであるから、被告中央観光は、民法 715 条 1 項により」その責任を負うものである。

(4)　慰謝料の認定

　「原告らは、本件勧告書の作成、交付という不法行為によって、被告中央観光を退職することを強要され、また共同絶交を実行し自由及び名誉を侵害する旨告知され、もって精神的苦痛を被ったものと認めることができる。……その額は、前記認定事実、その他本件にあらわれた一切の事情を斟酌して、原告ら各人につき金 5 万円をもって相当と認める。」

3. 共同絶交を生みだす労使関係

1) 問題の所在

　前述したように、企業内での共同絶交が訴訟で争われ、労働者の人格的権利の侵害とされ慰謝料請求が認められたのは、本件が最初の事例であろう。そして本件が最初の事例だというゆえんは、問題となった共同絶交が明らかに使用者の組合否認政策の一環として行われたものであったにもかかわらず、単純に使用者対労働組合という典型的不当労働行為事件の構図をこえて、少数の組合員対他の従業員の対立というかたちをとっていること、加えて、不当労働行為による救済ではなく、労働者の人格的権利の侵害を理由とする不法行為責任の追及という訴訟形式が選択されているという本件の特徴によるものであろう。

　しかし、この２点をとらえ、前者は例えば本件は前近代的な人格的支配・従属関係を残す中小零細労使で発生しえた稀なケースとして、後者の点は、労働委員会による不当労働行為の救済がこのような場合、実効性をもちえない——おそらく謝罪文の交付ないしポストノーチスを命ずるというのが普通の方法であろう——という制度運用の欠陥から考え出された窮余の訴訟形式だとみて、文字どおり特異なケースだとかたづけてしまうのは、とうてい正しい認識だとは思えない。

　そこでまずは、このような共同絶交とそれに対する人格権侵害の主張を生みだした要因を本件労使関係のなかにさぐり、むしろその今日的性格を明らかにすることから始めてみよう。

2) 団結否認固執への背景

　(1)　本件の発生が、組合員の企業外への排除をめざして行われたという、その徹底した組合否認の意思によることはいうまでもない。

　本件が、使用者の組合否認政策とこれに対抗する組合との、長期かつ深刻な団結承認紛争のなかで生じたものであることは、先にのべたとおりである。昭

和45年9月の組合結成直後からその存在を嫌悪し、「組合員に組合脱退をすすめたり、組合員を軟禁状態にしたり、あるいは組合員であるバスガイドを合理的な理由もなく本社に転勤させて雑務を行わせ、遂には退職に追いやったりしている」(大阪地労委昭46・12・9)といった荒っぽいやり方をまじえた多彩な不当労働行為に始まる組合否認の姿勢は、同年11月、「共同絶交にいたる労使紛争」の項でのべた組合役員に対する料金着服横領を理由とする懲戒解雇紛争を引きおこし、そして翌昭和46年6月ころには、もはや組合は存在しないという立場から、いっさいの団体交渉を拒否し、組合事務所からの立ち退きを実力で強行するという措置がとられるにいたっている。

昭和50年6月、残っているのは原告である2名の組合員のみという段階で組織化された本件の共同絶交は、端的にいって、組合の完全な排除を意図した否認政策の総仕上げとしての意味をもっているのである。

(2) 会社の強硬な組合否認が、ラジカルな組合の体質に対抗するというより、およそ組合一般の存続を認めないという性質のものであることが注意せられねばならない。

この点で、最近の組合併存下で生じている差別による不当労働行為が、多くはラジカルな少数組合への嫌悪と、他方の協調的組合との良好な労使関係の維持——優遇措置を含んだ組合承認——というかたちをとって行われるのに比して、格段の差異をもつ。

もともと組合は、はじめから少数のラジカルな組合員で出発したわけではない。結成時の従業員39名のうち、運転手・バスガイドのほとんどを含む26名が加入しており、組合員の激減は、役員に対する前述の懲戒解雇紛争中に生じているのである。

その要因の一つが、大阪地労委命令の中で詳細に認定されている使用者の不当労働行為と並んで、同盟交通労連を上部団体とする組合が結成され、組合員を引きさらってしまったという事実にあることは確かである。判決は、そこにも会社の働きかけがあった事実を認定している。

ところが、その同盟系組合も、ほどなく存立の余地を奪われて消滅してしま

っているのである。

中央観光労使の、紛争に関する別件の争訟（大阪地決昭51・10・15労判266、大阪地労委昭52・12・10カード289）、ならびに本件訴訟のなかで、被告会社が訴えている反訴請求によれば、それは次のような経過をたどっている。

組合役員に対する懲戒解雇紛争が続いている最中である昭和49年7月、乗務員就業規則の改正によって、「利益還元方式」という新しい賃金算定方式が採用された。改定の要点は、賃金が走行キロ数によって計算される出来高払いの性格を強めたこと、その走行キロによって計算される新設の賞与・退職金の支払いが、期間を1年とする新規雇用契約の締結と結びつけられたことにある。

すなわち、賃金額そのものは、新しい制度によるほうが有利になるとはいえ、その適用をうけるためには、一度退職して1年間の雇用契約を締結することが前提とされ、退職金は1年の雇用期間終了時に支払われる。しかし、契約が更新されるかどうかは会社の意向次第、というわけである。

同盟系組合も、これに反対の意向を示したが、結局は従うこととなって、全員退職し、その結果、組合員不存在となって壊滅してしまうのである。

原告ら2名だけが、最後までこれに反対したため、地位を保持したものの、旧就業規則による不利益な賃金格差をうけることになった。先にあげた争訟は、原告らがこの制度の導入と旧規定による賃金格差を、それぞれ不当労働行為の不法行為にもとづく損害賠償として争ったもの（大阪地労委はその主張を認めているが、大阪地裁の決定は、新制度の適用を拒否している以上、そこから生ずる賃金格差は、やむをえないと請求を認めていない）、ならびに、新制度をうけいれ更新を拒否された労働者による地位確認訴訟からなる（この訴訟は、労働者が途中で他に職をえたため、訴えを取下げて終了している）。

(3) 執拗な組合一般の存立を認めないという会社の政策は、単に組合に対する異常な嫌悪、あるいは経営者の前近代的感覚——その最たるものは、会社の代表者が本件原告の一人である委員長を、「日本刀で刺し違える」などと脅して退職届を書かしたという類いの行為（大阪地労委昭46・12・9）であろう——

もさることながら、過酷な労働条件が経営存立の条件と化し、そのことが、組合との交渉を頭から容認しがたいとする強硬な団結否認の態度を生みだしていることに着目すべきだと思われる。

(イ) 会社の営業が労基法、道路運送法、道路交通法などの法規に違反のうえに営まれているからこそ、組合の告発闘争がそれなりの脅威をもちえたのだといえる——そのことが、本件共同絶交を引きおこす直接的要因の一つをなしているのだが。

また、実は、団結承認紛争以外に、脳動脈瘤の破裂によるクモ膜下出血になった被告会社の運転手が、これを過酷な運転業務に起因する業務上の災害だと主張して訴えた別訴訟が存在している。労働基準監督署が業務起因性を認定したのに対し、判決は業務との直接の因果関係の存在に疑念を呈し、これを認めてはいない（大阪地判昭55・4・3労判343）。

しかし、判決は、被告会社の走行キロや時間等の労働実態を詳細に検討した事実認定をふまえて、被告会社の乗務員1人当たりの平均走行距離が、同業他社の2倍以上であるとは認められないものの——統計計数を使った原告の主張であった——、平均をこえるものでそれによる「疲労の蓄積が原告の脳動脈瘤の肥大に全く影響を与えなかったものとはいえない」という判断をくだしている。

(ロ) 組合が団体交渉によって労働条件の底上げを図ろうとすれば、直ちに経営の根幹にかかわる脅威としてうけとられ、使用者は団結否認に固執する。

それは、特殊中央観光労使というより、未組織労働者の堆積する広範な産業ならびに中小企業分野のいびつな労使関係に共通する、構造的ともいえる特質にほかならない。

3) 少数組合存続の基盤

それにもかかわらず、使用者の組合否認の意思が、事実上も法的にも、今日ではもはや一方的に貫徹できなくなっていること、それが従業員の自発的参加というかたちで共同絶交が組織化されざるをえなかった要因として注目されな

(1) 原告の主張によれば、共同絶交が決定された従業員集会・「中央観光を守る会」の席上で、その組織化にあたった被告管理職員は、「会社として原告らにできる嫌がらせ、排除行為などはすべてやった、後は従業員の皆さんでやって欲しい」と述べたというが、この間の事情を端的に示すものということができよう。

(2) 一企業内に複数の組合が対立・併存するという事態は、今日ではめずらしいことではない。それも、職種や職能別というのではなく、企業経営に対する距離という組合の体質によるものであること、単に一時的というのではなく、使用者の露骨な嫌悪感にもかかわらず、少数派組合が存続し続けるというかたちが一般化しつつあることは、周知のとおりである。そして、法的にも、とりわけ不当労働行為制度の運用を通じて、組合所属を理由とする使用者の差別的対応は、人事考課・賃金などの労働条件の差別をとおしてであれ、労働組合に対する団交・組合活動保障等の対応をとおしてであれ、許されないとの原則が定着しつつある（例えば、「組合併存と不当労働行為——人事考課・賃金差別・秋田成就、団体交渉・道幸哲也、便宜供与・古西信夫」、いずれもジュリスト増刊・労働法の争点参照）。このことが、わずか2名という組合員でありながら、横断的組合の基盤のうえに支えられて存続しつづけるという本件を考えるにあたっても、重要な点だといわなければならない。

4) 共同絶交を可能にする労使関係

そのうえでなお、組合員を企業外に排除するという目的に向けて従業員の共同絶交の組織化が可能になるために決定的に重要なのは、企業による労働者管理の深化であろう。

判決では、勧告書の署名者のなかには、会社から「担当者又は配車において不利益を受けるのではないかとの配慮から署名をした者もいた」こと、組合の法的対抗措置をとる旨の通告によって10名の者が署名を撤回したという事実も認定されている。

労働組合の存在を企業から排除しなければならないという必要性や根拠は、普通一般従業員のなかには存在しないというべきであろう。したがって、その起動因は、組合に対する嫌悪という使用者の意図が、労務管理機構という一つの組織された力によって行使されることに求められなければならない。

上記の事実は、そのことを示すものということができる。

(1) しかし、使用者によるその試みが成功し、使用者の組合に対する攻撃手段が、従業員対組合員という労・労紛争のかたちをとるメカニズムが解明されなければならないであろう。

もともとは、共同絶交というのは、組織化の場を職場に求めた組合によって、組織強制の手段として伝統的に採用されてきた手段であったことが想起されてよい。わが国で一般的なユニオン・ショップにしても、使用者がそれに反して解雇措置をとらなかった場合、訴訟による強制手段が——例えば解雇という意思表示に代わる判決（民事執行法173条1項）——許されるわけではない。

そうすると、結局、ストライキによってその履行を求めるか——このような争議が正当であることについては、争いがあるまい（杉田屋印刷事件東京地決昭30・6・30労民集6-4）——、いっしょに仕事をしないというような行為によってその実効性を守る以外にないというものであろう。それを表面的にみれば、本件とそっくりの共同絶交そのものではあるまいか。ところが、本件では、同様の行為がまったく反対に、使用者によって、組合を企業外に排除するために、組織され行使されている。この逆立ちを可能にする労使関係のメカニズムが注目に値するのである。

(2) 本件にそくしてみれば、極端に少数となった組合は、企業外の横断的組織に支えられて活発な活動を行っている。このような横断的組合の活動を——組合が企業外に基盤を求めるのは、もともと本来的なあり方なのではあるが——、企業と従業員集団に対する外部からの攻撃として呈示すること、共同絶交組織化への発条として使われているのはこれである。

組合が行った、監督官庁への法規違反の告発闘争、「会社の非人間的労務管理に対する抗議」のため、全自交大阪地方連合会の組合員270名の助力をえて

観光バス10数台の出発を遅延させたピケット、会社を批判するビラ・ポスターを市民に訴える組合の情宣活動、あるいは、本件共同絶交を「村八分」として報道する新聞記事、等々のすべてが、会社によって、企業経営を危機におとしいれる外部からの攻撃として主張されている。

そして、それが労働者自身によって——判決によれば、共同絶交の組織化にあたった被告管理職制の「意を諒解した一部乗務員」のイニシアチブによって——、従業員の職場と生活に対する脅威であると解せられるとき、はじめて共同絶交が成立しうるのである。「勧告書」が、組合活動によって「我々一同は多大な迷惑を受け、正常な仕事も出来ず非組合員の生活権をおびやかされている」とのべているなかに、まさに、その立場が表明されている。

もう一つだけつけくわえれば、この主張によって、従業員・労働者の生活権を脅かし、排斥すべきだとされる組合活動とはどういうものであるか。一言でいえば、組合の特殊イデオロギー体質の主張がそれであろう。「勧告書」が、その最後に唐突につけくわえている、「思想が違う為同行業務及び同乗も拒否致します」という文言は、その観点なしには理解できないものというべきであろう。

そして、共同絶交を支えている上記の主張のどれもが、とりたてて組合否認に執拗にこだわる本件被告会社の特殊的体質というより、組合併存とその下での少数組合に対する使用者の差別的取扱いが不当労働行為として争われる事例にかならずといってよいほど現われるものではあるまいか。その意味では、本件のそれが、わが国の団結否認紛争に普遍的性格をもつものであることにあらためて驚かされるのである。

5) 労働者の人格権が問題になる基盤

(1) そうすると、問題は、このような主張が、従業員を現実に共同絶交へと組織化する基盤を、わが国の労使関係そのもののなかに求めるということでなければならない。そして、この点でも筆者は、その要因を本件の特殊前近代的労使関係に帰するよりも、企業の組織化と人事管理の深化が進められ、それに

伴い従業員のいわば全人格的な包摂化が進行しつつある今日の企業労使関係のあり方に求めるべきだと思うのである。

(2) 三菱樹脂事件最高裁判決がいうように、「企業における雇用関係が、単なる物理的労働力の提供の関係を超えて、一種の継続的な人間関係として相互信頼を要請するところが少なくなく、わが国におけるようにいわゆる終身雇用制が行われている社会では一層そうである」(最大判昭48・12・12労判189-6)ことは、まぎれもない事実である。そして、その実態は、これまた最高裁が別の事件でのべているように(国鉄札幌駅事件最3小判昭54・10・30労判329-12)、企業による企業秩序の定立と労働契約によるその遵守業務、すなわち企業という使用者の支配下にある組織体への労働者の組込みと包摂として現われざるをえないのである。

企業の効率的運営を目的として行われる人事管理は、職務遂行の能力や適性を外部から観察し判断するのみならず、仕事への意欲や潜在的能力という個人の内面的人格的能力や適性にまで及び、他従業員との協調性から、さらには組織への帰属意識をも対象にするのが普通である。品質管理から目標管理、提案制度にまでいたるいわゆる自主管理制度の採用は、労働の効率が単に物理的労働力の提供をこえて決定的に労働者の人格的意欲によるものであることを示したといえようし、労務・人事管理の深化とよぶ以外にないであろう。

(3) しかし、同時に、人事管理のためになされる人事資料の収集は、職場における労働者の行動のこまかな観察と記録、さらに、それにとどまらず、私生活の領域 Privatsphäre にまでわたり、また、管理の対象も職務上の行為のみならず、私生活の管理、内面もふくめた全人格的領域にまでまたがることになりやすい。そのための情報収集と処理の技術も、カメラやテープレコーダー、コンピュータの導入、管理技術の革新等々によって著しい進歩をとげた。そして、労働者の人格的領域 Persönlichkeitsspäre にいたるまでの情報が、企業の人事管理によって掌握される反面で、場合によっては歪められ、間違っているかも知れないその人事資料や評価は、人事の機密の理由に労働者自身に示されないのが普通である。

この企業による情報の独占が、人事考課による労働条件の格差として、あるいは、その他の労働者管理に――従業員集会の開催や従業員教育などをふくむ――反映させられるとき、その企業内の職場を維持することによって生活を支える以外に途のない、そして、企業内での他の労働者との交流をもふくめおよそ一日の活動時間の大半をすごさなければならない労働者にとって、一つの組織的権力として機能せずにはおかないのである。

(4) 労働者の人格的権利の保護の要請は、このような現代的企業における組織的人事管理のあり方と、そのなかでプライバシーや人格的権利侵害の脅威にさらされている労働者の権利主張に現実的基礎をおくものといわなければならない。そしてまた、本件共同絶交も、基本的にそのような労使関係を基盤としてはじめて発生した、その意味で共通の今日的性格をもつものにほかならない。労働者の人格的権利の保護を論じる素材として本件を取りあげる理由もそこにある。

中央観光バス事件は、労働組合員を退職させ、企業から組合をなくしてしまう目的で、管理職員のイニシアチブのもとに、他従業員による共同絶交が組織され実行されたというケースであった。一見すれば稀な事例であり、また、共同絶交が不法行為を理由とする慰謝料請求というかたちで争われた訴訟としても、はじめてのケースである。

ここまでで、中央観光バス労使の団結承認紛争を分析し、本件が、決して特殊中央観光バスの前近代的な労使関係のなかで生じたとみるべきではなく――もちろん、その側面も否定しえないが――、むしろ、企業への労働者の包摂と人事管理の深化が進む、今日的な企業労使関係を基盤としてはじめて生じた事例であることを指摘した。

それは、不当労働行為制度の救済方法の欠陥という制度的問題をこえて、労働者の人格的権利の保護という視点から、あらためて今日の労使関係を考えてみる必要性を感じさせるのである。

以下では、前記の分析をふまえて、本件のようなケースを、不当労働行為としてではなく、人格権侵害としてみる場合の法的問題点と、さらに進んで、不

当労働行為という問題を離れて、労働者の人格権保護が労使関係のどういう領域で問題を生じさせることになるかを、検討することにしたい。

4. 不当労働行為と人格権侵害行為の交錯

1) 人格権侵害行為を生みだす団結承認紛争

(1) 一般的にいえば、不当労働行為が不法行為としての評価に直結するわけではないし、まして、労働者の人格権侵害行為としての性格をもつものではないことはいうまでもない。両者の交錯は、もっぱら、使用者によって採用される不当労働行為の方法・形態にかかわる。

そして労使紛争のなかでも、使用者が労働組合を嫌悪し、その機能はおろか存在そのものを認めないというところから生ずる団結承認紛争には、しばしば、なりふりかまわぬ手段が採用され、結果として、労働者の人格権侵害行為を伴うことが多い。

経済的紛争の能率的解決が求められる「経済訴訟」と、経済的損得だけではなく、むしろそれをこえた倫理的・全人格的争いの性格をおびる「人格訴訟」という二つの異なるタイプの存在は、一般的民事紛争においても観察せられている（田辺公二『民事訴訟の動態と背景』349頁）。そして、これは、労使間の紛争についても、基本的にはあてはまるように思われるのである。団結承認紛争が、しばしば妥協の余地のない深刻な様相を呈し、団体交渉による経済的衡量というよりも、いわゆる「筋の争い」という倫理的・人格的色彩をおびるものになりやすいのは、そのためであろう。

本件の中央観光労使の場合もそうであり、また組合併存下での少数組合に対する使用者の差別的取扱いが、不当労働行為として争われている多くの事例も、このような性格をもっている。そして現実にも、人格権侵害としてとらえられるような争いを発生させているのである。

(2) 組合員であること、あるいは組合併存下で一方の——多くは少数の——

組合に所属していることを嫌悪してなされる使用者のどのような行為が人格権侵害として不法行為の評価をうけるのかという問題は、労使関係における人格的権利の保護とその範囲という問題の、一場面として論じなければならないことである。その場合、ただ、団結権侵害を意図して行われるという目的の違法性が明確であるというにとどまる。他方でまた、不当労働行為としての性格をもたない人格権侵害行為が存在することは、いうまでもない。

しかしその検討はのちに譲り、ここではむしろ、本件紛争やその他の事件に現われた事例の類型化を試みることをとおして、不当労働行為が、同時に人格権侵害の観点からとらえられなければならないゆえんを、考えてみることにしよう。

2) 抑圧的労務政策と人格権

(1) 労使の集団的紛争が、しばしば暴力や自由の拘束という物理的・直接的力の行使を伴うことは、古くて新しい現象である。もちろん、それが、労使の双方に対して許されてよいはずがないことはいうまでもない。

しかし、それが、労使の集団的力の衝突が顕在化した争議時においてではなく、日常的に、使用者の組合への嫌悪と否認という目的のために行使される場合には、個別労働者は孤立したままで、抑圧的労務管理機構の前にさらされることになる。それだけに、人格的権利の法的保護の必要性は大きいといわなければならない。

(2) 労務指揮権ないし業務命令といえども、それが労働者の生命や健康に対する危険を生ぜしめる可能性をもつような場合であれば、労働者はその意に反して義務の強制を余儀なくされるものではないというのは、今日の判例の立場である（例えば、日本と韓国との間の李ラインをめぐる紛争中、海底ケーブル故障修理のための労働拒否をこの点から相当の理由があるものと判断した全電通千代田丸事件最3小判昭43・12・24労判74、民集22-13-3050、さらに、大型貨物自動車の運転手が、交通事故に結びつきかねないような過酷な運搬勤務を、疲労蓄積を理由に従わなかったとして懲戒解雇された事件で、それ以上の疲労を防ぐための業務命令拒否はやむをえな

い行動であると認めた杉浦運輸事件長野地松本支決昭47・9・16労判162は、この種の問題が、日常的な義務形態のなかに内在していることを教えてくれるケースである)。

理論的には、生命や身体、健康という、最も根源的な人格的権利の保護の要請がはたらくからである。

同じことはより強い意味で、使用者が労務指揮ないし業務命令に従わない労働者に対して——仮にその業務命令が正当なものであったとしても——、暴力的行為や自由の拘束という手段によって、その実効性を確保しようとする場合にもあてはまるといわなければならない。

人格的権利の保護は、前者においては、不当な業務命令に従わないことについての正当性の根拠として、いわば消極的に機能するが、この後者の場合は、より直接的に、不法行為を理由とする損害賠償が、さらには人格権にもとづく差止めあるいはその予防の訴えが、認められるべきものであろう——ドイツでは、むしろこれが原則的救済方法と考えられている[9]。

(3)　残念ながら、抑圧的労務管理機構のなかで、この種のことが問題となる時代はもはや去ったと単純にいいきれないのが、現状であろう。組合役員の仕事ぶりに対する会社職制の暴力的詰問が損害賠償の対象とされた葦原運輸機工事件（大阪地判昭55・10・29労判カード350）、少数組合員の存在が企業経営を妨害するとの立場から、他職員・多数組合員による吊しあげ的な暴力が行われたかどうかが争点となった芝信用金庫事件（東京地決昭52・1・25労判269。被害を受けたとする少数組合員の刑事告訴が会社の名誉・信用を失墜させたとして懲戒解雇がなされ、その効力が争われている）は、いずれも最近の事例に属する。

この種の直接的暴力行為のほかにも、本件中央観光労使の紛争では、組合員を一人ずつ会社事務所に呼び出し、軟禁状態にして詰問する等の自由の拘束が行われた事実が認定されている（大阪地労委昭46・12・9命令集45-501）。

同種の事例は、職場規律違反の調査等のやり方が限度をこえ、強制・威迫といった雰囲気のなかで行われる場合にも生ずるということができよう。この種の調査や査問が、人格を無視し冒瀆するような方法と程度にわたって行われる場合には、人格権侵害としての評価をうけるものといわなければならないか

3) 労働の看視と人格的権利

(1) この種の人格権侵害が、いわば最もプリミティブな性格のものであったのに対して、より今日的な労働者の人事管理の技術的進化と、逆にそれに伴って生ずる人格的・精神的な自由の侵害という観点からとらえられるべき類型のものがある。

一般市民相互間では、相手の同意なしに秘密裡にテープレコーダー等をつかって行われる盗聴や録音は、正当な理由のないかぎりプライバシーの侵害として評価されることに、疑いはないであろう。

それが、労働組合員や組合員の行動を看視する目的に利用されるということになれば、およそそのことについての正当な理由が存在する余地はないであろう。同様のことは、カメラを使って、秘密あるいは同意なしに公然と行われる行動の看視（肖像権の侵害）、私信や私的メモなど個人の秘密領域に属するものを同意なく開封し閲読するなどの行為についても、いいうるであろう。

この種の行為が問題とされたいくつかの事例を拾ってみよう。

(2) 目黒高校事件（東京地判昭47・3・31労民集23-2）は、学校が、教師の授業内容の「独善性ないし偏向」を調査するため、隠しマイクを使って全授業内容を録音し、これを解雇の理由に使用したという事例である。

判決は、これを「教育の不当な支配」を禁じた教育基本法10条1項に抵触する公序良俗違反の行為であるとして、解雇を無効としているが、電話の盗聴あるいは行動看視の目的でなされる私的会話の録音などと同様に、語られた言葉に対する人格的権利の侵害 Das Persönlichkeitsrecht an der Stimme として、解雇無効にとどまらない救済手段が与えられてよい事例であろう。

本件中央観光労使の紛争でも、会社側が、団体交渉に使用されている部屋のテーブルの裏側に盗聴用マイクを取りつけていたのを、組合側に発見されたという事実が、前掲の大阪地労委命令のなかで認定されている。

(3) 学校側管理職員（教育企画部長）が、組合の活動日程等のメモされてい

る組合員のノートを取りあげ、約2年間返還しなかったことが問題とされている愛国学園事件（東京地判昭46・5・8労判127）では、不法行為を理由に、1万円の慰謝料請求が認められている。

また、組合の情報を収集するため、会社側守衛が、夜間に会社構内にある組合事務室に侵入したという新潟放送事件（新潟地判昭53・5・12にだされた二つの判決。労判299号参照）では、組合自身にも損害賠償請求権が発生することを認め、あわせて、事務所への立入禁止を求める不作為の訴えを承認している。

組合活動に対する支障や打撃が問題になるとはいえ、いずれも理論的には、私的秘密領域についての人格的権利の侵害たる意味をもつもの Das Recht an der Geheimsphäre と考えられるべきものであろう。

この新潟放送事件のような事例において問題になっているのは、いわば、団結自体の秘密領域に対する侵害である。

それを、不当労働行為ではなく、不法行為として裁判所に訴えるという方法がとられる場合には、団結自体の人格権侵害行為としてとらえられるべきであろう[10]。

(4) カメラを用いた行動の看視は、秘密・公然のいかんを問わず、肖像権の侵害として許されないというべきであろう。組合員の就業状況を調べるためと称して、女子組合員をきわめて至近距離からフラッシュ撮影し、それをいやがる組合員が席を離れると、便所まで追いかけて写真撮影を行った等の措置が問題となった中外電気工業事件（東京地判昭55・3・19労判339）では、これらの行為は、嫌がらせによって組合員を動揺させ、ひいては組合活動に影響を及ぼそうとした不当労働行為にあたる、とされている。

判決は、中労委の救済命令に対する使用者の行政訴訟事件であるが、このような行為が、同時に人格権を侵害する不法行為としての評価をうけるものであるとは、疑いないであろう。

5. 労使関係における名誉の保護と人格権

1) 問題の所在

　名誉の侵害が、人格的権利を損なうものという評価を受けるものであることは、市民相互間においては、確固とした事実であろう。しかし、労使関係におけるその適用ということになると、いくつかのコメントが必要だと思われる。

　(1) 従来、労使関係における名誉や社会的信用の侵害・毀損として問題にされてきたのは、企業のそれであって、決して労働者の名誉が使用者に対して法的に保護されなければならないというものではなかったことに気づかされるのである。

　例えば、労働者が一般市民に企業の労務政策の不当性を訴える——前掲の芝信用金庫事件もその一例である——、あるいは、企業機密に関することを公表する（この種の事例としては、会社のメッキ作業の廃液が農作物に悪影響を与えている旨のビラを住民に配布したいわゆる公害告発闘争が、会社の名誉と社会的信用を失墜させるものであるとして、懲戒解雇の理由とした日本計算器峰山製作所事件（京都地峰山支判昭46・3・10労民集22-2）が参照されるべきである。判決は、公益性に関わるというその目的と、組合が公表した事実を信ずるにつき、客観的・合理的理由があったとして、解雇を認めていない）という類の行為は、直接企業を批判の対象にするものである。それだけに、企業の社会的評価の毀損と、反対に組合の情宣活動の正当性の範囲が、鋭く対立することになるのは、むしろ当然というべきであろう。

　しかし、企業の名誉や社会的体面の毀損を理由としてなされる懲戒処分や解雇は、これにとどまるものではない。企業外非行を理由とする懲戒処分や解雇が争われている各種の事例に明らかなように、たとえ労働者の私生活上の、また企業に向けられたものではない行為であっても、従業員の非行は、同時に企業の名誉を損うという、社会的評価の一体不可分性が主張せられているのである。

これを、かつてのドイツのように忠実義務 Treuepflicht として説明するか、信義誠実の原則が適用される一場面として説明するかは、法的構成の差異にとどまる。重要なことは、企業による規制が、労働の管理にとどまらず、労働者の私生活にまで及ぶ全人格的管理という性格をもたざるをえなくなっているという、労使関係の現実であろう。

　長期雇用と内部昇進、中途採用者の受ける不利益というわが国の雇用慣行のもとでは、普通の労働者にとって、労働者生活を決定的に同一の企業で送ることにならざるをえない。これに加えて、前述したような人事管理の深化は、職場の生活空間化を一層おし進めることになる。それは、名誉や社会的信用といった社会的評価においても、従業員や企業の一体不可分性を肯定的にとらえる労使関係の意識をつくることになる、というものであろう。

　(2)　これに対して、労働者の名誉についてみれば、事情はむしろ反対であったということができよう。企業組織に組みこまれた労働者は、包括的に使用者の指揮命令に従うべきで、市民相互間でいうような名誉の法的保護は、労使関係における労働者に関して考えることはできない、これが従来の常識的考え方であった。

　使用者は、労働に伴う災害や危険から労働者を保護し、また企業内にもちこまれた労働者の財産についても、保管の責任を負わなければならない。およそこのような内容を中心に承認されてきたドイツの配慮義務 Fürsorgepflicht の観念が、家父長的保護のニュアンスと切り離しがたく結びつき、労働者の忠実義務と一対をなすものと理解せられてきたのも、このような事情を抜きにして考えることはできないであろう。それは、名誉や自由の対等の保護というより、労使関係を人格的関係、それも包括的支配関係とみる考え方を基礎にしていたとみることができるからである。

　(3)　しかしこの点でも、労働契約における自由や平等という一般的法原則が、単に形式的な自由や放任といった内容としてではなく、労使関係の場においても実質的具体的なものとして理解されるべきだという自覚と主張は、現実のものとなりつつある。

それは、法的にも、単なる立法や行政指導の指針であるにとどまらず、労働条件における不当な差別の違法性、あるいは労働者の企業内での人格的権利の保護という、法解釈上の要請としての意味をもつものとして顧慮されなければならないと思われるのである[11]。

2) 労働者の市民的名誉の保護

(1) 労働者の名誉に関する人格的権利の侵害としてとらえられる第一の類型は、中傷・誹謗などの方法によって、労働者に対する人格的侮辱やその生活圏における労働者の名誉・人格的評価を侵害するとみられるべき行為であろう。

そして、この類型に属するとみられる訴訟は、最近になってその数を増し、注目を集めているものである。

(2) そのはしりともいうべき日星興行事件（大津地判昭 48・10・15 判時 736、同控訴審・大阪高判昭 50・3・27 判時 782）は、企業の信用を害する言辞を弄したとしてブルドーザーの運転手を懲戒解雇に処した会社が、さらに、その事実を「不誠実行為により当社及び従業員の体面を汚がす如き行為ありたるにより懲戒解雇す」旨の解雇通知書を作成したうえ、同じ県内の同業他社に広く郵送したばかりか、新聞広告に掲載したというものであった。

このような措置は、再就職を困難にするばかりか、ひどく重大な不正行為をしたような印象を一般に流布し、労働者の名誉と人格についての社会的評価を毀損することになる。

他面、使用者にしても、このような公表の仕方は、たとえ解雇事由があったとしても、正当な利益擁護の限界をこえたものといわなければならないものであろう（例えば、不正のあった外交員を解雇した会社が、その旨を顧客に通知するのは、必要かつ正当な方法であろう）。

判決は、一審・控訴審とも慰謝料請求を認め（ただし正確にいえば、一審は解雇そのものは正当であったが、会社の行為が限度をこえた報復措置であった点を強調し、控訴審は、あわせて解雇そのものも違法であると判断している）、控訴審はそれにあわせて、名誉回復措置として新聞への謝罪広告の掲載を命じている。

(3) 労働者の名誉・人格的評価の侵害は、このように企業外の取引先や新聞広告あるいは新聞社へのニュース提供などの方法によって、社会的に流布させる場合のみならず、企業内の他従業員に必要かつ正当な限度をこえて公表することによっても生ずることはいうまでもない。

労働者にとっての生活圏は、むしろ第一次的には職場であり、同じ職場・企業の従業員集団のなかでの名誉・人格的評価は、決定的に重要な意味をもつからである。

企業によるそのような評価が、他従業員に同様の印象を与えることになれば、プライベートなコミュニケーションから疎外されるだけではなく、共同作業にとっての障害、さらには、他労働者との協調性の欠如という人事考課・人事処遇上の不利益に結びつくのが普通であろう。中央観光労使の紛争において、会社が組織した他従業員による共同絶交という手段は、それを、一緒に仕事をしないというところまで極端におし進めたものということができる。そしてそれが、退職を強要する最も効果的な方法として採用されていることに、留意する必要があろう。

芝信用金庫事件（東京地判昭53・7・26労判カード302）は、会社が発行する労務ニュースに、不確実な根拠で、女子職員にわいせつな葉書を出すという風紀紊乱行為によって会社の名誉の信用を毀損した旨の記事を掲載して、全従業員に配布したケースであるが――慰謝料請求と労務ニュースへの謝罪広告の掲載が認められた――、それは、組合併存下における少数組合に対してとられた措置でもあった。

労働者の名誉を侵害する行為が、組合員と組合に対する他従業員の信頼や評価を動揺させるという、組合否認の有効な手段として用いられうることを示す一事例である。

(4) 不当労働行為事件との関連性はないが、この種の事件は、もはや稀なケースではなくなりつつある。

集金横領の風評が上司の調査不十分な言動によって生じたとして損害賠償の請求を認めてヤマト科学事件（東京地判昭54・1・31労判カード317）、また、校

内の各種会議の席上、正当な解雇の根拠がないにもかかわらず、解雇予告の説明を行い、学校内における名誉と人格的評価を傷つけたとして同じく損害賠償の請求を認めた女子学院事件（東京地判昭54・3・30労判324）、さらに、解雇事実の社内公示・従業員への配布・取引先への葉書での通知が、名誉侵害として争われた泉屋東京店事件（東京地判昭52・12・19労判304）（もっとも、取引業者への通知は、解雇された労働者が、これら業者への原材料の発注にあたっていたから必要性があったとされている。なお、新聞への謝罪広告の掲載は認められていない）は、いずれも、同様の性格をもっている。

(5) このような訴訟のケースを、労働者の名誉に関する労働者の人格権侵害としてとらえる見解や判例は、なにもわが国に限ったことではない。

使用者が、脅迫的言動で休暇を請求したから解雇した旨の真実に反する主張を、解雇された労働者の属する専門分野の機関雑誌に発表したことが、名誉に関する人格権侵害とされ、1,000ドイツマルクの慰謝料請求が認められた事例（AG Düsseldorf, Urteil vom 23. 11. 1966, BB 1967, 248）、使用者が、人事資料として保管してある労働者の自筆の書類を無断で鑑定にだし、人格的かつ職務能力に劣ることを立証する証拠として解雇をめぐる訴訟手続きで申請したことを、名誉を侵害するとして慰謝料の支払いを命じた事例（LAG Baden Württemberg, Urteil vom 26. 1. 1972, NJW 1976, 310）は、労使関係における労働者の名誉侵害に慰謝料請求を承認した数少ない判決として知られている。

さらに、後者の判決は、人事資料として提出した労働者の自筆の書類を、労働者の同意なしに専門家の鑑定に供すること自体を、自己の性格像に関する人格的権利を不当に侵害し許されないとの注目すべき判断を示している。

もっとも、それは、ドイツ民法が慰謝料請求権が承認される場合に限定的列挙主義を取っていることと関連している[12]。

慰謝料請求は認めていないものの、使用者による解雇事由の社内告示ならびに取引先への通知に対して、その撤回による回復措置を命じた二つの連邦労働裁判所の判決[13]は、同様に労働者の名誉が、労使関係における労働者の人格的権利として法的保護をうけなければならないものであることを明言している。

3) 労働者に対する差別と名誉の保護

(1) これまでにのべてきた類型は、一般の市民が享有する名誉に関する人格的権利は、たとえ労働関係においても正当な理由なく侵害されてはならないし、使用者の正当な根拠と方法・程度をこえた措置は名誉侵害としての評価をうけることになるというものであった。ところが、労使関係における労働者の名誉毀損には、これにくわえて、特定の労働者に対する不当な差別的処遇という労使関係に固有な類型をふくめて考えるべきであろう。

(2) 組合ならびに組合員に対する嫌悪から、特定の労働者から故意に仕事を取りあげたり、雑役や意味のない作業、経済的に不利益な仕事のみを命ずるというケースは、団結否認的不当労働行為事件においてしばしばでてくるやり方である。

中央観光労使の紛争においても、組合員であるバスガイドの女子労働者を、その本来の勤務と作業現場からはずして本社事務所に出勤させ、階段掃除等の雑役に従事させて、結局、退職においこむことに成功しているし（大阪地労委昭46・12・19命令集45-501）、また、原告2人にも、経済的不利益に直結する配車差別や庭の草取りといった雑役を命じたりしている（前述の「共同絶交の経過」の項を参照）。

また、例えば、米野幼稚園事件（愛知地労委昭53・9・4労判カード306、別冊中時923）では、組合脱退に応じない幼稚園教師に、照明設備のない保育室の片隅でことさら意味のない仕事を命じ、幼稚園児との一切の接触を禁じた使用者の措置が、不当労働行為と認定されている。

(3) 組合併存下での少数組合員に対してなされた同じような差別的処遇が人格権侵害の不法行為として訴えられた山陽急行バス事件（山口地下関支判昭52・1・31労判270）で問題となったのは、経済的のみならず、運転手個人の技能、人格的評価を示すものとうけとられている配車差別、古参ガイドとしての教習担当を組合所属を理由に取りあげられたというケースであった。

判決は、差別的取扱いの結果、本来担当すべき職務を不当に制限され、多大

の精神的苦痛をこうむったことをあげ、このような措置は「使用者の従業員に対する契約上の地位を甚だしく逸脱し、……個人の人格及び名誉をいたずらに傷つけるもの」として、慰謝料の支払いを命じている[14]。

筆者も、この判決の見解に賛成である。労働者の労務の提供が使用者の指揮命令下で行われるとはいえ、賃金の支払いさえなされていれば、労務指揮権の行使による使用者の恣意的な取りあつかいが許されるというものではない。まして、労務指揮に名をかりて、ことさら労働者に屈辱感を与え、企業内の従業員集団・労働者仲間における人格的評価をそこなうような措置をとることは、労働者の人格的蔑視 Mißachtung を意味し、名誉に関する人格権の侵害として評価されるべきだと思うからである。

(4) さきにのべたように、労働者にとって、職場は、同時にその生活圏としての性格をもっている。そして、生活圏としての職場のもつ第一の特徴は、そこで営まれる労働が、それを担当する労働者にとっての精神的・人格的要素である。例えば、学級担当をはずされ、図書館ならびに補助担当として取扱われた教師が、教育委員会を相手に慰謝料と名誉回復のための告示を求めた富士小学校事件（名古屋地判昭46・3・30判時646-75、同控訴事件・名古屋高判昭47・2・10判時678。判決は、理論的にはこのような請求の可能性を承認しながらも、この場合、このような措置をとったことに相当な根拠があったとして請求を認めていない）は、教師という特別な職業に限定的に考えられるべきものではない。

担当している仕事が特殊専門的でなくとも、また自己の能力が正当に評価され、かつ適性に合致した仕事だという満足感がないとしても、良かれ悪しかれ、仕事は人格の投影であり、労働者の職業能力の開発と人格の形成要因として決定的に重要な意味をもつことは、疑いのない経験的事実であろう。正当な理由がないのに、ことさら——例えば退職を強要するなどの目的で——仕事を取りあげ、無意味な雑役に従事させるなどの措置は、労働者の仕事への誇りと名誉を侵害するという評価を受けざるをえないというべきなのである。

なお、この問題は、就労請求権の存否の問題と混同されてはならない。仕事を取りあげられたうえ、机の移動や電話のとりはずしなど職場内での孤立化を

はかる措置がとられたとして、解任された部長職の地位の確認にあわせて慰謝料の支払いを請求し、その不法行為性が争われたセーラー万年筆事件（東京地判昭54・12・11労判332）で、判決は、まず、就労請求権の存否を判断し、そのうえで、「会社が積極的な故意をもって善良の風俗に反する方法で就労を妨げた場合には、就労請求権という具体的な権利に対する侵害が存在しなくとも、なお、就労させないことが違法性を帯び、不法行為の成立を認める余地があると解するのが相当である」としている（具体的には、会社の措置には相当な根拠があったとして、不法行為の成立を否定している）。このようなケースこそ、名誉に関する人格的権利の侵害の有無として考えられなければならないものであろう。

　労働者にとっての生活圏として職場のもつ第二の特徴は、そこでは、仕事をとおして彼の人格が評価されるということであろう。集団的共同作業は、仕事の分担と協力によってはじめて効果を達成しうるものであることはいうまでもないが、そればかりでなく1人のミスが場合によっては災害の発生など他労働者の安全や健康に直接かかわる重要な意味をもつものである。共同作業の基礎に、最低限その遂行に必要な人間的コミュニケーションと労働能力に対する信頼が要求されることは、これまた明白なことといわなければならない。

　さきにあげた山陽急行バス事件判決が、配車差別を、労働条件そのものに直結して経済的不利益をもたらすだけでなく、「運転手個人の技能、企業内外における人格的評価を示すものとして意識されていた」とするのは、この観点から正当な指摘というべきである。正当な理由なくことさらなされるこれらの措置が、労働者に対する人格的評価をそこない、労働者の人格蔑視 Mißachtung を意味するものと評価されるべきゆえんである。

6. 共同絶交の不法行為性

1) 問題の所在

　中央観光バス事件で問題となった共同絶交は、組合員を企業外に排除するためにとられた対抗措置——しかも、その総仕上げとしての意味をもっていた——であって、この観点からとらえるならば、文字どおり組合否認を意図した不当労働行為という評価をうけるものであることはまちがいない。

　しかし、それを労働委員会に対する救済申立てという方法によるのではなく、また、不当労働行為ではなく人格権の侵害として裁判所に訴えるというやり方が採用されているのが、この訴訟の特徴といえるわけである。そこで、このような訴訟方式が選択される理由、あるいは、そのもつ意義を考えたうえで、判決が共同絶交を人格的権利侵害の不法行為性を肯定するにあたって試みた法的構成の問題点を、いくつか検討してみることにしよう。

2) 共同絶交に対する不当労働行為救済の限界

　共同絶交を不当労働行為として労働委員会に救済を求める場合の難点は、その実質的側面、ならびに実効性のある救済命令がだされ得るのか、労働委員会の救済命令のあり方にかかわる制度的運用という二つの側面が存在している。

　⑴　本件訴訟では、おそらく組合を組織化していくための現実的配慮から、共同絶交の組織化にあたった会社側管理職員と、その行為についての使用者責任を問われた会社（民法715条）のみが共同被告として訴えられている。

　しかし、共同絶交に参加し、現実に実行するのは、他の一般的従業員であって、それなくして、共同絶交は成立し得ないのである。労使紛争が、その限りで労・労紛争というかたちを取って現われるというところに特徴があり、また、そのもつ深刻さもあるわけである。ところが、不当労働行為制度（労組法7条）で禁止されているのは、すべて「使用者」の行為であって、それ以上の者を名宛人として予定してはいない。肝心の最も手のこんだ、そして、労働者

管理の深化を基盤とした、ある意味で最も今日的な組合否認の手段が、その結果として、労働委員会の救済の網の目からこぼれ落ちてしまうということになってしまう。

(2) もう一つの制度的側面とは、このようなケースに対する労働委員会の救済命令が現実には実効性をもちえないという点である。

さきにものべたように、この種のケースについては、使用者に対する謝罪文の交付ないしポスト・ノーティスというのが通常の救済方法というものであろう。労働委員会の救済命令の性格が、原状回復主義の原則にたつものとされ、しかも、その内容の理解にあたっては、使用者に損害賠償的な性格の金銭の支払いを命ずることは、懲罰的ないし制裁的意味をもつことになるから許されない、という狭い考え方がとられていることは周知のとおりである。

筆者は、原状回復主義のこのような理解の仕方には賛成できないし、また現実の労使紛争にあっては、労使双方が将来における労使の正常化を約すると同時に、過去の不当労働行為をめぐる紛争の和解金といった性格の金銭の支払いが行われているのである。

労働委員会においても、不当労働行為を和解によって解決する場合には、同様の性格の金銭給付が行われうることを否定する者はいないであろう[15]。しかし、現実の救済命令の運用のあり方がそこまで踏み切っていない以上、共同絶交の事例ではいうにたる実効性をもちえないといわざるをえないのである。

この2点は、本件訴訟において、不法行為にもとづく損害賠償＝慰謝料請求という方法がとられた、いわば消極的理由というべきものであろう。

3) 労使関係と人格権侵害

しかし、本件のような共同絶交や、さきにあげたような不当労働行為が人格的権利の侵害という手段・方法をとって行われるケースを、労働者の人格的権利の法的保護という観点から考えることには、それ以上の積極的意味が認められるべきだと思われる。

(1) 労使関係における実際からみれば、労働者の人格的権利侵害の可能性

は、なにも組合に対する嫌悪から生ずるとは限らない。このことは、最初にのべたとおりである。団結承認紛争をかかえた労使関係は、その割合という点からみると、今日それほど多いというものでもあるまい[16]。

しかし、それでは、労使紛争が発生していない企業では、労働者の人格的権利の保護が問題となるおそれがないのかといえば、決してそうでないことはいうまでもないであろう。

本章では、とても労使関係における人格権が問題となる局面を包括的に検討する余地はない。しかし、労務・人事管理の深化に伴って生じる、労働者の私的領域 Privatsphäre や秘密領域 Geheimsphäre にまで及ぶ人事資料の収集と管理、集められた情報の独占とそれにもとづく人事査定と処遇といった問題は、たとえ組合嫌悪のためのあからさまな人格的蔑視や差別というかたちをとって行われるのではなくとも、それ自体として労働者のプライバシーの保護、自己に関する情報の集積・利用やそのコントロールの必要性など、人格的権利の保護として論ずるに値する問題を含んでいるといわなければならないのである。

最近になって、地方自治体の住民管理・種々な情報サービス企業による個人に関する情報の収集管理がすすむに従って、個人のプライバシー侵害の危険性が指摘され、さらに政府・地方自治体のもつ情報の公開を求める動きが盛んになってきている。しかし、よく考えてみれば、労使関係においては、すでに、より整備された情報の管理とそれにもとづく人事の処遇が行われてきたといえるわけである。

⑵　ドイツでも、労働者の人格権の保護という観点から類似する問題が論じられている。

　　㈠　採用にあたって個人のプライバシーにかかわる事項をたずねるにあたっての限界[17]。

　　㈡　労働者の適性を判断するための心理テスト、文書鑑定、ウソ発見機などを使用することの可否

　　㈢　労働過程の機械による看視の限界

　　㈣　企業による情報管理からのプライバシーの保護、そのための人事資料

の閲覧、不当かつ不正確な資料の訂正や削除を要求する権利[18]。

　㈋　入門でのコントロールや所持品検査の限界

　㈬　服装や外観、結婚の自由、政治的信条や活動の自由などの、いわば私事に関する自己決定の権利等々の論点が具体的に議論されている。

　これらの問題に関する議論の内容や判決を、ここで紹介する余裕はないが、基本法で保護された「人間の尊厳の不可侵」（1条1項）と、「人格の自由な発展の権利」（2条1項）（経営組織法は、これをうけて、「使用者ならびに経営協議会は、経営内で働く被用者の人格の自由な発展を保護し促進しなければならない」という規定をおいている）に基礎をおく私法上の権利としての人格権を、労使関係の実際のあり方にそくして具体化していく試みであることは明確である。そして、これらの問題とそれを発生させる労使関係の基盤の同質性、さらには、労働者の人格的権利に対する法的保護の必要性という、そのいずれをとっても、わが国に共通した取扱いを要請するものといわざるをえないのである。

4)　人格権侵害としての共同絶交

　(1)　中央観光バス労使紛争のなかでとられた共同絶交も、このような労働者の人格的権利侵害の一態様としてとらえることができる。組合に対する嫌悪とその企業外排除のために行われたという点を抜きにしても、退職を強要するために行われた手段であったという点では、限度をこえた退職勧奨を不法行為として慰謝料の請求が認められた下関商業高校事件（最1小判昭55・7・10労判345）と同じ性格をもち、かつ、その程度においてもっと徹底したもの（先にのべたように、使用者の意思が一方的に貫徹できなくなっているからこそ選択された方策であった）ということができるわけである。

　また、前者すなわち組合否認のために行われた行為という点に着眼するならば、団結侵害の不法行為として、組合自体に対しても損害賠償が認められるべきケースだということができるであろう。団結権の保障が直接私人間においても「権利」として法的効力をもつということは、それぞれの私法の領域において、団結権の性格に応じた保護をうけるということを意味するからである。組

合活動や争議行為が正当な場合に、いわゆる「民事免責」が与えられるのと同時に、団結に対する中傷や名誉の侵害、その秘密領域の侵害——例えば、スパイ行為など——、さらには、団結そのものを破滅させる行為などに対しては、損害賠償が認められてよい。

　この場合、団結権は、労働者であることのゆえに制約され、侵害の脅威にさらされている労働者の人格的自由と権利の具体的回復を目指す主体としての社会的任務を負うという観点からとらえられることを意味する。そして、団結権が一般私法上の不法行為法による保護をうけるものとして取りあつかわれる場合、その権利の性格は、労使という経済的・社会的生活領域においては、団結自体もまた私法上の人格権保障体系のなかで人格権の主体たる地位を認められているものと考えられるのである（この点を筆者は、「団結権侵害と損害賠償」で検討した季労 112 号、本書第Ⅳ章第 1 節 277 頁）。

(2)　人格権侵害として法的保護が与えられるということは、正常な労使関係がそれによって阻害されるからという不法行為制度の趣旨とも、また、組合活動が侵害されたからというのとも異なり、より普遍的な労働者の個人としての権利が侵害されたという観点から考えることを意味する。

　(イ)　このことは、不思議ではないどころか、きわめて重要な意味をもつ。もともと団結権の保障そのものが、単に労働者・組合員の経済的物的諸条件の確保というだけではなく、労働者であることのゆえに伴わざるをえない社会的制約——一言でいえば、使用者による他律的企業秩序のなかでの労働と生活を余儀なくされる——のもとで、労働者の自由な人格の発展のための具体的諸条件を追求し確保するという、社会的任務を団結に課していると考えるべきだからである。

　本件の共同絶交に現われているように、組合否認という使用者の目的に向けて一般の従業員が組織され、その結果、労・労紛争という形態をとるような場合、たとえ組織され参加したのが一般従業員ではなく併存し対立する一方組合であったとしても、労働者の人格的権利を侵害したという違法評価をうけることにかわりはないのである。

企業秩序違反行為の調査に協力しなかったとの理由による懲戒処分が争われた富士重工業事件（最 3 小判昭 52・12・13 労判 287）において、最高裁は、労働協約によって設けられた苦情処理委員会で、たとえ組合代表が懲戒を相当と認めても、調査協力義務が認められない以上、懲戒処分は違法無効という判断を示していた（控訴審（東京高判昭 49・4・26 労判 205）の東京高裁は、反対に、組合代表委員をふくめ全員一致で承認された以上、裁判所もそれを尊重すべきだとして懲戒処分を認めていた）。

ことが労働者の人格的権利にかかわる場合には、この最高裁判決がいうように、労働組合の判断といえども優先するものではなく、また、加害行為に参加した他の従業員、あるいは組合もまたその責任を追及される立場にあるといわなければならないであろう。

(ロ)　実態として考えてみても、加害者として共同絶交に参加した他の従業員も、ある意味で実は基本的に被害者たる側面をもつことも見過ごされてはならない。共同絶交に参加しなかった場合の不利益が、退職勧告書への署名の動機になったという事実は、判決によっても認定されている。それは、中央観光バス労使にとどまらず、従業員によってつくられた親睦会からの閉めだしという方法がとられる場合の他のケースでも共通する事情であろう。

そうすると、結局、一般従業員に共同絶交への参加を余儀ないものと感じさせる労使関係のあり方を問題にする以外にないのである。先に「労働者の人格権が問題となる基盤」としてのべた労務・人事管理の深化がそれであり、労使関係において義務のないことを強制される場合にノーと答えても、それが不当な労働条件への格差になってはねかえることのない枠組みが社会的与件として定着していくのでなければ、"言うは易くして行うに難い" という事実にかわりはない。そしてそれこそ、他の従業員をふくめた労働者の人格権的権利保護の課題にほかならない。

注
1) 三島由紀夫が、東京都知事選に立候補し落選したAとその妻をモデルにした小説「宴のあと」を書いたのに対して、プライバシー侵害・不法行為を理由に損害賠償請求訴訟が提起された事件。
　　この事件は、民法におけるプライバシーの権利性をめぐる議論ならびにその承認が、1960年代の半ば以降のことであったことを示している。
2) ドイツにおける一般的人格権 Das allgemeine Persönlichkeitsrecht の承認も、同様に第二次世界大戦後、ボン基本法のなかに、人間の尊厳の不可侵性（1条1項）、人格の自由な発展の権利（2条1項）の保障がおかれたことにその根拠をおくものであった。しかし、憲法に基礎をおくとはいえ、一般的人格権そのものは、純然たる私法上の権利であって、基本権の第三者効としての効力が問題とされているのではない。
　　斉藤博『人格権法の研究』とくに100頁、175頁以下にくわしい。
3) 判決は、プライバシーの権利に、「私事をみだりに公開されないという保障」という定義を与えている。
　　しかし、その意味は、今日さらに広がりを示し、「自己についての情報をコントロールする権利」（例えば、佐藤幸治「現代社会とプライヴァシー」現代損害賠償講座II 60頁）、あるいは、「私事についての自律ないし自己決定の権利」（例えば、山田卓生「私事と自己決定」法学セミナー1979年5月号から1980年11月号までの16回にわたる連載）を含むものとして再定義しようとする試みがなされている。
4) 筆者も、「労使紛争と損害賠償の請求」労働法学研究会報1277号（昭54・6）、「団結権侵害と損害賠償の法理」（季労112号20頁）で、人格権の法的保障が、労使関係の特質にあわせてどのような適用をみるべきかについて検討を加えた。
5) 上の注4) で、それらの判例をかかげておいた。
　　下井隆史「労働者への不当処遇と損害賠償」（季労112号35頁）でも、かなりの判例が紹介されている。
6) 労働契約が、法的には自由にして対等な労使の合意による結合という形式をとりながら、その実態において、企業という組織体の構成員として他律的な種々な秩序に服さなければならない労働者の地位を生みだしていることは、周知のとおりであろう。それは、拘束は当然のものという暗黙の前提をつくりだしてきたといえるであろう。
7) 菊池高志「現代企業と労働者の権利」（ジュリスト増刊・企業と労働38頁、とくに43頁以下）が、組織と個人という観点から、労働者の人格的包摂化が進行していく高度に組織された現代企業の姿を論じている。
8) 労働者の人格権を包括的に論じるヴィーゼが、従来の労働法の関心は生命・健康という根源的にしてしかしプリミティブな価値と経済的条件の確保におかれてきたが、今日、さらにすすんで、企業内および労使関係における労働者の人格権の保護にまで及ばなければならないと、その現代的意義を指摘するのは正当というべきであろう。Wiese, Der Persönlichkeitsschutz der Arbeitnehmers gegenüber dem Arbeit-

geber, ZfA, 1971, S. 273 ff.
9) Koebel, Allgemeines Persönlichkeitsrecht und Unterlassungsanspruch, NJW 1955, 1337. が参考になる。
10) 筆者は、「団結権侵害と損害賠償の法理」（季労 112 号 20 頁）で、この点を考察した。この点では、より一般的に法人の人格権について論じ、一般的人格権 Das allgeme Persönlichkeitsrecht の主体となりえないが、例えば行為ないし活動の自由、氏名に対する権利、名誉・秘密領域についての権利など、個々の制限された範囲内では人格権の主体たることが認められるべきだという H. Leßmann, Persönlichkeitsschutz juristischer Personen, AcP 170 (1970), 266. が参照に値する。
11) 労基法が労使関係の場で貫かれなければならない基本原理を定めたいくつかの規定、例えば、労働条件は人たるに値する生活を確保しうるものであること（1 条）、労使対等の立場で決定されるべきこと（2 条）、差別取扱いの禁止（3・4 条）などを、労働条件の最低基準の確保という政策的性格というより、労働者であることのゆえに制約されがちな、労働者の人格の具体的保障を志す「憲章」規定として読まれるべきだとする沼田稲次郎「労働法入門」（青林書院 97 頁以下）の提言は貴重だと思う。
12) ドイツ民法 BGB 847 条 1 項は、身体・健康・自由の拘束の侵害についてのみ慰謝料請求を承認している。その後、その範囲は、判例によってそれ以外の一般的人格権侵害にまで広げられた。しかし、その場合にも、人格権侵害に対する救済手段は、第一次的には名誉回復に必要な撤回の請求 Wiederrufanspruch によるものとされ、慰謝料請求は、人格権侵害の様態・責任とも重大であって、他の方法によっては十分に損害が回復されえない場合に限るとされているからである。このような限定は、結局、人格権救済の空洞化にほかならないという批判も多い。
13) 一つは、公示と取引業者への回状に、労働者を中傷・誹謗する内容をふくんでいた事例であり BAG, Urteil vom 14. 9. 1967, BB 1967, 1378、もう一つは、不確実な根拠にもとづき、スーパーマーケットである会社の商品を盗んだとの解雇事由を同様に社内に掲示し、回覧したというものである BAG, Urteil vom 21. 2. 1979, Aur 1980, 92。
14) なお、この判決は、このような使用者の行為は、同時に労働組合自体に対する不法行為でもあるとして、組合に対する損害賠償請求を認めている点でも注目される。
15) 中津俊雄「救済命令の主文」（別冊判例タイムズ・労働争訟の課題と展望 32 頁）には、チェック・オフを怠った使用者に、それによる損害賠償相当額の支払いを命じた注目すべき例として、日本硝子事件神奈川地労委命令（昭 51・11・19）が紹介されている。また、タフト・ハートレー法改正法案の内容の一つが、2 倍額のバックペイ、あるいは損害賠償の支払いを命ずる権限を NLRB に認めることによって、救済の実効性をはかろうとする点にあることも注意されてよいであろう。道幸哲也「タフト・ハートレー法の動向」（学会誌労働法 55 号 147 頁参照）。
16) 例えば、日経連が、最近、その傘下の企業 2,182 社を対象にし、うち 1,342 社の回答をえて行った組合組織・労使関係調査の結果によれば、90.7 パーセントの企業

が"現在のところ労使関係に問題なし"と答えており、具体的に直面している問題のうち、複数組合の併存・競合から生じているというのは第2位（18件）、過去5年間に少数組合からの申立てによる紛争事件を経験した企業は5.2パーセント（69社）となっている（日本労働協会・週刊労働ニュース昭55・11・3）。
17) 職務との関連性がないのに、プライバシーを侵害するような質問をすることは許されずそれに正直に答えなくとも詐欺による取消し理由にはならないとされている。K. Hümmerich, Wonach darf der Arbeitnehmer bei der Einstellung gefragt werden ?, BB 1979, 428 ff. がこの問題を包括的に取りあつかっている。
18) 経営組織法83条は、個々の労働者に自分に関して保管されている人事資料を閲覧する権利を認め、その理解のために必要ならば、経営協議会メンバーを伴う権利を承認している。

第2節　組合所属を理由とする配車差別の不法行為性ならびに損害賠償のあり方について
――サンデン交通事件・山口地裁下関支部判決
（平3・9・30）についての鑑定意見書――

1. 問題の所在

(1) 本件第一審・山口地裁下関支部判決の認定によれば、控訴人・サンデン交通は、同社の従業員であるバス運転士に対し、労働組合所属を理由に新しいバスの割り当てから排除するいわゆる配車差別を行い、その見せしめ的効果を通して、運転士個人ならびに労働組合の活動と組織に多大の損害を与えた、というものである。

本件第一審判決の内容は、次の2点に要約することができる。第一に、「バス運転手が新車を担当するか旧車を担当するかによりその身体的、精神的疲労度が異なること、貸しきり業務用の新車を配車されると貸しきり業務に従事できるが、旧車を担当しているかぎり、貸しきり業務に従事できることはほとんどなく、貸しきり業務の方が通常の定期業務に比較して時間外手当等で収入が多く得られる傾向があること、このような結果、バス運転手においては、担当車両が収入、労働条件そのものを規定する関係にあるうえ、さらに、担当車両の良し悪しが当該運転手個人の技量、企業内外における人格的評価を示すものとして意識されていたこと、したがって、運転手らは、担当車両の決定、とりわけ新車の配車につき重大な関心を示していたことが認められる」(31丁) と配車のもつ重要性を指摘し、そのうえで、対立する複数組合の併存下にあって、在籍年数、運転手歴、出退勤、事故回数、諸規定に違反していないか等の客観的基準ではなく、会社の合理化政策に理解を持ち、積極的に会社の方針に協力し生産性の向上に努力する組合に所属する運転士に優先的に新車を配車することは、とりもなおさず他方組合（原告組合）への敵視政策にあたり、不当

労働行為として許されないとの評価を示している。

　そして第二に、このような配車差別は、労働組合法7条の不当労働行為であるにとどまらず、運転者個人に対しては、「労働内容を左右し、賃金にも反映する新車担当の期待権を奪われ新車を担当できないものとして、運転手仲間あるいは社会において低い評価を受ける等して人格権を侵害」し、また労働組合にとっても、「その構成員たる原告運転手が不当な差別を受け、第二組合の組合員より不利益に扱われることによって、団結権の基礎が揺るがされ、原告組合が第二組合より不利益に扱われ、低い評価を与えられることにより組織の維持、発展が阻害され、憲法その他の法律により保障されている団結権が侵害され」ることを意味し、故意による権利侵害として民法709条の不法行為責任を構成することになるとし（38丁）、損害賠償としては、バス運転者である45名の原告に対し、運転者および車掌としての経験年数の指数に応じてそれぞれ40万円から20万円、原告労働組合に対しては10万円の慰謝料の支払いを命じている。

　(2)　このような配車差別は、バスないしタクシーなどの交通・運輸業種における不当労働行為としては珍しくないどころか、むしろ典型的な手段であるといってよいほど、多くの労働委員会の救済命令や裁判例のなかに見出すことができる。その意味で第一審判決の事実認定を前提にすれば、被告会社の配車差別を不当労働行為と判断した本判決の前段部分の結論は、至極当然のことというべきであろう。

　そのうえで、本件においてさらに検討すべき理論的ならびに具体的な課題を含んでいると思われるのは、これを単に不当労働行為にとどまらず、民法上の不法行為に該当するとして、組合員個人ならびに労働組合に双方に対して慰謝料の支払いを命じた判決の後段部分である。そこでの課題をあらかじめ指摘すれば、次の3点にあるということができよう。

　第一は、不当労働行為と不法行為の関係をどう考えたらよいのかという問題である。不当労働行為に該当するということは、いかなる意味で民法上の不法行為になるのか、いわゆる不当労働行為の私法的救済として議論されているも

のである。

　第二は、本件のような配車差別、もう少し一般化して言えば、職場における仕事差別の不法行為判断にあたって、侵害されている労働者の権利をどう考えたらよいのかという問題である。組合の団結侵害のみが問題となっている場合には、とりたてて第一の問題と個別に考察する必要はないであろうが、労働者個人に対する仕事差別は、本件のように組合対策として行われる場合もあれば、思想信条のゆえに行われる職場八分の手段として、あるいは解雇を促す手段であったり、有給休暇を請求した労働者に懲罰的な意味でなされるケースなどを含めると、実にさまざまな動機にもとづいて行われることがあるのであって、必ずしも不当労働行為固有の問題ということはできない。

　それらに共通していることは、仕事差別が労働者に屈辱感を与え、同時に、職場仲間に対しても絶大な見せしめ的効果をもっているという点である。だからこそ使用者は、仕事差別の有効性を認識し、それを利用しようという誘惑から逃れられないのだということができよう。仕事差別の不法行為性は、このように、不当労働行為の一手段という狭い枠のなかだけではなく、本件第一審判決が言うように、労働者の人格権侵害という広い視野から考察することが必要である。人格権侵害の観点からみれば、不当労働行為の手段として用いられる場合が比較的に多いということはできるが、理論的には組合対策のために行われたということを意味するにすぎず、あくまでも不法行為成立の判断に際して動機の違法を根拠づけるものにすぎない。

　第三に、労働者の人格権ならびに団結権の侵害が不法行為にあたる場合、損害賠償として採用される慰謝料の機能ないし法的性格をどう考えたらよいかという問題である。人格権の法的保護は、実際には慰謝料を通してしかありえない。言い換えれば、慰謝料そのものが、人格権保護の強化の必要性が認識されるとともに再認識され発展を遂げつつあるといいうるものであるだけに、理論的にも、実務的にも大きな問題であるといわなければならない。

　そこで以下、この順序で検討を進めることにしたい。

2. 不当労働行為と不法行為

1) 不当労働行為の私法的救済について

(1) 不当労働行為に対する法的救済については、労働組合法のなかに労働委員会に対する申立てと行政命令による救済が用意されているが（労組法 27 条）、これとは別に裁判所に対する司法救済の申立てがなされるケースも少なくないどころか、最近増加する傾向にある[1]。そして、結論的にはほとんどの判決が、不当労働行為が民法上も不法行為に該当することを認めている。

もちろん一般論として、労働組合法上の不当労働行為と、民法上の不法行為とがまったく同じでないことはいうまでもない。まず成立要件が異なっており、前者では「不当労働行為の意思」が必要かどうか、またその内容をどう理解すべきかについての争いのあるところであるが、仮に不当労働行為の意思不要説を採る立場の論者であっても、後者の場合に一般の不法行為と同様、故意または過失が必要であることに異論はないであろう。また支配介入が功を奏さず、例えば組合の分裂が生じなかった場合でも不当労働行為は成立するが、不法行為が成立するためにはそもそも賠償すべき有形・無形の損害の発生が必要であることはいうまでもない。

さらに、救済の方法や性格という点からみても、労働委員会による不当労働行為の救済は原状回復を目的とする行政命令であって、不法行為における使用者の責任追及を意味するような民事罰的性格をもった救済命令を発することはできないと解されている。現職復帰命令にともなうバック・ペイの算定にあたって、労働者が他の使用者のもとで働いて得た中間収入を控除すべきかどうかをめぐって、労働委員会と裁判所の間の見解の相違が長い間続いてきたのは周知の通りであるが、そこでの対立点の中心は、10 割のバック・ペイを認めることが原状回復の範囲を逸脱し、民事制裁的色彩を帯びてしまうことになるのかどうかという点にあった。

しかし、本件第一審の判決を前提とすれば、本件の場合、改めて成立要件で

ある故意・過失について検討を要するとは思えないし、損害の発生ならびにその賠償としての慰謝料のあり方については、改めて別途に考慮しなければならないテーマである。したがって、ここでは、不当労働行為と不法行為の成立要件の違いについてはこれ以上ふれず、ただ不当労働行為が不法行為に該当するのはいかなる意味においてなのかという、これまで必ずしも十分な検討がなされていない問題だけをとり上げ、あわせて労働委員会命令と異なる司法救済の特色とその積極的意味について言及することとしたい。

(2) 不当労働行為制度の目的は、使用者の侵害行為から団結権を守ることにある。この点についてはおよそ異論がないものの、不当労働行為を同時に一般法である民法の助けを借りて救済を求めることへの若干のためらいや疑問がないわけではないのは、①救済の特別な機関として労働委員会が設けられている以上、二重の救済を認めることは不必要であるばかりか制度的混乱を招きかねないとの制度的観点、ならびに、②不当労働行為制度は労働委員会による行政救済の根拠規定として特に設けられたものであって、それ以上に私法上の権利を意味するものではないから、裁判所による救済の根拠にはなりえないとの理由によるものである。

それに対して、多くの判例が不法行為による救済を肯定してきたのは、不法行為が成立するためには、必ずしも何らかの「権利」が侵害されたことを要するものではなく、法律上の保護に価する利益が違法に侵害されたことで足りるとの、権利侵害から違法性への不法行為判例法の発展によるところが大きいということができよう。すなわち、かならずしも、いわゆる団結権の第三者効を認め（Drittwirkung）、私法上も保障された権利（団結権）の侵害行為であるとの立場を採らなくとも、不当労働行為は少なくとも不当労働行為の禁止を定める取締法規違反、あるいは公序違反としての性格を免れるわけにはいかず、そうである以上、法律上保護された利益の侵害として不法行為の成立を認めるのに十分とされているからである[2]。

しかしその反面で、多くの判例には、被侵害利益についての必ずしも明確な言及がなく、なんとなくあやふやな印象を与えているのもそのためであろ

う[3]。判決の具体的結論に直接差異をもたらすものではないが、この問題は本件を含め不当労働行為に対する司法救済のあり方を考えるうえで重要な意味をもっている。

(3) 不当労働行為と不法行為の問題を複雑にしているのは、わが国の労働組合法がドイツ法類似の団結権救済システムから出発し、途中で、アメリカ型を部分的に導入したという経由によるところが大きい[4]。旧労組法といわれている戦後すぐに制定された労働組合法（昭和45年）は、不当労働行為の対象を憲法の団結権保障から導かれるものに限定し、違反に対して刑事罰を科する一方で、私法上は無効、違法という裁判上の救済を予定していた。労働委員会という特別の行政機関をおかず、憲法上の団結権のもつ私人間効力を根拠に、もっぱら裁判所による民法（DGB）の適用を通して救済する方式が採用されているドイツ型がそれである。ドイツ基本法9条3項は、「労働条件および経済条件を維持・改善するために団結を結成する権利は、あらゆる者、すべての職業に対して保障される。この権利を制限または妨害する約定は無効であり、これを目的とする措置は違法である」と定めているが、団結権保障の根拠規定はこれしかない[5]。

その後の改正で、現在のようなアメリカのワグナー法（National Labour Relations Act 1935）にならって、労働委員会による行政救済方式と結びついた不当労働行為制度（unfair labour practice）を採用することとなった（昭和24年の改正で現行労組法と呼ばれている）。狭い意味での団結権に加えて、支配介入の禁止と伝統的司法救済には馴染みにくい団体交渉の拒否を救済範囲に加えたこと（労組法7条2・3号）、科罰主義の窮屈さから柔軟な行政救済方式へ転換し救済の実をあげようとしたことが主たる改正点であったが、忘れてならないのは、改正の際に、労働委員会に対する救済の申立ては、裁判所に「訴えを提起することを妨げるものではない」との規定をおいて（27条11項、昭和37年の行政訴訟法の施行にともなって削除された）、伝統的な司法救済の途が閉ざされたわけでないことが確認された点である。このとき以来、わが国における団結権の法的救済は、労働委員会への行政救済と裁判所への司法救済という二つの方式が併存

することとなり、今日まで続くこととなった。

　しかし、法改正による救済方式の転換が強調されることとなったために、司法救済による場合の理論的構成やそのあり方について、十分な考察がなされないまま今日に至っているということができよう。不当労働行為制度のなかに、伝統的司法救済に馴染みにくい団体交渉の促進というもうひとつの柱がつけ加わったことも、その一因に挙げなければならない。団体交渉権の司法救済のあり方について、私法上の団体交渉請求権なるものが認められるのかどうか、あるいは団体交渉を命じる給付訴訟とその仮処分、あるいは確認訴訟は認められるのかどうか、というやっかいな問題がそれである。それは、不当労働行為の司法救済にあたって、侵害される権利ないし非侵害利益の性格を画一的に取扱うことが困難になったことを意味している。この点は、不当労働行為の不法行為性についてもあてはまる。本件で問題となっており、最初からドイツ法にならって伝統的司法救済が予定されていた団結権侵害と、アメリカ的行政救済方式と結びついて導入された団交拒否の不法行為性を同じレベルで考えることはできない。後者は、せいぜい取締法規違反か公序違反という以外にないことは明らかであるが、私人間効力をもつ団結権の権利性については、これと同視することはできないからである。したがって、以下の考察は、本件がその典型的事例である使用者の団結権侵害に限定して行うこととする。

2)　団結権侵害としての不法行為

　(1)　両者の違いを端的に指摘すれば、労働委員会による行政救済が集団的労使関係秩序を公法的に形成しようとするものであるのに対し、裁判所による司法救済は集団的労使関係を労使の対等な私法的権利義務関係であると理解する立場にたって、一方当事者である組合に対する使用者の干渉・妨害行為を一般の私法上の権利侵害と同様の方法によって私的保護を与えようとするものということができる。不当労働行為を民法の不法行為に該当するという場合には、まさにこの意味において理解されなければならない。

　この点で、団結権の侵害をもっぱら司法救済によっているドイツのやり方が

参考になる。すなわち、団結権の第三者効を基礎に行われる私法的救済は、団結権への侵害が解雇のように法律行為をとおして行われる場合にはその効力は無効であり（法律上の禁止規定に違反する法律行為の無効を定めた BGB 134 条による）、事実的行為によって行われる場合には、不法行為として組合ならびに組合員に生じた有形・無形の損害を賠償する義務を負う（BGB 823 条 1 項、249、847 条による）。さらに、侵害行為に対しては、団結権にもとづいて妨害排除の訴え（Beseitigungsklage）、ないし不作為の訴え（Unterlassungsklage）による妨害の排除請求が認められている（BGB 1004 条による）。

そして、団結権侵害はいかなる意味で民法上の不法行為になるのかについても、ドイツにおいて既に憲法に団結権の保障を定めていたワイマール時代から議論された問題であった。そして、ドイツ労働法の理論的指導者として長く不動の地位を占めていたニッパーダイは次のようにいう[6]。かつては、憲法による団結権の保障はただちに不法行為法における「主観的権利」を意味することになるわけではなく、「一般的禁止規定」を定立したにすぎないとされていた。わが国で、不当労働行為を取締法規違反の行為として不法行為に該当するとみる見解に相当するものである。しかしながら、ニッパーダイ自身かつてそうであったこの見解の改説を宣言し、第二次世界大戦後、自由な人格の発展を保障した基本法の規定（GG 2 条 1 項）を根拠に私法上の「一般的人格権」が導き出されるに至っていることを考えれば、団結権にも、社会的領域において承認されているその役割からして、人格権の主体としての位置を認められなければならないという。

(2) その背景にあるのが、第二次世界大戦後に顕著となった、人格の自由と権利の保護にむけての市民法理念の発展と深化であることはいうまでもない。それは、それまでもっぱら使用者の財産権を保障し、労働組合とその活動に抑圧的にはたらくものと考えられていた伝統的な市民法秩序の理解に大きな変化が生じたことを意味している。かつて労働組合とその活動は、市民法秩序と抵触し違法であることの評価を受ける存在であり、だから団結することが権利であるといっても、それは市民法の知らない特別な権利であると理解されてきた

し、せいぜい市民法的違法評価を免れるという意味での免責（immunity）であると考えられてきた。

　しかし、今日の市民法が財産権秩序の維持という狭い性格を脱却し、現代社会にあってもっとも根源的でありながらも深刻な侵害の危機にさらされている、人格的諸権利の保護という開かれた体系へ理念を展開させるにともなって、団結もまた市民法秩序のなかで人格的権利の享有主体として位置づけられるようになったことを意味している。団結は、本質的に労働者個人では不可能な労使の実質的対等性をめざし、労働者の労働条件の決定における実質的な自由の回復と職業的利益の擁護を通して労働者の職業的人格の発展を追求することを任務とするものということができる。このような性格をもつ団結の存在と活動への侵害が、同時に団結の人格権侵害として評価されるのは、わが国においてもなんら変わることはないといわなければならない[7]。

　(3)　このように団結を市民法上の人格権の主体として承認し、団結権の侵害を市民法上の人格権侵害の不法行為として位置づけることは、労働委員会による不当労働行為の救済に比較して、少なくとも、次のような特徴と積極的意味をもつ。

　労働委員会の行政救済が現状回復を目的とし、使用者の責任追及を意味するような民事罰的救済はその限度を越えると理解されていることからくる実効性の制度的限界を克服することができる（秋田成就「労使関係と損害賠償」季労112号は、労働委員会公益委員としての経験をふまえて、労働委員会命令にも「賠償」というのがまずいのであれば「補償」を命ずることが必要だと提言している）。例えば、支配介入に対する典型的な救済命令であるポスト・ノーティスは、不当労働行為に対する反省と、将来同様の行為を繰り返さないことを誓約させることで団結権に対する侵害の除去を意図するものであるが、この使用者の名誉に訴える救済方法は、いわば「蛙の面に水」で、名誉など意に介さない悪質な使用者にはなんらの効果ももちえないことになる。「実効のないポスト・ノーティス命令を繰り返すより損害賠償を加重させたほうが効果的ではないか」（秋田・同論文）という同教授の感想は、労働委員会の救済命令の限界という問題を越えて、本

件のような団結侵害の場合における損害賠償のあり方が団結侵害の効果的除去を目的としたものでなければならないことを教えてくれるものである。

　もっと基本的には、わが国のこれまでの閉鎖的で擬似共同体的な企業内労使関係に、市民法における人格権保護の法理が及ぶことの意義は大きいというべきであろう。組織体としての企業が使用者の管理下におかれているとはいえ、企業もまたひとつの社会であって、外部の一般社会から遮断され隔離された法的空間であることは許されないこと、労働組合を人格権の主体として尊重するよう使用者に義務づけることが対等かつ公正な労務関係樹立の出発点であること、この二つの平凡な命題が、わが国の企業社会の歪みを変えていくために重要な意味をもつことは、いくら強調してもし過ぎることはないように思われる。

3. 仕事差別の不法行為性について

1) 問題の所在

(1) 前項では、組合の存在と活動に向けられた団結侵害活動が、人格権侵害の不法行為として評価されなければならないことを述べたが、このことは、これまで企業秩序や人事管理の必要性の重視によって顧みられることの少なかった労使関係における労働者の人格権の保護、とりわけ名誉、プライバシー（私的領域の保護）、あるいは職業的人格権といった精神的人格価値について、その法的保護の必要性と重要性を前提にしている。そもそも団結が人格権の法的主体たりうる根拠も、労働者個人では不可能な労使の実質的対等性の実現によって、労働条件の決定における実質的な自由の回復と、職業的利益の擁護による労働者の職業的人格の発展を追求する存在であることに求められるものであった。

(2) 民法とりわけ不法行為法における分野では、人格権保護の範囲が名誉や精神的自由などの古くから認められてきた領域を越えて、プライバシーや個人

情報などにまで及んでいることは、今日では疑いのない事実に属する。いわゆる「宴のあと」事件（東京地判昭 39・9・28 民集 15 巻 9 号）が、「近代法の根本理念のひとつであり、また日本国憲法のよって立つところでもある個人の尊厳という思想は、他人の人格が尊重され、不当な干渉から自我が保護されることによってはじめて確実なものとなるのであって、そのためには、正当な理由がなく他人の私事を公開することが許されてはならないことは言うまでもない」と、その基礎を個人の尊厳の理念に求め、それは「単に倫理的に要請されるにとどまらず、不法な侵害に対しては法的救済が与えられるまでに高められた人格的な利益である」とプライバシーの私法的権利性を承認し、人格権保護の理念と新しい保護領域の拡大とに途を開いたのは、今から 30 年前のことであった。

　人格権とりわけ精神的人格価値に対する法的保護が、労使関係法の領域にまで浸透して広がりをみせはじめ、それも単に不当労働行為として救済の対象になるというにとどまらず、不法行為による民事責任の追及というかたちをとってあらわれるようになったのも、この時以降に属する。企業の信用を害する言辞を弄したという理由で労働者を解雇したうえ、その旨を同業他社に通知し、かつ新聞広告として掲載した使用者の行為を名誉毀損にあたるとして慰謝料の支払いを命じ、控訴審判決ではそれに合わせて新聞への謝罪広告を命じた日生興業事件（大津地判昭 48・10・15 判時 736 号、同控訴審・大阪高判昭 50・3・27 判時 782 号）、少数組合員に風紀を乱す行為があった旨の葉書を社内の全従業員に配布した行為を、同様に名誉を害する不法行為にあたるとした芝信用金庫事件（東京地判昭 53・7・26 労判カード 302 号）など、そのはしりともいうべき名誉侵害のケースに関する判決は、すでに 20 年前ごろから出現していることになる[8]。そして、今日では判例の件数ならびに精神的人格価値の保護の範囲という量・質の双方にわたってかなりの蓄積がみられるまでになった。それは、一般の市民相互でなら当然違法とされている行為は、たとえ労使関係にあっても許されてよいはずがないという、一見当たり前の考え方が、労使契約の人格的結合や擬似共同体としての企業、あるいは組織体としての企業秩序という観念

に守られた防御の壁を突き破りながら進んできた歩みであったと評することができよう。

したがって以下では、労使関係における労働者人格権の法的保護のあり方について若干一般的に述べ、その後に項を改めて、労使関係における労働者の人格権侵害がいかなる領域で問題となりうるのかを検討するなかで、本件のような配車差別・仕事差別がその一類型に他ならないことを指摘することにしたい。

2) 労使関係における労働者の人格保護の進展

(1) このような進展を促した推進力を法理念のレベルでみれば、労働者の精神的人格価値の保護についてわが国よりはるかに進んだ議論が展開され、実際に、労働立法によるその具体化をはかっているドイツの人格権の法理（Der Persönlichkeitsschutz des Arbeitsnehmers）を支える、次のような認識と共通するものであろう[9]。すなわち、劣悪な労働条件と職場環境から労働者の生命・身体・健康などの根源的でかつ最もプリミティブな人格価値の保護から出発した初期労働立法の時代から、今日の労働法理は、労働を単に生産要素のひとつ、あるいは単なる商品と同様に経済的財としてのみ取扱うのではなく、その担い手である労働者が倫理的・精神的存在である人格であること、すなわち憲法で保障されている人間の尊厳の主体であることから要請される労働者の人格保護にまで及ぶものでなければならない、との認識がそれである。

そして、このような認識の背景になっているのは、新しい科学技術の開発とその労働現場への応用が進むことによって、労働者の人格領域への侵害の可能性が格段に大きくなったという深刻な事実であろう。私的領域ないしはプライバシー保護や労働の監視といった問題自体は、例えば雇い入れに際して思想・信条や、健康などの私的事項についてどこまで申告を求めることができるかといった問題や、入退時の所持品検査のように、以前から議論されていたことに違いはないが、心理テストやうそ発見器の利用、さらにはビデオカメラやテープレコーダー・コンピュータによる仕事の監視や、人事情報の収集と管理など

の新しい技術の導入が格段の深刻な問題を発生させ、何らかの歯止めの必要性が認識されるようになったことは明らかである。

(2) もちろんそれは、情報化社会の進展にともなう一般的人格権の豊富化にあらわれているように、社会的レベルにおける市民の自由や精神的人格価値の保護に対する要求の、労使関係への波及としての性格をもつものであることはいうまでもない。

それはドイツにおける議論が、憲法の理念に基礎をおきながらも、それ自体は私法上の権利である一般人格権（Das allgemeine Persönlichkeitsrecht）という民法における法理の労使関係への適用によって、労働者の私的領域（Privatspäre）や秘密領域（Geheimspäre）の保護、あるいは個人の性格像（Charakterbild）、名誉（Ehre）、盗聴に対する声（Stimme）、ビデオカメラを利用した労働の監視に対する肖像（eigene Bilde）の保護、さらには自己に関する個人情報についてのコントロール（informationelle Selbstbestimmung）といった、労働の場における労働者の精神的人格価値の保護の具体化の努力が進められていることにもあらわれている。

これらは、今日における市民法理の労使関係への適用であり、より正確にいえば、市民法が適用される社会的関係の場にふさわしい具体化をみながらその内容を豊かにしていくという、今日的な市民法理の社会化の一形態として性格づけることができる。

(3) 労働者の自由や名誉、プライバシーなどの精神的人格の保護がもっぱら民法上の不法行為による保護をまたなければならないわけではないということはいうまでもない。具体的な法的保護は、労働法規、憲法の間接的適用、そして市民法の適用といった複合的ないし重層的法規範を通してなされることとなる。最初に、わが国における展開を追跡するかたちでこれまでの労働者人格保護について概観し、そのうえで項をあらためて不法行為による保護の領域と類型化を試みることにしたい。

(イ) 労働者人格保護が古くからの課題であったことは、労働基準法の冒頭に置かれた憲章規定と呼ばれる部分が、直接具体的な最低労働条件を定めたも

のではなく、労使関係の場において労働者であることのゆえに生じやすい人格侵害からの保護を意図した規定であることから明らかであろう。

　国籍・信条・社会的身分、そして性別を理由とする差別禁止（3・4条）が人格の平等を宣言しているとすれば、直接的人格拘束（5条）、さらにそれに繋がる間接的足留め策の禁止（16-18条）、人身売買的行為とピンハネ禁止（6条）は、戦前広範に見られた悪弊からの人格的自由の保護を、公民権行使の保障（7条）は、さらに進んだ政治参加の実質的平等保障を意図した規定だということができる。労基法のなかには、過去の弊害を排除する部分的なものにとどまってはいるが、労働者の私的領域の保護（privatsphäre）を定めた規定もある。ブラック・リストの禁止（22条3項）や事業附属寄宿舎における私生活の自由の確保（94条）を定めた規定がそれである。

　これらの規定は、「女工哀史」に代表される過去の深刻な弊害をふまえて定められたものであり、今日でもリアリティーをもっていることを否定するものではないが、しかし、人格保護の範囲において部分的であり、また回顧的であって、新しい人格保護の要請に十分答えていない事実を否定することはできないであろう。加えて、結婚退職制が労基法3・4条のいずれにも違反しないとされた例が示すように、労基法が同時に刑罰をともなう処罰規定であるため罰刑法定主義の要請に服されなければならないことが、その適用が限定されざるをえない原因のひとつとなっていることも明らかであろう。それだけに、労働者の人格保護の法的根拠を労働法以外のところで基礎づける必要性は、今日においてもなお高いものがあるといわなければならない。

　　(ロ)　わが国でもっとも早い時点から行われてきたのは、憲法上の思想・信条の自由の保障（19条）、およびそれを理由とする差別禁止（14条1項）にもとづく解雇を争う争訟であった。最高裁は、憲法のこれらの規定が私人間に直接適用をみないものであるとしながらも、しかし、私法の解釈、とりわけ一般条項の解釈にあたって憲法による人権保障の趣旨を考慮しなければならないとの間接適用によって労働者の人格保護が図られなければならないことを認めている。

企業内での労働者の思想・信条の是非が問題となった労働者からの損害賠償請求事件（東京電力塩山営業所事件・最 2 小判昭 63・2・5 労判 512 号）では、「企業内においても労働者の思想・信条等の精神的自由は十分尊重されるべきである」ことを認め、調査の必要性ならびに調査方法にも相当性を要求しているが、労働者の人格保護と企業にとっての必要性との間の比較衡量にあたって、微妙な揺れを示しているようにみえる。

(ハ) そして一番新しい動きがみられるのが、本件の場合がそうであるように、憲法上の個別的人権によってはカバーされていない領域という以外にない労働者の精神的人格価値の保護を、一般私法上の法理によって図っていこうとするものである。そしてこの領域における人格保護が、宴のあと事件の東京地裁判決でみたように「個人の尊重と幸福追求権」（憲法 13 条）に根拠をおき、しかし、私法上の権利としての人格権の承認によって進められていることは先に述べたとおりである。

3) 労働者人格侵害の不法行為類型

(1) 名誉や自由の侵害は、人格権のなかでも最も早くから手厚い法的保護の対象として考えられてきたもののひとつであるが[10]、労使関係においても例外ではないことは、日生興業事件や芝信用金庫事件判決を例示して指摘した通りであり、思想・信条、組合所属、あるいは労働者の働きかたが悪い、さらには権利行使をしすぎるなどを問題視して行われる労働者の名誉や自由などの精神的人格価値の侵害を不法行為として争うケースは、依然としてかなりの割合を占めている。

その際に重要なのは、取引先や顧客といった対外的社会に向けてなされる名誉侵害に限らず、またたとえ労務指揮権の行使という外形をとって行われるものであっても、企業内における労働者の人格価値をことさら損なうような措置については、名誉侵害として不法行為の成立を免れることはできないという事実の確認であろう。いわゆる「職場八分事件」と称されるケースがその典型であり、その代表的事例として、例えば、特定の政党所属の労働者を職場の内外

を問わず監視体勢のもとにおき、企業内において他従業員との接触を妨害し孤立化を図った使用者の系統的措置を、「思想信条の自由を侵害し、職場における自由な人間関係の形成を阻害するとともに、原告らの名誉を毀損し、その人格的評価を低下せしめるもの」と評価して90万円の損害賠償を命じた関西電力事件（神戸地判昭59・5・18労判433号、同控訴審・大阪高判平3・9・24労旬1279・80合併号）を、挙げることができよう。

そこで自覚されているのは、職場が従業員相互間の人間的コミニュケーションが成立しているひとつの社会でもあるという事実であり、その職場社会における人格的評価が労働者の職場生活にとって決定的に重要な意味をもっていることである。もちろん、企業という社会を家庭や地域におけるような意味でのコミュニティーと同一視することはできないことは当然であり、企業が何よりも使用者によって設営された空間であり、人的組織体も使用者によって組織され、効率と競争原理に支配される作業組織としての性格をもつことを否定することはできない。しかしそのことから、職場の労働者が生活時間の大部分を過ごす労働と生活の場であり、労働者相互のコミュニケーションが、自由な人格の形成にとって決定的意味をもつことを否定するわけにはいかない。むしろ労働者にとっては、活動時間の大部分をそこにとどまることを義務づけられ、私的友人の選択と違って一緒に仕事をする同僚を選ぶこともできないなかで、人間的交流と人格の形成をはかる以外にないからこそ、企業というコミュニティーの場の人間化はより切実な要請となり、その場に決定的支配力をもつ使用者の責任も重いといわなければならないのである。

(2) 労働者の私生活領域（Privatspäre）ないしプライバシーの保護の問題がこれまで深刻に考えられてこなかったのは、法的保護の対象としての新しさもさることながら、むしろ労働者の全人格的評価の必要性を強調するこれまでの人事管理が、半ば当然とされてきた惰性によるところが大きいというべきであろう。

(イ) たしかに、労働者の適正配置のためには、労働者の職務能力を正確に判断することが必要であり、そのためのキャリアに関する個人情報の収集を欠

かせないし、正確な健康状態を知っておく必要は、安全配慮義務の観点からも重要であろう。また諸手当や福祉制度の実施にあたって、労働者の家族構成や財産状態の把握が前提とされることもあろう。しかし、無制限な使用者による個人情報の収集とその利用を野放しのまま放任してしまうことになれば、労働（者）管理や能力開発の名で、精神的内面を含めた全人格的管理が押し進められることになりかねない。その結果、労働者の自由な私生活形成の領域は端的に狭められ、人格の自由やプライバシーは深刻な脅威にさらされることになる。先にあげた関西電力事件・大阪高裁判決は、「使用者は労働者の個人的生活、家庭生活、プライバシーを尊重しなければならない」と述べ、職場の内外、あるいは本人と家族を含めた全生活領域にわたる監視と情報収集行為を労働者のプライバシー侵害にあたる違法な行為であると判断している点でも重要性をもつ。

　(ロ)　プライバシー保護は、また労働の監視・監督がどこまで許されるかという問題にも及ぶことになる。行き過ぎた所持品検査の強要によって、腰痛防止ベルトの着用という知られたくない身体上の健康状態を侵害されたとして30万円の損害賠償を命じた日立物流事件（浦和地判平・3・11・22労判624号）や、さらに進んで労働の監視のために秘密裡で行われたテープレコーダーの利用を人格権侵害にあたるとする広沢自動車学校事件（徳島地決昭61・11・17労判488号）は、労働現場への電子機器利用の普及を考えれば、貴重な問題提起といわなければならない。

　(3)　本件の配車差別のように、労務指揮権の行使という外形をとりながら、その実、労働者の技量や仕事への適応能力が劣っているかのような印象を職場仲間に公然と示すことで、職業的能力に対する評価の低下、ならびにそのみせしめ的効果によって労働者に屈辱感と精神的苦痛を与えることを意図した仕事差別には、さまざまな形態のものがある。

　故意に仕事を取り上げる（例えば松陰学園事件・東京地判平4・6・11労判612号では、組合活動を理由とする長期にわたる仕事からの隔離に対して400万円、恵城保育園事件・高松地丸亀支判平・3・8・12労判596号でも、同様のケースについて200万円

という高額の慰謝料を認めている)、本来の仕事を奪って故意に無意味な労働や単純な仕事を命じる（平安閣事件・最判昭54・7・20労判323号は、結婚式等の業務を奪い草むしりや雑用を命じたとして30万円の慰謝料を、ネッスル事件・大阪高判平2・7・10労判580号は、いやがらせといえる隔離的・差別的取扱いにあたる作業への従事を命じることは人格権侵害にあたると明言して、70万円の慰謝料を命じている）といったケースが典型的である。本件判決で述べられているように、「担当車両の良し悪しが当該運転手個人の技量、企業内外における人格的評価を示すものと意識されている」ことを利用した配車差別も、まさに仕事差別の一類型に他ならない。

　仕事差別が労働者の人格権の侵害にあたるとされるのは、労働が単に生活の手段につきるものではなく、従事している仕事が同時に人格的評価の表現であり、また職業的人格の成長・発展を意味するからである。すなわち、労働者にとっては、善かれ悪しかれ、担当している仕事が労働者の人格の投影としての意味をもっており、正当な理由なく仕事を奪われることは、職場における彼の人格的評価を損なう人格的蔑視（Mißachtung）と評価されるばかりでなく、同時に、キャリアを積み重ねて職業的成長を遂げる機会を奪われることになるからだといわなければならない。

4. 人格権侵害における慰謝料請求の役割

1) 慰謝料請求の性格

　(1) 労使関係における人格権の侵害に対する救済は、名誉侵害の場合の謝罪広告（民法723条)、あるいは人格権にもとづく差止めないし妨害排除が認められることもありうるが（私的生活の平穏を理由に経営者の自宅付近で繰り返された労働組合の宣伝活動に対する使用者の差止め請求を認めた大照金属事件・大阪地決昭57・12・27労判カード259号、希望退職の応募を拒否した労働者への管理職の暴行や脅迫的言辞に対し差止めと将来の不作為請求を認めたエール・フランス事件・千葉地決昭60・

5・9労判459号など)、直接的な財産上の損害の発生をともなうことが少ないため、多くの場合、人格的評価の低下による精神的苦痛、場合によってはそれらに起因する健康障害などに対して慰謝料の支払いを命じるという救済方法がとられることとなる。

そこで以下では、慰謝料請求権の性格に関する議論について若干一般的に述べた後、本件のような労使関係における労働者の人格権保護の救済方法として適用されるにあたって、その算定に際しいかなる点に留意されなければならないかを、最近の判例の動向を分析しながら検討することにしたい。

(2) 慰謝料請求権の法的性格については、古くから、これを被害者に生じた「損害の塡補」であることに変わりはないという説[11]と、財産的損害とは異なり加害者に対する「制裁ないし懲罰」としての特別の性格をもつものとみる主張[12]とがあり、この両者の対立が、いわゆる慰謝料の本質をめぐる争いとして理解されていることは周知の事実である。そして理論的にはともかく、判例レベルでみるかぎりは、慰謝料もまた基本的に損害塡補としての法的性格をもつものであると理解されいていることは否定できないところといわなければならない[13]。近代法における民事責任と刑事責任の分離、被害者にその受けた損害以上の利得を与えることは、損害塡補の性格を越えるなどの理由によるものである。しかしこの慰謝料本質論から、慰謝料額の認定基準やその決定にあたって考慮することが要求される慰謝料請求権の機能と役割といった問題について、必然的に一定の結論が導き出されうるものではない。

第一に、「塡補されなければならない損害」とは何かについて、財産的損害の場合にあっては不法行為によって生じた積極・消極双方の経済的損害を合計するという方法がとられることで明確な算定が可能であるのに対して、慰謝料の場合の「財産以外ノ損害」(民法710条)がいったい何をいうのかについては、必ずしも明らかとはいいがたい。「不法行為によって主体者が感じた苦痛・不快感のごとく、人間としての精神の安定状態が破壊されたこと」[14]といった説明の仕方がなされているが、実際の慰謝料の認定と機能をみるかぎりは、このような精神的・肉体的苦痛にとどまるわけではない。裁判所は、このような精

神と肉体を有しない法人についても、その社会的評価を損なう名誉毀損がなされた以上、慰謝料による損害賠償がなされなければならないとし、その理由として、民法でいう「財産以外ノ損害」は「精神上の苦痛だけを意味するものとは受け取り得ず、むしろすべての無形の損害を意味するものと読み取るべき」だと述べている (財団法人代々木病院事件・最判昭39・1・28民集18巻1号)。

また実際の裁判では、財産的損害が生じていることが明らかではあるが、具体的な立証が困難な場合にそれを緩和するため、あるいは損害賠償額の総額を引き上げるためといった機能を含めて慰謝料の算定が行われており、これらは慰謝料の「補完的機能とか調整的機能」の名で呼ばれている[15]。

第二に、損害額の算定の方法も、財産権損害の場合と比較して大きく異なっている。慰謝料の算定にあたっては、通常、加害者・被害者双方の社会的地位、職業、資産、加害の動機と態様などの諸般の事情を考慮して総合的に判断すべきものとされており、また慰謝料額の認定についても、裁判所の裁量に委ねられ具体的な証拠を示す必要はないものと考えられている。このように、加害の動機や侵害行為が悪質かつ重大なものであるかどうか、あるいは加害者の社会的地位や資産状態といった事情を算定にあたって考慮すべきだとされているのは、慰謝料が純然たる損害塡補にとどまりえない機能をもつことを示すものといわなければならない。これらは、被害者に生じた損害額がいくらであるかとは本来的に異質な要素である。加害者の行為の様態は、被害者の怒りの強さや苦痛の大きさを左右するからといういい方もできないことはないが、それに加えて加害者の資産状態も考慮に含めてよいということになれば、わが国の慰謝料の機能について「制裁説の考え方が実際には加味されていると見ることもでき」る[16]という以外にないであろう。

最後に、これまでのわが国の裁判所が慰謝料は精神的損害に対する「賠償」というたてまえに強く影響され、算定にあたって裁量権を行使するのにあまりにも臆病であって、結果的に損害賠償による違法行為の抑止的効果を十分に発揮していないという指摘に、ぜひともふれておかなければならい。懲罰的損害賠償制度 (punitive damages) が運用されている英米法との比較から、わが国の

損害賠償のあり方に疑問を呈する田中英夫・竹内昭夫「法の実現における私人の役割（4・完）」（法学協会雑誌89巻9号1033頁）は、制裁説に対する批判である刑事・民事責任の分離という原則をドグマとして絶対化すべきではなく、むしろ重要なのは不法行為の抑止的効果であるとして、刑事責任による抑止効果だけでなく、損害賠償のもつ不法行為の抑止的機能を法実現における私人の積極的役割として評価すべきだと主張するものである。

また、「人格を金銭に換算することは倫理的に好ましいものではない」として、慰謝料請求を原則して認めない立場が採られてきたドイツ法においても、人格権の保護の重要性が認識されるとともに、事情は大きく変わっていることに注目されなければならない。その画期的な変化をもたらしたとされる連邦通常裁判所の大法定決定（BGH 1955・7・6）は、慰謝料には二重の機能、すなわち被害者の財産的種類ではない損害、つまり生活障害に対する適切な補償とならんで、金銭で評価できない精神的損害に対し、加害者は彼が被害者に対し為したことについて満足機能の給付ないし慰謝（Genugtung）の義務を負うとし、この満足ないし慰謝の機能についても、もはや直接的には刑事的性格を内在しないとはいえ、かつての贖罪金的性格をもつ何か（Buße）であると述べている[17]。そして、慰謝料に関する判例のその後の展開は、賠償機能よりも満足機能ないし慰謝の機能が全面に出ることとなるが、それは「人格権の侵害が精神的損害に適したサンクションを生ぜしめないなら、人格の法的保護は、欠缺のある不十分なものとなろう」（人格侵害に対し8,000マルクという、当時としては高額の金銭賠償を認めた朝鮮ニンジン事件に関する連邦最高裁判所 BGH 1961・9・19）という判示にあらわれているように、人格権保護の必要性と抑止的効果の強調によるものであったと理解されている[18]。

市場価格をもった財産権と違って、精神的人格価値の侵害の場合には客観的損害額の算定に困難がともなうことは明らかであり、額の算定が裁判所の裁量に委ねられているのもそのためである。しかしそのことから、財産権とならび、あるいは今日の社会にあってもっとも根源的な価値を有することが承認されている人格的価値の侵害について、これまでのような低い評価で済まされて

よいはずがないのである。人格的価値の保護を強めるために、慰謝料のなかに、損害填補部分とは別個に、加害行為の悪質の程度および加害者の性質などを勘案した民事罰の併用を考慮すべきであるとの見解[19]は、慰謝料の具体的算定にあたって、まさに当を得た提案だといわなければならない。

2) 労使関係における人格権保護と慰謝料

(1) 労使関係における労働者人格権侵害が不法行為に該当することを理由に慰謝料の支払いを命じた判決はかなり以前まで遡ることができるが、時代を遡るほど、その算定額はわずかな金額に過ぎない。例えば、限度を越えた退職勧奨が不法行為にあたるとされた下関商業高校事件（山口地下関支判昭49・9・28判時759号、広島高判昭・52・1・14労判345号、最判昭55・7・10労判345号）では、2人の労働者からの各50万円の請求に対して5万円と4万円の慰謝料が認められており、中央観光バス事件（大阪地判昭55・3・26労判339号）は、いわゆる職場八分事件を自由・名誉の侵害にあたるとしたものであるが、認められた慰謝料は50万円の請求に対して5万円に過ぎない。この点は、労働組合に対する不当労働行為が不法行為にあたるとして、組合自体に対する慰謝料の支払いを認めるケースでも同様で、例えばその最初のケースとなった典型的な複数組合間の差別事件である大栄交通事件（横浜地判昭49・3・29労判200号）では、組合の被った打撃に対して10万円の慰謝料が認められているに過ぎない（請求自体も10万円であった）。

これらの初期の判決の傾向からいえることは、もちろん人格権に対する法的評価が十分に定まっていたわけでないという一般的事情を考慮に入れるとしても、慰謝料の金額は名目的で、いわば使用者の行為が違法であることを確認する象徴的意味をもたされているに過ぎないという点であろう。言い換えれば、裁判所によってひとたび公権的判断が示された以上、被害者の名誉は回復されるであろうし（損害填補機能ないし満足的機能）、使用者もその判断を尊重して、もはや同じ行為を繰り返す恐れはないであろう（違法行為の抑止効果機能）との期待がそれである。

(2) しかし、そのような期待が満たされていないことが明らかだとすれば、労使関係における人格権侵害の慰謝料算定のあり方に関しても、おのずから異なった考慮が必要になるといわなければならない。そしてまた実際にも、この間の相当な判例の蓄積による労働者の人格侵害に対する認識の深まりによって、慰謝料にもかなりの変化がみられるようになっているように思われる。

そこで以下では、慰謝料算定にあたって留意されなければならない点を、判例の動向をも参照しながら指摘することとしたい。

(イ) 人格権一般についての保護の必要性、同様に労使関係における労働者の人格保護の必要性に関する認識の深まりは、慰謝料の算定にも反映し、その高額化となってあらわれているといわなければならない。

この後者については、同じ労働者の名誉侵害であっても、先にあげた日生興業事件や泉屋東京店事件（東京地判昭52・12・19労判カード258号）のように、企業外まで労働者の解雇の事実を公表するようなケースについては、初期のころから30万円といった慰謝料を認めながら、労働者の職場八分に代表される企業内生活空間における名誉や自由の侵害については、中央観光バス事件判例にみられるように（50万円の請求に対して5万円）、わずかの金額しか認めようとしない傾向の変化に注目しなければならない。一般の労働者にとってみれば、地域や私生活の場よりも職業生活を送る職場の占める比重の方が決定的といってよいほど重いのが実情であろう。人間的コミュニケーションから疎外される苦痛だけでなく、職業的能力の発揮、さらには職場を失いかねない危険性をもつものであることが留意されなければならないであろう。

このような、労働者にとって企業ないし職場が生活の場でもあることについての認識は、職場における名誉や自由の侵害に対する慰謝料額の高額化を促す重要な要因になっているというべきであろう。例えば、職場八分事件として典型的な関西電力事件判決では90万円（慰謝料80万円と弁護士費用の合計）の損害額が認められているし、組合間の対立にからんで組合機関紙のコラム欄に、他方の組合に所属する女子組合員を「性格ブス・人格チビ」などと中傷する記事を掲載した東京計器労組事件（東京地判昭60・11・27労判464号）では、30万

円の慰謝料を認めている。

　新しい人格権侵害のタイプとして注目を集めているいわゆるセクシュアル・ハラスメントの事件にも、同様の影響を見いだすことができよう。上司による労使関係上の影響力を利用した性的行為（車のなかで一回の接吻）の強要が不法行為とされた（いわゆる対価型のセクシュアル・ハラスメント）ニューフジヤホテル事件（静岡地沼津地判平2・12・20労判580号）では100万円の慰謝料が、また性的風評を流布して職場環境を悪化させ女子労働者に退職を余儀なくさせた（いわゆる環境型のセクシュアル・ハラスメント）福岡セクシュアル・ハラスメント事件（福岡地判平4・4・16労判607号）では、精神的苦痛に対する慰謝料150万円の支払いを直接の監督者ならびに使用者に命じている。

　㈤　故意に仕事を取り上げる、本来の仕事からはずしてわざとふさわしくない仕事を与える、あるいは無意味な仕事をさせるなどの仕事差別によって損なわれる労働者の精神的屈辱感や職場の内外に及ぶみせしめ的効果は、労働者の職業的人格権の侵害と呼ぶにふさわしいものであり、労働者にとって深刻な事態であることはいうまでもない。

　そこから、労働者にとって仕事をすることは単に義務であるというにとどまらず権利でもありうるのかという、いわゆる就労請求権（使用者の労働受領義務）の問題として論じられてきたテーマでもあった。積極的作為義務を内容とするものだけに困難なテーマであるが、労働者の人格権を尊重する契約上の付随義務を理由に、直接的にこれを認めるドイツの判例と異なり、わが国の判例では一般的に承認されているとはいいがたい現状にあるだけに、侵害行為の間接的な抑止的機能をもつ慰謝料に期待する以外にないといわなければならないであろう。

　かつての象徴的意味しかなかった慰謝料の算定に、ここでも変化が生じていることに注目すべきであろう。例えば、前節で仕事差別の不法行為の類型を述べる際に引用したように、組合活動を理由とする長期にわたる仕事からの隔離に対して、400万円という慰謝料額を認めた松陰学園事件判決（東京地判平4・6・11）、同様のケースについて200万円を認めた恵城保育園事件判決（高松地

丸亀支判平 3・8・12) などにみられる高額化は、行為が悪質であることや長期にわたっていることなど、加害行為の性格が考慮された結果であることは明らかであるが、以前なら到底考えられなかったというべきであろうと思われる。このことは、本来の仕事を奪って、嫌がらせに雑用や低い評価の仕事を担当させたことに対して、慰謝料 30 万円 (平安閣事件・最判昭 54・7・20)、あるいは 70 万円 (ネッスル事件・大阪高判平 2・7・10) の慰謝料を認める判決 (いずれも、前節の仕事差別に関する記述の箇所で引用している) にも当てはまるというべきであろう。

　(ハ)　仕事差別には、賃金の減額をともなうことが多い。評価の低い仕事に変わったことを理由とすることもあれば、人事考課における低評価の結果というかたちがとられることもある。このような場合に財産的損害賠償額の算定ができれば問題がないが、経済的差別が発生したことは確実であるが、しかし明確な損害の範囲について具体的立証が困難を極める場合が多いであろう。このような場合には、慰謝料請求のいわゆる「補完的機能ないし調整的機能」が特別の意味をもつことになろう。

　思想・信条を理由とする賃金差別を不法行為として訴えた東京電力 (群馬) 事件では (前橋地判平 5・8・24 労判 635 号)、差別的査定がなされたことは確実であるが、それがどの部分についてなのかを明確にできないとして、結局一人当たり 240 万円の慰謝料を認めている。

　(ニ)　組合組織に向けられた不当労働行為が同時に不法行為でもあるとされる場合の損害額については、少なくとも次のような事情が考慮されなければならないであろう。

　労働委員会の救済命令は原状回復を目的としていることを理由に、使用者の責任追及的性格をもつ民事損害賠償が認められていないという事情である。このことが、団結権侵害の効果的除去という、不当労働行為制度の法目的の達成をいかに困難にしているかについては、すでに不当労働行為と不法行為に関する節で述べた通りである。

　そのこともあってか、最近の労働委員会の命令には、仕事差別によって失っ

た経済的利益の補償を命じうるとの理解が広がっている。例えば、本件と類似する配車差別のケースを例にとると、対立する組合の併存を背景に観光ハイヤーへの配車から一方組合の組合員をはずし、組合の弱体化を図ったという三八五交通事件（青森地労委命令昭60・11・5労判468号）では、組合の受けた打撃の大きさを理由に組合員の受けた実害相当額を組合に補償すべきだとして、720万円という高額の支払いを命じている。また配車差別によって残業の機会を失った以上、組合員にその経済的損失部分についての回復を命じているのは石塚運輸事件（神奈川地労委命令昭59・8・10労判438号）である。効果的な救済方法のあり方を求めて、裁判所による損害賠償命令への歩み寄り現象と評価することができよう。

　この種の財産的損害の賠償は、もともと不法行為の救済方式に属するものであるが、ここでも団結に生じた賠償額をどうやって算定したらよいのか困難をともなうことが多い。慰謝料の算定にあたっては、侵害行為の抑止機能とならんで、財産的損害の補完ないし調整的機能が考慮されなければならないであろう。例えば、日産自動車・組合差別事件（東京地判平2・5・16労判536号）では、残業差別、組合事務所の供与差別などの行為が組合の経済的基盤を弱体化させ、組織に打撃を与える不法行為にあたるとして66万円の損害賠償を命じている。組合所属を理由とする賃金差別を不法行為にあたるとして争われた全税関大阪支部事件（大阪地判平4・9・22労判616号）では、差別が行われたことは事実であるが、差別意思と個人労働者に対する昇給・昇格との因果関係が確定できないとして、個別労働者からの差別額の請求を否定して精神的苦痛に対する慰謝料の10万円のみを認め、これに加えて組合の団結権侵害に対する関係で100万円の慰謝料を認めるという方法を採用している。侵害行為の抑止機能とならんで、財産的損害の補完ないし調整的機能が考慮に入れられているとみるべきであろう。

　(3)　本件で問題となっている配車差別は、解雇のように職場を失うわけではなく、また仕事差別のなかでも仕事を奪われたり、無意味な仕事をさせられたりする場合に比べ、運転士としての仕事に就いていることに変わりはないな

ど、差別の程度としてみれば一見軽微なものに見える。

　しかし、日常的職務遂行にあたって毎日が差別の連続であり、交通・運輸業種で典型的に利用される差別手段であることが示しているように、差別される労働者の屈辱感と職場仲間に対するみせしめ的効果、あるいは家庭や地域社会の利用客を含め対外的な名誉の毀損など、その効果は絶大だといわなければならない。この点では本件一審判決が、配車差別が運転者に与える身体的・肉体的負荷の増大と経済的不利益、さらに人格権の侵害に言及している点は、配車差別のもつこのような多面的性格をとらえて余すところがないといえよう。しかしそのうえで、損害額の算定にあたって、本件が組合への敵視を動機とする体系的、組織的かつ長期にわたる継続的な、言い換えればきわめて悪質な配車差別行為であることに、もっと十分な考慮が払われてもよいのではあるまいかとの感を禁じえない。

　その原因は、慰謝料についての認識が、慰謝料がかつてもたされていた名目的、象徴的意味から十分に脱しきっていないことに求められるのではあるまいか。それは、団結侵害に対して本件一審判決が認めた慰謝料10万円という金額に、何よりもよくあらわれている。しかし、人格権保護の必要性と重要性の認識が高まっている現在、見直しが要求されているのは、そのような慰謝料のとらえ方そのものだといわなければならないことを指摘して終わりにしたい。

注
1) 例えば、山川隆一「不当労働行為と不法行為」(日本労働協会雑誌341号21頁)には、不当労働行為が裁判所で不法行為として争われた昭和62年5月時点までの裁判例29件が一覧表として引用されているが、この表だけから見ても、その数は年を経るにしたがって増大していることがわかる。
2) 阿部和光「不当労働行為の司法的救済」(労働法の争点・新版50頁)。
3) 山川隆一・前掲論文の指摘を参照。
4) 角田邦重・西谷敏・菊地高志『労働法講義2・労働団体法』有斐閣大学双書119頁以下。
5) 詳しくは角田邦重「企業内組合活動と西ドイツ労働法制」蓼沼謙一編『企業レベルの労使関係と法』(勁草書房263頁)、および「西ドイツにおける企業内組合活動の法理」(季労117号37頁)を参照。

6) Lehrbuch des Arbeitsrechts, 7. Auf. II /1 1967, S. 131 ff.
7) 詳細は角田邦重「団結権侵害と損害賠償の法理」(季労112号20頁)。
8) 角田邦重「労使関係における労働者の人格的利益の保護(1)・(2)」(労判354号4頁、355号4頁)は、昭和56年時点でそれまでの判例の分析を試みたものであるが、この時点ではまだ問題提起的意味をもっていた。
9) 詳しくは角田邦重「西ドイツにおける労働者人格の保障」(横井芳弘編『現代労使関係と法の変容』剄草書房375頁)を参照。
10) 斉藤博『人格的価値の保護と民法』一粒社31頁以下を参照。
11) 例えば、植林弘『慰謝料算定論』(有斐閣昭和37年)。
12) 例えば、戒能通孝「不法行為における無形損害の賠償請求権」(法学協会雑誌50巻2号18頁・3号116頁)。
13) いわゆるクロロキン薬害事件・東京高判昭63・3・11、この判決については樋口範雄「制裁的慰謝料論について——民刑峻別の「理想」と現実——」(ジュリスト911号19頁)を参照。
14) 幾代通『不法行為』(筑摩書房昭和52年260頁)。
15) 森島昭夫『不法行為法講義』(有斐閣昭和62年356頁)。
16) 加藤一郎「慰謝料の比較法的研究——総括」(比較法研究第245号135頁・昭和57年)。
17) 吉村良一「戦後西ドイツにおける慰謝料本質論の展開1・2」(民商法雑誌76巻4号546頁、5号672頁)。
18) 吉村・同論文、とくに76巻4号559頁、斉藤博『人格権法の研究』(昭和54年一粒社350頁)には、人権侵害事例の慰謝料認容額は一般的に高いというコメントとともに、認容額の一覧表が掲載されている。
19) 三島宗彦「損害賠償と抑止的機能」(立命館法学105・6号666頁、108・9号112頁)。

第3節　労使関係における精神的人格価値の法的保護について
――関西電力事件・神戸地裁判決
（昭59・5・18判決）についての鑑定意見書――

1. 問題の所在

1) 本件第一審判決の認定によれば、控訴人・関西電力は、原告ら4名ほかの従業員をその政治信条の故に「不健全分子」として位置付け、「特殊対策」の名のもとに、労務・人事機構を利用した全社的方針のもとで職場の内外における行動の監視・調査を徹底して行うとともに、他の従業員との接触を妨げるなどいわゆる「職場八分」による孤立化をはかったというものである。

第一審・神戸地裁判決は、思想・良心の自由を保障し、政治信条による差別を禁じた憲法19条、14条1項は、私人相互間を直接規律するものではないが、信条による労働条件の差別を禁じた労基法3条の趣旨に照らすと、①企業は、経営秩序を維持し生産性向上を目的とするなど合理的理由のある場合を除き、その優越的地位を利用してみだりに労働者の思想・信条の自由を侵すことは許されないとの原則を表明し、侵害が許容されるためには、②単なる抽象的危険ではなく現実かつ具体的危険が認められる場合に限って、かつ、③手段、方法について相当であることを要するというのが一つの公序を形成していると述べている。

そしてそこから、控訴人会社の前記行為を、原告らの思想・信条の自由を侵害し、職場における自由な人間関係の形成を阻害するとともに、名誉を毀損し、人格的評価を低下せしめたものとして、いずれも不法行為の成立を認めている。

2) 本件における基本的争点が、使用者による労働者の思想・信条の侵害がいかなる場合に許されるかにあることはいうまでもない。そしてこの点を考え

るにあたっては、思想・信条が人間の人格形成のための精神的自由の根幹をなし、それゆえに憲法上も精神的自由権の中核として特に重要な地位を与えられていることが考慮されなければならないのも当然であろう。

しかし、それと同様に重要だと思われるのは、思想・信条の自由だけが特別の保護を受けるというのではなく、労使関係における労働者の名誉、さらには、本件判決のいう「職場における自由な人間関係の形成」などの、労働者の精神的人格価値の保護の一環として論じなければならないということである。精神的人格価値という一般的・普遍的な土俵のうえでその保護のあり方を考えるのでなければ、わが国の社会においてはいまだに、冷静な法的考察を歪めかねない社会的雰囲気があることを否定できないし、また思想・信条の自由だけが特権であるかのような誤解を招きかねないであろう。したがって以下では、まず第一に、労使関係における労働者の精神的人格価値の法的保護のありかたについて、いくらか一般的に議論することにする。

ところで、いうまでもなく企業内は、使用者によって設営された空間であり、また、労働者は、使用者の指揮命令下で働く義務を負っている。言い換えれば、労働者にとって企業は、使用者によって設営される他律的な生産秩序のなかに組み込まれ、組織的労働に従事する場であって、一定の合理的範囲内で、それにともなう義務ないし組織的拘束を甘受せざるをえないのは当然ということができるのである。人格権一般について共通することであるが、労働者の精神的人格価値の保護を考えるにあたっても、一方で、人事・労務管理の要請からくる制約の必要性を考慮せざるをえないこととなり、保護範囲の確定にあたって権利調整ないし利益衡量が行われなければならないことになる。そこで、第二に、本件第一審判決の事実認定を前提にして、本件に即したかたちで、保護の具体化をはかる際に必要な基準の立て方について述べることにしたい。

2. 労働者の精神的人格価値の保護

1) 労働者の精神的人格価値の保護については、ドイツにおける労働者の人格権の法理（Der Persönlichkeitsschutz des Arbeitnehmers）のほうが、わが国よりはるかに進んだ議論を展開しているだけでなく、実際にそれを具体化した立法や判例による法的保護が達成されているし、あるいはアメリカにおいても、プライバシー権の一環として、労使関係における労働者のプライバシー保護がはかられていることも、合わせて指摘しておかなければならない[1]。ここでは、控訴人会社から提出された鑑定書と同様、ドイツ法における人格権法理に若干言及しながら、それが本件で問題となっているような事例に何を示唆するかを検討することにしたい[2]。

初期の労働保護法が、劣悪な労働条件と職場環境から労働者の生命・身体・健康などの根源的で、かつ最もプリミティブな人格価値の保護から出発したとすれば、それに続く保護の対象は、職場の確保と賃金その他の労働・経済条件の向上による労働者の経済生活の安定であった。今日でもこれらのもつ重要性が否定されるわけではないが、しかしそれにとどまるものではない。労働を単に生産要素のひとつ、あるいは単なる商品と同様に経済的財としてのみ取扱うのではなく、その担い手である労働者が倫理的・精神的存在である人格であること、すなわち憲法で保障されている人間の尊厳の主体であることから要請される労働者の人格保護にまで及ぶことになっていることに注目しなければならない。ドイツにおける労働者の人格権保護の重要性が強調される際に共通しているのは、このような認識である。

労働者の私的領域（Privatspäre）や秘密領域（Geheimspäre）の保護、あるいは個人の性格像（Charakterbild）、名誉（Ehre）、盗聴からの声（Stimme）・撮影からの肖像（eigene Bilde）の保護、さらには自己に関する個人情報のコントロール（Informationelle Selbstbestimmung）といった、労働者の精神的人格価値の保護の重要性が強調されるように背景として重要だと思われるのは、次の二つの事情であろう。

第一に、新しい科学技術の開発とその労働現場への応用が進むことによって、労働者の人格領域への侵害の可能性が格段に大きくなったことである。私的領域ないしはプライバシー保護の問題自体は、たとえば雇い入れに際して思想・信条や、健康などの私的事項についてどこまで申告を求めることができるかといった問題や、入退時の所持品検査のように、以前から議論されてきたことに違いはない。しかし、心理テストやうそ発見器の利用、さらにはビデオカメラやテープレコーダーによる仕事の監視、コンピュータによる人事情報の収集と管理などの新しい技術の導入によって、なんらかの歯止めの必要性が認識されるようになったことは明らかであろう。

　第二に重要なことは、このような新たな脅威の出現という側面だけでなく、社会的レベルにおける市民と、労使関係における労働者に共通して現れた自由や精神的価値への志向の増大である。労使関係の領域でいえば、職場環境や労働の質そのものを問題にする動きが「労働の人間化」(Humanizierung der Arbeitswelt) の名で試みられるようになったが、それは、もっと広く、環境問題や情報化社会の進展にともなう一般的人格権の内容の豊富化に現われているように、全社会的領域で生じている変化と軌を一にしていることはいうまでもない。

　2)　わが国の企業労使関係の場合、終身雇用や年功賃金制に支えられ、従業員としての協調性と企業との一体感を求める擬似共同体的傾向が強かったこととあいまって、人事管理のあり方も、単に働き方やそれにともなう規律に限らず、労働者のプライバシーに属する事項への詮索と管理、労働の場を離れた私生活の領域にわたる自由の制限などなど広範囲に及ぶ拘束を課してきたし、また、これをさして不思議とも思わない風潮が根強く存在してきたことも事実であろう。

　しかし、これまで当然視されてきた労働力（者）管理のあり方に対する再考は、現実的にも法的にも避けられなくなっており、労働者の精神的人格価値の保護の必要性に関する限り、事情はドイツとなんら異なるところはないというべきであろう。企業帰属意識が希薄で私生活への干渉を嫌う今日の若年労働者

に対し、企業との一体感を強調しても、到底受け入れられるものではないし、さらに、企業との接点がもともと限定的な多様な雇用形態の労働者が質・量ともに増大し、全人格的結合を強調する労働力管理の基盤を大きく変化させている[3]。

　さらに、行政機関あるいは民間の金融・信用供与機関による個人情報の収集とその濫用に対するプライバシー保護への関心の高まりは、企業労使関係の場にも及んでいる。労働現場や人事資料の収集・管理の分野にも、ビデオカメラやテープレコーダー、コンピュータといった高度技術の導入が可能になるとともに、労働の監視やプライバシーに対する侵害の危険性は飛躍的に高まることとなり、同様の問題を生み出すことになるからである。現に、自動車教習所における労働を監視するため秘密裏で行われたテープレコーダーの利用を人格権侵害にあたるとする判例（広沢自動車学校事件・徳島地決昭61・11・17労判488・46）も現れており、これらの電子機器利用の普及を考えれば、注目すべき問題提起といわなければならないであろう。一言でいえば、企業労使関係が、人格保護から隔離されたブラック・ボックス的領域であってよいはずがないのである。

3. 人格保護の法的構成

　1)　労働者の精神的人格価値の法的保護は、複合的ないし重層的法規範を通してなされることとなる。この点も、最初に、控訴人会社から提出された鑑定書を念頭におきドイツの場合を若干紹介しながら示唆を得る方法を採用したい。
　(1)　憲法で保障された個別の基本的人権規定を通して精神的人格価値の保護をはかるという方法が早い時期から主張されてきたことは、実際の保護範囲がわが国よりはるかに手厚く行われてきた点を除けば、両者に共通しているということができる。
　基本的人権の保障の効力が私人間に及ぶかどうかについて（いわゆる Dritte-

wirkung)、連邦労働裁判所がこれを肯定するのに対し、憲法裁判所が間接適用説の立場をとって対立しているとはいうものの、後者の採用する「憲法は決して価値中立的秩序ではなく、そこで決断された根本的価値体系と矛盾するような解釈は私法においても許されない、基本権の法的内容は、とりわけ私法の領域を直接支配する諸規定、ことに広義の公序を形成する一般条項のなかに発露する」との言明は、両者の差異を実質的に失わせるということができよう[4]。

　婚姻ならびに家族の保護を定めた規定（6条1項）から、労働契約における独身条項（Zölibatsklausel）の無効を導き出した連邦労働裁判所の判決（1957・5・10）は、わが国の結婚退職制と類似のケースだということができるし、憲法上の良心の自由の保障から（4条1項）、ナチスを称賛する雑誌の印刷を拒否した印刷労働者に対する解雇の無効を導き出した連邦労働裁判所の判決（1984・12・20）は、わが国の最高裁判所が、生命・身体に対する危険が予測される場合の就労拒否を認めて懲戒処分は許されないとした全電通千代田丸事件（最3小判昭43・12・24）と同様の考え方が、精神的人格価値である良心の自由にまで広げられているととらえることができよう。

　(2)　一般の市民に対して保障されている人格的権利の保護が、労使関係において否定される理由はないという点から、私法上の権利である人格権の保護が及ぶことはいうまでもない。本件についての関連性から控訴人会社提出の鑑定書でも言及されている名誉やさらに私的領域ないしプライバシーの保護、監視、自由な人間関係の形成といった法益もこれに含まれることはいうまでもない。

　　(イ)　もともとドイツ民法は、包括的な人格的権利についての規定をもたず、「生命・身体・自由」（BGB 823条1項）と、氏名権（12条）を規定するだけの個別的列挙主義をとり、名誉の保護についてすら、権利ではなく生活利益に過ぎないとの立場が取られてきた。また不法行為についても、わが国のような「他人の権利を侵害した者」という包括的規定の仕方と異なり、①生命・身体・健康・自由・所有権と「その他の権利」という絶対権の保護（823条1項）、②保護法規違反（同2項）、③良俗違反の行為による他人への損害（826条）と

いう３類型に分けられ、成立要件もそれに応じて異なるものとされている。そのため、かつては名誉ですらも、刑法という保護法規による保護がなされているから、その侵害は不法行為と説明されたものであった。

ドイツにおける一般的人格権の承認は、何よりも、第一の絶対権の類型として挙げられている「その他の権利」のなかに、民法や特別法によって個別的に定められている人格権以外の精神的人格価値を含めて考えるべきかどうかという問題であった。

そして第二次世界大戦後、ナチ・ファシズム体制下での人間の自由と尊厳が踏みにじられたことに対する深刻な反省から、「人間の尊厳の不可侵」（１条１項）と「人格の自由な発展への権利」（２条１項）を保障する規定が基本法の冒頭に置かれることになったこと、これに加えて、テープレコーダーやビデオカメラ、盗聴器などに代表される情報技術の発達と、新聞・雑誌・テレビなどのマス・メディアの普及が、個人の人格的領域に対する侵害の脅威を飛躍的に増大させたという時代変化を受けて、事態は一変することとなった。人格の自由という根源的価値の見直しと、その侵害の現実的拡大とが、人間の尊厳と人格の自由が憲法上すべての財産権に優先する価値を与えられているとすれば、一般的人格権の民法による保護が所有権の保護より劣ることはありえないという認識を共有させることになったのである。

かくして、一般的人格権が、憲法上のこの規定に基礎を置きながらも、基本的人権の第三者効にもとづくものではなく、私法上の固有の主観的権利（ein eigenständiges privates Recht）であることについては、今日では異論のないところといわなければならない[5]。

問題は、そのうえで人格権の保護範囲を確定するにあたっては、たとえばプライバシーと報道の自由との衝突に典型的に見られるように、対立する権利の調整ないし法益相互の比較衡量の作業が必要とされるという点である。もともと一般的人格権は、その内容や領域を、所有権のように一義的かつ明確にきめることはできない。むしろ、侵害行為の多様性や広がりに対応して、絶えず新たに確認され具体化されていかざるをえない性格をもっており、そこにこそ、

母権的性格（Mutterrecht）と称される一般的人格権の特徴と生命があるといわなければならないのである。

　(ロ)　労使関係における一般的人格権の適用がいかなる分野に及んでいるかを、本件に関連する領域を中心に見ておくことにしよう。

　①　労働者の私的領域ないしプライバシー保護の観点から、雇い入れにあたってどこまで私的事項についての申告を求めることができるかは、早くから争われてきた問題であった。判例は、東西ドイツの対立が厳しかった時代から、禁止された政治結社に加入した罪による犯罪歴を秘匿したタイピストに対する詐欺を理由とする契約取り消しを、個人的領域への無遠慮な侵入を意味する質問は、人格権保護の観点から予定された職務に関連する場合に限られるべきだとして認めていない（連邦労働裁判所1957・12・5判決）。思想・信条、あるいは宗教的信仰や労働組合の所属といった事項に関する質問が許されないと解されていることはいうまでもない。

　バス運転手に対する適格性判断のための医学的心理テストの受診を求めることの当否について、これを肯定する判決は、人命を預かる職務の性質に加えて、その労働者が幾度も交通違反を繰り返し、適格性に疑いを生じさせていたとの客観的事情と、労働者が受診に異議を申立てなかったことを理由としている（連邦労働裁判所1964・2・13判決）。

　②　かつて労働者の監視として議論されたのは、入退時に行われる所持品検査の当否であったが、新しい機械的装置を利用した作業工程の管理や監視が普及するにしたがって、人格権保護の観点からの歯止めが論じられている。店舗における盗難予防のためとの理由で隠し撮り用のビデオカメラの設置が問題となったケースで、連邦労働裁判所は、カメラによる秘かな監視は、恒常的で途絶えることのない精神的圧迫を加えるものであって原則として許されない、この種の監視が許されるのは、それを必要とする現実的かつ優越的な利益の存在を使用者が証明しうる場合に限られるとして、人格権にもとづく差止め請求を認めている（連邦労働裁判所1987・10・7判決）。

　③　名誉の侵害は、今や、刑法で保護されているからではなく、主観的権

利としての人格権の侵害として不法行為を成立させることとなる。

　使用者による解雇事由の社内告示ならびに取引先への通知を名誉毀損にあたるとし、その撤回による回復措置を命じた連邦労働裁判所の二つの判決 (1967・9・14、1979・2・21 判決) や、使用者が、人事資料として保管していた労働者の自筆の書類を無断で鑑定にだし、解雇訴訟手続きのなかで人格的かつ職務能力に劣ることを立証する証拠として用いたことを名誉毀損として慰謝料の支払いを命じる判決 (バーデンビュッテンブルグ・ラント労働裁判所 1972・1・26 判決) は、いずれもわが国と類似するケースかと思われる。

　(3) 最後に、労働者の精神的人格価値の保護を意図した労働立法の存在にも、若干触れなければならない。労働者人格の保護が、基本的人権の間接適用や一般的人格権の法理を通してなされうるとしても、企業内で展開される労使関係の具体的局面に即したかたちでの保護を進めるためには、労働法制の整備にまつところが大きいことはいうまでもないであろう。そして、ドイツ労働法の特徴のひとつに挙げられている経営ないし事業所レベルに法定の従業員代表制度の設置を定めた経営組織法 (Betriebsverfassugsgesetz) は、そのための規定を用意している。

　同法は、1972 年の改正にあたって、使用者と従業員代表機関である経営協議会に対し、当該経営に雇用されている被用者の人格の自由な発展を保護し促進しなければならない、との任務を定める規定をおいた (75 条 2 項)。この規定は、人格の自由な発展を求める基本権が経営の門前で止まってしまうのではなく、まさしく労働生活のなかでその意義を展開させていかなければならないことを明らかにしたもの、と理解されている。そしてそれを具体化するため、労働者個人に、自己に関わる人事台帳の閲覧権や反論の添付請求、不当な処遇に対する苦情の申立て権を与え、経営協議会には、それへの助力や、労働者の雇い入れにあたって不当な質問ないし方法が採用されるのを防ぐため、質問票の作成にあたって同意権が与えられるなど、労働者の人格保護のため多くの規定を用意していることを付記しておこう。

　2) わが国における労働者の精神的人格保護のための法規範も、どこまで進

んでいるかについて違いがあるものの、同様に複合的ないし重層的であることが分かる。

(1) 労働者人格保護の課題が何も今に始まったものではないことは、労働基準法の冒頭におかれた憲章規定と呼ばれる部分が、直接具体的な最低労働条件を定めたものではなく、労使関係の場において労働者であることのゆえに生じやすい人格権の保障を意図した規定であることから明らかであろう。

国籍・信条・社会的身分そして性別を理由とする差別禁止（3・4条）が人格の平等を宣言しているとすれば、直接的人格拘束（5条）、さらにそれに繋がる間接的足留め策（16-18条）、人身売買的行為と中間搾取の禁止（6条）は、戦前広範に見られた悪幣からの人格的自由の保護を、公民権行使の保障（7条）はさらに進んで、政治参加の実質的平等保障を意図した規定だということができる。

労基法のなかには、過去の弊害を排除する部分的なものに留まってはいるが、労働者の私的領域の保護（Privatsphäre）を定めた規定もある。ブラック・リストの禁止（22条）や事業附属寄宿舎における私生活の自由の確保（94条）を定めた規定がそれであり、同様の趣旨は、職業紹介と募集にあたる者に秘密保持義務を課した職安法（51条）、選考過程における労働者のプライバシー保護のため戸籍謄本の提出を求めないことといった企業に対する行政指導にもみることができる。

これらの規定は、「女工哀史」に代表されるような過去の深刻な弊害を踏まえて定められたものであり、今日でもリアリティーをもってはいるものの、しかし、人格保護の範囲において部分的であり、また回顧的であって、新しい人格保護の要請に十分答えていない事実も否定することはできない。加えて、結婚退職制が労基法3・4条のいずれにも違反しないとされた例が示すように、労基法が同時に刑罰を伴う処罰規定であるため罪刑法定主義の要請に服さなければならないことが、その適用が限定されざるをえない原因のひとつとなっていることも明らかであろう。

そしてこれ以降、ドイツの経営組織法に見られるような、労働者の精神的人

格価値の保護を意図した労基法分野の立法がなされていないことも事実である。その分だけ、労働者の人格保護の法規範について、労働立法以外のところに求める必要が高いということができるであろう。

(2) もっとも早い時点から行われてきたのは、憲法上の思想・信条・信教・結婚の自由（19・20・24条）、およびそれらを理由とする差別禁止（14条）にもとづく精神的人格保護の主張であったということができるであろう。

憲法上の人権保障が労使間にどのような効力をもつのかが問題となるが、裁判所は、基本権のいわゆる第三者効を否定しているため（三菱樹脂事件・最大判昭48・12・12）、労働者人格の保護は、私法の解釈、とりわけ一般条項の解釈にあたっては憲法による人権保障の趣旨を考慮しなければならないとのいわゆる間接適用によって行われることとなる。判例は、労働者の採否決定にあたって労働者の思想・信条を調査し関連する事項について申告を求め、これを理由に採用を拒んでも違法ではないとする一方で（三菱樹脂事件判決）、「企業内においても労働者の思想・信条等の精神的自由は十分尊重されるべきである」（東京電力塩山営業所事件・最2小判昭63・2・5）ことを認めており、労働者の人格保護と企業にとっての必要ないし相当性との間の比較衡量にあたって、微妙な揺れを示しているように見える。この判決については、本件における人格権保護のありかたを検討する際にもう一度立ち返ることにしたい。

(3) 一番新しい動きが見られるのは、憲法上の個別的人権によってはカバーされていない領域における労働者人格保護の主張である。

これまで見てきたように、ドイツにおける一般的人格権は、個別的人権というより、その基礎にあって包括的・一般的な性格をもった「人間の尊厳」（ボン基本法1条1項）や「人格の自由な発展への権利」（2条1項）に根拠をおきながらも、憲法上の権利ではなく、私法上の権利として承認されているものであった。そして、わが国でもそれと同様に、憲法13条（個人の尊重と幸福追求の権利）を根拠に、私法上の人格権やプライバシーの権利が承認されるようになっていることは周知の事実である。

そして実は、労使関係における労働者の精神的人格価値を保護する判例はす

でにかなりの数に達している。わが国の不法行為に関する判例法理が、必ずしも権利侵害の場合に限らず、被侵害利益と違法性の相関関係を考慮するという方法を採用してきたことも、その一因をなしていると思われるが、いずれにせよ、先行する実務上の諸問題を理論的に整理して一定の方向付けを与えなければならない段階にきているといってよいであろう[6]。

以下では、労働者の精神的人格価値の保護に関する判例を、類型化し簡単な素描を加えておくことにしたい[7]。

(イ) 労使関係における労働者の名誉ないし精神的自由の侵害を不法行為として救済する判例は、少なくない。市民として当然の保護が労働者に否定される理由はないというあたり前のように思える命題が、労使関係に浸透する意義は小さくないであろう（東芝府中工場事件・東京地八王子支判平2・1・18労判558・68は最も最近の事例である）。村八分あるいは職場八分と呼ばれる事件や、故意に仕事を取り上げたり、無意味な仕事を命ずる行為が不法行為とされるのは、企業ないし職場もまた人間的コミュニュケーションが交わされるひとつの社会であり、労働が人格の表現でもあるからに他ならない。

(ロ) 私生活領域ないしプライバシーの保護問題がこれまで深刻に考えられてこなかったのは、法的保護の対象としての新しさもさることながら、むしろ、労働者の全人格的評価や労使の相互信頼の必要性を強調するこれまでの人事管理がなかば当然視されてきた惰性によるところが大きいというべきであろう。この種の事件が、圧倒的に使用者による懲戒処分の限界を争うものであるのも、そのことを示している。しかし採用や人事資料の採集・管理に当たってのプライバシー保護など、実務上・法理論上の課題は山積しているというべきであろう。

(ハ) 先に述べたが、労働の監視のためテープレコーダーの秘密裡での利用を人格権侵害にあたるとする広沢自動車学校事件・徳島地裁判決（昭61・11・17）は、電子機器利用の普及を考えれば、貴重な問題提起といわなければならないであろう。

4. 保護範囲の具体化と判断基準のあり方について

1) 憲法上の個別的人権の間接的適用ないし私法上の人格権の適用によって労使関係における精神的人格価値の保護をはかっていく場合に、企業の人事・労務管理の要請から生じる制約の必要性との間で権利調整ないし法益較量の作業が行われなければならないことは、すでに指摘したとおりである。

(1) 労働者にとって、企業は、使用者の所有し提供する生産手段のもとで、言い換えれば、使用者によって設営される他律的な生産秩序のなかに組み込まれ、かつ使用者の指揮命令下で組織的労働に従事する場であって、それは、労働者の精神的人格価値に対する一定の制約を伴わざるをえないであろう。例えば、労働者の適正配置のためには、労働者の職務能力を正しく判断するためキャリアに関する個人情報の収集を欠かせないであろうし、健康状態を知っておく必要が生じる場合もあろう。また、諸手当や福祉制度の実施にあたって労働者の家族構成と財産状態の把握が前提とされることもあろう。

また最高裁の指摘（国鉄札幌駅事件・最3小判昭54・10・30）をまつまでもなく、社会的実態としての企業は「事業の円滑な運営を図るため、それを構成する人的要素及びその所有し管理する物的施設の両者を総合し合理的・合目的的に配備組織して企業秩序を定立し、この企業秩序のもとにその活動を行う……」ものであって、企業秩序保持の観点からの合理的制約も考慮に入れなければならない。

(2) しかし、これらのいずれの理由をとっても、企業は労働者の精神的人格価値の保護から隔離された場所であるという結論にたどり着くものでないことは、すでにこれまで繰り返し述べてきたとおりである。

反対に、無制限な使用者による労働者の個人情報の収集やその利用を野放しのまま放任してしまうことになれば、労働力管理や能力開発の名で精神的内面を含めた全人格的管理が推し進められることになるであろうし、ドイツにおいて警告の意味で語られているように、「労働者は企業のまえにガラスの人間と化す」（Gläserne Belegschaft）といった事態が生じかねないであろう。そうなれ

ば、企業のもつ情報権力のまえに、労働者にも認められなければならない自由な私生活形成の領域は極端に狭められ労働者の人格の自由やプライバシーは深刻な不断の脅威にさらされることになる。本件がまさに、そういう性格を帯びた事例としてとらえられるものであることは、あとで指摘するとおりである。

　また、企業内が使用者の管理下におかれるといっても、市民社会で妥当する一般的法秩序からまったく切り離された閉鎖的社会であってよいはずがないのも当然のことであろう。職場はもちろん労働の場所であることはいうまでもないが、同時に、労働者という生身の人間が一日の活動的な時間の大半をそこで過ごす場所であり、仲間との人間的コミュニケーションが行われるところでもある。

　ドイツにおける経営組織法が、「人格の発展を求める基本権が経営の門前で止まってしまうことがあってはならない」との趣旨から人格権の企業内における適用を創設的にではなく、改めて確認したものと理解されているのも（75条2項）、そのためであった。最近経営者団体を含めて主張されている、企業もまた社会における一市民としてふさわしい行動と責任を取らなければならないという企業市民性（Corporate Citizenship）を求める考え方は、何よりもまず、企業内という社会を市民社会の開放的な風にあてる努力を伴うものでなければならないであろう。

　2）　本件に言及するまえに、精神的人格の保護範囲の具体化にあたって考慮されなければならないと思われる点を、とりわけ本件の中心的問題点である思想・信条を念頭において、やや一般的なかたちで指摘しておきたい。判断基準として重要な点は、これまでの判例のなかでかなりの程度言及されていると思われるので、できるだけそれらに依拠しながら述べることにしたい。

　⑴　思想・信条、あるいは信仰の自由といった人格の中核をなす内心の自由は、人格形成のための精神活動の自由を保障しようとするものであり、人間の尊厳と民主的社会の基礎であるという性格のゆえに、労使関係においても、それ自体を問題にし、みだりに干渉・侵害することが許されてならないという点では、ほとんど争いの余地がないというべきであろう。

近代的労働契約において労働者の負う義務は、契約で合意された労務提供を中心にしたものであって、「労務の提供に付随する企業秩序遵守義務その他の義務」の範囲を考えるにあたっても、全人格的な支配に服するものでないことが出発点でなければならないことは、富士重工業事件・最高裁判決（最3小判昭52・12・13）が指摘しているとおりである。さらに判決は、労働者の調査協力義務の範囲についても、職務に関連したものかどうか、より適切な調査方法の有無といった重要な判断基準を提示している。

傾向経営（Tendenzbetrieb）に関する判例（日中旅行社事件・大阪地判昭44・1・2、三元貿易事件・東京地判昭45・1・30）も、労働者に特定の政治信条を求めることが企業の存立と不可分の関係にあること、という厳しい要件を付しているのであり、このことは、そうでない限りは、具体的行動が企業の運営にどのような支障を与えたかを問題にする以外は許されないことを意味している。

(2) 本件に類似した、企業内で労働者の思想・信条を調査することが許されるかどうかが直接問題となっているのは、東京電力塩山営業所事件（甲府地判昭56・7・13、東京高判昭59・1・20、最2小判昭63・2・5）である。問題の多い判決ではあるが、最高裁判決は、「企業内においても労働者の思想、信条等の精神的自由は十分尊重されるべきである」ことを承認し、そのうえで、事業所の公開されてはならない情報が政党の機関紙に報道されたことから、その秘密を漏らした疑いのある労働者から事情聴取をする必要性があったこと、調査の方法として相当性に欠ける面があるものの必要性、合理性を肯認することができないわけではないとして、いささか問題のあることを意識しながら、不法行為の成立を否定した原審判決を維持している。

企業秩序維持のための具体的必要性と、事情聴取という方法の相当性、そして両者の関連性が判断の基準として重視されていることが分かる。

(3) 労働者の監視という点では、所持品検査に関する判例の蓄積が参考にされるべきであろう。人格的侮辱ないし蔑視の色彩を帯びやすいこともあって多くの判例で争われているが、西日本鉄道事件・最高裁判決（最2小判昭43・8・2）は、合理的理由の存在と、やり方についての妥当な方法と程度を要求し、

さらに、特定の人間をねらったものではなく制度として画一的に実施され、明示の根拠にもとづくことといった四つの条件を付している。

3) 以上のような、これまでの判例で取り上げられてきた事例と保護の具体化にあたって考慮されてきた判断基準から、本件の特徴と問題点を指摘しておくことにしたい。

(1) 本件の特徴の第一は、被控訴人らの思想・信条を問題としなければならない必要性について、控訴人会社に業務ないし人事・労務管理上のいかなる必要性があったのか、あるいは被控訴人らの職務との関連性や単なる思想・信条の自由にとどまらず問題視されなければならない具体的行動といったものが、なんら主張されていないことである。

東京電力塩山営業所の事件でさえも、企業秘密が漏れたことへの対策のためであり、富士重工業事件では、就業規則で禁止されていた政治活動にあたると判断されるハンカチの販売によるカンパと署名活動が行われ、企業秩序維持のための調査活動の一環であった。それに比べれば、本件で主張されているのは、1970年安保問題の時期であったという一般的時代背景であって、被控訴人らの活動との具体的関連性についてはなんらの主張もなされていない。これでは、法益較量の作業を始める以前に、そもそも正当化理由を欠いているといわざるをえないであろう。

この鑑定意見書の最初の部分で、労働者の精神的人格価値の保護にあたって、思想・信条だけを特別視することが冷静な法的考察を歪めかねない弊害を指摘したのは、そのような社会的土壌が依然として根強いと思われるからであった。企業内での政治活動を禁止する理由として主張されるのは、「従業員のなかに無用の争いが持ち込まれ、企業内が政争の巷となるのを防止する」ため、というものであるが、企業を自ら政争の戦場とするような措置に、業務上あるいは人事・労務管理上の正当性が認められることはないというべきであろう。

(2) 次に、包括的・徹底的でほとんど手段・方法を選ばないという点で特徴的である。業務ないし職務との関連性や、企業秩序の回復といった合理的目的

を最初から欠いている分だけ、被控訴人らの人格への侵害は限定性を欠き、思想的嫌悪感が全人格的攻撃へと無限定に結びついているというべきであろう。

　第一審判決で認定されている事実によれば、監視・尾行・調査は、職場における労働のあり方にとどまらず、①職場を離れた私生活にまで及び、さらには、本人だけではなく、家族状況や友人との交際にまで広げられている。②職場のなかでの監視は、仕事の監督といった生易しいものではなく、私物の検査、写真撮影、電話の監視、同僚とのつき合いから会話にいたるまで、およそ息抜きの機会さえ与えないほど徹底している。③それは、被控訴人らを監督する立場にある管理者を集めて行われた一種の業務研修である「労務管理懇談会」を開いて孤立化対策の周知徹底が図られるなど、全労務管理機構をあげて行われているからこそ、はじめて可能になっているのである。④そしていわゆる職場八分は、その仕上げとしての意味をもっており、判決のいう「職場における自由な人間関係の形成を阻害する」という表現は、事態を正確に言い当てているというべきであろう。⑤結局のところ、本件では、西日本鉄道所持品検査事件で最高裁が提示していたような、特定の人間をねらったものではなく制度として画一的にとか、妥当な手段・方法といった基準は、およそ無関係であるように見える。判決の事実認定のなかにでてくる、控訴人会社によって用いられている「個体観察」という表現は、戦前多用された「思想犯」という特別なカテゴリーが、控訴人会社のなかでいまだに息づいているのでは、と思いたくなる。最初から、特定の個人をターゲットにした侵害行為が意図されているのである。

　(3)　労働者の精神的人格価値の侵害としてみると、本件は、業務ないし職務との関連性をはじめから欠き、つまり正当な理由なしに、特定の思想・信条をもつ者の影響力を排除するため、あるいは職場そのものからの排除を意図して行われた一連の包括的な人格権侵害行為というべきであろう。思想・信条の嫌悪が出発点とすれば、その排除がゴールというべきであって、思想・信条だけを取りだして、これだけが本件における人格侵害のすべてというのは法律的に狭すぎるであろう。

反対に、思想・信条の侵害行為は、その告白や放棄を迫る（いわゆる転向であるが、判決中には、被控訴人以外にも、直接転向を迫られた労働者がいたことを認定した部分がある）といった直接思想・信条に向けられた行為に限り、それ以外に不法行為が成立するのは、労基法3条で禁止されている労働条件の差別がなされた場合だけであるという見解が、人格権の保護に消極的であったドイツにおける第二次世界大戦以前の状態への復帰を主張するに等しいもので、支持し難いことはいうまでもない。

　最後に、もしこれらの一連の行為を評して、精神的人格価値の侵害にあたらないというならば、およそ企業という社会のなかで、一般の市民社会で認められている人格的価値の保護を語る余地はなくなってしまうであろうとの感想を記して終わりにしたい。

注
1) 例えば、I. M. Shepard, R. L. Duston, K. S. Russell, BNA special report, Workplace Privacy 2. Edition 1989.
2) 詳しくは、角田邦重「西ドイツにおける労働者人格の保障」（横井芳弘編『現代労使関係と法の変容』勁草書房・1988年375頁）。
3) この点を強調しているのは、道幸哲也「職場におけるプライバシーの保護（上・中・下）」判例タイムズ721・722・723号である。
4) 芦部信喜『現代人権論』の第一部が詳しい（有斐閣・昭和49年）。
5) 斉藤博『人格権法の研究』（一粒社・1979年）が歴史的・体系的考察を、五十嵐清・松田昌士「西ドイツにおける私生活の私法的保護——一般的人格権理論の発展」（戒能通孝・伊藤正己編『プライバシー研究』日本評論社・1962年）が、連邦通常裁判所（Bundesgerichtshof）の判例による一般的人格権承認の過程を取扱っている。
6) このような不法行為の判例法理のあり方が、逆に、人格権の権利性の確立を遅らせることになったと指摘するのは斉藤博『人格価値の保護と民法』（一粒社・1986年）である。
7) 詳しくは、角田邦重「労使関係における労働者の人格的利益の保護（1・2）」労判354・355号。

第4節　職場における人格権確立へ大きな一歩
　　――関西電力人権裁判・最高裁判決の意義――

1.　閉鎖的企業社会への風穴

1)　法の眼から閉ざされた企業社会の危険性

　わが国の工場の入口には、労働者に向けた看板がかかっている。注意深く読むと、『あなたは、今、憲法の適用される領域を離れようとしていることをお忘れなく！』と書いてあるように見える。別にブラック・ユーモアでもなんでもない。関西電力・人権裁判で争われたのは、まさに、そのようなケースであった。

　そしてそれは、『日本的労使関係』の名で呼ばれてきた労働者管理のあり方に由来するだけに、実に根の深い問題だということができよう。すなわち、労働力の評価といいながら、仕事への積極性や協調性といった情意考課に比重をおき、企業の目標と個人の目標の同一化によって労働者から最大限の能力を引き出すことができるとの考え方にもとづく労働者管理の傾向は、単に、働き方やそれに伴う規律にとどまらず、労働者の内心やプライバシーに属する事項への詮索、あるいは労働の場を離れた私生活領域にわたる自由の制限といった労働者の全人格的領域にまたがる過度の干渉につながりやすいだけでなく、それこそわが国の優れた生産効率を支えていると考えられてきただけに、同調しようとしないマイノリティーに対しては企業社会における落伍者として過酷な取扱いが横行する、いじめ社会としての反面も合わせもつことになりやすい。このことは、直接的には思想・信条を理由とする人権侵害行為が問題となった本件のような出来事にとどまらず、企業のリストラのための施策が横行している今日、いつ、どこでも、思想・信条などではなく、退職勧奨に応じない、働き方が不足している、忙しいのに残業をしたがらないといった実に多様な理由で

起こっても、少しもおかしくないことを示唆している。

それにもかかわらず、これまで、企業内ないし職場は容易に法の立ち入ることができない一種の治外法権的聖域の感を呈してきた。企業の内に一歩足を踏み入れれば、場所的にも、また従業員の人間関係のあり方についてさえ、そこは使用者の支配に服さざるをえない領域であり、少し大げさにいえば、たとえ何が起こっても、労働者にも権利があるはずだといい得るような実のある法的救済など考えられなかった、といってよいであろう。

2) 関西電力・人権裁判闘争の意義

(1) 関西電力・人権裁判で問題となっているのは、被告・関西電力において、1960年代の半ばから1970年代にかけ、全社的方針のもとで労務・人事機構をあげて行われた反共労務政策の一環をなす行為である。

「特殊対策」という名のもとで展開された方策の中心は、「個体把握」と称して、従業員を、①企業防衛に積極的、協力的なもの、②無関心派、③これに反対するものの三つのグループに分け、第②グループの一般従業員に対しては反共教育を、そして第③グループに属する労働者には「不健全分子」として選別したうえ、職場の内外にわたっての徹底した監視と調査、他の従業員との接触、交際の遮断と孤立化による職場からの排除を目指すというものであった。

本件訴訟は、このような施策のターゲットとされた4名の労働者が、関西電力・会社を被告として、思想・信条の自由に対する侵害を理由とする損害賠償を請求したものであった。今回の最高裁判所の判決は（最3小判平7・9・5労旬1370号39頁）、1971年12月に訴えが提起されて以来、およそ24年間の争いに終止符を打つ意味をもつものである。

判決は、会社の方針として行われたこれらの行為について、労働者の「職場における自由な人間関係を形成する自由を不当に侵害するとともにその名誉を毀損するものであり」、また、その過程で行われた退社後の尾行や、専用のロッカーを無断で開けて中にあった私物の手帳を写真に撮影するなどの行為は「そのプライバシーを侵害するもので」、労働者の「人格的利益を侵害する……

不法行為を構成するものといわざるをえない」と正面から関西電力の責任を認める見解を示している。

(2) 労災認定闘争が、あたかも死に至るような過酷な労働が強要され、あるいは「強いられた自発性」が醸成される企業社会のあり方を告発する意味をもっているとすれば、同じことは、労務指揮権の発動に名を借りて、理由なく仕事を奪ったり意味のない仕事をさせ、あいつは駄目な人間だとレッテルを貼ることで職場仲間のさらし者にする、あるいは本件のように、職場における人間関係への支配力を利用して、同僚とのコミュニケーションの場での孤立化と排除を図るいわゆる「職場八分」などについてもいい得るはずである。前者では、労働者の生命や健康という最も基本的ではあるがプリミティブな人格価値の保護が問題となっているのに対して、後者は、今日的課題というべき精神的人格価値の法的保護を、閉鎖的企業社会に風穴をあけ労働者にまで押し及ぼす努力と評することができる。

日本的労使関係の古さや新しさ、特殊性や普遍性について、さまざまな議論がなされているが、そこに付着している否定しようのない歪みを取り除くためには、閉鎖的な企業社会の壁を崩壊させ、市民社会でならあたり前の常識が通用する法的空間にしていく努力が必要であろう。その観点からすれば、今回の最高裁判決は、関西電力・人権裁判で提起されている問題に、簡潔ではあるが、真正面から応えた刮目すべきものといわなければならない。それだけに、最高裁判決をどう読むか、そこで展開されている法理の性格や、あるいは今後どのような事例について適用可能性をもっているのかといった法理の射程距離について、細心の注意をもって検討されなければならない。

2. 企業社会の法的空間化に向けて

1) 極秘文書の証拠能力

(1) 訴訟の経過

　本件訴訟提起のきっかけとなったのは、被告会社の神戸支店労務課長が1968年（昭43年）6月中の6回にわたり、管内各営業所の役付者を招集して開催した「労務管理懇談会」なるものの「実施報告書」を、原告労働者らが入手するところとなったからであった。

　この懇談会は管内各営業所の主任以上の役付き労務担当者を集めて行われ、労務担当者の間で「マル特者」と呼ばれていた原告ら「不健全分子」と目された労働者に対して、全社的方針である監視、孤立化、排除政策を職制の末端にまで周知・徹底させるため、それまで実施してきた対策や具体的成果をお互いに発表し討論させるというもので、発表者にはその要旨を文書にして提出するよう命じられた。「実施報告書」は、この会議を主催する立場にある神戸支店の労務係長によって作成された懇談会の記録であり、さらに、この報告書には、原告らの直属の上司にあたる職制らが、原告らにどのような具体的対策を講じてきたかを発表したうえ文書として提出させられたものが添付されていた。いわば被告会社の恥部を白日の下にさらすこととなった、会社にとってはマル秘中のマル秘文書であり、原告労働者らにとっては、決定的な証拠というべきものであった。原告らが、この極秘文書を入手したのは1971年（昭46年）になってからであり、そして、文書の中で名指しで監視、情報収集、孤立化などの対象にされていたことをはじめて知った原告ら4名が訴訟を提起したのは、同年12月のことである。

　そこに何が記されていたのかを、判決文から全面的に知ることはできない。それはおそらく、昭和40年前後のわが国の労使関係の転換期、とりわけ電産労組の解体と電力労連への組織の吸収という歴史をたどって以来（1956年）、電力産業労使のなかで使用者が演じてきた役割と手法を知るための、貴重な歴

史的資料のひとつというに値するものであろう。しかし、本章のここでの課題は、そこにあるのではない。

(2) 訴訟法的争点

法的にいえば、被告会社の行為が一般の市民社会のなかで許され得るものでないことは自明のことといってよいであろう。だからこそ、極秘のうちに行われたものであったというものであろう。しかし被告会社には、どこか、あたかも「家庭内に法律は立ち入らず」という格言のように、企業内でなら何をやってもまさか法的介入が及ぶはずはあるまいと高を括っていたとしかいい様のない、ある種の野放図な開き直りが感じられる。それは、この種の行為を法的視野の中に捕えること、言い換えれば、企業社会を法的空間としていくための障害がいかに大きいかを熟知している者の、狡知にたけているがための油断、とでもいうべきであろうか。

労働者の人格保護のあり方に関する実体法的議論の前に、訴訟手続き上の争点として争われているいくつかの問題について検討の必要性を感じるのはそのためである。いかなる権利が侵害されたかという問題もさることながら、実務法曹にとっては、訴訟として成り立たせるために、どういう事実の立証が必要かつ可能かという問題が、もっと重要かつ深刻な関心事であることは明らかである。

本件の会社側上告理由は4点からなっているが、その第1は、事実認定にあたって決定的な役割を果たした前記懇談会の「実施報告書」をはじめとする各文書を、証拠から排除すべきであるとの主張、第2点は、特に重要な「実施報告書」の信用性、第3点は、不法行為の成立に関する法理論的構成、そして第4点は、消滅時効の主張である。このうち、第1点が、ここで述べたいと思うことに関連している。

(3) 極秘文書の証拠能力

会社の内部で何が話し合われ、何が実施に移されているのかは、余程おおっ

ぴらに行われるのでない限り、ターゲットとされている当の労働者であっても気づかないのが普通であろう。本件の場合にそれを可能としたのは、被告会社の極秘文書が流出し、それを原告労働者らが入手するところとなったという、いわば偶然の事情であった。

第一審判決（神戸地判昭59・5・18労旬1100号58頁）ならびに控訴審判決（大阪高裁平3・9・24労旬1278・9号93頁）においても、被告会社が「特殊対策」の名で行った反共労務政策の体系的立案とその実施、それを具体化するさまざまな実行行為の事実認定にあたって決定的役割を果たしているのは、毎月開催されていた所長・主任会議に出席していた一変電所長のメモ（甲85号証）、ならびに先に述べた「労務管理懇談会実施報告書」（甲80号証）を中心とした、いずれも被告会社の極秘資料である。とりわけこの後者には、直接的に原告を対象に実施された監視、情報収集活動、孤立化などを目的として行われた一連の行為とその成果がきわめて具体的に記載されているところから、第一審判決では、わざわざ「本件において最も重要資料の一つであるから、ここにその内容を要約する」とことわって、原告一人一人について実施されたとされている記載内容を紹介する、判決文としてはきわめて異例の構成が採られている。

ところで、それらが訴訟手続きの中で証拠として提出される際には、前者は作成者である変電所長本人の承諾を得て、メモ書きの要旨を手書きで写し取ったものが、後者については、原本ではなくその写しが、入手経路を明らかにせず提出されている。被告会社はその点を問題にし、①写しは、原本を提出できないかもしくは提出が著しく困難で、かつ原本が本当に存在し写しも正確であることが証明されていなければならないのに、その証明が行われていない、②文書は会社が厳重に保管していたにもかかわらず、何者かによって盗み出された違法収集証拠にあたり、原告らがその合理的かつ適法な入手経路を説明せずに証拠として提出するのは許されないという2点を根拠に、その形式的証拠能力を否定することに全力を注いでいた。

判決は、地裁、高裁、最高裁を通じて、一貫して被告会社の主張を入れず、①元となる文書の存在および成立、ならびに写しが作成された過程についての

立証がなされている、②被告会社の文書が何者かによって窃取されたというだけで証拠能力が否定されるものではないと、これらの文書の証拠能力を肯定しているが、実はこの点こそ、裁判の帰趨を別けたもうひとつの争点であったといってもよいであろう。

2) 裁判の場を確保するための必要条件

この問題は一見訴訟技術的に見えながら、閉鎖的な企業社会で発生したことを法的視野のなかにとらえるための、決定的に重要な論点を含んでいる。

(1) 会社側主張の意図

まずは、この種の文書が正規のルートで労働者の手に入ることなど、およそ期待することはできない。本件訴訟も、偶然原告らの入手するところとなった「労務管理懇談会実施報告書」（甲80号証）と、被告会社の会議出席者メモ（甲85号証）、あるいは訴訟提起後に原告らを励ます会に送られてきた匿名と思われる文書のコピーなど、一種の告発運動に支えられており、これらなくして、本件裁判がそもそもありえなかったことは明らかである。そして、この点を最大の防御方法にした証拠能力に関する被告会社の主張をもっと露骨にいい直せば、写しでなく原本を提出してみよ、労働者に見せたはずのない極秘文書を不当な方法で入手し証拠として使用することは認められない、もし使いたかったら、誰からどうやって手に入れたかの入手経路を明らかにしてからにせよ、といっているに等しい。

社内管理の引き締めと処分を匂わせた再発防止の意図もさることながら、もし、その主張のように、訴訟手続きで証拠として使えないということになれば、それは、いわば偶然のチャンスや内部告発に頼る形でかろうじて成り立っているこの種の裁判に実質的に途を閉ざし、企業内は再び法的空間から隔離されたものとなってしまうに違いない。

(2) 東電事件での同様の問題

まったく同様の問題は、これまた全社的な「反共労務政策」のもとでの思想・信条を理由とする賃金差別について、会社の不法行為責任を追及した一連の東京電力事件訴訟についても指摘されなければならない。

総計167名の原告が東京電力を相手に、東京・群馬・長野・山梨・千葉・神奈川の1都・5県の裁判所に、ほぼ同一内容の訴えを提起したこの訴訟は、賃金差額請求額約32億円、慰謝料約5億円という大型裁判であった（高見高秀「思想差別と労働者の権利」労旬1322号6頁）。そして1976年10月の提訴から、およそ19年を経過して、既に東京地裁を除く5つの裁判所で、思想・信条にもとづく違法な差別が行われていたことを認める労働者勝訴の判決が出されていた1995年12月25日の時点で、控訴審である東京高裁において、すべての事件を一括して解決する和解が成立したと報じられている。和解内容は明らかにされていないものの、新聞によれば（日経新聞12月26日）、①在職中の原告の昇進、②総額20億円を超える解決金、③そして以後は差別をしないことの約束がなされたと報じられている。三菱樹脂事件・差戻し後の東京高裁で、原告の高野氏と会社間で成立した和解に類似する実質的勝訴に等しい内容をもつものであろう。

ところで東電事件の各地裁における労働者勝訴の判決も、その救済内容にまで立ち入ると、差別額を認定できないとの理由で慰謝料のみを認めた前橋地裁（1人あたり240万円、平5・8・24労旬1322号26頁）と長野地裁（1人300万円、平6・3・31労旬1337号24頁）、これに対して「あるべき給与」との差額を正面から認定した甲府地裁（原告9名についての差額ならびに1人あたり150万円の慰謝料の合計額2億2,000万円、平5・12・22労判651号33頁）、いわゆる割合的認定の手法を採用して賃金差額のうち3割を認定した千葉地裁（原告13名についての差額ならびに1人あたり150万円の慰謝料の合計額1億662万円、平6・5・23労判661号22頁）、同様の方法によりながらも一般労働者と下級管理職に分けて、前者で5割、後者については3割の割合的損害額を認定した横浜地裁（原告51名についての差額ならびに1人あたり150万円の慰謝料の合計額4億6,300万円、平6・

11・15労判667号25頁）と大きく異なっていた。そして、この違いを分けたのは、差別的人事考課・査定によって生じる賃金の格差相当額について、訴訟法上、誰が、どういう方法で、どの程度立証すればよいのかという、まさに本件と同様の問題であった。東電側は、差別の存在を否定し、さらに従業員の賃金・処遇に関する資料の提出を一切拒んだため、原告、そして裁判所も、差別による賃金格差をどうやって立証し、認定するかという困難な問題に直面することになったからである。

　原告側の採用した立証の方法は、労働組合が会社の資料をもとに作成していた東電従業員の賃金に関する統計資料を使って、「同期入社・同学歴従業員の平均的処遇」を求め、それと原告労働者らが実際に受けている処遇との格差を損害額として請求するというものであった。裁判所を悩ましているのは、「平均的処遇」を受けている労働者とは一体どういう者のことを指すのか、原告らの能力・業績がそれと同等であったことは証明されているのか、そして、誰が、どの程度、そのことを証明しなければならないのかという問題なのである（角田邦重「思想信条による差別・東京電力千葉事件」労働判例百選・第6版54頁）。

　ここではこれ以上賃金格差の認定問題に立ち入るつもりはない。指摘したいのは、原告らが、自己に関する人事考課や処遇について会社の有する人事資料を閲覧できるわけではなく、また東電労組の支援を受けているわけでもない。東電労組本部が作成していた組合員の賃金に関する統計資料を入手し利用する他に方法はなかったという事実であり、さらに、この資料も1983年以降になると原告らには入手不可能となり、これ以降の平均的処遇者に対する給与の算定については、やむを得ず、毎年の賃上げ妥結率を積み上げていく方法が採用されているのである。

(3) 克服のための法的課題

　これらの問題が克服されない限り、企業社会で生じた出来事を法的空間から遮断したがる企業側の抗弁を打ち破ることは実質的に不可能に等しいであろう。そのために何が必要かについて、正面からの議論が必要であろう。そのた

めのいくつかの論点を指摘して、参考に供することにしたい。

　本件のように、とても公然とはいい出せないような人事・労務政策が行われているようなケースでは、いずれにせよ内部告発型の証拠に頼らざるを得ないであろう。そのような形で入手された極秘資料とでもいうべき文書の類について証拠能力を認めた本件判決は、それとして貴重な意味をもつ。

　東電賃金差別の一連の判決では、原告労働者に事実上不可能を強いることになる証明責任を軽減することで、この問題に対応する試みが行われている。労働者によって事実上「推認」可能な程度に差別が行われていたことが立証されれば、この推認を覆す立証責任を企業側に求める事実上の立証責任の転換、あるいは差別的人事考課が混入していると認められる場合の割合的損害額の認定という方法がそれである。この立証責任の転換は、かつて労災裁判における安全配慮義務の理論構成によって、使用者の過失の有無に関する証明責任の使用者への転換が可能となったと同様、公正な人事考課を行う使用者の契約上の義務を想定することで、もっと明確になるのではあるまいか。

　これらが貴重な試みであることはいうまでもないが、被告会社が本件の上告理由において主張している――異なった文脈の中ではあるが――裁判所による文書提出命令（民訴法311・312条）の活用が、もっと大胆に行われてよいのではないか。裁判における真実の発見と当事者の公正さを保障するこの制度の趣旨から考えて、この種のケースでの文書提出命令こそまさにふさわしいと思われるのである。

　この点についてはさらに、労働者には、就業規則の絶対的記載事項とされている賃金の体系と計算（労基法89条1項2号）だけでなく、人事考課についての公正な取扱いが保障されるためには、自己の考課について知らされるだけでなく、納得の行く説明を受け、関係資料を閲覧する機会が与えられていなければならない。ドイツの経営協議会法で労働者個人に保障されている人事処遇に関する一連の同様の権利も（同法81条から84条まで）、これら規定によってはじめて認められたものというより、労働者の人格保護について使用者に課せられた労働契約上の配慮義務を明示したものと説明されているのである（角田邦

重「西ドイツにおける労働者人格の保障」横井芳弘編『現代労使関係と法の変容』375頁、本書第Ⅱ章第4節64頁）。いわゆる年功序列型の賃金体系が崩れ、個別労働者の能力と業績の重視へと雪崩を打つような変化が進行している今日、人事考課のもつ比重はますます大きくならざるを得ないだけに、制度の公正かつ透明性の確保は、決定的重要性をもつことになろう。ドイツ労働法と同様に契約上の権利として構成することに、さしあたって困難が伴うとすれば、労使間で労働協約や就業規則上の制度として整備する方法もあろう。いずれにせよ、労働者の処遇にとって決定的な意味をもつ自己の人事情報についての知る機会の確保は喫緊の課題であり、同時に、そのことが閉鎖的企業社会を法的空間とするために不可決の条件をなすものといわなければならない。

3. 被侵害利益と違法性

1) 被告会社の行為の違法性

「労務管理懇談会実施報告書」とそれに添付された文書に実に生々しく記載されているいわば職制の実践記録とでもいうべき数々の行為は――例えば、原告の机を職制のすぐ傍において原告にかかってくる電話はすべてチェックし、原告の専用ロッカーを開けて私物の検査を行い証拠品を写真撮影した、他の従業員の接触を防ぐため原告が加盟しているサークルを解散に追い込んだ、退社後の活動を含めて監視下におき尾行や警察と連絡を取るなどして情報収集に努めたなどなど――、どのような意味で不法行為にあたるのか。

被告会社の上告理由の第2と第3点がこの点に向けられているが、その主張は、二つに分かれている。そのひとつは、文書内容の信用性を争うもので、文書に記載された行為が実際に行われたとは必ずしもいえない、懇談会は一種の机上の演習に過ぎないものであったし、記載されている原告らの直属の上司による実践的体験発表なるものには、功名心から自己の成果を大袈裟に宣伝したものが含まれていて必ずしも真実とはいい難いというものである。第一審、控

訴審の判決文を仔細に読むと、基本的には記載内容の信用性を肯定しながらも、ある部分については否定するなど、実に興味深い問題が含まれている。しかし、裁判における事実認定に関わることであり、最高裁判決も原審の事実認定に誤りはないと、いとも簡単に被告会社の主張を退けている。

ここで取り上げるのはもうひとつの問題、すなわち被告会社によるこれらの行為によって原告労働者のいかなる権利ないし法益が侵害されたと考えるべきか、その違法性の判断にあたって考慮されなければならないのは何かという問題である。

2) 被侵害利益をどう考えるか

(1) 思想・信条の侵害

本件裁判闘争は、原告労働者の思想・信条に対する侵害として始められた。それは、労働者の学生運動歴の秘匿を理由とする本採用の拒否を憲法19条、14条に違反する憲法裁判として取り組み、国民的共感を得ることに成功した三菱樹脂・高野事件裁判闘争以来の伝統に沿ったものであることは疑いがない。しかし同事件の最高裁大法廷判決は（昭48・12・12労判189号16頁）、憲法で保障された基本的人権は私人間に適用されないと言明していたことも事実である。そのことを考慮すれば、本裁判は、私人間における人権保護のあり方を、今日の時代変化の中でもう一度仕切り直して争う意味をもっていたということができよう。

第一審・神戸地裁判決はこれに応え、わざわざ「当裁判所の基本的見解」という見出しを設けて、憲法の人権保障を私人相互間に適用ないし類推適用することはできないが、労基法3条の趣旨に照らすと、「企業は、経営秩序を維持し、生産性向上を目的とするなど合理的理由のある場合を除き、その優越的地位を利用してみだりに労働者の思想、信条の自由を侵すことがあってはならない」また、「経営秩序の維持、生産性の向上を理由とする場合にも、これを阻害する抽象的危険では足りず、現実的かつ具体的危険が認められる場合に限定されるとともに、その手段、方法において相当であることを要し、労働者の思

想、信条の自由が使用者の一方的行為によりみだりに奪われることはないというのが一つの公序を形成しているものと考える」との立場を表明していた。

しかし本件で問題となった行為は、原告らに直接、思想・信条の告白や放棄を強要するものではなく、監視、孤立化の対象とされていたことさえ知らなかったというのであり（実は原告ら以外に、直接的にこれらを強要された労働者がいたことが認定されている）、また労働条件上の差別が行われたというものでもない（むしろ正しくは、原告らにとって証明できる資料の入手が不可能であったというべきであろう）。その点をとらえて批判する被告会社の主張に応える形で、控訴審判決もまた、原告らにとってみれば「会社を退職するか自己の思想、信条を変えない限り先のような取扱いを受け続けることになる。したがって……間接的に転向を強要するものであるから、被控訴人らの思想、信条の自由を侵害する行為に当たる」ことに変わりはないとの立場を維持していた。

(2) 本判決の新しさ

少し長くなるのを承知の上で、本判決のこの点に関する判示を引用してみよう。

「現実には企業秩序を破壊し混乱させるなどのおそれがあるとは認められないにもかかわらず、被上告人らが共産党員またはその同調者であることのみを理由とし、その職制などを通じて、職場の内外で被上告人らを継続的に監視する態勢を採った上、被上告人らが極左分子であるとか、上告人の経営方針に非協力的な者であるなどとその思想を非難して、被上告人らとの接触、交際をしないよう他の従業員に働き掛け、種々の方法を用いて被上告人らを職場で孤立させるなどしたというのであり、更にその過程で、被上告人 X_2 及び同 X_3 については、退社後同人らを尾行したりし、特に被上告人 X_3 については、ロッカーを無断で開けて私物である「民青手帳」を写真に撮影したりしたというのである。そうであれば、これらの行為は、被上告人らの職場における自由な人間関係を形成する自由を不当に

侵害するとともに、その名誉を毀損するものであり、また、被上告人X_2らに対する行為はそのプライバシーを侵害するものであって、同人らの人格的利益を侵害するものというべく、これら一連の行為が上告人の会社としての方針に基づいて行われたというのであるから、それらは、それぞれ上告人の各被上告人らに対する不法行為を構成するものといわざるを得ない」。

前半部分が、被告会社によってなされた行為を要約した事実の判示に関する部分、そして後半が、不法行為の被侵害利益とその違法性についての法理論的構成を述べた部分であるが、判決を一読すると、思想・信条の侵害にあたるかどうか、憲法の基本的人権の保障は私人間でどのような意味をもつのかという問題のたて方ではなく、それに代わって、職場における自由な人間関係を形成する自由と名誉の毀損、プライバシーの侵害といった「人格的利益の侵害」にあたることが強調されている。

この点をどう読むか、そしてどう評価するのかについては、おそらく二つの見方があり得るであろう。ひとつは、憲法上の人権論を避けたのではという見方であり、もうひとつは、労使関係あるいは職場において、過労死のような健康・生命といった人格的権利の保護に加えて、本件で問題となっているような精神的人格価値にまで法的保護が及ぼされるようになったことを意味すると見て、そこに時代の新しさを見る立場である。そして筆者は、この後者の立場に与するのである。

もちろん、思想、信条を嫌悪してなされた行為であることは明らかであるが、法的保護のあり方としてみれば、それは、問題となっている行為がおよそ正当化できない違法な動機にもとづくものであることを意味している。しかし、具体的に原告らに対して行われた監視、孤立化、情報収集のための尾行、ロッカーのなかの私物の検査、あるいはこれに類似する個々の行為自体を取り上げてみると、これまではむしろ、組合活動を嫌悪して行われることが多かったし、その他にも、退職勧奨に応じない、あるいは有給休暇を請求したという

だけでといったひどい例も報告されている。これらは、いずれも正当性を欠いた行為であることを示すものであって、被侵害利益までがそれぞれで異なっているという必要はないであろう。思想、信条だけが特別に保護されているというよりも、むしろ共通性を強調することの方が、普遍性と発展性をもちうるであろう。

　憲法による人権保障が忘れられているのではという疑問に対しても、憲法における人権保障の趣旨を私法領域に及ぼす間接的適用の方法として、これまでの公序（民法90条とその709条への転用）だけを考えるのではなく、むしろ「個人ノ尊厳ト両性ノ本質的平等トヲ旨トシテ之ヲ解釈スヘシ」（民法1条ノ2）とされているように、私法の領域を直接支配する一般条項のなかに生かしていくことこそ重要だと思うのである。ドイツにおいて確立をみている一般的人格権の保障は、まさに、「すべて国民は個人として尊重される」と定めたわが国の憲法13条類似の基本権規定（「人間の尊厳の不可侵」1条1項と「人格の自由な発展への権利」2条1項）に基礎をおきながらも、基本権の第三者効ではなく、私法上の固有の権利として理解されていることが想起されてよいであろう。

　プライバシーをはじめとして、労使関係における人格的権利保護の範囲拡大を追求する価値は大いにあるというべきであり、その意味で、職場における人格権保護へ大きな一歩を踏み出した本件判決の意義には大きいものがあると思うのである。

第5節　職場における労働者人格権の保護
——関西電力事件（最3小平7・9・5判決）——

1.　はじめに

(1)　本件で争われているのは、1960年代の半ばから1970年にかけて、関西電力が労務・人事機構を利用し全社的方針のもとに行った反共労務政策の一環をなす行為である。「特殊対策」という名のもとで展開された施策の中心は、「個体把握」と称して、従業員を①企業防衛に積極的・協力的なもの、②無関心派、そして③反対派の三つに分け、②グループに属する一般従業員に対して反共教育を行う一方、③グループに属する労働者を「不健全分子」として選別し、職場内のみならず私生活にわたる徹底した監視・調査の対象としたうえ、他の従業員との接触を妨げ、孤立化させることによって職場からの影響力の排除を目指すというものであった。

本件訴訟は、このような施策のターゲットとされた4名の労働者から関西電力を被告として提起された不法行為にもとづく損害賠償請求事件であり、判決はこの請求を認めたものである。

(2)　使用者による思想・信条の侵害や労働条件の差別的取扱いが争われる訴訟は、戦後のレッドパージ事件以来、決して珍しいことではない。それらの多くは、厳しいイデオロギー対立に彩られていた過去の時代的背景のなかで発生した事件であり、本件もまた、電産から電力労連への転換（1956年）という電力労使関係特有の経験が「負の遺産」として労務施策のなかに引き継がれたところから生じた事件、と評することができるであろう。

しかし本件判決の意義は、電力産業の古い企業体質を裁いたことにとどまるものではない。判決は、原告労働者らに対する監視・調査、孤立化などの行為について、職場における自由な人間関係を形成する自由や名誉、プライバシーなど、労働者の人格的利益を侵害するものとして不法行為にあたる、と判示し

ている。人格権ないし人格的利益の名で総称されるこれらの権利は、労働者権というより市民法的権利に属するものであるが、本判決は、その法的保護が職場ないし企業内にまで押し及ぼされなければならないことを明言した意味をもつ。使用者の指揮命令と管理下におかれた職場ないし企業内は、いわば使用者によって支配された空間と人間関係の世界でもあり、企業秩序の維持の必要性が強調されることはあっても、反対に使用者の行為が法的評価に晒されることは事実上難しいのが実情である。しかし、企業内も市民社会から閉ざされた空間であってはならず、一般の市民社会で違法と評価される行為が許されてよいはずがない。

本判決は、このような職場ないし企業内社会の公的空間化に途を拓いた意義をもつものであり、どのような問題について適用可能なのかを考えれば、その波及効果は決して小さくはないと思われるのである。

2. 争点と判決の概要

1) 事件の概要と争点

(1) 関西電力が全社的方針のもとで推進したとされる「特殊対策」の内容は、先に述べたように、企業防衛反対派に属する従業員を選別し、同人らを「不健全分子」として監視下におき、他の従業員との接触を妨げて職場で孤立化させ、その影響力の排除を意図したものであった。そして本件で問題となっているのは、この方針を受けて直接の上司や職制が原告労働者に対して行った具体的行為の数々である。

職場における監視は、かかってきた電話の調査、あるいはそもそも監視しやすいような業務に転換させる、ロッカー内の私物を秘かに写真に撮る、といった具合に徹底して行われ、さらに職場外での尾行や警察当局とも密接な情報交換を行うなど監視と調査は私生活にまで及んでいる。また他の従業員に同人らと接触・交際をしないよう働きかけたり、接触の機会をなくすために、原告を

故意に安全推進の担当から外し、所属するサークルを解散に追い込むなど、いわゆる「職場八分」による孤立化を図るための方策も、実に多彩かつ露骨である。

(2) これらの具体的行為がこと細やかに認定されているのは、関西電力神戸支店で 1968 年（昭和 43 年） 6 月中の 6 回にわたり、管内各営業所の役付労務担当者を招集して開催された「労務管理懇談会」の「実施報告書」が、1971 年（昭和 46 年）になって原告らの入手するところとなったからであった。この懇談会は、会社の「特殊対策」を職制の末端まで周知徹底させるため、いままで実施してきた具体的対策とその成果をお互いに発表・討論させるというもので、「実施報告書」は会議を主催する立場にある労務担当者によって作成された懇談会の記録である。さらにこの報告書には、懇談会の発表者がその要旨を文書にして提出したものも添付されていた。

(3) 本件訴訟は、会社にとってはマル秘中のマル秘というべきこの文書の中で、名指しで監視と調査、孤立化などの対象とされていたことを知った 4 名の労働者が、これらの行為が関西電力の全社的方針のもとになされたものであることを理由に、会社を被告として不法行為にもとづく一人あたり各 200 万円の慰謝料と 87 万 1,000 円の弁護士費用の支払い、ならびに謝罪文の提示と社内報への掲載を求めたものである。

そして、一審判決（神戸地判昭 59・5・18 労判 433 号 43 頁）、ならびに控訴審判決（大阪高判平 3・9・24 労判 603 号 45 頁）とも、これらの行為について被告の不法行為責任を認め、原告一人あたり 80 万円の慰謝料と 10 万円の弁護士費用の支払いを命じたが、謝罪文の掲示は必要なしとして認めなかった。

2) 判決の要旨

(1) 本判決は、被告会社による上告を受けての上告審であり、その上告理由は次の 4 点からなっていた。

第 1 点は、判決の事実認定にあたって決定的な役割を果たしている、前記懇談会の「実施報告書」をはじめとする会社の重要文書を証拠から排除すべきで

あるというもので、①原本ではなく、その写しが提出されているに過ぎないこと、②その元となった文書は、会社が厳重に保管していたものを何者かが窃取した違法収集証拠にあたることが理由とされている。

　第2点はこれらの文書の信用性、第3点は不法行為の成否に関する法理論的構成、そして第4点は、消滅時効の主張である。

　判決はいずれについても、上告人の主張を退けている。このうち、第1点の、仮に文書が窃取されたものであるとしても誰が窃取したかは不明であり、会社の保管中に紛失しそれが原告らの手に渡ったというだけで証拠能力を失うものではないとの判旨は、本件判決の結論の帰趨を分けた重要な意味をもっている部分である。

　しかし以下では、この点に関する検討を省略し、第2・3点に関して応えた判旨の部分から、本件の行為を不法行為にあたるとする本判決の法的構成を中心に考察を進めることとする。

　(2)　この部分に関する判決の要旨は、次の通りである。

　「上告人は、被上告人らにおいて現実には企業秩序を破壊し混乱させるなどのおそれがあるとは認められないにもかかわらず、被上告人らが共産党員またはその同調者であることのみを理由とし、その職制等を通じて、職場の内外で被上告人らを継続的に監視する態勢を採った上、被上告人らが極左分子であるとか、上告人の経営方針に非協力的な者であるなどとその思想を非難して、被上告人らとの接触、交際をしないよう他の従業員に働きかけ、種々の方法を用いて被上告人らを職場で孤立させるなどしたというのであり、更にその過程の中で、被上告人X_2及びX_3については、退社後同人らを尾行したりし、特に被上告人X_3については、ロッカーを無断で開けて私物である「民青手帳」を写真に撮影したりしたというのである。そうであれば、これらの行為は、被上告人らの職場における自由な人間関係を形成する自由を不当に侵害するとともに、その名誉を毀損するものであり、また、被上告人X_3らに対する行為はそのプライバシーを侵害

するものであって、同人らの人格的利益を侵害するものというべく、これら一連の行為が上告人の会社としての方針に基づいて行われたというのであるから、それらは、それぞれ上告人の各被上告人らに対する不法行為を構成するものといわざるを得ない」。

3. 判決の経過

1) 問題の所在

　本判決の意義が、労働者の人格権、とりわけ「自由な人間関係を形成する自由」、「名誉」、「プライバシー」といった精神的人格価値についての法的保護を、使用者の管理下におかれている職場ないし企業内にまで押し及ぼしたところにあることは、冒頭で述べた通りである。

　しかし、本件会社の行為は、もともと特定政党に所属する労働者やその同調者に狙いをつけ、職場や組合からその影響力を排除する意図で行われたものであり、またこれに対する原告の争い方も、むしろ思想・信条の自由に対する侵害行為であることを正面に掲げて開始されたものであった。本判決はこれに対して、被侵害利益を精神的人格価値の保護に純化してとらえるものになっているように見える。本節では、この点を中心に本判決の法理を検討することにしたい。

2) 判決の経過

　この点に関する判決のとらえ方は、第一審、控訴審、そして最高裁判決の間には結論に違いはないというものの、それぞれ微妙な差異があることに気づかされる。

(1) 神戸地裁判決の考え方
⑴　神戸地裁の判決は、本件行為の違法性判断を始めるにあたって、最初に

「当裁判所の基本的見解」という一項を設け、原告の主張に正面から応える形で、次のような一般的見解を示していた。

①憲法 14・19 条は、もっぱら国または公共団体と個人との間の関係を規律するもので、私人間において思想・信条による差別がなされ、思想の自由が侵害されたとしても、直ちに同規定を適用ないし類推適用することはできないが、②労基法 3 条は、労働者の国籍、信条、社会的身分を理由とする賃金、労働時間その他の労働条件の差別を禁止している。そしてそこから、次のような命題（③）が導き出されている。

「右法条の趣旨に照らすと、企業は、経営秩序を維持し、生産性向上を目的とするなど合理的理由のある場合を除き、その優越的地位を利用してみだりに労働者の思想、信条の自由を侵害することがあってはならないのであり、前記の経営秩序の維持、生産性向上を理由とする場合にも、これを阻害する抽象的危険では足りず、現実かつ具体的危険が認められる場合に限定されるとともに、その手段、方法において相当であることを要し、労働者の思想、信条の自由が使用者の一方的行為によりみだりに奪われることはないというのが一つの公序を形成しているものと考える」、というのがそれである。

(2) この①の部分が、憲法による基本的人権のいわゆる第三者効を否定した三菱樹脂事件・最高裁大法廷判決（昭 48・12・12 労判 189 号 16 頁）に従ったものであることは明らかであろう。しかし、女子の差別定年制に関する日産自動車事件・最高裁判決（最 3 小判昭 56・3・24 労判 360 号 23 頁）で示されていた、憲法上の保障の趣旨を民法 90 条の公序の判断に際し尊重する、いわゆる間接的適用の方法が採用されているのかどうかは、必ずしも明らかではなく、同様の効果を、本判決は、もっぱら②の労基法 3 条の趣旨から導き出しているように見える。そのうえで、③思想・信条の自由と、職場ないし企業内における使用者の職場規律保持の観点から必要とされる制約との間の調整のあり方について、企業秩序に対する現実かつ具体的危険が認められる場合に限定され、かつ、その手段・方法において相当であることという具体的判断基準を設定しているのである。

ところが、このような「基本的見解」から出発しながら、判決の被侵害利益に関する結論部分は、被告会社によってなされた人事・労務管理機構を利用した監視、調査、孤立化による職場八分などの行為は、「原告らの思想、信条の自由を侵害し、職場における自由な人間関係の形成を阻害するとともに、原告らの名誉を毀損し、その人格的評価を低下せしめたもの」と結ばれている。注意深く読めば、「思想・信条の自由の侵害」と並んで、基本的見解からはみ出した「職場における自由な人間関係の形成の阻害」、「名誉の毀損」といった被侵害利益の保護が、新たに付け加えられていることが分かる。前者が、わが国の古い企業体質から生じ繰り返し争われてきた伝統的争点であるとすれば、この後者は、精神的人格価値に関する新しい法的保護のあり方に途を拓いたものと評することができるであろう。
　裁判所の「基本的見解」と具体的結論部分との間に、ある種のズレが生じているのであるが、それは、実に貴重なズレだと思われるのである。

(2) 控訴審判決の考え方

　大阪高裁判決は、一審判決の見解を基本的に継承しながら、一審判決に対する被告会社の批判に応えて、被告会社の行為が違法とされる理由についてより詳細な整理・補強を試みている。重要だと思われるのは次の2点である。
　(1) 思想・信条の侵害は、転向や思想・信条の告白を強要する直接的侵害に限られるものではなく、本件の場合「控訴人の会社を退職するか自己の思想、信条を変えない限り右のような行為を受け続けることになる（のであって）……、右各行為は、控訴人の労働対策の方針に基づいてなされた一連のものであって、間接的に転向を強要するものであるから、被控訴人らの思想、信条の自由を侵害する行為に当たる」との見解を述べている。
　会社の一審判決に対する批判は、思想・信条の侵害とは転向や思想・信条の告白を強要する直接侵害か、労基法3条が禁止している労働条件の差別という結果侵害に限られ、原告労働者らに気づかれない形で行われ、労働条件の差別が問題とされていない本件行為はこのいずれにもあたらない、という点におか

れていた。控訴審の間接的転向の強要にあたるとの判旨は、この主張への反論を意味している。

(2) 被侵害利益について、一審における自由な人間関係の形成の阻害、名誉の毀損に加えて、次のように、プライバシー保護の必要性に関する踏み込んだ見解が述べられ、職場ないし企業内における労働者の人格的利益の保護に新しい領域が付け加えられている。

「労務管理、人事管理の必要上あるいは企業秩序を維持するために、被用者の動静を観察し必要な情報を収集することが正当な行為であることはいうまでもないものの、被用者は、使用者に対して全人格をもって奉仕する義務を負うわけではなく、使用者は、被用者に対して、その個人的生活、家庭生活、プライバシーを尊重しなければならず、またその思想、信条の自由を侵害してはならないのであるから、使用者の被用者に対する観察あるいは情報収集については、その程度、方法におのずから限界があるといわざるを得ない。……本件において控訴人が被控訴人らに対する観察、情報の収集としてなした行為は、……使用者の従業員に対する監督権の行使として許される限度をこえ、被控訴人らの人権、プライバシーを侵害するものがあったといわざるを得ない」。

労務・人事管理の必要性からみれば、労働者の働き方を監督し、さらに人事施策の実施に関して必要な情報の収集（本人の経歴、職歴、健康などの情報にとどまらず、家族手当や住宅手当の支給要件に伴う家族を含めた私的情報を含めて）も当然のことであろう。しかしそのことは、本件のように、労働者のあらゆる個人的情報を、限度を超えた手段・方法によって収集し、さらに適正な職務遂行の確保と人事施策の実施のためという本来の目的を逸脱して利用しうることを意味するものであってはならない。

あたり前のことをいっているに過ぎないとはいうものの、よく読んでみれば、その射程距離は、本件のように思想・信条を嫌悪して行われた極端なケースを超えて妥当するものを含んでいる。労働者のプライバシー保護の観点から、収集が許される情報そのものの限界と収集手段ないし方法の限界、さらに入手された情報の保管と利用の仕方にかかわる使用者の責任といった、日常的

に行われている労務・人事管理のあり方に再点検を迫る重要な意味をもっているといわなければならないのである。

4. 職場における労働者人格権の保護

(1) 本判決における保護法益のとらえ方

本件最高裁判決を、これら一審・控訴審判決と対比しながら読むと、そのニュアンスの違いに気づかされる。①第一審が「基本的見解」として冒頭におき、控訴審でも「間接的転向の強要」として基本的に維持されていた「思想・信条の侵害にあたる」との表現が被侵害利益の部分からなくなり、それに代わって、「自由な人間関係を形成する自由」、「名誉の毀損」、「プライバシーの侵害」といった人格的利益を侵害するものであることに純化されている。②そして、そもそも被告会社の意図が原告らの思想・信条を嫌悪し職場における影響力を排除することにあった点については、本件行為がもっぱら原告労働者らの思想・信条のみを理由として行われたと、動機の違法性ないし当初から相当な理由を欠く行為の違法性を根拠づけるものとして位置付けられている。

この点をどう評価するべきかについては、いくつかの見方が成立し得ると思うが、私自身は次のように考えるべきだと思う。

(1) 思想・信条の自由が精神的自由の中核として、職場ないし企業内において法的保護を受けなければならないことはいうまでもないであろう。この点は、既に最高裁自身によって承認されているところでもある（東京電力塩山営業所事件・最2小判昭63・2・5労判512号12頁）。この事件は会社の非公開にしている情報が政党機関紙に掲載されたことから、営業所長が、その政党メンバーであると推定した労働者を所長室に呼んで政党との係りの有無を尋ね、メンバーでないというのならその旨を書面にして交付するよう要求したというものであった。判決は、「企業内においても労働者の思想、信条等の精神的自由は十分尊重されるべきであること」を認め、本件所長の行為には調査方法として不相当な面があるといわざるを得ないものの、事情聴取に必要性が認められ、返

答を強要したり、不利益または利益の供与を示唆するなどの事実もなかったとして、未だ社会的に許容できる限界を超えてはいないとの、いわばギリギリの判断を示していた。

　本件判決の事例と対比すれば、この事例が、労働者に思想・信条の告白を迫るいわば「直接的侵害」のケースであったのに対して、本件は、監視・調査・孤立化などの直接的には原告労働者の人格権ないし人格的利益を侵害する行為が、その思想・信条に対する敵意ないし嫌悪という違法な動機によって行われたという点にある。このような場合には、端的に人格権の侵害として評価すれば足りるのではないかと思われる。神戸地裁で示され、大阪高裁・控訴審でもそのまま維持されている、労使間での思想・信条の法的保護のあり方に関する「基本的見解」は、本件のごとき行為が人事・労務管理上必要であったとの被告会社の主張が相当性をもつかどうかを判断する際の基準として理解されるべきものであろう。

　この点に関するかぎり、東京電力塩山営業所事件・最高裁判決では、会社の非公開資料が外部に持ち出されたことから、事情聴取による調査の必要性が認められると判断されていたのに対し、本件・被告会社の「特殊対策」なるものでは、抽象的に70年安保改定期を想定した企業防衛の必要性が強調されているだけで、それ以上に何ら具体性のある理由や根拠は示されていない。要するに、当初から原告労働者らの思想・信条を嫌悪して行われたものという以外にはないのである。そして本判決も、最初に、「現実には企業秩序を破壊し混乱させるなどのおそれがあるとは認められないにもかかわらず、被上告人らが共産党員またはその同調者であることのみ理由とし」、と述べることで、被告会社の行為が思想・信条を理由として行われたもので、他にそれを必要とした相当性に関する事実はなんら示されていないことを指摘しているのである。ここには間接的ながら、一審の神戸地裁と控訴審・大阪高裁の「基本的見解」で述べられていた中心的趣旨が、被侵害利益としてではなく、人事・労務管理上の必要性から生ずる思想・信条の自由に対する制約のあり方として包含されている、と見ることができよう。

そのうえで、高裁判決のいう「間接侵害」にあたるものとしては、使用者ないし職制自身による直接的侵害行為ではなくとも、その使嗾から、職場内の労働者らによって思想・信条を理由とする職場八分が行われたなどの場合を想定することができるであろう(使用者の孤立化政策の成功を意味する)。少数組合が会社の労基法・道路交通法などの法規違反を告発したことから、職制の主導で組織された従業員有志による組合員への共同絶交が名誉を侵害する不法行為にあたるとされた中央観光バス事件を、その典型的事例として挙げることができよう(大阪地判昭55・3・26、拙稿「労使関係における労働者の人格的利益の保護(1・2)」労判354号4頁・355号4頁は、この判決批評を手がかりに一般的考察を試みたものである)。

(2) 本件で問題とされているような、人格権ないし人格的利益の侵害と評価され得る行為の多くは、これまでは、むしろ組合を嫌悪して行われる不当労働行為として争われてきたといってよい。労働委員会による救済に際しては、いかなる権利ないし法益が侵害されたかを問題にする必要はないとの行政救済の特徴が、そのことを可能にしてきたからであった。

しかし、人格的利益の法的保護が進むとともに、実にさまざまな理由にもとづく侵害行為に対して、不法行為にもとづく損害賠償あるいは差止めが主張されるようになった。例えば、退職勧奨に応じない者への管理職員による暴力や脅迫的言辞に対する差止め請求(エール・フランス事件・千葉地決昭60・5・9労判459号92頁)、同様に、勤続33年に及ぶ労働者に退職を迫る意図で行われた受付業務への配転(バンク・オブ・アメリカ・イリノイ事件・東京地判平7・12・4労判685号17頁、労働者の人格権・名誉権を侵害する不法行為にあたるとして100万円の慰謝料の支払いを命じている)、組合所属を理由とするバス運転手に対する配車差別への損害賠償請求(サンデン交通事件・広島高判平6・3・29労判669号74頁、1人あたり80万円、総額約3,000万円の慰謝料を認めている)などはその一例に過ぎない。スキー合宿に参加するため3日間の年次有給休暇を請求したことを理由とするいじめ(東澤靖「立たされ罰！三カ月」季刊労働者の権利172号21頁)といった事例も報告されている。そして、構造的不況の長期化によるリストラが進

行する現在の労使関係の下で、同様の行為が、いつ、どこで発生してもおかしくない雇用環境が続いているといってよいのではなかろうか。

これらは、いずれも不当な目的や動機によって行われたものであるが、被侵害利益までが個々の動機や理由毎に異なっているという必要はないように思うのである。思想、信条だけは別で特別の保護があるとするよりも、むしろ精神的人格価値の保護という共通の法理によって受けとめる方が、より普遍的で発展性をもち得るのではあるまいか。

(2) 人格保護の法的構成

(1) 人格権とりわけ精神的人格価値の保護は、単一の法的構成によってなされるわけではない。労基法中には人格の自由の確保を図るいくつかの規定がおかれているし、思想・信条あるいは信教の自由など、憲法上の具体的人権保障の趣旨は私人間でも尊重されるべきだとの間接的適用も、そのひとつの方法であることはいうまでもない。結論において救済を認めず、またその趣旨を明言してはいないものの、東京電力塩山営業所事件・最高裁判決のいう「企業内においても思想、信条等の精神的自由は十分尊重されるべき」との見解も、「憲法の趣旨に鑑みて」との文言を補充して読むことで、より明確な理解が可能になると思われる。

しかし、憲法における人権保障の趣旨を私法領域に及ぼす間接的適用の方法は、すべて民法90条の「公序良俗」を経由しなければならないわけではない。私法の領域における一般条項の内容を充塡するにあたって、憲法における人権保障の趣旨が尊重されなければならないという間接適用の考え方からすれば、むしろ出発点におかれなければならないのは、私法領域全体を直接支配すべき価値基準を示し解釈に指針を与えている「本法ハ個人ノ尊厳ト両性ノ本質的平等ヲ旨トシテ之ヲ解釈スベシ」(民法1条ノ2) との規定であろう。

もともと法律行為の無効原因として公序良俗概念が、不法行為における違法評価に転用され得ることを否定するものではないが、それは適用のひとつの場面に過ぎない。不法行為の被侵害利益として人格権ないし人格的利益の保護を

考えるのであれば、「故意又ハ過失ニ因リテ他人ノ権利ヲ侵害シタ」(民法709条) との不法行為の要件を満たす「権利」として考えれば足りるのであって、公序良俗に違反するという廻り道をする必要はないのである。

(2) ドイツにおいて判例法理を通して確立されるに至った一般的人格権の概念も、まさにわが国の憲法13条に相当する、基本法上の「人間の尊重の不可侵」(1条1項) と「人格の自由な発展への権利」(2条1項) を基礎におきながらも、基本権の第三者効にもとづくものではなく私法上の固有の主観的権利として理解されている。またナチスを称賛する雑誌の印刷を拒否した労働者に対する業務命令違反を理由とする解雇の有効性が争われた事件では、連邦労働裁判所は、使用者の労務指揮権そのものが、憲法上の良心の自由の保障 (4条1項) に照射された公正な裁量による制限を受けなければならないとして、解雇無効の結論を導き出している。労働契約において概括的に定められている労働者の労務給付義務の内容は、労務指揮権にもとづいて使用者が一方的に定めることとならざるを得ない。その行使は公正な裁量によるものでなければならないとされているのであるが (民法315条1項)、何が公正かの判断にあたっては、良心の自由を保障した憲法の精神が尊重されなければならないというものである (拙稿「西ドイツにおける労働者人格の保障」横井芳弘編『現代労使関係と法の変容』勁草書房1988年、本書第Ⅱ章第4節)。

わが国でも、日韓両国の間で争われている国境線付近 (李ライン) での海底ケーブル修理のための出航命令に従わなかった労働者が解雇された事件において、最高裁判所は (全電通千代田丸事件・最3小判昭43・12・24民集22巻13号3050頁)、韓国政府による銃撃や拿捕などの危険が予測される以上は「労働契約の当事者である千代田丸乗組員において、その意に反して義務の強制を余儀なくされるものとは断じがたいところである」との判断を示している。精神的人格価値の保護ではなく、生命と安全に係る事例ではあるが、人格権の法的保護のあり方について、共通する法理の展開を読み取ることができるように思われる。

5. おわりに

　最後に、本件判決で示された職場における労働者の人格権ないし人格的利益の保護が、どのような問題に適用可能性をもっているのかを指摘しておくことにしたい。

　㈦　本判決でいう「職場における自由な人間関係を形成する自由の侵害」や「名誉の毀損」は、いわゆる「職場八分」に属する事件で、かならずといってよいほど問題となる被侵害利益である。本判決は、労働者にとっては職場もまた、活動的時間の大部分をそこで過ごし人間的コミュニケーションが交わされるひとつの重要な社会であることを前提的認識として承認していることを意味するであろう。

　㈠　本件では正面から問題にされていないが、仕事を取り上げる、故意に意味のない仕事をさせたり、その労働者の力量やキャリアにふさわしい仕事から排除するといったみせしめ的仕事差別も、労働者の名誉侵害の一類型として位置づけられなければならない。先に引用したバンク・オブ・アメリカ・イリノイ事件は、33年のキャリアのある原告に、20代前半の女性契約社員が担当していた受付業務への配転を命じた事例であるが、東京地裁判決は、「ことさらにその経験・知識にふさわしくない職務に就かせ、働きがいを失わせるとともに、行内外の衆目にさらし、違和感を抱かせ、やがては職場にいたたまれなくさせ、自ら退職の決意をさせる意図の下にとられた措置ではないかと推測させるところである」と、職場においては、仕事が労働者の力量と結びつく人格の投影として評価されている事実を正しくとらえている。

　㈨　職場における労働者の人格権ないし人格的利益のなかに、労働者のプライバシーが加わった意味が大きいことはいうまでもない。本件の場合に問題となっているのは、退社後の尾行などの私生活領域にまたがる監視、ならびにロッカー内の私物の検査など、いわばはじめから仕事の監督に必要な合理的理由を欠いている異常な行為であるが、通常の業務の監督や健康の管理といった人事・労務施策の一環としてなされる場合の手段・方法とプライバシー保護と

の抵触が問題となり得るであろう。

既に、労働者の仕事の仕方を調査する目的で秘密裡になされたテープレコーダーの利用を人格権の侵害とした広沢自動車事件（徳島地決昭61・11・17労判488号46頁）や、行き過ぎた所持品検査の強要によって腰痛防止ベルトの着用という知られたくない身体上の健康状態を侵害されたとして30万円の慰謝料の支払いを命じた日立物流事件（浦和地判平3・11・22労判624号78頁）など、職場におけるプライバシー侵害に関する判例も現れつつある。

本人の知らないうちに行われた血液検査によって知り得た従業員のHIV感染というプライバシー情報の管理ならびに告知方法が相当性を欠いたとして、人格権ならびにプライバシーの侵害にあたるとした初のHIV感染者解雇事件（東京地判平7・3・30労判667号14頁）も、健康情報とプライバシーに関する重要な先例となるものであろう（この判決の解説は、山田省三「HIV感染を理由とする解雇の効力と労働者の医療情報プライバシー」労判673号6頁）。

(二)　わが国の裁判例で未だ正面からとり上げられていないのは、労働者の人事情報の収集と管理、利用のあり方に関する問題である。人事考課や査定について、一般論としてなら、「客観的かつ適正に査定して、公正無私な評価をすべきは当然であり、いやしくも与えられた裁量権を濫用し……経済的損害ないし精神的苦痛を与えた場合には、違法な法益侵害として不法行為責任を負うものと解すべきである」との見解が判例でも示されている（ダイエー事件・横浜地判平2・5・29労判579号35頁）。

しかし、自己に関する人事情報や査定について、使用者の有する人事資料の閲覧を求め、不当な内容や間違った情報の訂正、削除を求める権限が労働者に認められるのでなければ、客観的で透明かつ公正な人事評価の保証などとうてい覚束ないであろう。

賃金体系が、労働者の業績や能力を大幅に取り入れた個別化、多様化の方向へと、大きな変化を示していることを考えれば、自己に係る決定的に重要な情報へのアクセス権の保障は、労働者人格権ないし人格的利益の保護にとって重要な課題だといわなければならない。

第6節　個人情報保護条例にもとづく人事考課の開示義務について
――高槻市個人情報保護条例事件鑑定意見書――

1. 問題の所在

(1)　本件は、高槻市個人情報保護条例にもとづいて、市職員から自己の勤務評定に関する文書の開示を求められた市が開示しない旨を決定し、さらにこの決定に対する行政不服審査法による異議申立てについても棄却する決定がなされたため、市職員ら（原告）が市（被告）を相手に決定の取消しを求めたものである。

　高槻市の個人情報保護条例は、市が作成した「高槻市個人情報保護制度の手引」（乙1号証）にあるように、個人に関する膨大な情報が収集・蓄積され、利用されている今日の高度情報化社会において、個人のプライバシー侵害ならびに個人情報を利用されることから生じる重大な不利益から個人を守ることを目的として制定されたものである。内容も、それにふさわしく、市に個人情報の収集と利用の制限、適正な管理責任など、プライバシーの尊重を義務づけるとともに市の保管する情報を明らかにすることを謳い、具体的には、直接個人に対して、自己に関する情報の開示（13条）、間違った情報の訂正（14条）と不必要な情報の削除（15条）、さらに不当な利用と提供に対して中止を求めることができる（16条）など、いわゆる積極的プライバシー権の理解をふまえた「自己情報コントロール権」を保障している。原告らの請求も、条例で保障されたこの自己情報の開示請求権（13条）にもとづいて行われたものである。

　他方、条例では、自己情報の開示に応じなくてもよい例外的場合として4つの事例を定めているが（13条2項）、本件については「(2)個人の評価、診断判定等に関わる情報であって、本人に知らせないことが正当であると認められるもの」と、「(3)開示することにより、公正かつ適正な行政執行の妨げになるも

の」の二つが問題となる。実際、被告である市も、開示しない理由としてこの二つをあげている。「診断」についていえば、病名の記録された情報であって、ガンのように本人への告知が一般化していないものがそれにあたるであろうし（市が作成した「個人情報保護制度の手引き」乙第1号証・37頁の解説でもそうなっている）、「判定」については、すでにいくつかの裁判例があるように、公立高校の児童・生徒に対する指導要録や内申書の開示が認められるかどうかの問題がその典型的事例である。本条例とほぼ同様の内容をもつ西宮市の個人情報保護条例にもとづき、小学校・中学校の児童・生徒が指導要録と内申書の開示を求めた事件で、最新の大阪高裁判決（平11・11・25判タ1050号111頁）が、教師の主観的評価が記載された所見欄を除いた部分の開示を認めていた第一審・神戸地裁判決を破棄し、全部について開示すべきだとの判断を示したのは、記憶に新しいところである。

　職員の自己に関する人事考課に関する資料と結果の開示を求めた本件は、これに類似した、そして恐らくは最初の事例であると思われる。

　(2)　本件における法的検討課題は、次の2点からなるというべきであろう。

　第一は、職員の勤務と処遇に関する決定手続きの一環として行われる人事考課は、法的にどう取扱われるべきか、とりわけ使用者には、人事考課の結果ならびに関連する資料について労働者からの求めに応じて開示する義務があるのかどうかという問題である。

　本件の開示請求の対象となっている勤務評定に関わる4点の文書は、職員の昇給、昇任、指導・研修、職務の割当てとその変更・配置換えおよび勤務手当の成績率に反映させるために行われることが明記されており（「高槻市職員勤務評定実施要綱」第13条・甲第8号証）、職員の勤務と処遇に直結し、その決定にあたる手続きの一環として行われている。またこの「実施要綱」11条にもとづき作成されている「勤務評定実施要領・勤務評定マニュアル」（甲8号証）も、内容的には、評価要素、評価基準、評価方法などのいずれをとっても、わが国の労使関係で最も典型的に利用されている人事考課制度を取り入れたものとなっている。人事考課の法的取扱いをめぐっては、ここ数年の間に、実務と理論

の双方にわたって大きな進展がみられる分野である。本件についても、この点からの検討が不可欠であろう。

　第二は、本件において妥当な結論を得るためには、人事考課に関する一般的検討だけではなく、それをふまえたうえで、本件の個人情報保護条例にそくした解釈が検討されなければならない。本件における情報開示の請求と、それを拒否できるかどうかは、開示請求を認めた13条1項と、例外的に拒否できる場合を定めた同条2項の2、同3号の解釈・適用によって決定される。その際に、この条項は、人事考課制度の法的取扱いの一般的ルールとどのような関係に立つのか、あるいは、この条項の解釈にあたって、一般的ルールはいかなる意味をもつのかが、改めて検討されなければならない。

　以下の検討は、この順序で行うこととする。

2. 人事考課制度の実情と法的評価

1) 人事考課制度のもつ意味

(1) 職員の職務遂行度の評価を意味する人事考課は、利用の仕方に応じて、労働者の処遇と職業上のキャリアに重要な意味をもっている。処遇という点では、勤務成績に応じて賃金・賞与ならびに諸手当の額が決定されることからはじまり、その結果は昇給・昇格・昇進に反映することになる。また、人事考課の結果をふまえて行われる配置ないし配置替え、さらに研修機会の付与は、労働者の職業能力の開発と将来的キャリアの形成にとって大きな影響をもつものであることはいうまでもない。本件「高槻市職員勤務評定実施要綱」(甲第8号証) 13条が、勤務評定の結果にもとづき、「昇給、昇任、指導・研修、職務割当の変更・配置換え及び勤勉手当の成績率の決定等」の措置を講ずるものとしているのはこの趣旨であり、本件の発端となった勤勉手当の支給額も、勤務評定の結果と連動して決定されたものであった。

　人事考課は、使用者からみれば、労働者の能力と適性を的確に把握したうえ

で、その能力と意欲を最大限に引き出し、勤務成績に見合った処遇を行うためであることはいうまでもないが、労働者にとっては、賃金や諸手当に直接結びつき賃金決定に組み込まれた手続きの一環という意味をもち、さらに職業的キャリアを決定する職業能力と適格性といった労働者の職業的人格像を決定するものであるだけに、その公正と正確性は重大な関心事といわなければならない。公正と正確性を担保するためにどのような法的ルールが必要かつ妥当なのか、これが人事考課の法的考察の出発点である。

(2) 同一企業内でキャリアを積み重ねながら職務に習熟し、昇格、昇進に対応して賃金も上昇するというわが国の人事処遇の慣行は、職能資格制度の運用にもとづく年功賃金の名で知られている。もちろん、人事考課が行われなかったわけではないが、賃金は、実際に遂行している職務にではなく、潜在的能力を意味する資格に連動して決まり、職務に対しては別個に管理職・職務手当が支払われていたため、人事考課の運用も勤務成績を客観的に評価するというより、勤続年数による潜在的能力の増大（年功）や意欲、積極性といった情意効果に過大に傾斜したものであった。法的にも、人事考課の仕組みや運用のあり方をそれ自体として考察するというより、人事考課を利用した組合差別（不当労働行為事件）、信条差別や性差別（労基法3・4条違反、ないしは不法行為・損害賠償）事件のなかで取り上げられてきたといってよい。

しかし、年功賃金から成果主義賃金への急速な移行は、勤続年数の経過によってキャリアを積み重ねれば潜在的能力も高まるというこれまでの人事評価制度のありかたに大きな変化を生じさせている。同年代の、同一勤続年数の労働者間の賃金に大きな格差が生じることになれば、その評価基準が客観的かつ公正な運用にもとづくものなのか、納得のいくものかどうかについて、労働者が大きな関心をもつようになるのは当然というべきであろう。人事考課について、「適正評価義務」や「公正評価義務」といった法的議論が広まる背景はそこにある[1]。

2) 人事考課の実績とそのあり方

(1) 人事考課制度の現状は、労働省が行っている『雇用管理調査』から知ることができる。この調査は、民間企業における労働者の採用から退職に至るまでの一連の雇用管理の状況を明らかにするため毎年行われているものであるが、平成 11 年には、平成 8 年に続いて 3 年ぶりに、人事管理の能力主義化、業績重視主義化に関連する人事考課制度の状況を調査対象にしている。これによりながら、人事考課制度の運用と問題点、とりわけ人事考課の公開を中心に分析を加えることにする（平成 11 年 6 月、産業・企業規模別に無作為に抽出した 5,842 企業を対象にした調査、回収率 74.5 パーセントとなっている）。

(イ) 人事考課の実施企業は全体で 5 割、300 人を超える企業では 95 パーセント以上に達する。

(ロ) 公開制度のあるところは 25.3 パーセント、ただし前回平成 8 年では 18.1 パーセントであったからこの間に 40 パーセント増加していることになる。5,000 人以上では 6 割、1,000〜5,000 人未満のところでは 45 パーセントに増大する。

(ハ) 何を公開するかは、考課基準 9 割、考課結果 85 パーセントといずれも高い。誰に公開するかも、全員、申し出があった者をあわせると約 7 割、1,000 人を超える企業では 85 パーセントに達する。

(ニ) 公開する企業で異議申立ての整備は 41 パーセントと比較的整備は遅れているが、そのうち 11.6 パーセントの企業で異議申立てによって考課結果を変更している。

(ホ) 制度・運用上の問題点としてあげられているのは、質の異なる仕事をする者への評価が困難（59.4 パーセント）、考課者訓練が不十分（54 パーセント）、考課基準が不明確または統一が難しい（45.7 パーセント）の 3 点が圧倒的に高い。情意考課のウエイトが高いこと、人事考課にあたる考課者の訓練が不可欠であることの現われとみることもできる。

(ヘ) 改善点としてあげられているものをみると、考課基準の公開（24.6 パ

ーセント)、考課者の訓練の導入・強化(24.9パーセント)、異議申立て制度の導入(3.3パーセント)と、普段の改善が必要なことが認識されていることがわかる。

(2) 人事考課制度の運用には、人が人を判断することからくる困難性が伴う。この点は、高槻市が作成している「勤務評定実施要綱(勤務評定マニュアル)」(甲8号証)のなかで、人事考課の陥りやすい傾向として、ハロー効果、中央化傾向、寛大化傾向、論理的差異、対比誤差といった一般的に指摘されている傾向に注意を促しているとおりである(9頁)。

これに加えて、本件でも採用されている一般的なわが国の人事考課制度の評定要素では、①業績評価(勤務実績)、②能力評価(職務能力)、③情意評価(職務態度)のうち、3番目の一番客観化し難い情意効果の占める割合が大きいことがあげられる(カッコ内はマニュアル12頁で用いられている表現)。

労働省の雇用管理調査でもあげられているように、人事考課制度のもつ問題点は明らかであり、公正な運用がなされるためには、絶えず運用のあり方を検証し、修正する努力が求められている。それも単に考査担当者に注意を促すだけではなく、制度設計のなかに組み込まれたものであることが必要であり、その要点は、①基準の職務関連性と明確性、②評価者の訓練と資質の向上、③考課結果の公開と納得性、④コミュニケーションとフィードバック、⑤異議申立ての制度といったものであろう。

3. 人事考課制度の法的評価

1) 個人情報の保護についての法的環境の進展

(1) わが国の労使関係においては、長い間、人事考課は使用者の裁量行為、あるいは人事考課は機密事項との常識がまかりとおってきたことは否定できない事実であろう。人事考課をめぐる法的紛争は少なくないというものの、それらは人事考課それ自体ではないが、人事考課による差別的処遇を争う形でなさ

れてきたといってよいであろう。例えば、組合差別を理由とする不当労働行為（労働法 7 条）、男女の賃金・昇給・昇格差別（労働法 4 条、公序良俗違反の不法行為）、あるいは信条を理由とする賃金差別（労基法 3 条）などがそれである。そして、差別の立証責任にあたって、労働者側が差別的処遇を推定させる外形的事実を立証すれば、使用者の方で正当な人事考課の結果や人事資料の開示を事実上余儀なくされるというものであった。しかし、人事考課自体を正面から取り上げ、その開示を求めるものではなかったといわなければならない。

しかし、個人情報保護への関心の高まりと法的環境は、国際的にも、それを受けた国内でも、また法全体をカバーする領域と、雇用分野の双方にまたがって進んでいる

(2) 個人情報の保護の国際的基準として重要なのは、次の各機関で採択された勧告や指令である[2]。

(イ) OECD（経済協力開発機構）の「プライバシー保護と個人データの国際的流通についてのガイドラインに関する理事会勧告」(1980 年)。国際経済の発展にとって重要な情報の流れと、個人のプライバシー保護の両立を図る観点から定立された 8 原則は、その後の動向に大きな影響を与えることになったものとして特筆される。①収集制限の原則（適法かつ公正な手段によって、かつ本人の同意を得たうえで収集しなければならない）、②データ内容の原則（データ内容は利用目的に沿い、かつ正確、最新のものでなければならない）、③目的明確化の原則（収集目的が明確であり、利用は収集目的の達成に限定される）、④利用制限の原則（本人の同意がある場合または法律の規定による場合を除き、明確化された目的以外のための開示や使用は認められない）、⑤安全保護の原則（データの紛失、不当なアクセス、破壊、使用、修正、開示の危険に対し、合理的な安全保護措置を取ること）、⑥公開の原則（データの存在、性質および利用目的、データ管理者を公開すべきこと）、⑦個人参加の原則（個人は自己に関するデータに対し、開示請求権、訂正、削除、異議申立て権などを認められる）、⑧責任の原則（データ管理者は、以上の諸原則を実施するための措置について責任を有する）、がそれである。

(ロ) EU（欧州共同体）の「雇用目的のために利用される個人データの保護

に関する加盟国への閣僚委員会勧告」(1989年) は、雇用分野にはじめて具体化したものとしての意味をもつ[3]。

　(ハ)　EU 個人情報保護指令 (1995年)。加盟国に個人情報保護に関する国内法の制定を義務づけるものであるが、個人情報の水準が十分でない国への個人情報の移転を原則的に禁止する規定を設けている点で、わが国を含む諸国に大きな影響を与えることになる。

　(ニ)　ILO 労働者の個人データの保護に関する実施コード (1996年)。労働分野における ILO の最初の取組みであり、国際基準として重要な意味をもつ。個人情報の一般的保護基準では十分に対応できない労働分野固有の原則を定立する意味をもつ。

　人事情報に関する個人労働者の権利については、①労働者には保管されている個人データおよびその処理について定期的に知らされるとともに、原則として通常の就業時間中に、自己のすべての個人的データにアクセスし、記録を調査し複写する権利、②アクセス権の行使にあたって補佐役として労働者代表または同僚を指名でき、医学データについては自ら選んだ医学専門家を通じてアクセスできる、③使用者は、労働者のアクセス、記録の複写について手数料を課してはならず、保全調整中は必要な限りおいてアクセスを拒否できるが、アクセス完了までは雇用に関するいかなる決定もしてはならない、④労働者は、誤った、または不完全な個人データの訂正権を有し、そのことはデータ受領者にも通知されること。⑤使用者が訂正を拒否する場合は、または判断を含んだ訂正不能な個人データの場合には、労働者は書面で意見を述べ添付する権利を有する、などが定められている。

　(ホ)　ILO 181号民間職業仲介事業所に関する条約 (1997年) は、職業仲介業者 (職業紹介事業、労働者派遣事業、その他就職サービス事業者) に労働者の個人情報の保護とプライバシーの尊重を確保することを義務づけ (6条)、同188号勧告は、その内容として、労働者にアクセス権と訂正、削除請求権が保障されることを明記している (12条)。

　これらは、直接わが国の労使関係を拘束するものではないが、人事考課の資

料も労働者の自己に関する情報であることについては疑いの余地はないのであり、人事考課をもはや使用者の内部的機密事項であるとして取扱うことが誤りであることを明確にするものといわなければならない。また、これらの国際基準は、自己情報に関する個人の権利が具体的にどのような内容を含むものであるかを示しているし、さらに進んで、個人情報の保護が雇用関係も含めて一般的・包括的領域を対象にすることから開始され、次第に雇用関係の特殊性を考慮した具体的なものにまで及んでいるのがわかる。つまり、労働者の個人情報の保護は、一般的保護と特別に具体化された保護という重層的な適用下におかれていることを明らかにしてくれるのである。

(3) わが国でも、この国際的動向を受けた立法制定の動きが相次いでいることはいうまでもない。

(イ) いわゆるデータ保護法(「行政機関の保有する電子計算機処理に係る個人情報の保護に関する法律」昭63) と、情報公開法(「行政機関の保有する情報の公開に関する法律」平11) が成立していることは周知の事実である。

ただし両方とも、現状では (2000年)、対象を行政機関の保有するものに限っており、また本件との関係についていえば、人事管理にかかわる情報については適用対象から除かれている。すなわち前者では、行政機関が保有する人事に関する個人情報ファイルについては総務庁への通知義務の対象としない旨を(6条2項3号)、後者でも「人事管理に係る事務に関し、公正かつ円滑な人事の確保に支障を及ぼすおそれ」があるものは開示対象から除くとの定め(6条2項3号) をおいている。電算機によるデータ処理だけを対象にした前者と、行政に対する民主的コントロールの観点から「知る権利」の保障として出発している後者の性格からくるものであって、「自己情報に対するコントロール権」にもとづく本条例(「高槻市個人情報保護制度の手引き」乙第1号証1頁) とは自ずから異なるものであることはいうまでもない。それにもかかわらず、情報開示と個人情報保護への第一歩を踏み出したものとして画期的意義を有しているとみるべきであり、また、本件個人情報保護条例を含めてより国際基準に近い内容をもった多くの条例の制定に拍車をかける効果をもった点でも評価されなけ

ればならない[4]。

　(ロ)　わが国の一番新しい動きは、職業安定法と労働者派遣法の改正（いずれも平成11・6）によって設けられた労働者の個人情報の保護規定である。先に指摘したILO 181号条約、ならびに同188号勧告を受けて、職業紹介事業を営む者ならびに労働者派遣事業者に対し労働者の個人情報を適正に管理する措置を講じなければならないとの規定を設け（職安法5条の4・2項、派遣法24条の3・2項）、これを受けて定められた指針では、個人情報の管理に関する規定を作成し、そのなかに本人から求められた場合の開示と訂正（削除を含む）の取扱いに関する事項を定めることを求めている[5]。

2)　人事考課と人事情報開示請求についての現況

(1)　現在のところわが国の労働法では、職安法、労働者派遣法の他には、直接、自己に関する人事情報の開示請求を認める法規は存在していない。人事考課を含む人事情報への労働者アクセスに関する法的ルールの方法を異にするアメリカ、ドイツの場合を見ることで、わが国への示唆を得ることにしたい。

　(イ)　自己に関する人事資料へのアクセスについてのアメリカのやり方は、連邦公務員については「プライバシー保護法」（1974年）が個人労働者に自己に関する記録の閲覧と謄写、ならびに訂正の権利と異議申立ての権利を認め、さらに多くの州法では民間部門を含めて、人事ファイルの存在について通知を受け、ファイルの閲覧と訂正、異議申立ての権利を付与するといった分野ごとの個別的立法によって対応するセクトラル方式が採用されている[6]。

　ただアメリカの場合に特筆すべきは、差別訴訟の際に用いられる立証責任のルールによって、使用者に人事考課に関する資料の提出が課せられていることである。差別的取扱いの法理といわれる立証責任ルールによれば、労働者側には、公民権法で禁止された差別的取扱いを受けていることについて「一応の証明」が求められ、次いで使用者側には不利益な処遇には正当な根拠があることを反証しなければならない。そうすると今度は、使用者側のあげる理由が口実に過ぎないものであることの証明が労働者側に課せられることになる。この立

証責任ルールの過程で、人事考課の資料が提出され、同時に内容、運用が適正に行われているかどうかが判断されることになる[7]。

　㈹　対照的にドイツの場合は、憲法における「個人の尊厳」（基本法1条1項）と「人格の自由な発展の権利」（同2条1項）に基礎をおく私法上の一般的人格権を、労働契約上の信義則の内容として具体化する（「使用者の人格権尊重義務」）ことをとおして、人事資料に対する労働者の閲覧権、訂正や誤った情報の削除、あるいは反対意見の添付を認め、さらに、それを立法で補完する包括的方法が採用されている。その意味で、保護規範は重層的である。

　基礎にあるのは、労働者の職業能力の評価にかかわる人事資料は、労働者の人格像とその職業的発展を左右する意味をもっていることから労働者の人格権による保護を受けるとの考え方である。そして労働者の人格権を尊重する義務は、労働契約における信義誠実の原則の内容になることをとおして、人事情報に対する労働者の閲覧権、訂正と削除ないし反対意見の添付を保障するものと理解されている[8]。

　これに加えて、経営組織法でも、直接、労働者個人に人事記録の閲覧権と労働者の反論の添付、ならびに苦情申立ての権利を保障し、これらの権利行使にあたって専門的知識をもった経営協議会委員の助力を求めることができるとしている。経営組織法は、3名の選挙権を有する（18歳以上の者）常用労働者と、そのうちの3名は被選挙資格をもつ6ヵ月以上雇用されている労働者がいる事業所を適用対象にしているため、対象から除かれている小事業所や、あるいは経営組織法にない訂正と削除請求権については、一般的人格権を基礎に、使用者には労働者の人格権を尊重する信義則上の義務があるという構成が採用されている。また、ドイツの場合、電算処理による情報の収集・蓄積・利用などが行われる場合の個人情報の保護を対象とする連邦データ保護法（Datenschutzgesetz 1990年）は、行政機関の保有する情報に限定することなく、労使関係を含む私的関係についても適用を予定し、個人に自己にかかわる情報の開示、訂正と消去、封鎖請求権を認めている。そのため、同様の規定をもつ経営組織法との適用関係について、とくにデータ保護法のなかに「連邦の特別法の規定が開

示にかかわる個人データに適用される限り、その規定がこの法律に優先する」との規定を用意している（1条4項）。

ちなみに公勤務者については、官吏、職員、労働者と三つに区分され異なる取扱いがなされているが、労働法の適用外にある連邦と地方の官吏（Beamte）については、それぞれ連邦官吏法（90条）、官吏大綱法（56条）で同様の権利が保障されている。公勤務に従事している職員（Angestellte）と労働者（Arbeiter）はまったく私企業の労使関係と同様の法的関係と考えられているが、経営組織法は適用されず、別に公務員代表法が制定されている。この法律には人事記録に対する個人労働者の権利を定めた記録がないが、まったく同様の規定が職員に関する連邦職員労働協約、労働者に関する包括労働協約のなかで定められている[9]。

(2) わが国の場合にも、もはや人事考課が使用者の専権事項であり、人事資料も使用者の単なる内部資料に過ぎないといった議論はなくなったといってよいであろう。判例も一般的には、人事考課にあたっては「客観的かつ適正に査定して、公正無私な評価をすべきは当然であ（る）」との立場を表明し、裁量権の濫用によって不利益や損害を与えた場合には不法行為責任が発生することを認めている（例えばダイエー事件・横浜地判平2・5・29労判579号35頁）。また差別の存否を争う訴訟で、人事考課資料の提出を命じたものも現れている（商工組合中央金庫事件・大阪地決平10・12・24労判760号35頁）[10]。

それを超えて、一般的に人事考課資料の提出を命じたものはないが、学説上は、アメリカ法的なプライバシー権の理解を基礎に自己情報に関するコントロールの権利を導くもの[11]、ドイツにおけると同様、労働契約における信義則から労働者の職業的能力に対する「適性評価義務」[12]、あるいは賃金支払い義務に付随する「公正査定義務」[13]から、自己の人事考課に対する説明や情報の開示義務を導く見解が主張されている。

3) 法的構成のまとめ

以上の検討をふまえながら、人事考課とその開示請求の法的構成にあたって

改めて論点を整理し、法的構成のあり方を示すことにしたい。

　わが国では、一般的に人事考課の開示請求を認めた法律は存在しないものの、そのことを理由に開示請求が一般的に否定されるものではなく、むしろどのような場合には認められるのか、規範的根拠と認められる要件の検討こそが必要である。

　(1)　積極的プライバシー権や人格権が憲法13条に基礎をおくものであることについて争いがないものの、憲法上の規定が直ちに労使関係に直接効力を有するわけではなく、また、ここから人事考課資料の開示請求権を直接導くこともできないであろう。そのためには、具体的規範を必要とする。その際に重要なことは、この具体的規範は重層性を有していることである。

　(2)　根拠となりうる規範は労使関係に特殊化されたものである必要はない。OECDやEUの個人情報の保護に関する原則は、データ保護一般を対象にしているが、もちろん労使関係に対して適用されることも当然の前提と考えられている。わが国のデータ保護法が、現状では（2000年）、行政の保有する情報に限定されているのに対して、私的機関や私人の保有するデータについても適用対象とするドイツのデータ保護法では、労使関係における労働者の個人情報保護について経営組織法との調整規定をおいているのはそのためであった。

　(3)　反対に、直接的に労使関係を適用対象とする法の規定であっても、その規定から直接開示請求権が生じるとは限らない。職業安定法と労働者派遣事業法の改正によって、職業紹介事業を営む者ならびに労働者派遣事業者に対して個人情報の適正な管理が義務づけられることになったことは先に述べたとおりであるが、この規定から、直ちに労働者の自己情報開示請求権が導き出されるわけではない。しかし、この規定を受けた指針では、個人情報の管理に関する規定を作成し、そのなかに本人から求められた場合の開示と訂正（削除を含む）の取扱いに関する事項を定めることを求めている（労働省告示「職業紹介事業の運営に当たり留意すべき事項に関する指針」第4・2・(3)、同「派遣元事業主が講ずべき措置に関する指針」第2・10・(2)）。指針は、直接的には行政指導のためのものであって、労働者に直接開示、訂正、削除の権利を与えるものではない。しか

し、これに従って情報管理規則が作成されれば、使用者は個々の労働者に対して、その管理規則にもとづいて情報開示義務を負うことになる。この場合、法律の規定や指針から直接開示請求権が導き出されるわけではなく、事業者の作成した管理規則を根拠にするものであるが、しかし、このような管理規則を設定しなければ業務の許可を受けられないという意味で、間接的には法律の効力によるものということができる。

(4) 同様の意味で、賃金決定の手続きのなかに成果や成績考課が大きな意味をもつものとして組み込まれている場合に、賃金規則や就業規則中に人事考課の基準や本人への通知や開示、苦情申立てに関する規定があれば、その規定が規範的根拠になることについて争いの余地はないであろう。人事考課制度の適正な運用を心がけようとする限りは、このような制度が不可欠となることは、労働省が行っている『雇用管理調査』からも明らかなとおりである。

(5) このような規範が存在しない場合には、人事考課資料の開示義務はもっと一般的な規範的根拠によらざるをえないことになる。その一つが、ドイツの法的構成に見られるように、労使関係における信義則の内容として労働者の人格権尊重義務を想定するものである。人事評価が労働者の職業的人格の発展に大きな影響をもつものであることを考えれば、事実に反した、あるいは不適切な評価は労働者の人格権を侵害することになるというのがその理由である[14]。

また、アメリカにおける差別の立証責任に関するルールは、労働者から差別的取扱いを受けているとの申立てがなされた場合には、使用者に合理的理由の存在を義務づける形で人事考課資料の開示と適正な運用の立証を課すものとなっている[15]。わが国でも、民事訴訟法の改正後、雇用差別にかかわる事件で人事考課表の提出を命じる決定が現われている。賃金決定と職業的キャリアに重要な意味をもつ人事考課の開示を手続き的側面から認めたものとして、参考に値する。実際に人事考課の運用について、具体的な不満が生じている場合には、運用にあたる機関は、その不満に応えるための適正な対応策を講じるべきであり、情報の開示はそのための措置として理解されるべきであろう。

4. 本件条例にもとづく人事考課の開示義務について

1) 本件個人情報保護条例の適用

(1) 本件の場合、一般的に人事考課資料の開示請求権が認められるかどうかではなく、本件条例が開示請求権の規範的根拠になりうるかどうかという問題であることを指摘しなければならない。それは、規範的根拠の重層性で述べたように、雇用関係を念頭に置いた特別の規定である必要はなく、個人情報の保護が一般的適用を想定した普遍的な保護法制によって進展してきたことは先に見てきたとおりであり、適用領域の特殊性にあわせた法が制定された場合には、両者は一般法と特別法の関係に立つことになる。

わが国におけるデータ保護法、ならびに行政機関の保有する情報公開法が、内部の人事情報を除外していることが、本条例による人事考課にかかわる文書の開示請求を否定する根拠になりえないことは先に述べたとおりである。行政の民主的コントロールのための「知る権利」の保障を目的とする国の情報公開法と異なり、本条例は明確に「自分の情報は自分でコントロールすることができる権利」（いわゆる自己情報コントロール権）にもとづいて制定されたものであることが謳われている（「高槻市個人情報保護制度の手引き」乙第1号証）。また、もちろん規範的根拠になりうるということは、直ちに開示請求権が承認されるというわけではなく、本件条例の場合でいえば、開示しないことができるとされている例外（高槻市個人情報保護条例13条2項・甲1号証）にあたるかどうかの解釈によって決せられることになる。非開示の決定をした高槻市自身もこの例外事由にあたることを理由にしているのであり、本件訴訟でもこの点は争われていない。

(2) 本件条例による人事考課資料の開示請求の判断にあたっては、規定の形式上、本人による情報開示請求の原則承認、非開示は例外であるとなっていることが留意されなければならない。それは形式にかかわるだけでなく、自己情報コントロール権にもとづく本条例の精神に合致するものといわなければなら

ないからである。

2）　人事考課資料を非開示とすることの相当性

　人事考課資料を非開示とすることが相当かどうかは、結局のところ、本件条例で例外事由と定められている「個人の評価、診断判定に関する情報であって、本人に知らせないことが正当であると認められるもの」（13条2項2号）、あるいは「開示することにより、公正かつ適切な行政執行の妨げになるもの」（同3号）にあたるかどうかの判断によって決せられる。そして、市が非開示の理由としてあげているのは、勤務評定の結果が記載されている文書を開示することは、①評定者の公正な評価を阻害する、②開示することにより公正な人事管理制度の目的の達成を妨げられる恐れがある、というものである（「自己情報非開示等決定通知書」甲2号証）。この理由づけは、人事考課の適切な運用の観点から相当性を有するものであろうか。

　(1)　「個人情報の手引き」（乙第1号証、37頁）によれば、「本人に知らせないことが正当であると認められるもの」（2号）として三つの例があげられている。①「ガンのように本人に告知することが一般化していないもの」があげられているのは、治療の必要性あるいは告知が本人の生きる意欲を衰退させかねないといった本人の治療の観点からみて正当な理由によるものであり、②「専門的な指導を行う上で必要な判断、所見等が記録されており、開示すると、今後の指導が事実上困難となるもの」とあるのは、児童・生徒の指導要録・内申書を想起させる。人事考課資料もこれに類似する性格をもっている点については改めて検討する。③「第三者から提供された情報であって、開示を認めると第三者との信頼関係を損なうもの」というのは、まったく別の観点からする非開示事由である。

　もう一つの非開示事由である「公正かつ適切な行政執行の妨げになる」（3号）場合として、手引きには四つの例があげられている。①業務途上に係る情報で「開示することにより、一個人のみが不当な利益を得ることになるもの」、②「情報入手先を秘匿する必要のある情報」、③「開示することにより、公共

の安全と秩序を維持するための活動が阻害されることになる情報」、そして④「第三者の個人情報を開示することになるもの」というのがそれである。

　この手引きから見る限り、人事考課に関する文書に関する非公開を相当とする理由を見出すことは難しい。結局、「専門的な指導が困難となる」という児童・生徒の指導要録と内申書を想定した理由づけと、手引きにはあげられていないものの、「公正かつ適切な行政執行」のうちに人事行政を含めて考える以外にないというべきであろう。

　(2)　「手引」にせよ（人事考課をまったく念頭にもおいてもいない）、「非開示決定通知書」にせよ、決定的に欠けているのは、人事考課が労働条件と労働者の職業的キャリアの形成に対して有している役割についての認識である。

　本件の場合についていえば、直接的に勤勉手当の金額の決定に結びついており、賃金決定に付随する手続きの一環であることが明示されている（「一般職の職員に支給する期末手当及び勤勉手当に関する規則」甲第7号、第10条）。人事考課文書の開示請求を賃金支払い義務に付随する「公正査定義務」として理解する見解（土田道夫「能力主義賃金と労働契約」季労185号6頁）の念頭にあるのは、まさに本件のようなケースであるといわなければならない。

　しかしそれに留まらず、人事考課の評定基準は（「勤務評定実施要領」甲第8号証、12頁）、勤務実績、職務能力、職務態度の三つの大区分、10項目にわたって行われ、労働者の職業能力や適格性、仕事への意欲などの情意考課を含めて、いわば人格全体を評価するものとなっている。そしてこれが、「昇給、昇任、指導・研修、職務割当ての変更・配置換え及び勤勉手当の成績率の決定等」の幅広い人事処遇に利用されることが予定されているのである（「高槻市職員勤務評定実施要綱」甲第8号証、13条）。労働者の職業全般に影響し、労働者の職業的人格価値を左右する意味をもっていることは明らかである。人事考課が公正に行われ、労働者の正しい人格像を記録するものとなっているのかどうか労働者が重大な関心を寄せているのは当然であり、自己に関する情報を知りうることについて正当な利益が認められなければならない。自己情報のコントロールを意味する積極的プライバシー権、あるいは人格権とは、このような利益

の法的表現に他ならない。

(3) 他方で、人事考課にかかわる文書の開示は、①評定者の公正な評価を阻害する、②開示することにより公正な人事管理制度の目的の達成を妨げられる恐れがあるという反論は、労働者の法的権利ないし利益に優越する利益をもちうるものであろうか。主張されているのは、①低い評価を受けた労働者に不必要な不満と動揺を与え、あるいは反対に、評価者が、正しい評価やマイナス面の指摘を書かなくなる、その結果、②上司による指導を困難にして、職場秩序の崩壊を招くか、反対に、公正かつ適切な人事考課ができなくなるというものである。

このいずれも、管理者の一方的都合に過ぎないというべきで、労働者の賃金額の決定に直結し、労働者の職業的キャリアに影響を与える人事考課の重要性との比較衡量において、到底、これに優越する利益をもちうるものと考えることはできない。労働省の「雇用管理調査」からも明らかなように、人事考課の要点は、①基準の職務関連性と明確性、②評価者の訓練と資質の向上、③効果結果の公開と納得性、④コミュニケーションとフィードバック、⑤異議申立ての制度といったものを備えているかどうかにある。人が人を評価することにともなう困難性は、公正さを絶えず検証し、訂正・修正を加える余地を制度的に内在させたものであることが必要であり、どこかわからないところで密かに行われる人事考課によって達成されるものではありえないといわなければならない。

(4) 市が主張している非開示理由は、児童・生徒に対する教育上の指導要録と内申書についてあげられているものと類似していることは先に指摘したとおりである。

本条例とほぼ同様の内容をもつ西宮市の個人情報保護条例にもとづき、小学校、中学校の児童、生徒が指導要録と内申書の開示を求めた事件で、これを認めた最新の大阪高裁判決（平 11・11・25 判タ 1050 号 111 頁）は、「教育上の評価は、本人や保護者からの批判に耐え得るものでなければならず、教育は生徒や児童の長所を伸ばすとともに、短所や問題点を改善するもの」であると述べ、

さらに「所見欄にマイナス評価が記載されるのなら、日ごろから本人や保護者に同じ趣旨のことが伝えられ、指導されていなければならない」し、「開示によるトラブルを避けるため適切な表現を心がけ、日ごろから信頼関係を築くなどして対処するのも教師の職責だ」と続けている。教師を管理者と置き換えれば、まさに人事考課の果たすべき役割を指摘しているといってよいであろう。精神的に未熟な生徒、児童に対するよりも、労働者の職業能力に見合った公正な処遇と能力開発のために行われる人事考課の方が、客観的でかつ相互理解のもとでの運用はずっと容易なはずである。

注
1) 労働法学会は、1996年10月に「賃金処遇制度の変化と法」をテーマにシンポジウムを開催している。学会誌89号に収録された各論文、毛塚勝利「賃金処遇制度の変化と労働法学の課題」5頁、廣石忠司「日本企業における賃金処遇制度の現状」27頁、石井保雄「最近の賃金処遇の動向と人事考課をめぐる法律問題」85頁を参照。
2) 労働省『労働者の個人情報保護に関する研究会報告書（平成10・6）』が、法制度の国際的進展と、わが国での検討課題をテーマにしており、その概要は、季労187号136頁以下に収録されている。
3) 盛誠吾「雇用・職場とプライバシー」（ジュリスト増刊・情報公開・個人情報保護239頁）が内容を紹介している。
4) 堀部政男「情報公開制度・個人情報保護制度の回顧と展望」（ジュリスト増刊・情報公開・個人情報保護2頁）が1994年時点における動向を概観している。なお同書には、もっと進んだ内容をもつ条例がいくつか収録されている。
5) 労働省告示「職業紹介事業の運営に当たり留意すべき事項に関する指針」第4・2・(3)、同「派遣元事業主が講ずべき措置に関する指針」第2・10・(2)。自己情報に対するコントロール権（開示と訂正・削除）に明確に言及した労働法における最初の規定である。
6) 竹地潔「ネットワーク時代における個人情報保護」（季労187号26頁参照）。
7) 中窪裕也『アメリカ労働法』185頁以下。
8) 角田邦重「西ドイツにおける労働者人格の保障」（横井芳弘編『現代労使関係と法の変容』375頁、とくに「労働者保護の法的規範」に関する388頁以下）、同「労使関係における労働者の人格的権利の保障」（季労143号20頁）では、わが国への適用を扱っている。
9) G. Schaub, Arbeitsrechts Handbuch, § 148 Personalakten, S. 1287 ff. なお外国公務員制度研究会編『欧米国家公務員制度の概要――米英独仏の現状――』262頁。同

書によれば、1995年の統計で連邦、地方の公勤務者約536万人中、官吏170万認、職員258万人、労働者89万人、その他軍人19万人となっている。
10) 宮地光子「文書提出命令を巡る最近の動向——大阪における男女賃金差別事件を中心に」（季刊・労働者の権利232号9頁）。
11) 山田省三「職場における労働者のプライバシー権」（学会誌78号33頁）。
12) 毛塚勝利「賃金処遇制度の変化と労働法の課題」（学会誌89号5頁）。
13) 土田道夫「能力主義賃金と労働契約」（季労185号6頁）。
14) BAG Urt. v. 27. 11. 1985, AP Nr. 93 zu BGB § 611 Fürsorgepflicht.
15) 差別事件に限らず広く労働訴訟における人事考課の法的規制を考慮しているのは永田裕美「人事考課に対する法的規制の日米比較(1)・(2)」（法学新報107巻7・8号71頁、同9・10号91頁）である。

補論——人事考課資料の開示請求
——高槻市個人情報保護条例事件判決
（大阪地判平 12・12・8）について——

1　不首尾に終ったことについて書くのはいささか気が引けるのであるが、自己の人事考課に関する資料の開示を求める裁判で鑑定書を書く機会があった。年功制から成果主義へと賃金体系が大きく変化するにつれ、人事考課の基準や運用の公正さと並んで、人事考課資料の開示の必要性に関しても認識が高まっていることは周知のとおりである。労働法学会では、既に4年前に「賃金処遇制度の変化と法」をテーマにシンポジウムが開催されているし[1]、21世紀労働法講座でも人事考課について独立した論文を配している[2]。

とはいうものの、開示請求を真正面から争うケースに関する判例を見た記憶はない。おそらくこれを承認する判決が現われるのもそう先のことではないという想いと、どういう条件があれば、あるいはどういう法理論なら腰の重い裁判所を動かすことができるだろうか、鑑定書を引き受けたのは、その突破口が開けないかという期待をもったからであった。残念ながら第1ラウンドは不首尾に終ったわけであるが、このままで終って欲しくないという気持ちから若干の経験を記す次第である。

2　この裁判は、複数の市職員が市の個人情報保護条例にもとづいて自己の勤務評定に関する文書の開示を求めたものであった。条例は「自分の情報は自分でコントロールすることができる権利」（いわゆる自己情報コントロール権）にもとづいて制定されたものであることを謳い、直接個人に対して、自己に関する情報の開示、間違った情報の訂正と不必要な情報の削除、さらに不当な利用と提供に対して中止を求めることができると具体的に規定しており、原告らの請求も、条例で保障されたこの自己情報の開示請求権にもとづいて、職員の昇給、昇任、指導・研修、職務の割当てとその変更・配置換え及び勤務手当の成

績率に反映させるためと明記のうえ実施されている勤務評定文書の開示を求めたわけである。

これは、人事考課資料の開示を、アメリカ法的な「積極的プライバシー権」あるいはドイツ法的「人格権ないし契約の信義則上の義務」を根拠に一般的抽象的に基礎付けるやり方よりも、現実的で賢明な方法というべきであろう。労働省が行っている『雇用管理調査』（平成 11 年）によれば、人事考課の実施企業は全体で 5 割、300 人を超える企業で 95 パーセント以上に達するものの、公開制度のあるところは 25.3 パーセントにとどまっている（ただし前回平成 8 年では 18.1 パーセントであったから、この間に 40 パーセント近く増加していることになるし、5,000 人以上では 6 割、1,000 〜 5,000 人未満のところでは 45 パーセントに増大する）。何を公開するかでは、考課基準 9 割、考課結果 85 パーセントといずれも高く、また公開する企業での異議申立ての整備は 41 パーセントと比較的整備は遅れているが、そのうち 11.6 パーセントの企業で異議申立てによって考課結果を変更しているといった実情が浮かび上がる。このような実情からみる限り、残念ながら裁判所が人事考課資料の法的開示義務を一般的な形で承認するかどうかは疑わしいし、ドイツのように、人事資料の開示請求を定めた立法そのものが、人格権にもとづく一般的権利の存在を前提にしているとする国もあるが、アメリカの積極的プライバシー権はそれだけで人事考課の開示請求を根拠付けるものではなく、それを受けた連邦公務員法や州法の規定、あるいは訴訟における立証ルールを通して達成されている[3]。

むしろ、OECD のガイドラインや ILO のコードに代表される個人情報保護に関する国際的共通認識は、さまざまなレベルの法規範、場合によっては就業規則や、契約、労働協約など当事者間の合意を通して具体化が図られる一方、一般条項の解釈にあたって行われているのと同様に、間接的にこれらの法や合意の解釈にあたって考慮され尊重されなければならない関係に立つというべきであろう。この事件の判決は（大阪地判平 12・12・8 労旬 1506 号 55 頁）、自己情報開示請求権は条例で創設的に認められた権利であるから、制定権者の意図から離れていたずらに拡大することも縮小することも許されないとしているが、

創設的ということと、解釈に際して尊重されなければならないことは次元の異なる問題であろう。

　3　もっとも判決の結論を直接支えているのは、当事者に人事考課資料の開示請求を認めることによって生じる弊害が大き過ぎるというものである。条例には自己情報の開示に応じなくてもよい例外的場合として4つの事由が定められていて、被告の市が主張したのは、このうち「個人の評価、診断判定等に関わる情報であって、本人に知らせないことが正当であると認められるもの」と「開示することにより、公正かつ適正な行政執行の妨げになるもの」という2つで、勤務評定の結果が記載されている文書の開示は評定者の公正評価を阻害し、公正な人事管理制度の目的の達成を妨げられる恐れがあるから、開示を拒否する正当な理由があるというものであった。

　判決の出発点は、「非開示理由に該当するためには、開示による弊害が客観的、具体的、実質的なものであり、法的保護に値する程度の蓋然性をもって生ずるものである必要がある」と妥当に見える。ところが一転して、①不利益な評価を含めありのまま記載した人事考課資料が本人に開示されれば、上司に不信感や個人的恨みを抱いたりなどの対立関係を生じさせ、ひいては職場内の信頼関係・一体感を失わせ、職場の業務遂行能力を低下させるおそれがある、②勤務評定の評価要素は主観的要素を完全に排除することができない性質のものである以上、本人と評価者の認識との間に根本的な不一致から対立が生じることを否定できない、③開示が前提となれば、安易に寛大な評価に流れ勤務評価制度が形骸化、空洞化する、④意見の対立を収拾する制度的な手当がなされていない、⑤当事者からの苦情や訂正を求める要求で人事行政の混乱と停滞を招くおそれがあるなどを理由に、開示の拒否には正当な理由があると認めてしまうのである。

　これでは、法的根拠規定に乏しいからという以前に、人事考課資料の開示などはじめからおよそ論外ということになってしまう。判決のいう上司に対する不信感や職場の対立、あるいは当事者の苦情による人事行政の混乱といった事

態は、人事考課資料の「開示」によって生まれるのではなく、それを恐れなければならないような人事考課なら実施するに値しないというだけの話である。勤務評定には主観的要素を排除できないというそれ自体正しい認識が、客観的で公正なものにするための制度的工夫に結びつくのではなく、だから開示できないという開き直りの理由にすりかえられてしまうのには驚く他はない。

　ここで想起されるのは、同様の個人情報保護条例を根拠に争われている児童・生徒に対する教育上の指導要録と内申書に関するケースである。開示請求を認めた西宮市の個人情報保護条例事件の大阪高裁判決（平11・11・25判タ1050号111頁）は、「教育上の評価は、本人や保護者からの批判に耐え得るものでなければならず、教育は生徒や児童の長所を伸ばすとともに、短所や問題点を改善するもの」であると述べ、さらに「所見欄にマイナス評価が記載されるのなら、日ごろから本人や保護者に同じ趣旨のことが伝えられ、指導されていなければならない」し、「開示によるトラブルを避けるため適切な表現を心がけ、日ごろから信頼関係を築くなどして対処するのも教師の職責だ」と続けている。教師を管理者と置き換えれば、まさに人事考課の果たすべき役割を指摘しているといってよいであろう。精神的に未熟な生徒、児童に対するよりも、労働者の職業能力に見合った公正な処遇と能力開発のために行われる人事考課の方が、客観的かつ相互理解のもとでの運用はずっと容易なはずである。

注
1) 学会誌89号掲載の各論文、本書第6節の注1) を参照。
2) 石井保雄「人事考課・評価制度と賃金処遇」（日本労働法学会編『21世紀の労働法5巻・賃金と労働時間』124頁）。
3) 永由裕美「人事考課に対する法的規制の日米比較1・2」（法学新報107巻7・8号71頁、同9・10号91頁）。

第Ⅲ章　労働者人格権保障の諸相　247

第7節　Mobbing im japanishen Arbeitsrecht

1. Einleitung

Vor zehn Jahren hebe ich einen Aufsatz über den Persönlichkeitsschutz des Arbeitnehmers im japanischen Arbeitsrecht in einer Fachzeitschrift für Arbeitsrecht im Deutscheland[1] veröffetlichen. Damals war der Begriff „Mobbing" noch nicht an die breite Öffentlichkeit gedrungt, obwahl die Schrift von Heinz Leymann, „Mobbing" schon in Erscheinung getreaten hat[2]. Aber aus dem rechtwissenschftlicher Sicht war es sicher, niemand könnte nicht verneinen, dass die gleiche Fälle nach wie vor bei uns im Arbeitsplatz verbreitet. Trotzdem war es nicht so einfach, für diese Fälle die genügende rechtliches Hilfe zu geben, weil die Wiederstand dagegen uns ungehouer groß, den Persönlichkeitsschutz zum Betrieb kommen zu lassen. Für viellen Aebeitgeber war es immer noch selbstverständlich, die Arbeitsbeziehung mit ein Gemeinschaftsverhältnis zu idenzifizieren, daraus stark behauptete, dass der Betrieb ein von der Gültigkeit des Rechtes abtrennende Raum zu bleiben habe.

　Deshalb ist es nicht so verwunderlich, bedarf die ziemliche Zeitdauer, um eine Breshe für die Presönlichkeitsschutz des Arbeitsnehmers im Betrieb zu schlagen. Aber im schon fast jehn Jahren Verlauf, ist die Umgebung über Mobbing, mir scheint, groß geändert.

　Einerseits die Erkenntnisse der Ernsthaftigkeit von Mobbing dadurch verbreitet sind, dass viele Beschwerde und Klagen über Mobbing bei Verwaltung und Gericht eingereicht wurden. Anderseits einige Gesetzgebung, die nicht direkt im Mobbing betreffen, aber rechtliche Hilfe gegen Mobbing erleichtern, wurden erlassen.

　Aus diesen Grüde mächte ich im folgenden nochmal über Mobbing in Verwandlung schreiben.

Erstens, was ist Mobbibg, über die Bedeutung, den rechtliche Begriff zudefinieren.

Zweitens, wo ist die Hintergründe des wachsenden Mobbing und die verschidenartige Typen.

Drittens, die Rechtssystemen, Theorien und einige Gesetzgebungen, die die rechtliche Hilfsmaßnahmen gegen Mobbing ermöglichen und erleichtern.

Abschließend, über die dringende Aufgabe, nicht nur nachfolgende Hilfe, sondern vorbeugende Hinderung ermöglichene Hilfsmaßnahmen.

2. Über dem Begriff des Mobbing

Bei uns, anders als Frankreich und sonstige einige Ländern, und genau so wie Deutscheland, gibt es keinen Gesetz über Mobbing, deshalb keinen gesetzliche Begriff. Den Rechtsschutz gegen Mobbing betreffend beruht beim deutschen- und japanischen Recht auch ausschließlich auf das Persönlichkeitsrechtschutz. In der Tat sind vielle Urteilen über Mobbing bei uns nicht abhängig vom Begriff Mobbig, sondern unvermittelt hängen von der Beurteilung an, ob die betreffende Handlung die erlaubte Grenze überschreiten oder nicht. Dass der Begriff von Mobbing, der ursprunglich nicht zu juristischer, sondern soziologischer-psychologisher Art gehört, zeigt es vor allem dahrin, dass der erste Befürworter, H. Leymann, Mobbing als „Psychoterror am Arbeitsplatz" genannt hat. Trozdem es wäre sehr bedeutungsvoll, den Begriff von Mobbing auch im juristichen Bereich zu überdenken, weil Mobbing ein Typ des rechtwidrige Handlungen gegen Persönlichkeitsrecht des Arbeitnehmers ist und die Beurteilung, ob rechtwiedlich order nicht, unmöglich sei, ohne die einzelne Umstände zusammmenfassend zu erwägen. Dabei wäre der Begriff von Mobbing sehr hilfreich, um das klare Kuriterium dafür beizubringen.

第Ⅲ章 労働者人格権保障の諸相 249

Als Eigenschft Mobbing hat H. Leymann in seinen Buch[3] in forgendes bezeichnet,

Es ist negative Kommunikative Handlungen, die gegen eine Personen gerichtet sind (von einen order mehreren anderen) und die sehr oft über eien längeren Zeitraum hinaus vorkommen und damit die Beziehung zwishen Täter und Opfer kennzeichen.

Und die von anderen, ännlichen Formen der Kommunikationen unterscheideten Merkmale wie folgt weist hin.

Konfrontation, Belästigung, Nichtachtueg der Persönlichkeit und Haufigkeit der Angriffe über einen längeren Zeitraum hinweg.

Diese Merkmale begreift anpassend die Eigenshaft von Mobbing. Aber her juristishen Sicht aus, mir scheit, wäre noch ungenügend, deshalb notwendig, die juristichen Verarbeitung hinzufügen. Schon in einigen Urteilen haben die Gerichte im Deutscheland die Definion Mobbing versuchen.

Einmal hat BAG sich in einen Fall erstmal zum Begriff Mobbing geäußert[4],

Mobbing ist das systematische Anfeinden, Schikanieren oder Diskriminieren von Arbeitsnehmern untereinander oder durch Vorgesetzte.

Noch ausfürlicher hat erwähnt davon die Grundsatzentscheidung des LAG Thüringen[5]. Danach ist Mobbig, im Gegnsatz zu Einzelaktionen dann anuznehmen,

wenn es sich um fortgesetzte, aufeinander aufbauende und ineinander übergreigende, der Anfeindung, Schikane oder Diskriminierung dienende Verhaltenweisen handelt, die nach ihrer Art und Ablauf im Regelfall einer übergeordneten, von der Rechtsordnung nicht gedeckten Zielsetzung förderlich sind und jedenfalls in ihrer Gesamtheit das allgemeine Persönlichkeitsrecht, die Ehre oder die Gesundheit des Betroffenen verletzen.

Stimme ich eine Anmelkung zu, die in diesen Urteilen drei wesetlichen Eigenschaften von Mobbing hinweist[6]. Erstens sei die Besonderheit von Mobbing in einem systematischen Vorgehen, also mehrere Akte sind durch einen Gesammt zusammmenhang miteinander verbunden. Zweitens sei Mobbing geeignet zur Verletzung einens Rechtsguts, in der Regel Persönlichkeitsrecht oder Gesundheit und Drittenns sei Mobbing ein eindeutiges Täter –Opfer– Verhältnis. Daraus folgt, das gegenseitigen Anfeinden oder wechselseitige Eskalation sei auszuscheiden.

Gleiche Definition wäre für japanische Arbeitsrecht sehr bedautungsvoll. Obgleich es keinen Gesetzlichesschutz für Mobbing gibt, in letzer Zeit bei uns schreitet der Persönlichkeitsrechtsschutz sicherlich vor. Aber bleibt es immer so schwierig, den Umhang des Schutzes dadurch zu begrenzen, die gegenseitigen Interessen auszugleichen. Die einzige Ausnahme ist der gesetzliche Schutz für sextuellen Belästigung, über den später nochmal behandt wird. Hier nur hinzuweiusen ist, dass die sexuelle Belastung genau so wie Mobbing einen Sonderfall der Persönlichkeitsrechtsschutz ist und die Beurteilungskuriterium durch diese gesetzlichen Sonderlegeln bei weitem klar gemacht wurde. Es wäre moglich, gleiche Effektivität durch die Definition des Mobbing zu erwarten.

3. Hintergründen und verschiedene Typs des Mobbing

1) Typs des Mobbing

Niemand kann nicht es verneinen, dass die eingreifende Handlungen in die Persönlichkeitsrecht am Arbeitsplatz seit längerem nicht so selten vorkommen. Eher ist es ein relativ jüngste Ereignis, dass der Persönlichkeitsschutz des Arbeitnehmers im Betrieb sich ausgedehnt hat. Außerdem bedarf noch etwas Zeit, die Ernsthaftigkeit des Mobbing zur Erkenntnis gelangt zu werden.

Präfektur Tokyo, der viel Fleiß auf Beratung mit Arbeitsstreitigkeit verwendet hat, hat die Zunahme der Beschwerden über Mobbing eingesehen und in 1998 erstmal unter dem Titel „Mobbing" order „geistige Belästigung" einen Forschungsbericht bekannt gemacht[7], in dem die zwisschen von 1996 bis 97 Jhr eingelegte 600 Fälle der Beschwerden über Mobbing analysiert werden.

Über einige interessierte Statistiken sind in folgendes.

Insgesammt (in 3 jahrige) 600 Välle davon Mann 168 (28.0%), Frau 432 (72.0%)

Industriezweigen Dienstleistung 241 (40.2%), Gaststätte u. Verkäufer 119 (19.8%)

Beschäftigungsform Typishe 417 (69.5%), Teilzeit 83 (13.8%), Leihaebeit 29 (4.8%)

Täter Arbeitgeber 108 (18%), Vorgesetzte 228 (38%), Kollegen 103 (17%), in den Välle gegen atypishe Arbeitnehmer, Kollegen 29 (23.2%)

Konkrete Handlungen Sexutulle Beästigung 135 (18.5%), zum Rücktritt zwingen und Kündigung 97 (13.7%), mündliche Beleidigung, Verleumdung 82 (11.3%), Zuweisung keiner order einer sinlosen Aufgabe 69 (9.5%), Versetzung order Versetung zum anderen Unternehmen 52 (7.1%), Vermindelung der Löhne, Abfindungen 43 (5.9%), Eingriff in die Privatspäre 34 (5.6%), Gewaltanwendung 33 (5.5%), Drohung 32 (5.3%), Isolieren und Ignorieren 31 (5.1%),,

Motiven Entlassung 108 (22%), Mobbing selbst 144 (24%), sexutualle Ziel 129 (21.5%), Kündigung als Rationalisierungsmaßnahme 23 (3.8%) Anti-Gewerkschaft 4 (0.6%)

Dazu zeigen noch einige anderen Statistik, dass die Anzahlen der Beschwerden über Mobbing seither foltraufend zugenommen haben.

Nach neuester Statistik in 2004 Jahr von Präfektur Tokyo betragen die Beratung insgesammt 72,654 Fälle, davon Beschwerdes über Mobbing 4,012 (5.5%). Noch gibt es die andere interesannte Statistik. Seit dem 2001 Jahr landesweit wurden ca. 300 Beratungsstelle vom Minisuterium für Gesundheit, Arbeit und Wohlfahrt eingereichtet, die auf das im 2001 erlassende Lösungsförderungsgesetz zur individuelle Arbeitstreitigkeit beruht. Im 2005 Jahr die zusammmenfassennd Beratung insgeammt 907,869 Fälle wurden angeflagt, davon 176,429 sind die Fälle von der zivilrechtliche Arbeitsstreitigkeiten und machen die Beschwerben über Mobbing 15,700 (8.9%) aus.

2) Hintergründen von Mobbing

Als Hintergründen der Zunehmen von Beschwerden über Mobbing könnten wir einige wichtege Ursachen erwähnen. Eerstes in der langedauernde wirtschfatliche Schwierigkeiten in Japan wurden in viellen Unternehmen die Massenentlassung durchgeführt.

Das wird darin gezeigt, dass die Entlassung und Kündigung als Rationalisierungsmaßnahme den größten Teil des Motivs zur Mobbing bilden. Zweitens war die Ändelung des sogenannte als Lebenszeitigebeschäftigung und Senioritätslohnsystem charakterisierte japanischen Carriersystem unter der Politik der Deregulierung und Flexibilisierlung in 1990er Jahren. An typischer Aebeitnehmers statt wurden vielle verschidene atypishe Arbeitsnehmer, Befristete, Teilzeit, und Leiharbeitnehmer usw. eingefürt, für diese alle ausserhalb japanische Carriersystem bleiben lassen. Auch für Stammarbeitnehmer ist es nicht mehr zu unmöglichen, unter Wendung des Senioritätssyutem die gleich Lohn zu erwarten. Viellen Unternehmen haben dastatt das japanische Leistungprinzip angenommen, damit der Lohnbetrag für einzelnen Arbeitnehmer nach der einseitigen, unklaren und in meisten Fälle geschlossen Personalschätung des Arbeitgebers erst in ziemlichen große Differenz festgesetzt wird. Mit andern Wort die Arbeitbedingungen für einzelnen Arbeitnehmer sind nicht mehr anders als bischerige Lohnsystem diversifiziert und vereinzelt. Aus dieser Ändelung der Personalpolitik heben die gemeinsame Interrese zwishen anderen Beschäftigungsständen nachgelassen und einzelne Arbeitnehmer hat unter strke Druck der Personalschätung gedrängt wurden. Auch wäre es selbsverstänlich, dass diese Neigung macht schwierig, die Arbeitsstreitigkeiten kollektiv, mit einheitliche Maßstabe zu behandeln und die Solidalitätsgefühl zwischen Kollegen aufrechterzuhalten. Drittens wäre es richtig, dass die Einfluss der Gewerkschaft auf den Arbeitgeber inzwissen zurückgegangen war. Obwohl das Organisationsgrad der Gewerkschaften in 1990 Jahl 12,260,000 (25.2%) war, ist jetz zu 10,138,000 (18.7%) zurück. Demsprechnd wird es nicht erwarten, dass die individuelle Arbeitsstreitigkeiten durch Verhandlung order Beratung zwischen Arbeitgeber und Gewerkschaft im Betrieb zu lösen. Eigentlich war der Vorteil für japanischen Betriebsgewerkschft, mit den zum einzelnen Betrieb spezifischen Arbeitsstreitigkeiten zu behandeln.

Zuletzt sind noch einige Bestrebungen, die mit Mobbing sich auseinandergesetzt haben, und Einrichtungen zur Rechtshilfe für Arbeitsstreitigkeiten hinzuzufügen. Außer Beratungen von einigen Präfektüren wie Tokyo, haben zur fast gleichen Zeit einige Gewerkschfaten[8] und Rechtsanwartsverein für Arbeit[9] angefangen, telefonische über Mobbing zu beraten. Diese Tätigkeit hat einen Beitrag geleistet, die Ernstfeftigkeit des Mobbing in die Öfenltlichkeit uz verbreiten. Das im 2001 Jahr erlassende Lösungsförderungsgesetz zur individuelle Arbeitstreitigkeit spielte auch große Rolle, dass die bis jetz versteckende Beshädigungen von Mobbing an die Oberfläche gekommen sind. Der Zweck des Gesetzes ist darin, die individuelle Arbeitsstreitigkeiten mit Hilfe der Vermittlung, Versöhnung und Schliftung von Verwaltung ohne Prozessverfahren zu lösen. So gehört zu sogenante einer Art ADR (Alternativ Dispute Resolution). Dafür werden landesweite die insgesammt 300 Beratungsstelle ergerichtet, um alle Beschwerden über die individuelle Arbeitsstreitigkeiten von Arbeitnehmer und Arbeitgeber anzunehmen. Das Gesetz bemächtigt den Behördeleitern für Arbeit auf den 47 Prefektüren von Ministerium für Geundheit, Arbeit und Wohlfahrt zur Befugnisse, die unerlässliche Maßnahmen für Lösung auszuüben, den gehärt zum Beispiel nützliche Informationen, Ratsschlage zu geben unw. und wenn nötig, ist es möglich, eine administrative Anleitung im Gebrauch zu machen. Dazu noch ist eine Ausschuss für Ausgleichen der Streitigkeiten, die Personen von Gelehrsamkeit und Erfahrung sich zusammmen setzen. Die Ausschuss kann in Auftrag des Behödeleiter einen Schliftungsverschlag ohne zwigende Wirkung den Betoroffenen erbringen. Schon seit dem 2001 Oktober ist das Gesetz in Kraft gesetzt und im 2005 Jahr haben die Behödeleiter für Arbeit den insgesammt 6,369, davon 514 über Mobbing bettrofend, Antrags zur Ratsschlagen oder administrative Anleitung eingenommen, auch die Ausschuss den 6,888 Aufforderungen, davon 758 zu Mobbing, entgegengenommen. Diese Anzahl bedeutet es im Vergleich mit jährlich ca. 3000 Prozessverfahren, dass das Zweck des Gesetzes beträchtlich zufrieden zu seien.

4. Rechtsschutz gegen Mobbing

1) einige Rechtssprechungen über Mobbing

Da es bei uns keine Sonderlegelung über Mobbin gibt, ruhrt der Rechtsschutz gegen Mobbing ausschließlich auf Die Persönlichkeitsschutzes im Zivilrecht, nehmlich im Bereich des Unerlaubtehandlung. Auch die Definition des Mobbig außer Acht gelassen, speichern sich schon die ziehmliche viellen Rechtsprechungen über die Fälle von Mobbing order geitige Belästigungen am Arbeitsplatz.

In folgendes mächte ich einige tipysche Fälle erwähnen, die zum Ausdruck der Eigenschft und Neigung des gegenwartige japanischen Arbeitverhältnisses bringen.

a) Mobbing als Symptom der traditionallen Organisationsstruktur

Mir scheint es, dass die Fällen über Mobbing, das tief im Gedanke sogenante japanishen Arbeitsverhältnisses wurzeln, immer noch die größe Teile besetzen. Diese Typs von Mobbing sind seit langer Zeit nicht so selten, ohne dass in die Öffentlichkeit zu kommen, weil es genau so wie ein bissen frühre sextuelle Belästigungen empfindunglos zur Ernsthäfitgkeit des Mobbing und sogar selbstversändlich zu dulden waren. Auserdem ist der konventionelle Charakter des japanischen Arbeitsverhältnisses und Arbeitsorganisation, zum Beispiel die auf den Gemeinschftsgedanke zurückfürende starke Gehorsamkeitserfordernisse im Arbeitsverhältnis, die Autoritässtruktur der Arbeitsorganisation und die geschlossene Gemeinschaftsbewusstsein in Korregenen usw. hinzuweisen. Es wäre eine Grund dafür, dass in der Statistiken von Prefekutür Tokyo eine große Teil des Motivs zu Mobbing das Mobbing selbst war.

Hier ist nur von einem neuesten Fall dieses Typs über Mobbing zu handeln. Nach Sachverhalt der Rechtsprechungs war die Ursache des Selbstmord eines Krankenpflegers darin, dass sein Vergesetze fast drei Jahre lang in vielerei Formen ihn angegriffen hat. Nehmlich sei aufmerksam darauf zu machen, dass die die willkürlichen Herrschft des Vergesetzes außer Acht gelassende mangelhafte Organisationsstruktur ist. Es als Vorwand benützend hat der Vergesetzter als Übeltäter sehr häufig die willkürliche und wöswillige Weisungen erteilt, zum Beispiel bis Abschluß seiner Arbeit auch dem Geschädigte anzuweisen, zum Arbeitsplatz zu bleiben, zur seiner Privatsachen wie Einkaufengehen, Autowaschen helfen zu lassen esw. Auch heftige Angriffe gegen die Persönlichkeit der Geschädigte üblich waren, zu der gehören, verlaumte, beleidichte, ignorierte, isolierte und körperliche Angriffe. Noch nicht zu ignorieren sei, dass andere Korrege zum ein Teil nachlässig am Mobbing teilgenommen und andere stillschweigend anerkannt haben.

Das Urteil[10] hat die Kausalität zwischen Mobbing und Selbstmord anerkannt und die Angriffe von Vorgesetze in vielerei Formen gegen die Geschädigte ohne Gebrauch der Definition des Mobbing als rechtswidrige und schuldhafte Unerlaubtehandlung im zivilrechtliche Sinne[11] geschätzt. Noch hat das Urteil dem Arbeitgeber mit bemerkungswertige Erwähnen verantwortliche gemacht, weil die vertragliche auf Grundsatz von Treu und Graube beruhende Nebenpflicht des Arbeitsvertrags ihm verplichtet, im Arbeitsprozess das Leben, die Gesundheit und körperliche Sicherheit des Arbeitnehmers vor dem Risiko wahrzunehen. Im diesen Fall dedeute es konkret, dass der Arbeitgeber zur Fürsorgepflicht verschudet sei, das Leben und die körperliche Sicherhait der Geschädigte mit angemessenen Vorbeugungsmaßnahme gegen Mobbing von Vorgesetze und anderen Korregen wahrzunehmen.

b) Mobbing als Diskriminierungsmaßnahme gegen Minderheiten

Bis in 1980er Jahr waren auffällig die Fälle des Mobbing, die die Ursache im Diskuriminierngsabsicht des Arbeitgeber gegen die Minderheit, zum Beispiel Anti gewerkschfts- order politischebetätigung sehen konnten. Der starke Gemeischftsgedanke im japanischen Arbeitsverhältnis war charakeristische, einerseits dichte und vertauensvolle Persönlichebeziehungen betont, aber anderseits gegen die Minderheiten order Häretiker mit den Diskuriminierungsmaßnamen sanktioniert zu seien. Diese Fälle bestehen naturlich heute noch fort, aber ist es sehr beachtenswert, die Ausweitung der Gegenstände, die zum auf Minderheit gerichten Typ des Mobbing gehören, beobachten zu können. Hier nur ein Fall zu behandeln ist.

Der Fall betrifft den sogenannten Herausposaunenbläser. Ein Arbeitnehmer hat eine ungesetzmäßige Handlung seines Arbeitgebers, durch gegenseitige Besprechung der Trnsportgesellschften die berüchtigte Speditionskosten zu unterhalten, an die Presse und zuständige Behärde gemeldet, Diese Besprechung betrifft Schwarz-Kartell, deshalb ohne Zeifel verletzt das Antimonopolgesetz. Nach seine Petition, diese illegale Besprächun aufzugeben, beim Vorgesetzer, zum Ende wirkungslos gekommen war, hat er die Meldung an die Presse und Behärde angebracht. Die kurz noch der Anmeldung angefangene Vergeltungsmaßnahmen des Arbeitsgebers dauerten bis seiner Pensionierung fast in 28 jahre lang und diese Maßnahamen gehören inhaltliche meistenteils zur die wösswillige Gebrauch der Direktionsrechtes, zum Beispiel sinlose Arbeit zuzuweisen order Aufgaben weit unter seinem Kapasität zu geben, im isolierende Zimmer breiben zu lassen und infolgedessen Diskuriminierung der Lönes und die Maßnahme, von Beförderung auszuschließen usw. Es handelt sich um die Kollision zwischen Schweigepflicht des Arbeitnehmers und öffentliche Interessen. Das Urteil[12] hat anerkannt, dass der Arbeitgeber über illegare Geheimnisse keine berechtigte geschäftigte Interessen habe, in diesem Fall habe die öffentliche Interesse Vorrang vor Schwegepflicht des Arbeitnehmers. Dann habe das Urteil dargelegt, diese Diskuriminierungsmaßnahme des Arbeisgebers ohne Bewähnung der Definition von Mobbing eine rechtwidrige Unerlaubtehendlung auch Verletzung der Gleichbehandlungspflicht im Arbeitsvertrags und einer vertraglichen Nebenpflicht, die Persönlichkeit des Arbeitnehmers zu achten.

Dieser gegenseitige Kollision betreffend wurde in Folgende eine wichtige Gesetzgebung dürchgeführt. Also im Juni 2004 Jahr wurde nehmlich von dem Gesichtpunkut des Verbraucherschutz das Meldungschutzgesetz des Arbeitnehmers über die Angelegenheiten mit öffentliche Interessen erlassen und im April 2006 in Krft getreten. Das Zweck des Gestez ist darin, in bestimmten Angelegenheiten, die den Schutz des Lebens, der Gesundheit von Bürger order Verbrauchersinteresse unw. betoreffen, einen illegale und gefährliche Geshäftemachrei durch die Anmeldung des Arbeitnehmers unterzudrücken. Dafür schützs das Gesetz den Arbeitnehmer vor Kündigung order anderen Nachteilsbehandlungen auf Gründe seiner Anmeldung an die zuständige Behärde oder die Presse.

c) Mobbing als Zwangsmittel zur Überbelastung

In über 10 Jahen lang dauernde wirtschaftliche Rezession verändert sich die fundamentale Umgebung um japanischen Unternehmen so entscheidend, dass es sehr wohl schwer sein wird, das herkömtliche japanische Arbeitsverhältnis aufzurechtehalten. Angesichts des zunehmend härteren wirtschaftliche Wettberbs auf internatoinaler Ebene wäre es nicht fragwürdig, dass die vielle Unternehmen die Entlasung ausgeführt und den Arbeitnehmern Rücktritt gezwungen haben. Zunehmen des Entlassung und Zwingen zum Rücktritt in Motiven von Mobbing in 90er Jahe waren nicht anders als Ausdrück der Änderung des japanisches Arbeitsverhältnisses.

Daneben kommt augenfallig ein neuer Typ des Mobbing zur Erscheinung, in heftiger Konkurennz zwischen Unternehmen die übersteigende order überbelästige Arbeit in der kartherziger Art unt Weise im gegebenen Falls mit kerpöerliche Gewalt zuweisen order zuzwingen.

Hier zu behandeln nur ein Fall solches Typs ist, beim die Kamera und Elektowaren aufverkaufenden Großgeschäft geschah. Nach Sachverhalt des Ueteils[13] wurde ein Arbeitnehmer mit nicht zuvallig, sondeln systematischen kärperlichen Angiffe von seinern Vergesetzern deswegen gezuchtigt, dass da seine Dienstleistung unzuflieden sei, ihm es bedürfe, einmal richtige Verhalten als Verkäufer zu lehren, mit fröhliches Gesicht zur Kunden zu empfangen, noch anderen er falshe Geschäfterledigung gemacht hat. Schließlich aus einfachen Grund, weil er unentschuldigt fehlt hat, hat sein Vergesetzter sich zum sinen Privatwohnung gedrängt und vor direkt Augen seiner Mütter ihm eine heftige Gewalt angetan. Natürlich ist es selbstverständlich, Mobbing mit köperlichr Angriffe eine nicht nür strafrechtliche, sondern auch zivilrechtliche rechtwiedrige Handlung zu urteilen. Im diesen Fall hat das Urteil den Vergesetzen und Arbeitgeber für shuldig befunden und nicht nür ihm, sondeln iher Mütter den Schadenersatzanspruch für körperliche Schäden und Schmerzensgeld anerkannt. Diese neue Typs des Mobbing sind manchmal die Name von „Power Belästigungen" genannt und mir scheint, nicht seltsam besonder in Industriebereichen, die einen starken Wettbewerb mit Niedrichpreis order überbelastete Kundendienst ausgesetzt sind[14]. Daraus tauft die Unsicherheit auf, dass die Verfolgung der mehr hächer Leistungskapasität die Gelassenheit im Arbeitsplatz entzihrt, die Persönlichkeit des Arbeitnehme zu respektieren.

2) Rechtsschutz des Mobbing

Der Rechtsschutz des Mobbing ruhrt, wie in den einigen Rechtssprechungen gezeigt werden, ausschließlich auf dem Persönlichkeitsrecht, Leben und der Gesundheit des Arbeitsnehmers. Auch dieser Schutz ist beschränkt fast alle in der Weise des Schadenersatzanspruch einschließliche immaterielle Schäden.

Dabei charaktaristisch sind darin, dass die Rechtssprechungen in überwiegende Teilen als Rechtsgrundlage des Schützes von der Deliktshaftung Gebrauch zu machen. Ausnahmsweise weisen einige Rechtssprechungen auf die Vertragspflicht des Arbeitgebers zur Verhindelung von Mobbing hin, aber fehlt es ihnen an genügenden Versuch, daraus sinnvolle Rechtsfolge zu ableiten. Zweitens die Beurteilung der Rechtsspechungen, ob eine betoreffene Handlung die erlaubte Grenze überschreiten order nicht, werden ohne Hilfe der Definition von Mobbing ausgeübt.

Es wäre denkbar, einige Ursachen für diese Rechtslage zu bilden. Zuerst ist die sehr weite Shutzbereiche und erleichte Anwendug des unseren Deriktsrechts aufmerkusam zu machen. Die im Deriktrecht unter Schutz stehende „Rechte eines anderen" sind nicht nur subjektive Recht, sondern auch andere schutzwürdige Rechtsinteressen zu verstehen[15]. In der Praxis leisteten es einerseits einen Beitrag zur Ausdehnung des Schutzbereiches, aber anderseits in der

Fälle wie Mobbing unbedingt bedarf es, zur Begrenzung des Schutzbereich die sorgfältige Abwägung aller Umstände und gegenständige Rechtsinteressen zwischen Arbeitgeber und Arbeitnehmer durchzuführen. Dieser Untersuchungsprozeß ist nicht so einfach und schwer, klaren Kriterium vorauzusehen. Die Definition von Mobbing könnte eine nützliche Hilfe zur Verfügung stellen, um diese Schwierigkeit zu mildern.

Noch dazu hinzuzufügen sei, den Inhalt des Vertragspflicht des Arbeitgebers zur Verhindelungsmaßnahme von Mobbing zu konkretisieren und dadürch wirksames Unterstützungsmittel vorzubereiten. Der hautigen Situation der Rechtssprechungen, gegen Verletzung der Vertragpflicht nür Schadenersatz zu anerkennen, sei nicht zu zustimmen.

In dieser Punkt sei die Sonderregel auf die sexuelle Belästigung zu verweisen. Bei der Reform des Gesetz über Gleichberechtigung von Mann und Frau im 1997 Jahr wurde eine Bestimmung über Schutz der sexuelle Belästigung festgesetzt. Zwar lautet Art. 21 des Gesetzes ; Arbeitgeber ist verpflichtet, eine Arbeitnehmerin vor Nachteiligebehandlung und Beschädigung der beschäftigte Umgebung, die auf gegen sie gerichtet sexuelle Verhaltensweise zurückzuführen sein, zu schützen. Auf diese Regel beruhend wurde eine administrative Richtlinie aufgestellt, die dem Arbeitgeber verpflichtet ist, in der Gesicht der Arbeitsverwartung die effektive Gegenmaßregeln, Aufklärungstätigkeit gegen sextuell Belästigungen, Beratung für Geschädichte und angemessene Maßnahme einzurichten und in die Tat umzusetzen. Der Charakter dieser Richtlinie ist administrative Anleitung, deshalb hat keine zwingende Wirkung zu verstehen. Aber bedeutet der Inhalt dieser Richtlinie derselbe, die Fürsorgepflicht zu konkretisieren. Mit anderen Wort, ein Arbeitgeber, der die Richtlinie verletzte, sich nicht gegen das Gesetz order administrativ Anleitung, sondern die Nebenpflicht des Arbeitsvertrags vergeht.

Niemand kann verneinen, dass Mobbing ganz genau so wie sextuelle Belästigungen sehr ernsthafte Beschädigung den viellen Arbeitnehmern geben. Auch ist es selbstverständlich, dass die Vorbeugungsmaßnahme mehrfach erfolgreicher als nachgehende Hilfe sei. Der angemessenen Vorbeugungsmaßnahme gegen Mobbing ist eine dringende Aufgabe für nicht nür Gericht, sondern auch Verwaltung und Gesetzgeber zu bilden.

5. Schlussbemerkung

Obgleich die Rechtssprechungen über Mobbing von ziemlicher Größe vorhanden sind, in länger Zeit dauernte die Lage, dass Klagen der Arbeitsstreitigkeiten in Japan insgesammt nur ca. 3000 pro Jahr eingerichtet wurden. Im Vergleich nicht nür mit Deutschland, sondern auch mit die Beschwerben, die bei den Beratugsstellen angefragt werden, sind diese Zahlen so wenig. Deshalb für Rechtsschutz von Mobbig wäre es am wichtigsten, nach Verstäkung der juristischen Einrichtungen zu streben, um die enge Fühlung mit Gerichtbarkeit zu erleichtern. Von dem Gesichtspunkt aus betrachtet ist es sehr bemerkungswert, dass im Gegenwart in Japan die epockemachende Justizreform läuft, die traditionelle „klein Justiz, große Verwaltung" Politik, in fundamentaler Weise zu refomieren.

Diese Reform restreckt sich auf sehr umfassende Bereichen der Justiz einschließlich des juristischen Ausbildungssystems genau so wie Law School in USA. Auch im Bereich für Lösung der Arbeitsstreitigkeiten ist es bedeutungsvoll, dass im 2004 Jahr festgesetze Arbeitschiedsgesetz[16] ein neues Schiedsverfahren, das als Modelle die Arbeitsgerichtbarkeit im Dautscheland und Industrial Tribunals im England zur Kenntnis nimmt, aber etwas anderen Charakuter von beiden hält, für Lösung der individuelle Arbeitsstreitigkeiten eingeführt. Zwar für dieses Schiedsverfahren ist zuständig einen mit neue Konzept gerichteten spezielle Schiedsausschuss für Arbeit, der sich aus gleichgerichteten drei Schiedsrichtern zusammensetzen, davon einer Beruflichesrichter ist und die andere aus Gelehrsamkeit und Erfahrung von Arbeit, konkret ein jeder aus Aebeitgeber-und Arbeitnehmerseite vom Oberstesgericht ernannt werden. Der Ausschuss ist beim Landesgericht eingerichtet und die Auswahl, ob das Schiedsverfahren zu nüten order nicht, ist freie Hand der Betroffene gelassen. Aber im Vergleich mit Gerichtsverfahren ist die Schiedsverhandlung so zu laufen, soweit wie möglich die Schlichtung zu versuchen, die Verhandlung im Prinzip unter Ausschluss der Öffenlichkeit zu leisten und grundsätzlich innerhalb drei Terminen schließen zu machen. Das Schiedsurteil ist von Mehrheit des Ausschuss zu entscheiden und in der Form der Schiedsschrift zu Betoroffene zu zustellen. Aber hat das anders als Rechtssprechug unmittelbar keine Normativewilkung. Wenn innerhalb 2 Wochen nach Erhalt des Zustellen Betroffene einen gesetzmäßigen Einwand nicht anmeldet, dann ist das Schiedsurteil mit gleiche Rechtwilkung einer gerichtlichen Schlichtung festzulegen. Dagegen in der Fälle, ein gesetzmäßige Einwand angemeldet zu werden, verlielt sich die Rechtswilukung des Schiedsurteils und die Angelegenheit wird automatisch in das Gerichtsverfahren mit Wilkung übergenommen, ein Klage vom Anfang an beim Landesgericht zu einrichten.

Alle Beteiligte beachten die Effektivität dieses Schiedsverfahren in der Erwartung, viele Fälle im Schiedsverfahren behandelt zu werden und in der Tät einen Erfolg zu erzihen, die Autorität des Gesetzes in die Arbeitsverhältnis hineinkommen zu lassen. Das wäre eigentliche Voraussetung, die Persönlichkeit des Arbeitnehmers im Arbeitsplatz auch respektieren zu werden.

1) Die Persönlichkeitsschutzes des Arbeitnehmers im japanischen Arbeitsrecht, ArbuR 1997, 350.
2) H. Leymann, Mobbing, Rowohlt Taschenbuch 1993.
3) H. Leymann, a. a. O, S. 21-2.
4) BAG v. 15. 1. 1997, NZA 1997, 781.
5) LAG Thüringen v. 15. 2. 2001, AuR2002, 226.

6) "Mobbing" im Arbeitsrecht, Martina Benecke, NZA-RR 2003, 225.
7) Präfektur Tokyo, Ab. Arbeit und Wirtschft, Arbeitsberatungsfälle über Mobbing im Arbeitsplatz 1998.
8) Nahmlich hat sehr eifrich sich die Gewerkscht von Leitendeangestellter im Tokyo (Tokyo Kanrishoku Union) mit Mobbing auseinendergesetzt. Beim 1996 Jahr durchgefürte zweimalige telefonische Beratungen wurden ca. 1045 Beschwerden aufgefragt und in großen Teil davon waren die Beschaereden, über Entlasungen und Auftreten zwingen zu werden.
9) Der Rechtsanwartsverein fü Arbeit in Japan (Nihon Rodobengodan) setzen sich aus ca. 1,400 Rechtsanwärte zusammen unt stellen die Unterstütung für Recht des Arbeitnehmers als eine wichtiges Ziel aus. Schon seit dem1988 Jahr dieser Verein hat alle Kräfte zur telefonishen Beratungstätigkeit, zum erst über die Problem vom Tod durch Überarbeitung aufgeboten.
10) Saitama LG Urt. v. 24. 9. 2005, Rodohanrei (Zeitschrift fur Arbeitsrechtssprächung) 883, 38.
11) JBGB (Japanische Bürgerliche Gesetzbuch) Art. 709 lautet ; Wer vorsätzliche oder fahrlässig die Rechte eines anderen verletzt, ist verpflichtet, den daraus entstehenden Schaden zu ersetzen ;
12) Toyama LG, Urt. v. 23. 9. 2004, Rodohanrei 891. 12.
13) Tokyo LG, v. 4. 10. 2005, Rodohanrei 2006. 5.
14) Nach einer Zeitungsmedlung sind neurich die Zunahme der Beratungen über Mobbing mit direkt körperliche Angriffe beobachtet. Die Hintergrüden dafür liege insbesonders darin, mit mangelhafte Personalen die übersteigende und überbelastende Aufgabe verlangt zu werden.
15) Die Ändelung des Art. 709 im 2004 Jahr hat mit ausdrückliche Vorschrife ins klar gebracht, dass die rechtliche schutwürdige Interesse auch das Schutzobjekt im Deriksrecht sind.
16) Das Arbeitsschiedgesetz wurde im Dezember 2004 erlassen und trifft schon seit dem April 2006 in Kraft.

第 8 節　Mobbing in Japan

Auch in Japan ist allgemein bekannt, dass Mobbing am Arbeitsplatz sehr verbreitet ist und die davon Betroffenen stark belastet. Mit Ausnahme der sexuellen Belästigung, wo es das Gleichberechtigungsgesetz gibt, existieren keine spezialgesetzlichen Regelungen zur Mobbingproblematik. Deshalb beruht der rechtliche Schutz gegen Mobbing derzeit ausschließlich auf dem zivilrechtlichen Schutz des Persönlichkeitsrechts, und zwar in dem Bereich der unerlaubten Handlung. Dieser Rechtslage dürfte in absehbarer Zeit unverändert bleiben, auch wenn festzustellen ist, dass es kleine Anzeichen für einen Wandel gibt.

1. Gegenwärtiger Stand der Diskussion

Obwohl es das Mobbingphänomen schon recht lange gibt, wird den Betroffenen ein rechtlicher Schutz verwehrt. Mir scheint, dass die Gründe dafür unter anderem in den Wurzeln des japanischen Arbeitsverhältnisses liegen. Weil der traditionelle Charakter des japanischen Arbeitsverhältnisses und der Arbeitsorganisation – insoweit seien zum Beispiel die auf dem Gemeinschaftsgedanken beruhenden stark ausgeprägten Gehorsamkeitserfordernisse im Arbeitsverhältnis, die autoritäre Struktur der Arbeitsorganisation und das geschlossene Gemeinschaftsbewusstsein im Kollegenkreis genannt – dazu führt, dass der einzelne Beschäftigte das vom Arbeitgeber, von Vorgesetzen oder Arbeitskollegen zugefügte Mobbing geduldig erträgt, liegt es auf der Hand, dass nur wenige Mobbingfälle publik geworden sind.

Anders war es hingegen in den Fällen, in denen Arbeitgeber gezielt in diskriminierender Weise Mobbing gegenüber einer Minderheit betrieben, sich zum Beispiel gewerkschaftsfeindlich verhalten haben. Die Gründe hierfür sind darin zu erblicken, dass der starke Gemeinschaftsgedanke im japanischen Arbeitsverhältnis einerseits enge und vertauensvolle Beziehungen auf der persönlichen Ebene betont, anderseits Minderheiten mit diskriminierenden Maßnahmen sanktioniert. In diesen Ausnahmefällen haben sich die Beschäftigten, gestützt auf ihre politische Überzeugung, an die Öffentlichkeit gewandt und auf ihre Situation hingewiesen.

Weiter dürfte die wirtschaftliche Situation für die Existenz des Mobbingphänomens mit verantwortlich sein. In der über zehn Jahre andauernden wirtschaftliche Rezession haben sich die fundamentalen Rahmenbedingungen in den japanischen Unternehmen so start verändert, dass es sehr schwer sein wird, das traditionelle japanische Arbeitsverhältnis aufrecht zu erhalten. Angesichts des zunehmenden, immer härter werdenden wirtschaftlichen Wettbewerbs auf der internationalen Ebene ist es nicht auszuschließen, dass viele Arbeitgeber ihre Arbeitnehmer entlassen oder zu einem Ausscheiden aus dem Unternehmen veranlasst haben. Soweit dabei Mobbing im Spiel gewesen ist, dürften darin die Veränderung beim japanischen Arbeitsverhältnis zum Ausdruck kommen.

Die Präfektur Tokyo, die sich seit 1957 äußerst intensiv mit Arbeitsstreitigkeiten befasst, musste die Zunahme von Beschwerden feststellen, die Mobbing zum Gegenstand hatten. Daher hatte es im Jahr 1998 die in dem Zeitraum 1996/1997 eingelegten 600 Beschwerden wegen Mobbing analysiert. In dem anschließenden Forschungsbericht wurde erstmals offen von „Mobbing" sowie „seelische Belästigung" gesprochen[1].

Nach einer aktuellen Statistik der Präfektur Tokyo aus dem Jahr 2009[2] umfasste die Beratung insgesamt 55,082 Fälle. Beschwerden wegen Mobbing machten dabei 7,113 Fälle (= 12.9 %) aus. Als Mobber wurde Arbeitgeber und Vorgesetze in 58.7 % und Kollegen in 20.8 % der Fälle genannt. Eine Beschwerde wegen sexueller Belästigung erfolgte in 1,895 Fällen (= 3.4 %).

Schlussendlich sei auf eine weitere, bemerkungswerte Statistik verwiesen.

Seit dem Jahr 2001 wurden vom Ministerium für Gesundheit, Arbeit und Wohlfahrt landesweit rund 300 Beratungsstellen eingerichtet. Gemäß dem neuesten Geschäftbericht 2009[3] erfolgte eine Beratung in 1,141,006 Fällen. Davon entfielen 247,302 Fälle auf zivilrechtliche Arbeitsstreitigkeiten. Beschwerden wegen Mobbing machten 35,759 Fälle (= 14.5 %) aus.

Als Gründe für die Zunahme von Beschwerden wegen Mobbing kann zunächst auf die von mir bereits erwähnte angespannte wirtschaftliche Situation in Japan verwiesen werden, die in vielen Unternehmen zu Massenentlassungen geführt hatten. Entlassungen und Kündigungen sind die hauptsächlichen Motive für Mobbing.

Hinzu kommt, dass sich das durch eine lebenslange Beschäftigung und dem Senioritätslohnsystem kennzeichnende japanische Karriersystem in den 90er Jahren – in einer Zeit der Deregulierung und Flexibilisielung – wesentlich verändert hat :

- An die Stelle der bislang anzutreffenden typischen Beschäftigungsformen wurden zahlreiche atypische Beschäftigungsformen wie Befristetung, Teilzeit und Leiharbeit eingeführt, wobei die davon Betroffenen außerhalb des japanischen Karriresystems bleiben.
- Stammarbeitnehmern ist es nicht mehr garantiert, nach dem Senioritätssystem entlohnt zu werden. Viele Unternehmen folgen heute dem japanischen Leistungsprinzip, so dass sich beim Lohn zwischen den einzelnen Arbeitnehmern eine große Bandbreite ergeben kann. Mit anderen Worten : Die Entlohnung erfolgt in einer individualisierten und auf den einzelnen Arbeitnehmer bezogenen Weise.
- Dies wiederum hat zu einer Individualisierung innerhalb der japanischen Arbeitswelt geführt, mit der eine gewisse Entsolidarisierung bei den Beschäftigten einhergeht.

Abschließend soll eine neue Form des Mobbing erwähnt werden, die unter dem Begriff „Power Harassment" bekannt geworden ist. Den Arbeitnehmern werden zusätzliche und überbeanspruchende Arbeiten in einer kaltherzigen Art und Weise abverlangt, was bisweilen unter dem Einsatz körperlicher Gewalt geschieht.

2. Die rechtliche Situation

Wie bereits erwähnt : Im japanischen Abeitsrecht gibt es keine speziellen gesetzlichen Regelungen zu Mobbing. Eine Ausnahme gilt für den Bereich der sexuellen Belästigung am Arbeitsplatz. Die entsprechenden gesetzlichen Regelungen, die seit dem Jahr 1997 gelten, orientieren sich an dem US-amerikanischen Recht. Danach war der Arbeitgeber zunächst aufgefordert, Frauen vor sexuellen Belästigungen am Arbeitsplatz zu schützen. Im Jahr 2007 erfolgte eine Änderung des Gesetzes, die in zwei Punkten auch für Mobbing von Bedeutung ist :

- Bis zum Jahr 2007 verfolgte das Gesetz das ausschließliche Ziel, Frauen vor sexuellen Belästigungen seitens der Männer zu schützen. Heute werden diesbezüglich beide Geschlechter gleich behandelt. Nunmehr sind auch die Männer vor sexuellen Belästigungen, die von Frauen begangen werden, geschützt.
- Die Pflicht des Arbeitgebers, die erforderlichen Maßnahmen zum Schutz vor sexuellen Belästigungen zu ergreifen, wurde erweitert. Nunmehr ist der Arbeitgeber verpflichtet, seine Arbeitnehmer vor Benachteiligungen und eine Verletzung der Arbeitsumgebung zu schützen, soweit diese auf gegen sie gerichtete sexuelle Verhaltensweisen zurückzuführen sind. Hierauf aufbauend wurde eine administrative Richtlinie erlassen, die den Arbeitgeber verpflichtet, über das Thema der sexuellen Belästigung aufzuklären, eine Beratung für Betroffene anzubieten und Sanktionsmaßnahmen gegen den Belästiger (z.B. Versetzung) zu ergreifen. Da es sich bei der Richtlinie um

eine administrative Anleitung handelt, sind Sanktionen des Belästigers sowie desjenigen Arbeitgebers, der gegen die Richtlinie verstößt, nicht vorgesehen. Vielmehr bezweckt die Richtlinie, Arbeitgeber zu bewegen, geeignete Maßnahmen zum Schutz vor sexuellen Belästigungen im Unternehmen zu ergreifen. Zudem erfolgt mit der Richtlinie eine Konkretisierung der arbeitgeberseitigen Fürsorgepflicht gegenüber seinen Beschäftigten. Der Verstoß des Arbeitgebers gegen die Richtlinie beinhaltet daher eine Verletzung arbeitsvertraglicher Nebenpflichten.

Losgelöst davon erfolgt eine Sanktionierung des Belästigers nach strafrechtlichen Gesichtspunkten, sofern die entsprechenden Voraussetzungen erfüllt sind.

Niemand kann daran zweifeln, dass Mobbing in dem gleichen Maß wie die sexuelle Belästigung zu einer Schädigung der davon Betroffenen führt. Auch wird niemand in Abrede stellen, dass präventive Maßnahmen erfolgversprechender sind als die nachträglich Hilfe. Trotzdem gibt es keine spezialgesetzlichen Regelungen einschließlich vorbeugender Maßnahmen im japanischen Arbeitsrecht. Allerdings ist eine bemerkenswerte Bewegung festzustellen.

Im Lauf des Gesetzgebungsverfahrens zum Arbeitvertragsgesetz[4] hatte die damalige Oposition im Jahr 2007 einen Änderungsantrag eingebracht, wonach der Arbeitgeber im Rahmen seiner Fürsorgepflicht verpflichtet sein sollte, die Arbeitsumgebung vor schädigenden Verhaltensweisen zu schützen. Daraus hätte man die Pflicht des Arbeitgebers ableiten können, notwenige Maßnahmen zum Schutz vor Mobbing zu ergreifen, insoweit präventiv tätig zu werden. Leider war diesem Antrag der Erfolg verwehrt.

Im Bereich des Power Harassment ist ebenfalls ein gewisser Fortschritt zu beobachten. Wie bereits erwähnt, handelt es sich dabei um eine besondere Erscheinungsform des Mobbing : Der Arbeitgeber oder ein Vorgesetzer nutzt seine überlegene Stellung mit Missbrauch seines Weisungsrechts, um einen Untergebenen – aus welchen Gründen auch immer (z.B. Unzufriedenheit mit der Leistung des Arbeitnehmers) – grob zu behandeln. Diesbezüglich ist zu bedenken, dass ein das Weisungsrecht überschreitender Vorwurf sowie ein gegen die Persönlichkeit des Arbeitnehmers gerichteter Angriff rechtswidrig, mithin unzulässig ist.

Die Ursachen für Power Harassment liegen in der Konkurrenz zwischen den Unternehmen, die auf einem Unterbietungswettbewerb sowie auf einen überzogenen Kundendienst beruht. Den Arbeitnehmern wird von ihren Arbeitgebern immer mehr Leistung abverlangt, was hin bis zu einer Überforderung sowie Überbeanspruchung reicht. All das geschieht in einer kaltherzigen Art und Weise, manchmal unter Einsatz körperlicher Gewalt. Diese Behandlung verunsichert und belastet die Arbeitnehmer ; ihre Persönlichkeit wird nicht mehr respektiert.

Ein schockierender Vorfall erschütterte die Öffentlichkeit : Ein Arbeitnehmer, der die heftigen Vorwürfe seines Vorgesetzen nicht mehr ertragen konnte, nahm sich das Leben. Er hinterließ Aufzeichnungen, in denen er sein erlittenes Leid festgehalten hatte. Auf die Klage seiner Familie hin erkannte das Landgericht Tokyo[5] einen Kausalzusammenhang zwischen dem Suizid und dem Power Harassment an und erkannte damit zum ersten Mal eine Entschädigung nach dem Arbeitsunfallversicherungsgesetz an.

So Bedeutsam diese Gerichtsentscheidung auch ist. Viel wichtiger sind Regelungen, wie dem Power Harassment wirksam vorgebeugt werden kann. Ein erster Schritt hierzu ist bereits getan. In einigen Präfekturgemeinden und Bildungsausschüssen (z.B. Hyogo, Osaka, Wakayama) gibt es Handlungsanleitungen im Bereich des öffentlichen Dienstes sowie der Schulen, wie dem Power Harassment vorbeugt werden kann. Von ihrem Inhalt her gleichen sich die Handlungsanleitungen. Sie erhalten eines Begriffsbestimmung, wonach Power Harassment als ein Verhalten begriffen wird, das unter Ausnutzung der Überlegenheit und der Überschreitung der Befugnisse (Stichwort : Weisungsrecht) die Persönlichkeit und Menschnenwürde einer Person dauerhaft so verletzt, dass die Arbeitsumgebung und die Anstellungssicherheit des Betroffenen ernst geschädigt wird. Weiter wird dem Arbeitgeber – wie im Falle der sexuellen Belästigung – die Pflicht auferlegt, die erforderlichen Maßnahmen zur Verhütung von Power Harassment zu ergreifen. Das beinhaltet eine Aufklärung über das Power Harassment, das Angebot von entsprechenden Beratungen und ein angemessenes Vorgehen gegen den Täter einschließlich der Ergreifung etwaiger Disziplinarmaßnahmen (z.B. Versetzung).

In der Ausgabe der Tageszeitung „Asahi" vom 12. 02. 2011 wurde ein Fall berichtet, wonach ein Vorgesetzter für zwei Monate vom Dienst suspendiert worden war, weil er ihm untergebene Angestellte mit heftigen Beleidigungen derart traktiert hatte, so dass zwei Angestellte infolge der Behandlung ihrer Arbeitspflicht nicht nachkommen konnten.

In Tarifverträgen sowie sonstigen Vereinbarungen gibt es keine Regelungen zu Mobbing. Dabei wäre es den japanischen Betriebs- sowie Unternehmensgewerkschaften möglich, mit den Arbeitgebern entsprechende Regelungen zu vereinbaren. Meines Erachtens ist dieser Umstand darin begründet, dass es bei den Gewerkschaften noch an der erforderlichen Einsicht einer Handlungsnotwendigkeit fehlt.

3. Der Rechtsschutz in der Praxis

Das im Jahr 2001 erlassene „Gesetz zur Förderung der Lösung individueller Arbeitsstreitigkeiten" hat maßgeblich dazu beigetragen, dass bis dato kaum bekannte Mobbing ins öffentliche Bewusstsein zu tragen. Der Zweck des Gesetzes besteht darin, individuelle Arbeitsstreitigkeiten mit Hilfe der Methoden einer alternativen Streitbeilegung zu lösen. Im Japan gibt es ein Stichwort: *„Große Verwaltung und kleine Justiz"*. Die Maßnahmen der Verwaltungstätigkeit spielen bei der Beilegung individueller Arbeitsstreitigkeiten eine größere Rolle, als es bei einem Gerichtsverfahren der Fall ist. Schließlich können sich die Betroffenen, bei denen es sich überwiegend um Arbeitnehmer handelt, bei der Verwaltung beschwerden, ohne einen Rechtsanwalt beauftragen zu müssen. Zudem können auf diese Weise zeitnah Lösungen erreicht werden. Der Schwachpunkt dieser Verwaltungshilfe ist darin zu erblicken, dass mit ihr kein Zwang verbunden ist.

Auf der Grundlage des Gesetzes zur Förderung individueller Arbeitsstreitigkeiten wurden landesweit rund 300 Beratungsstellen eingerichtet. Diese haben die Aufgabe, Beschwerden, soweit sie individuelle Arbeitsstreitigkeiten von Arbeitnehmer und Arbeitgeber zum Gegenstand haben, entgegenzunehmen. Das Gesetz ermächtigt die Leiter der Behörde für Arbeit in den 47 Präfekturen, die erforderlichen Maßnahmen für die Lösung von Arbeitsstreitigkeiten zu ergreifen. Wie für den Fall einer sexuellen Belästigung, gehören unter anderem dazu : das Weiterreichen von nützlichen Informationen sowie die Erteilung von Ratschlägen. Sofern nötig, kann zudem eine Verwaltungsanleitung erlassen werden.

Für die Behandlung von Arbeitsstreitigkeiten gibt es spezielle Ausschüsse, die sich aus erfahrenen Experten des Arbeitslebens zusammensetzen. Der Ausschuss kann im Auftrag des Behördenleiters einen Vermittlungsvorschlag erarbeiten und diesen den Parteien unterbreiten. Dieser Vorschlag kann von den Parteien zu jedem Zeitpunkt des Verfahrens abgelehnt werden.

Dieser Umstand führt zwangsläufig zu der Frage, ob dieses System bei Mobbing überhaupt eine wirkliche Hilfe sein kann. Zu ihrer Beantwortung sei auf eine Untersuchung aus dem Jahr 2010 verwiesen[6], die 1,444 Vermittlungsfälle aus vier Präfekturen zum Gegenstand hatte. Im Untersuchungszeitraum 2008 wurden in den 47 Präfekturen insgesamt 8,457 Fälle behandelt. Von den zur Begutachtung ausgewählten 1,141 Fällen betrafen 260 Fälle (22.7 %) Mobbing.

Das Egebnis dieser Untersuchung war keineswegs befriedigend. In 163 Mobbing-Fällen entzog sich der Arbeitgeber dem Verfahren durch Abwesenheit. In 96 Fällen (36.9 %) waren beide Seiten nicht anwesent. Keine Einigung konnte in 67 Fällen (25.8 %) erzielt werden. Lediglich in 80 Fällen (30.8 %) kam es zu einer Einigung.

Sofern die Beschädigten von den Arbeitgebern die Entschuldigung verlangten, wurde diese in fast allen Fällen verweigert. Soweit eine Entschädigung gezahlt wurde, war diese ziemlich niedrig. In 61.3 % der Fälle lag sie unter 300,000 Yen (ca. 2,500 €). In vielen Fällen blieb der Beschwerde wegen Mobbing der Erfolg versagt. Manche der von Mobbing Betroffenen wurden krank, andere sahen sich dem Zwang ausgesetzt, ihren Arbeitsplatz aufzugeben. Die Hilfeleistung seitens der Gewerkschaft scheint im Übrigen keine Rolle zu spielen.

Arbeitsrechtliche Gerichtsverfahren benötigen in Japen viel Zeit. Dies ist ein Grund dafür, dass jährlich etwa nur rund 3200 Klagen erhoben werden. Im Vergleich zu den Zahlen der Gerichtsverfahren in Deutschland sowie zu den Beschwerden in Japan ist ihre Zahl äußerst gering. Für einen wirksamen Rechtsschutz bei Mobbing ist es daher erforderlich, eine Stärkung der juristischen Einrichtungen zu erreichen, um die Führung von Prozessen zu erleichtern.

Seit April 2006 ist das Arbeitsschiedsgesetz in Kraft, das das deutsche Arbeitgerichtsgesetz sowie die englischen Industrial Tribunals zum Vorbild hat, gleichwohl einen etwas anderen Charakter aufweist. Das Schiedsverfahren gemäß dem Arbeitsschiedsgesetz ist für die Beilegung von individuellen Arbeitsstreitigkeiten eingeführt worden und beruht auf einem neuen Konzept mit speziellen Schiedsausschüssen für Arbeit. Jeder Schiedsausschuss besteht aus drei gleichberechtigten Schiedsrichtern – einem Berufsrichter und je einem ehrenamtlichen Richter von der Arbeitgeber- und von der Arbeitnehmerseite. Die ehrenamtlichen Richter werden vom Obersten Gericht ernannt. Der Schiedsausschuss ist beim Landgericht eingerichtet. Das Recht, das Schiedsverfahren zu nutzen, ist der freien Entscheidung der Streitparteien überlassen. Im Gegensatz zum Gerichtsverfahren verfolgt die Schiedsverhandlung das Ziel, den Streit zu schlichten. Die Verhandlung erfolgt grundsätzlich unter Ausschluss der Öffenlichkeit. Für die Schlichtung sind bis zu drei Termine vorgesehen.

Die Schnelligkeit und Praktikablität ist für das Schlichtungsverfahren ebenso kennzeichnend wie seine grundsätzliche Beschränkung auf drei Termine. Letzters kann sich als nachteilig erweisen, wenn der streitgegenständliche Sachverhalt recht kompliziert ist.

Das Schiedsverfahren mündet in ein Schiedsurteil, das den Parteien in der Form einer Schiedsschrift zuzustellen ist. Im Gegensatz zu einem gerichtlichen Urteil entfaltet es allerdings unmittelbar keine normative Wirkung. Erst wenn die Parteien von der Möglichkeit, innerhalb von zwei Wochen nach dem Zugang der Schiedsschrift Einwendungen vorzubringen, keinen Gebrauch gemacht haben, erlangt das Schiedsurteil die gleiche Rechtswirkung wie eine gerichtliche Schlichtung.

Sofern von der Möglichkeit der Erhebung von Einwänden Gebrauch gemacht wird, verliert das Schiedsurteil seine Wirksamkeit. Das Verfahren wird automatisch in ein Gerichtsverfahren übergeleitet, so als sei von Anfang an eine Klage beim Landgericht erhoben worden.

Seit dem Inkrafttreten des Arbeitsschiedsgesetzes im Jahr 2006 sind die Schiedsverfahren von Jahr zu Jahr angestiegen. Im Jahr 2010 waren es insgesamt 3,468 Fälle[7], inklusive der Schiedsverfahren wegen Mobbing. Da das Schiedsverfahren kein öffentlich zugängliches Gerichtsverfahren ist, werden sowohl die Verhandlungen als auch die Schiedsurteile nicht der Öffentlichkeit zugänglich gemacht. Was öffentlich bekannt wird, das ist nur ein kleiner Ausschnitt dessen, was in den Schiedsverfahren verhandelt wird.

Der Rechtsschutz bei Mobbing fußt auf dem im Zivilgesetz geregelten Persönlichkeitsrecht, dem Schutz von Leben und Gesundheit des Arbeitsnehmers[8]. Wenn man sich die bislang zu Mobbing sowie zur sexuellen Belästigung ergangene Rechtsprechung vergegenwärtigt, so fällt auf, dass die Gerichtsentscheidungen auf einer deliktsrechtlichen Haftung fußen. Nur wenige Entscheidungen weisen auf die arbeitsvertragliche Pflicht des Arbeitgebers hin, Mobbing zu verhindern – wobei es ihnen schwerfällt, daraus sinnvolle Rechtsfolgen abzuleiten. Die Beurteilung, ob eine (Mobbing-) Handlung die Grenzen des Erlaubten überschreiten oder nicht, erfolgt ohne Zuhilfenahme einer Definition von Mobbing.

Die Gründe hierfür sind in dem sehr weit gefassten Schutzbereich und in der leichten Anwendug des Deliktsrechts zu finden. Durch das Deliktsrecht werden nicht nur subjektive Rechte, sondern auch andere schutzwürdige Rechtsinteressen geschützt, so dass eine Ausdehnung des Deliktsrechts auf die Fälle von Mobbing ohne weiteres möglich ist. Allerdings bedarf es zur Begrenzung des Schutzbereichs einer sorgfältigen Abwägung aller Umstände und gegenständigen Interessen der Arbeitgeber mit denen der Arbeitnehmer. Dies ist nicht einfach ; hierzu bedarf es klarer Kriterien. Eine Definition von Mobbing könnte hierbei helfen.

Weiter würde es helfen, die arbeitsvertraglichen Pflichten des Arbeitgebers zur Vermeidung von Mobbing zu konkretisieren. Der derzeit in der Rechtssprechung vertretenen Meinung, bei einer Verletzung arbeitsvertraglicher Pflichten nur Schadenersatzansprüche anzuerkennen, kann nicht gefolgt werden.

4. Dringende Aufgabe gegen Mobbing

Die Ausführungen verdeutlichen, dass es zwar Möglichkeiten der Aufarbeitung von Mobbing in rechtlicher Hinsicht gibt, jedoch so gut wie keine erfolgversprechenden präventiven Mittel existieren. Eine Ausnahme gibt es bei der sexuellen Belästigung und beim Power Harassment in einigen Präfekturgemeinden. Deshalb wäre es eine dringende Aufgabe, wirksame vorbeugende Maßnahmen zum Schutz vor Mobbing zu ergreifen.

Meines Erachtens[9], wäre es dafür am besten, im Arbeitsplatzsicherheit- und Gesundheitsschutzgesetz eine neue Bestimmung einzufügen, die den Arbeitgebern – genauso wie im Fall der sexuellen Belästigung – zur Ergreifung von geeigneten Maßnahmen gegen Mobbing verpflichtet. Nach diesem Gesetz ist der Arbeitgeber bereits verpflichtet, einen beratenden Ausschuss einzurichten, der sich paritätisch aus Vertretern des Arbeitgebers und der Beschäftigten zusammengesetzt. Dieser Ausschuss ist für die Überwachung der Sicherheit am Arbeitsplatz sowie der Gesundheit der Beschäftigten verantwortlich. Es wäre keineswegs abwegig, diesem Ausschuss die Befugnis zu übertragen, Maßnahmen gegen Mobbing zu erörtern. Die Vertreter der Beschäftigten in den Betrieben hätten dann ein wirkliches Beteiligungsrecht, um vorbeugende Maßnahmen gegen Mobbing anzuregen.

1) Präfektur Tokyo, Abteilung Arbeit und Wirtschaft, Sammling über Mobbing am Arbeitsplatz, 1999.
2) Vgl. Präfektur Tokyo, Abteilung Arbeit und Wirtschaft, Bericht über die Arbeitsberatung, 2009, www.hataraku.metoro.tokyo.jp.
3) Ministerium für Gesundheit, Arbeit und Wohlfahrt, bericht über den Stand der Ausführung des Systems der Lösung individueller Srbeitsstreitigkeiten, 2009, www.mhlw.go.jp.
4) Gesetz Nr. 128/2007, das seit März 2008 in Kraft ist.
5) Urteil vom 15. 10. 2007.
6) Keiichiro Hamaguti, Die Analyse der Vermittelungsfälle in den individuelle Arbeitsstreitigkeiten, Jurist Nr. 1408 vom 01. 10. 2010, S. 56.
7) Shigeru Haruna, Gegenwätiger Zustand und Aufgabe des Arbeitsschiedswesens, Jurist Nr. 1408 vom 01. 10. 2010, S. 44.
8) Der Art. 709 des japanischen Zivilgesetzes lautet : „Wer vorsätlich order fahrlässig die Rechte oder rechtlich schutzwürdigen Interessen eines anderen verletzt, ist verpflichtet, den daraus entstehenden Schaden zu ersetzen."
9) Kunishige Sumida, Die Reichweite des Persönlichkeitsrecht des Arbeitnehmers, in : Forschung nach dem Persönlichkeitsrecht des Arbeitnehmers, Festschrift Für Kunishige Sumida zum 70. Geburtstag, 1. Band S. 3, 2011.

第Ⅳ章　集団的労使紛争と人格権侵害

第1節　団結権侵害と損害賠償の法理

1. 団結権侵害を理由とする労使紛争の損害賠償事件化

1)　団結権の権利性と市民法秩序

(1)　労使紛争に際しその手段として損害賠償の請求という方法が用いられることは、それ自体としては別に珍しいことでも、目新しいことでもない。使用者や第三者が、争議によって蒙った損害の賠償を組合ないし組合員に対して求めるというやり方は、もっとも古くから行われてきた争議行為に対する対応策であったし、争議権が保障された今日でも、責任の帰属主体や負担すべき損害の範囲について争いがあるとはいえ、「違法」争議に対する典型的な責任追及手段たる地位を占めているのである[1]。その場合の損害として主張されるのは、争議行為によって使用者または第三者が失った営業上の利益やストライキによって特別に支出せざるをえなかった費用などの財産的損害であり[2]、法理論上も、労使紛争という特殊な現象に適用されることが考慮されなければならないという要請が働きうるとはいえ、債務不履行や不法行為という民法が予定した損害塡補に関する本来的法理が妥当する局面に他ならない。

(2)　しかし、使用者の団結権侵害行為に対して、これを不当労働行為として労働委員会に救済を求めるにとどまらず、一般市民法上の不法行為に該当するとして裁判所に直接損害賠償あるいは侵害行為の差止め[3]を請求するとなると、その性格を同一に論ずることはできない。まず団結権の権利性やその保障の意

義を考えてみれば、その内実は、団結する自由と組織運営の自治、ならびに組合活動の自由を、国家・行政や使用者の妨害と介入を受けることなく展開する自由を保障することに意味がある。その意味で、物権にせよ債権にせよ、法的主体の支配しうる客体の範囲とその財産的価値――それは終局的には普遍的な価値尺度としての金銭によって量られることになる、民法417条、同722条1項――の保護を意図した市民法上の権利概念とはもともと性格を異にするものということができよう。

このような労働者ないし団結の「自由」は、組合の結成や加入、ストライキ参加を理由とする解雇などの形で伝統的に行われてきた使用者の妨害行為を禁止することなしには現実のものになりえない。そこで、使用者の市民的権利や自由――所有権と契約の自由――が労使関係の場において行使される結果生じるこのような団結の自由に対する干渉や妨害を[4]、資本所有権の濫用としてとらえ、労働者と団結にこのような侵害の排除を求める法的救済の途を拓くこと、ここに団結を「権利」として保障することの意味があったというべきなのである[5]。

また団結権侵害行為によって生じた「損害」とは何を意味するのかについてみても、単に団結の蒙った財産的損害を通常の財産損害と同様に考えていけばよいということにはなるまい。労働組合は、労働条件に関して集団的規制を加えることを目的とする団体であり、その活動は、その意味で労働者の労働・生活条件の向上という財産上の利益の獲得に向けられているということはできる。しかし、組合の活動によって得られた労働条件の向上という成果は、直接個々の労働者に権利として帰属するのであって、組合自体に帰属するという性格のものではありえない[6]。したがって使用者の団結侵害行為によって、労働組合が労働条件の維持向上という目的の達成機能を侵害されたからといって、得べかりし利益の損害としてそれを組合が請求できるわけではないのである[7]。

もちろん、労使紛争や争議の終結に当たって、争議解決金・慰謝料などの名目で使用者から組合・争議団に対する金銭の支払いが約されるというやり方

は、すでに戦前から広くみられるところであった[8]。しかし、そこでたとえ慰謝料という言葉が使われていたとしても、その性格を、団結侵害行為に対する損害賠償としての意味をもっているとか、さらには使用者のそれらの行為に対する規範的批難の意味をこめて支払われたものとみることはできない。逆に、その多くは、争議指導者の解雇と、企業内からの組合組織の排除という事実の上に立ち、それと引換えに、いい換えれば、資本による団結の解体と買取りという意味をもつものであったといってよい。また争議終結時に労働者個人に対する金銭の支払いが約される場合でも、せいぜい解雇手当の増額や生活補助の支給というにとどまり、とうてい団結権侵害に対する責任追及たる性格をもつものではなかった。

　このように、団結の自由の法秩序への位置づけは、これまで伝統的な民法体系の中で、したがってその侵害行為を不法行為とし、損害賠償によって救済すべきものだとは考えられてこなかった、ということができよう。反対に、財産権秩序を保護するものとしての市民法は、労使関係に適用されるとき、現実には労働者にとって経済的強制にもとづく不自由と使用者による他律的企業秩序への従属という結果をもたらす。団結は、市民法秩序の下での個々の労働者のこのような状態を克服し、実質的な労働者の自由と人格性の回復を追求する主体であって、市民法の財産法秩序に対する抗議とその修正をせまる性格をもっている。したがって団結の自由の保障は、市民法秩序の中においてではなく、その適用を制限し解放された自由の領域をつくっていくことによってなされるものであり、さらに進んで団結権侵害行為に対する一定の法的保護が与えられるとしても、市民法の外にこれと異なる原理にもとづく法体系・労働法の下でなされなければならない。およそこのような文脈の中で、団結権保障が、市民法の金銭による損害塡補とは次元を異にするものと観念せられてきたのは、むしろ当然のことであったというべきであろう。

2) 損害賠償事件の増大

(1) ところが、最近、団結権侵害・不当労働行為を、民法上の不法行為に該

当するとの理由で損害賠償請求の対象にするという訴訟がみられるようになった。そしてこれを認める裁判例も、ある程度の蓄積をみるに至っている。

　団結権が基本的には個々の労働者の団結の自由でありながら、それは集団的に行使され組織化されることによって——典型的には労働組合として——はじめて意味をもちうる。そこから団結権の権利主体は、個人であると同時に、団結それ自体でもあるという特質が生ずる[9]。この団結の権利主体の二重性から、団結権侵害行為に対する損害賠償事件も、個々の労働者・組合員からなされる請求と団結それ自体からなされる請求事件という二つの類型として表われる。

　前者は、例えば、組合併存下で一方の組合に属していることを理由に差別を受けたとして[10]、あるいは正当な組合活動に従事したことで不利益な処分を受けたとして[11]、労働者個人から使用者に損害賠償請求がなされる場合である。これに対し、組合活動に対する使用者の妨害や[12]支配介入行為に対し[13]、組合自体が損害賠償を求めるという事例が後者の典型である。

　(2)　これらは、労使紛争の解決手段という観点からみれば、損害賠償請求方式の新しい労使紛争分野への導入という現象としてとらえることができる。そしてその一つの要因を、この種の団結権侵害行為に対する労働委員会の原状回復やポスト・ノーティス・謝罪命令という救済方法が、不当労働行為の防止に十分な機能を果しているとはいえない現状にあること[14]、加えて従来、労働委員会命令の原状回復主義という性格の理解として、使用者の不当労働行為責任を追及するかのような民事罰的性格をもつ救済命令——例えば損害賠償に匹敵する謝罪金支払いのような——を含みえないと解されてきたこと[15]等の、制度的側面に求めることができよう[16]。しかしより基本的には、労使紛争の損害賠償事件化とでもいうべきこの現象を生み出している要因を、その背景となる労使関係そのものの中に求め、そのもつ意味をさぐってみることが必要であろう。それは単に一時的現象にすぎないのか、それとも今後とも増大する傾向にあるのか、あるいはその増大は、どのような展望の下にとらえることができるのか、このような問題は、それを通して明らかにしうるであろうと思われるからである。またその上で、これまで市民法の適用から解放されることによって

保障されうると考えられてきた団結の自由が、逆に市民法理による保護を主張するという法理論上の転回なり発展なりを正しく位置付けることができると思われるのである。

2. 労使紛争の損害賠償事件化——その背景と意味

新しい労使紛争分野への損害賠償請求事件の導入という現象は、もとよりある特定の要因によって説明されうるような単純なものではない。たとえそのうちの一つの事件だけを取り出してみても、同じことがあてはまるであろう。ここではあえて、このような現象を生み出していると思われる労使関係の諸契機を指摘して、その中で損害賠償請求のもつ意味を考えてみることにしたい。

1) 労使紛争の内部的処理機能の喪失

労使関係の紛争が過度に裁判所に持込まれ、判決を通しての他律的解決に委ねられるという労使紛争の過度の法規化とでもいうべき現象は、一般的にいって、決して好ましいことではない。それは、労使関係の自主的な秩序形成機能が衰退し、硬直した対立関係から生ずる、いわば病理現象の表われに他ならないというべきだからである。このことが、団結活動をめぐる労使の紛争についての損害賠償請求事件の増大を生み出す要因の一つになっていることは否定できないと思われる。

官公労・労使紛争の中で生じている、組合による一連の団結侵害を理由とする損害賠償請求事件[17]、あるいは反対に、使用者から組合に対して、組合活動の違法を理由になされている損害賠償請求[18]は、そのような事態に至る必然的な歴史的・制度的背景をもっているとはいえ、このような労使関係のあり方を背景として理解すべきものであろう。この種の事件と判決はかなりの数に達する。本章では組合活動の権利や正当性について触れるつもりはないので、判決の理論的当否については触れないが、本来労使の自主的な内部解決こそ好ましいこの種の問題が、いかにそれを成立せしめないような考え方によって処理さ

れているか、一つだけ裁判例を挙げることにしたい。

全逓新宿・東京空港郵便局事件[19]は、当局側が、組合掲示板に貼られた組合ビラを、政治的および公労法17条違反のストライキ参加を呼びかける内容を含んでいるとの理由で実力で撤去した、これを組合活動に対する違法な侵害＝不法行為だとして組合が損害賠償を請求したというものである。判決は、組合の掲示板の利用は、貼布することのできるビラの範囲を限定した郵便局長の行政財産管理に関する許可処分の範囲で、その裁量内で許されたものに過ぎず、もともとそれを越えて施設を利用する権限を組合が有するものではないとの理由で、組合の請求を否定している。このように、当事者の一方のみが自由な裁量によって与えた範囲内でのみ、他方当事者である組合の組合活動が成立しうるという構成がとられる限り、労使の自主交渉による解決の途は、およそはじめから閉ざされている、といわざるをえないのである。労使の集団的紛争に関する不断の損害賠償事件化の背景を、そこにみることができるのである[20]。

2) 組合間差別問題を背景とした損害賠償請求事件

同じ団結権侵害行為に対する組合からの損害賠償請求事件のうちでも、それが、同一企業内に対立・競争関係にある複数の労働組合が併存し、一方の組合所属を理由とする労働条件上の差別や組合に対する支配介入などのいわゆる組合間差別を理由として行われるものについては[21]、先に述べた労使紛争の内部的処理機能の喪失という要因をそのままあてはめることはできない。なぜなら労使の自主的解決に期待することができるためには、集団的労使関係秩序の形成と維持にあたる一方の主体としての労働組合の存在と、使用者によるその承認が、論理的・現実的前提でなければならないからである。たとえ不当労働行為制度を、団体交渉を軸にすえて集団的労使関係の秩序形成を意図したものと考えるにしても、そこには、団結承認要求に伴うもっとも険悪化する恐れの強い労使紛争を予防するという、すなわち団結承認を前提とした労使関係の維持・展開が含意されていることを抜きにしては語れないのである。

ところが、組合間差別を理由とする団結権侵害行為が問題とされている事例

の多くは、労使の自主的交渉によるルールや基準設定の努力がなされているかどうかという以前の、一方の組合の当事者性の否認ないしは労働者の統制体として存在し機能していくことを認めないという使用者の団結否認の意図の表われとみるべきケースである。例えば、組合併存下での組合所属を理由とする組合員に対する車両の割当て（配車）、教習差別が、組合の組織の維持・拡大を嫌悪してなされた団結権侵害行為でもあるとして組合に対する損害賠償の支払いを命じた山陽急行バス事件（山口地下関支判昭52・1・31）、組合に対抗する親睦団体に有利な財政上の補助を与えるなどの差別的優遇措置と、組合・組合員に対する不利益な待遇を通して組合員の激減をはかったとして不法行為の成立を認めた大栄交通事件（横浜地判昭49・3・29）のいずれもが、これに属するということができる。共通していることは、差別される組合が少数化した中で行われ、使用者の団結侵害行為は、他方の組合との選別的対処という形をとって組合組織の弱体化と組織の機能停止が意図されていることである。それは、他方組合のみと交渉すれば、業務体制の維持・遂行に支障を生じないという事態によってほぼ完成し[22]、組合の解散・解体によって完結するという性格のものに他ならない。

　なるほど、企業内に組合が組織され存在すること自体を排斥し、認めないという文字通りの団結否認というタイプは、今日の労使関係にあってはまったくのレアケースに属するであろう。しかし組合の併存状態を利用して、一方の組合員や組合に差別的に対処し、他方組合のみとの交渉による業務体制の遂行・確保や労使関係秩序の形成・維持が、ひいてはそれを通して一方の組合組織の動揺と弱体化が意図されるというのは、今日的形態の団結否認のあり方に他ならないというべきであろう。したがってまた、このようななかでの損害賠償請求は、団結承認要求という性格をもっているということができるのである。

3)　労使関係における人格的権利の主張

　新しい労使紛争領域での損害賠償請求事件化の要因として重要なものの一つに、労働者の人格的自由や権利は労使関係そのものの中にあっても不当に侵害

されてはならないはずだという主張が強くみられるようになったこと[23],[24]、その基礎に高度成長期におけるとりわけ青年労働者を中心とする労使関係観の変化がみられることが注目されねばならないと思われる。

この間の技術革新と経済成長の中での労働者意識の変化は、基幹的部分を担うようになる青年労働者の消費生活への関心の移動、それまで伝統的にわが国労働者の特質とされてきた企業と労働組合へのいわゆる二重帰属意識の希薄化と組織離れ、労働における疎外意識の深刻化、などの現象として労使双方の関心を集め、多くの労働者意識調査が行われてきた[25]。経営者にとってみれば、いかにして、このような青年労働者の勤労意欲を高め企業目的に向けて動員していくことができるか、とくに技術革新の進展によって解体せざるをえない年功的職場秩序に代わって、労働者を統合していく労務管理機構とその手法をつくりあげていくために、労働者のモラール・サーベイやもっと包括的な労働者意識の把握は不可欠の要請であった。また労働組合の側からも、組合組織が青年労働者に理解と支持をえているかどうかの組織点検と、さらに進んで合理化という厳しい環境の激変に直面した組合が、新しい組織の担い手を見い出していくための手続きとしての意味をもつものであった。

労働者の意識研究を通して何が明らかになり何が問題とされているかは本節の対象外であるが[26]、ここでの問題関心からいえば、まず、労使関係を擬似共同体としてとらえてきたわが国の伝統的労使関係観が、特に青年労働者の間でイデオロギーとしての呪縛力を失い、契約関係としての労使関係観が定着してきたことが重要であろう[27]。配転や出向を、労働契約上の合意の範囲内かどうかという観点から吟味すべきだという主張が、しかも組合によってではなく個人労働者から訴訟で争われ、残業拒否が個人生活の自由を理由に行われるようになるという現象がこの時代に登場しているのは、その表われに他ならないというべきであろう。

第二に、生活意識の多様化・消費生活への関心の移動は、消費文化の画一性や中流意識の増大という社会的現象を生み出しながら、それだけに、自己の私的生活の領域に対する使用者の干渉を受忍することはないという市民的自由の

意識を生みださずにはおかない。企業という場を離れた私生活の領域で生じた事由、例えば、政治活動・非行を理由としてなされる懲戒処分の可否、あるいは兼業禁止のような、この領域における個人としての行為の自由に規制を加えることが許されるかといった事例は、そこから生ずる典型的な問題であろう。

さらに、市民的自由の意識は、労使関係そのものの場においても、労働者の人格的名誉を侵害するような使用者の処分あるいは処遇に対する批判として出てくることにもなる[28]。

第三に、労働者の価値志向や欲求が、賃金・労働時間といった経済的契機から、労働・仕事そのものを重視し自己の能力の発現としての労働・仕事に意義を求めるようになったことである[29]。これは、理由なく不当に仕事を取り上げられたり、職業上の差別を受けることを、人格的蔑視（Mißachtung）だとみる意識を生みださずにはおかないにちがいない[30]。

3. 団結権侵害に対する損害賠償の法理

1) わが国における判例の概観

(1) 判例の類型

不当労働行為にあたる団結侵害行為が、同時に、民法の不法行為に該当することを承認し、損害賠償の支払いを命じた判例は、すでにある程度の蓄積をみつつある。まず最初に、これらの判例がとっている考え方を概観し、その中から理論的問題点をさぐることから始めたい。

⑴　これらの判決の第一の類型は、正当な組合活動に対する不利益処分ないし差別待遇を不法行為にあたるとして、処分や差別によって不利益を受けた労働者個人に対し、いずれも慰謝料請求権を承認するものである。

このような判例の先例となったのは、先に述べたように灘郵便局リボン闘争事件の第一審判決（前掲・神戸地判昭42・4・6）であった[31]。ただこの判決は、訓告処分が行政訴訟の対象となしえないため、損害賠償の方法によって損害の

回復を図るほかないことを付言していたが、このように損害賠償請求を補完的ないし第二次的救済手段とみる見解は、後の判決ではとられてはいない。リボン闘争に関する国労青函地本事件（前掲・函館地判昭 47・5・29）、ストライキ中の組合事務所の使用を禁止するため、組合員の構内立入りを禁止し、中にいた組合役員を強制的に実力で排除した国鉄当局の行為を、「組合事務所の使用権の侵害……ひいては……団結権、団体行動権を侵害する」違法行為だとし、実力排除の際に組合役員に与えた傷害について不法行為責任を認めた動労千葉事件（前掲・千葉地判昭 49・7・15）、組合所属を理由とする配車・教習等の差別待遇を不法行為とした山陽急行バス事件（前掲・山口地下関支判昭 52・1・31）や少数組合員のビラ配布を理由としてなされた懲戒処分が不法行為とされた石川島播磨重工事件（前掲・東京地判昭 49・1・31）、そして、組合情報収集のため組合事務所に無断で立入った会社守衛に対する組合役員の抗議活動が懲戒処分の対象とされた新潟放送事件（前掲・新潟地判昭 53・5・12）、などは、いずれも、同様の類型に属するということができる。

　ただより詳細にみれば、同じリボン闘争について慰謝料請求権を認める根拠について、訓告処分によって「昇格・昇進について事実上不利益となる可能性があるということで……精神的苦痛を味わった」（灘郵便局事件）というように経済的不利益を受ける可能性としてとらえるものと、端的に不利益処分によって正当な組合活動を侵害され、労働者としての名誉を傷つけられたこと（国労青函地本事件）に求めるものとのニュアンスの差異があり、後者は、むしろ組合自身にも不法行為にもとづく損害賠償請求を承認するようになる判決への過渡的性格をもっていた、ということができよう[32]。しかしいずれにせよ、これらの場合の損害は、職業上の利益や期待権の侵害、名誉および人格的利益への侵害が考えられている、ということができる。

　(2)　第二の類型は、組合自身にも損害賠償請求権が帰属することを承認するものである。大栄交通事件判決（前掲・横浜地判昭 49・3・29）は、同一企業内に複数の対立する組合が併存するなかで、使用者の組合間差別行為によって組合員が激減したという事例につき、「他の労働組合より不利益な取扱いを受け

ないという労働法によって保護され、保障されるべき法律上の利益……を侵し、ひいては組織統制を妨害して、組合員の激減を招来し、組合固有の団結権をも侵害したほか、労使間の法秩序たる不当労働行為禁制によって自主的労働者集団たる原告組合が当然享受している主観的・客観的法感情利益[33]（組合と組合員とは不可分であるということから生ずる）をも傷つけたもの」として、はじめて組合自体にも不法行為にもとづく損害賠償請求を認めたものであった。少し長すぎるほど判文を引用したのは、組合の受けた被侵害利益や損害についてかならずしも明確にその意味を捕捉し難いからである。いずれにせよこの点は後に検討を加えたい。

　これと同様の組合差別事件に関する事例である前掲山陽急行バス事件判決は、一方組合への所属とその組合の組織拡大を嫌悪してなされた組合員に対する差別取扱いによって、同時に組合自体に損害賠償請求権が生ずることを認め、不法行為上の被侵害利益として、「合理的な理由のない限り、他の組合より不利益な取扱いを受けないという労働法上の保障規定によって保護されるべき法律上の利益」が侵害された、としている。

　組合情報収集のための組合事務所への無断立入りが問題となった前掲・新潟放送事件判決は、「憲法及び労働組合法等の団結権保障規定によって、使用者から不当に団結権を侵害されない法律上の利益」が侵害され、その後も使用者が組合事務所に立入る旨公言したため、「事務室が団結権の拠点（心臓部分）として期待されていた機能を果さなくなったので……組合活動に一定の支障や不便を生じた」ことを理由に、組合の損害賠償請求を認める[34]。しかし、どのような損害が発生したことになるのか。前掲動労千葉地本事件判決は、これと似たようなケースであるにもかかわらず、組合事務所への立入り禁止処分は、「組合事務所の使用権……ひいては団結権、団体行動権を侵害する行為であり違法なもの」としながら、それによる「無形の損害については労働法上の問題であってただちに金銭賠償という形で解決すべき問題ではなく……当事者が自主的に健全な労働慣行を形成していく過程において解決するのが本筋」である、として損害賠償を認めていない。

(3) 判例の第三の類型は、使用者の不当な団体交渉の拒否（7条2号）を理由に、不法行為・損害賠償請求権が発生することを認めるものである。

周知の通り、団体交渉拒否に対する司法救済の問題は、団体交渉の権利性、団交応諾を命ずる仮処分の可否、法的強制方法等の問題として争われているところである。そして判例の中に、傍論ではあるが、団体交渉権に私法上の具体的請求権として司法上の救済を与えることは困難だが、労使間の公の秩序に違反する違法行為＝不法行為であることから損害賠償を生ぜしめるという、いわば中間的な解決方法を示唆するものが表われていた[35]。ところが、日野車体工業事件判決（金沢地判昭51・10・18、労判272号44頁）は、これを受け入れ、上部団体の団交申入れを拒否した使用者に、組合の社会的活動を侵害してその社会的評価を毀損したことになるとして非財産的損害を賠償する責任があるとする[36]。

(2) 判決の問題点

先にみてきたとおり、使用者の不当労働行為を、同時に民法上の不法行為として損害賠償請求権が生ずるとする判決は、かなりの程度蓄積されつつある。とはいうものの、実務的にみて共通する統一的な判断の仕方や基準が存在しているわけではなく、また説得力のある理論的構成がなされているとはいい難い。

まず第一に、不当労働行為が他面で民法上の不法行為として損害賠償を発生させるのはなぜか、いいかえれば、不法行為としての被侵害利益とは何か、という問題はそれほど自明のことではない。判決は、先にみた第一の類型については、正当な組合活動、労働者個人の団結権ないしその行使（組合活動に対する処分が問題とされている事例）、あるいは、不当な差別による職務上の利益ないしそのような差別による名誉・人格権侵害（組合間差別）を、第二、第三の類型においては、「労働法上の規定によって保護されている利益」、「組合固有の団結権」あるいは「憲法によって保障された労使間の公の秩序」を侵害することが、それぞれ不法行為を成立させる被侵害利益だという。

もし、不当労働行為に関する規定を不法行為法上のいわゆる保護法規と解し、その違反は、すなわち「労働法上保護されている利益」の侵害として不法行為を成立させると考えれば、実務上も理論的にもこれらに共通する妥当な基準をみいだすことができるのかといえば、筆者には疑問である。実際上も、社会保険診療報酬支払基金事件判決（大阪地判昭50・4・28、労判237号57頁）がいうように、一般論としては、使用者による団結侵害行為が問題となる場合、「不当労働行為が成立し、これが救済命令の対象となるからといって、このことから当然に不法行為の成立も認められなければならないものとは解されない」からである[37]。

　また理論的に考えてみても、はじめに述べたように、市民法秩序に抵触・矛盾し、むしろその適用から解放された領域で団結としての活動の自由が成立し、その法的保護も市民法の外で特殊労働法的違法類型（不当労働行為）の創設によって図られるものと考えられてきた。その団結権の保障が、なぜ不法行為による保護を受けることができるし、そうでなければならないという主張となって表われてきたのか、この法理の転回なり発展なりを理論的に説明する必要があると思われるのである。

　第二に、団体権侵害が不法行為になるとしても、その場合の損害とは一体どういう性格をもち、いかなる機能を営むべきなのか。団結権侵害における慰謝料請求権の性格と機能をどう考えるべきかという問題である。判決には、先に述べたように、団結権侵害行為による損害をもっぱら無形的損害・慰謝料としてとらえているかと思えば、無形の損害は労働法上の自主的解決の途に委ねらるべきで、金銭賠償で解決すべき問題ではないとしてこれを否定するものもある（前掲・動労千葉事件）。

　あるいは、損害額の算定にあたって何を考慮しなければならないのか、損害賠償を認めた判決にあっても、この点はいかにも「腰だめ的」[38]で、理解しにくい。

　以下では、このような問題関心から、その法理上の問題を検討してみたい。

4. 団結権侵害行為の不法行為性

1) 一般的契機としての人格権の保護

　使用者の市民法上の権利や自由の行使という形をとって行われる団結の自由に対する妨害行為が、逆に、市民法上の不法行為法理によって損害賠償の責任を負わされる、というためには、その基礎に、市民法が財産権秩序の維持という狭い性格から解放され、複雑で多元的な利益が錯綜する現代社会におけるもっとも根源的な価値でありながら常に侵害の危機にさらされている、人格の自由と尊厳を守るという開かれた体系への法理念の転回が必要であった、というべきであろう。

　ドイツにおける一般的人格権 Das allgemeine Persönlichkeitsrecht の学説と判例による法形成の過程 Rechtsfortbildung は、このことを表わしていると思われる[39]。ドイツ民法は、人格的権利の保護に関しては、「生命・身体・健康・自由」(823条1項)[40]ならびに氏名権 Namensrecht (12条) を規定するだけという個別的列挙主義をとるのみで、人格的利益の侵害を一般的に保護するという形をとっていない。そこで第二次世界大戦前までのライヒ裁判所 RG は、氏名権、商標権、肖像権、著作権[41]のような法律上の規定によって保護せられている個別的な人格権以外に、一般的・包括的な人格権なるものは存在しないという立場をとった。一般的人格権なるものは、せいぜいに法秩序によって承認せられている個々の権能を整序するための上位概念にすぎない、と理解せられていたにすぎなかった[42]。

　しかし、第二次世界大戦は、この状況を一変させた。ファシズムにおける人間の自由と尊厳の否定に対する反省とそれからの訣別は、ボン基本法冒頭の、「人間の尊厳の不可侵」(基本法1条1項) と「人格の自由な発展への権利」(同2条1項) の保障となって表われた。他方、テープレコーダーやカメラ・盗聴器などに代表される技術的な発達と、新聞・雑誌・テレビなどのマス・メディアの普及は、個人のプライバシー・人格的領域に対する侵害行為の多様性と危

険性の増大を生み出すことになった。こうして、人格の自由という根源的な価値の見直しと、その侵害の現実的拡大は、人間の尊厳と人格の自由が基本法上すべての財産権に優先する価値を与えられているとすれば、一般的人格権の民法による保護が所有権の保護より劣るということはありえない[43]という、私権としての一般的人格権の承認とその定着を生みだしていくことになるのである。

　もともと人格の「自由」は、その領域と内容を、所有権やその他の権利のように、一義的、明確に確定できるものではない。むしろ侵害行為の態様の多様性や広がりに対応して、絶えず新たに確認され具体化されていかざるをえない、という性格をもっている[44]。しかし、そのことによって人格の「自由」を、権利の限界外にあるものとして法的保護の対象外に放てきしてしまうことは許されない。かえって、「権利が存在理由をもつのは、個人の人格の自律的な展開を可能にする自由の本拠たりうる」[45]と考えられたからといわなければならないのである。それが人格権という構成をとることになるのは、その救済方法が権利侵害の場合に準じて与えられなければならないからである。

2）人格権の主体としての団結

　(1)　このような人格権は、労使関係の中で生じうる種々の人格侵害行為からの労働者の人格の自由の保護として浸透し具体化されていかなければならない[46]。

　団結権侵害行為のうち、組合所属を理由とする差別的待遇は、個人労働者に対する人格権の侵害とりわけ名誉の侵害として考えていくことができるであろう。山陽急行バス事件判決がいうように、担当すべき職務を不当に制限せられ、職務にふさわしい取扱いを与えないことは、「労働者の人格及び名誉をいたずらに傷つける」という使用者による労働者の人格の蔑視（Mißachtung）の表明たる意味をもつと考えることができるからである。

　(2)　団結活動に対する妨害、あるいは組合間差別を通して行われる支配・介入等の団結それ自体に対する侵害行為については、それを不法行為としてとら

える場合の被侵害利益については、判例においても、種々な理由付けがなされ、かならずしも明確でないことについてはすでに述べた。

ドイツでもすでにワイマール時代から、憲法上保障された団結権（ワイマール憲法159条）の侵害行為について、不法行為責任が肯定されていたとはいうものの、その侵害利益をどうみるかについては争いがあった。多数の見解は、憲法上の団結権の保障を、不法行為法上の「主観的権利の侵害」（民法823条1項）とみることに疑問を呈し、憲法上の保障は、一般的禁止規定（eine allgemeine Verbotsnorm）を定立したにすぎず、個々人に対して法的に保護された利益を創設するにすぎないとしていた[47]。つまり、保護法規違反の不法行為類型の一つとして理解されていたわけである。わが国でも、先に挙げた判例のうち「労働法上の規定によって保護されている利益」の侵害に不法行為の成立を求めるもの、あるいは、憲法による団結権の保障を、労使間に一定の強行法的「公序」を設定したにすぎないとする学説は[48]、これと同様の考え方に立つものということができよう。

しかし、団結権の憲法上の保障は、単に「公序」としてその尊重を私人間に要請しているにとどまらず、直接私人間においても、「権利」として保障したものと解すべきであろう。そしてその意味は、憲法による団結権の保障によって、それぞれの私法領域において、組合員や団結の活動が団結権行使としての性格を認められ——例えば、争議行為が正当な行為としていわゆる民事免責が生ずるように——、さらに進んで、権利侵害行為に対する私法上の規定の適用にあたって権利としての保護を受けることとして理解さるべきだと思われる[49]。

ニッパーダイは第二次世界大戦後、先にのべた一般的人格権の定着をみて改説し、人間の尊厳の不可侵、自由な人格発展の権利という基本権の保障は、私法上の一般的人格権に統合せられて、不法行為法の意味における主観的権利の内容を規定するという。そして、このような人格権の保障は、経済的・社会的生活領域においても認められるべきで、社会的領域においては団結の自由の保障を含むものでなければならないという[50]。

このように団結権を、人格権の保障を基礎にその担い手として位置づけると

いう考え方は、わが国においても基本的に妥当するものというべきであろう。個別労働者の契約の自由は、資本への経済的、社会的な従属的地位のゆえに、実際には、経済的強制にもとづく不自由と使用者による他律的企業秩序への従属という結果をもたらさざるをえない。団結権の保障は、このような他律的秩序の克服をめざす主体としての地位を団結に認めたもの、いいかえれば、団結は、個々の労働者の実質的な自由と人格の回復を追求して活動する主体として、労使という社会的領域における人格権の担い手たる地位を承認されたものと考えるべきであろう[51]。

　団結をこのように、労使関係における人格権の主体としてとらえることは、人格の自由と権利を保護する市民法的自由の発展・深化の視角から、団結権の法理が理解されるべきことを要請する。団結権侵害に対する損害賠償請求は、これを通してのみ、団結権の侵害がつねに金銭的賠償によって解決されるという悪しき方向への傾斜を意味しないかという疑問、あるいは労働委員会の制度的欠陥が生み出したやむをえざる方策という消極的支持とでもいうべき考え方に対し、これを団結の自由と権利の回復という展望の下にとらえられうると筆者には思えるのである。

3）　お　わ　り　に

　不法行為にもとづく損害賠償が、どのような場合にどのような要件の下に認められるのか、その場合の損害額とりわけ慰謝料請求権の満足機能 Genugtuung という特性はどう考えられなければならないかという実際上の問題について、ここではほとんど触れることができなかった。団結侵害に対する救済の方法は、とりわけ団結権にもとづく差止請求とのかかわりを含めて考えられなければならない問題であろう。この問題をとらえる基本的視座を検討するにとどめ、これらの具体的問題は別の機会に検討したい[52]。

　注
　1)　それにもかかわらず、わが国で、この種の損害賠償事件がこれまでわずか数件し

か存在しないのは、組合の違法争議に対する使用者の対応が、もっぱら、その争議行為を指導した組合幹部の懲戒解雇という方法で行われてきたからであろう。争議行為と損害賠償についての論争の本格化のきざし（学会誌労働法 53 号の特集「労働争議と不法行為」はこれにあてられている）は、公労協が昭和 50 年 11 月から 12 月にかけて行った「スト権スト」に対する国鉄および第三者からの損害賠償請求事件に触発されたものである。この事件は、これまでの労使紛争に対する対応策の転換と、この在来型の損害賠償方策の本格的導入を予測させるものということができよう。

2) 菅野和夫『争議行為と損害賠償』245 頁以下が、争議行為による損害賠償額の範囲について考察している。
3) いわゆる団結権にもとづく妨害排除請求が認められうるかとして争われている問題がそれである。本章では、考察の対象を損害賠償請求にのみ限定するので、この問題には触れない。
4) 有泉亨「団結権の侵害とその救済」（末川還暦記念『労働法経済法の諸問題』109 頁以下）は、これを、使用者による労働者の団結の場ないしは団結権行使の場を支配することによる団結権の妨害、と表現している。
5) 同じことを争議行為の権利の性格について指摘するのは、菊池高志「争議行為の正当性」（季労・労働組合法 201 頁以下）である。
6) それが、労働力商品は個々の労働者の肉体から切離せない、という特質によるものであることについては、横井芳弘「労働組合の団体性」季労 69 号 117 頁参照。
7) 例えば、ニッパーダイは、団結権侵害＝不法行為によって生じた物的損害は通常はごく少額であろうといいながら、例として、使用者の違法な行為によって組合から脱退者がでたような場合、それによって失われた組合費収入が得べかりし利益の喪失（ドイツ民法 252 条）にあたるという。Hueck-Nipperdey, Lehrbuch des Arbeitsrechts, 7. Aufl. II/1 S. 144. もちろん、これと並んで、慰謝料請求が可能であることを認めている。しかし、こういう方法では、財産的損害の項目を挙げることはできても、団結権侵害における損害の意味や範囲を明らかにすることができるとは思われない。
8) 例えば、協調会の創立 10 周年を記念して出された『最近の社会運動』（昭 4 年）349 頁以下にある、主要労働争議の経過や結末を参照。多くは争議団の解散と引換える形で解決金・慰謝料の支払いがなされている。
9) いわゆる団結の集団的二面性として指摘されるのがそれである。団結の権利主体の二重性は、ドイツでも同様に解されているといってよい。BAG, großer Senat, Beschluß vom 29. 11. 1967, DB 1968-1539.
10) 山陽急行バス事件（山口地下関支判昭 52・1・31、労判 270 号 39 頁）がその典型で、判決は、組合間差別によって不利益な取扱いを受けた労働者の慰謝料請求を認めている。組合間差別が今日の不当労働行為事件の中で占める割合や重要性からみて、この種の損害賠償事件が増大する可能性は強い。
11) リボン闘争に関する灘郵便局事件（神戸地判昭 42・4・6、労民集 18 巻 2 号 302

頁)、国労青函地本事件 (函館地判昭 47・5・29、労旬 818 号 52 頁)、ビラ配布についての石川島播磨重工業事件 (東京地判昭 49・1・31、労判 195 号 32 頁)、組合事務所侵入に対する抗議行為を理由とする懲戒処分についての新潟放送事件 (新潟地判昭 53・5・12、労判 299 号 46 頁) などがこれで、いずれも処分を違法行為として慰謝料の支払いを命じている。

12) 大学当局の大学閉鎖措置によって組合事務所が利用できなかったことによる損害ならびに慰謝料の支払いを認めた東京工大事件 (東京地判昭 46・12・24、判時 658 号 79 頁)、同種の事件について損害賠償を否定した動労千葉事件 (千葉地判昭 49・7・15、労旬 871 号 65 頁)、組合掲示板の利用侵害を理由とする慰謝料請求が否定された全逓新宿・東京空港郵便局事件 (東京地判昭 54・2・27、労判カード 315 号 19 頁) などがこれに属するといえよう。

13) 組合間差別を組合に対する支配介入として、団結自体に慰謝料請求権を認めた大栄交通事件 (横浜地判昭 49・3・29、労判 200 号 39 頁)、山陽急行バス事件 (前掲注 10 参照)、組合の情報を収集するための組合事務所への無断立入りに対し慰謝料を認めた新潟放送事件 (前掲注 11 参照) などがこれにあたる。

14) このことは、たとえ使用者の支配介入行為によって組合が分裂するなど大きな打撃を受けた場合でも、その救済は、ポスト・ノーティスや謝罪文の交付などにとどまり、すでに行われた行為に対する責任の追及や実効性のある救済命令はなきに等しいことを考えるだけでも明らかであろう。

15) 例えば、バックペイに関する第二鳩タクシー事件最高裁大法廷判決 (昭 52・2・23、労判 269 号 14 頁) は、不当労働行為の救済が、労働者に実害の回復以上のものを使用者に要求することになる場合には救済の範囲を逸脱するという考え方を示し、原状回復の意味を厳格に解している。しかし不当労働行為の防止のための行政救済命令の裁量の範囲がそれほど狭く縛られなければならないものかどうかは疑問であろう。例えばアメリカの反トラスト法上の賠償制度に関する根岸哲「反トラスト法上の三倍額損害賠償制度」(山木戸還暦『実体法と手続法の交錯(上)』) は、この点で参考になる。

16) 秋田成就・前掲大栄交通事件 (注 13 参照) 判例研究 (ジュリスト 591 号 127 頁) は、このような労働委員会の救済命令の問題点という制度的要因とともに、裁判所が、団結侵害行為に対する差止めの仮処分、団交応諾義務の仮処分等による法的履行措置を認めるようになってきたことを、その背景として指摘している。

17) リボン闘争を理由とする訓告処分に対して組合が慰謝料請求を提起しそれを認めた灘郵便局事件判決 (神戸地判昭 42・4・6、労民集 18 巻 2 号 302 頁) が、組合活動に対する使用者の処分を不法行為として損害賠償に途を拓いた最初の判決であった。そして、このような訴訟の形式は、もともと、訓告処分は法律上の懲戒処分ではないから訴訟の対象にならないとして訴えを却下されたことによって (長野地判昭 39・3・14、行裁集 15 巻 3 号 440 頁)、それに代わるものとして提起されたものであったことを想起すべきであろう。

判決が出された当時、判決の法理論の当否はともかく、このような形の争いを生

み出す労使のあり方について反省を求めたいとの萩沢教授の発言（『判例に学ぶ労働法』所収185頁）は、当を得たものであったというべきであろう。
18) 動労甲府事件判決（東京地判昭50・7・15、労判229号36頁）がそれである。
19) 全逓新宿・東京空港・静岡郵便局事件（東京地判昭54・2・27、労判カード315号）。
20) 組合の掲示板利用は、庁舎管理者の許可によるいわば事実上の反射的状態にすぎないとの理由で、組合掲示板の一方的撤去を認めた全逓昭和端穂支部事件（名古屋地決昭47・8・30、労判162号28頁）、春闘時の組合事務所の使用禁止措置に対し組合が損害賠償請求を訴えた動労千葉事件（千葉地判昭49・7・15、労旬871号63頁）などは、その典型的なものであろう。
21) 労働委員会が取扱う最近の不当労働行為事件のうち、同一企業内に複数の組合が併存し、この組合間対立を利用する形で行われる使用者の行為が不当労働行為として争われているいわゆる組合間差別問題が、質・量ともに大きい比重を占めていることは周知の通りである。

この種の事件が裁判所で不法行為＝損害賠償事件として争われるのは、反面、人事考課を通して行われる昇給、昇格、仕事の格付けなどに関する職業ならびに労働条件上の基本的事項が、労働契約や協約などによる労働者の労働条件上の明確な基準として確立されていないこと、あるいは苦情処理手続きなどを通しての公正な内部処理機構が機能していないことによるものだということができる。たとえば日本航空事件（東京地判昭53・9・29、労判306号17頁）は、昇格や格付けの不当性を争った労働者の請求を、労働契約上の根拠がないとの理由で斥けている。しかしこれは本文でいう労使紛争の内部処理機能の喪失というのとは、その意味を異にする。
22) 損害賠償請求事件ではないが、組合併存下での一方組合の組合員のみに残業をさせないという使用者の措置が不当労働行為とされた日産自動車事件（東京高判昭52・12・20、労判288号56頁）では、支部組合員が全体のわずか2％程度で、企業はこれと交渉せずとも業務体制の遂行に支障を感ぜず、むしろ残業差別を通して組合内部に動揺や組織の弱体化を生じさせることが計算ないし意図されているという点が、団体交渉の自由の枠を逸脱した支配介入にあたると判断されている。また残業問題を含む勤務体制について団体交渉が妥結しないことを理由とする残業拒否というこの事例について、労働委員会は誠実交渉義務違反（労組法7条2号）ではなく、支配介入（同3号）として救済し判決もそれを支持しているのは、事件の性格に適したやり方だというべきであろう。
23) ドイツにおける一般的人格権 Das allgemeine Persönlichkeitsrecht の労使関係における具体的適用と問題点を論じた G. Wiese, Der Persönlichkeitsschutz des Arbeitnehmers gegenüber dem Arbeitgeber, Zeitschrift für Arbeitsrecht 1971-273 ff. も、労働法の規定による保護対象が、歴史的にみれば、初期の生命・身体・健康というような最もプリミティブな事項から経済的・財産的利益に向けられるようになり、そして今日では、これらとならんで労使関係における労働者の精神的利益の

保護が要請されているという認識から、その論を進めている。
24）　労働者の思想・信条を理由とする企業の本採用拒否が許されるか、という形で争われた三菱樹脂事件（最大判昭48・12・12、労判189号16頁）がその頂点に位置する。労働者の政治的信条の自由・人格の自由の主張が、10年を越える長期にわたる途方もない生活の犠牲と超人的な信念に支えられてはじめて可能だというのは、いうまでもなく労働者の権利の保護にとって不幸な事態だといわねばならない。労働者の人格的自由の主張は、わが国では非日常的と考えられている政治活動を中心とする市民的自由の問題をこえて、さらに労使関係領域の種々な問題にまで広がっていくことを通して、確実に定着していくものということができるだろう。G. Wiese, a. a. O., E. H. Schwenk, Das allgemeine Persönlichkeitsrecht des Arbeitnehmers, NJW 1968-822 ff. は、採用、配置、労務指揮権の不当な行使、労働条件の差別、解雇事実の公表など、種々な局面で生じうる労使関係における労働者の人格権侵害の問題を論じ、それは解雇の無効というだけでなく、差止請求・慰謝料による損害賠償請求による保護を受けるべきことを説いている。
25）　石川晃弘『社会変動と労働者意識』の巻末に付された労働者の意識調査のリストを参照。
26）　そこでの論点をフォローしたものとして、例えば、石川晃弘「労働者意識研究の視角」季労107号168頁を参照。
27）　高橋弘志「企業内労使関係の意識構造」（月刊労問1978・8月号107頁）は、石油精製・化学工業労働者の意識調査にあたって、4世代に分けて労使関係観を質問したアンケートの結果を分析していて興味深い。若い世代ほど、「対等の契約関係」と答える者が多く、その中でも「形は対等だが実際は支配されている」という回答だけでほぼ半数に達している。もっともそのことが、直ちに組合を通しての権利主張や利益の擁護という行動に結びつくわけではないことに、この問題の複雑さがある。同じ調査報告のシリーズである、菊池高志「組合意識の規定要因」（月刊労問1978・10月号98頁）も参照。
28）　例えば、解雇事由を不当な方法で公表され、社会的名誉を毀損されたという労働者からの慰謝料請求を認めた泉屋東京店事件（東京高判昭52・12・19、労判304号71頁）。
29）　先に注（11）で挙げた調査報告シリーズである亀山直幸「仕事意識の形成要因(1)～(3)」（月刊労問1978・3～5月号）は、労働者の自己の職業に対する「仕事理解」とその評価としての「仕事意識」について、興味ある分析を加えている。
30）　ドイツでも、就労請求権をこのような観点で一般的人格権から導き出す見解がある。Schwerdtner, Fürsorgetheorie und Entgelttheorie im Recht der Arbeitsbedingungen, 1970, S. 105 f. これに対して Wiese, a. a. O. S 280, 297 は、客観的根拠なく就労させないことが、労働者の人格的蔑視の表明と考えられるかぎりにおいて人格権侵害が成立しうるが、それ以外は、労働契約上の義務違反として考えるべきだという。
31）　リボン闘争が正当であるかどうかという点の判断に関しては、控訴審で破棄されたとはいえ（大阪高判昭51・1・30、労民集27巻1号18頁）、正当な組合活動に対

する不利益処分は、不法行為として損害賠償請求の対象となりうるというこの判決の先例性は、今日まで生きているわけである。
32) この点については、国労青函地本事件判決についての筆者の評釈参照（労旬 818 号 46 頁）。
33) この判決について秋田成就「労働判例研究」（ジュリスト 131 号 127 頁）は、司法の自己抑制という原理が積極的に認められない以上そういわざるをえない、といわば消極的に賛意を表され、判決がいう組合の蒙る損害について、厳密にはその意味を把握しがたいとされる。
34) もっともこの判決は、組合が自己の名で損害賠償の訴えを提起した時点では、すでに不法行為にもとづく損害賠償請求権の短期消滅時効である 3 年間を経過していた（民法 724 条）として、使用者側の時効の援用を認めている。しかし、理論的に団結侵害を理由とする損害賠償請求権の発生を認めていることに変わりはない。
35) その代表的なものは、新聞之新聞社事件である（東京高決昭 50・9・25、労判 238 号 52 頁）。この判決については、菅野和夫・ジュリスト増刊労働法の判例〈2 版〉164 頁参照。
36) この問題は、団体交渉権の性格を抜きにして考えることができないから、ここではこれ以上触れないことにする。団体交渉は、団体交渉に適した救済の仕方がなされるべきで、損害賠償という方法がふさわしいと思えない。団交拒否が、交渉当事者としての組合そのものを認めない、すなわち団結否認・団結権の侵害たる意味をもつかぎりにおいて不法行為・損害賠償の対象たりうると解すべきであろう。
37) 組合が会社事務所内で、休憩時間中に無断で組合新聞を印刷していたため、使用者がその中止を求め印刷器具を撤去した、という事件である。労働委員会は、これを不当労働行為と認定し、印刷妨害を禁止するなどの救済命令を発した（大阪地労委昭 45・3・13）。しかし、この労委命令を根拠とする団結権侵害による不法行為・損害賠償請求の訴えについて、判決は、使用者は組合が許可手続きを履践すれば事務室内の使用を認める方針であることを表明していたから、会社の撤去行為は不法行為としての違法性を欠くと判断した。
38) 秋田成就・前掲大栄交通事件判例研究。
39) 斎藤博『人格権法の研究』、とくに第 3 章から第 5 章、第 7 章が、ドイツ民法典 BGB 成立時における例外的個別的な人格的利益の承認から、第二次世界大戦後、学説と判例を通して一般的人格権が法秩序に定着していく過程を取扱っている。以下の記述は、同書に負うところが大きい。
40) 823 条 1 項は、その後に、「所有権あるいはその他の権利」を故意・過失によって違法に侵害したる者という文言が続くわけである。この「その他の権利」のうちに、人格権一般すなわち一般的人格権の保護が含まれているという読み込みをすることができるか、というのがそこでの争いであった。民法典の立法段階で意図されていた「その他の権利」とは、所有権その他の物権（das Eigentum oder die anderen Rechte an Sachen）という限りでの不確定概念であって、いずれにせよ、財産権以外の権利は意図されていなかった。斎藤・前掲書 59 頁以下参照。

41) これらは、文学・音楽著作権法、美術・写真著作権法によって、保護を受けることになっていた。
42) 斎藤・前掲書88頁以下。
43) 斎藤・前掲書106頁。
44) 斎藤・前掲書198頁以下は、これを一般的人格権の一般条項的性格、ならびに母権的性格 Mutterrecht として説明を加えている。
45) 原島重義「わが国における権利論の推移」(法の科学4号54頁以下、特に95頁)を参照。
46) G. Wiese, Der Persönlichkeitsschutz des Arbeitnehmers gegenüber dem Arbeitgeber, ZfA 1971-273 f. は、(1)労働の看視とりわけカメラやテレビなどによるそれを労働者の肖像権の観点から、(2)個人的会話の盗聴を語られた言葉に対する権利の侵害として、(3)従業員の教育や考課のためになされる心理テストなどによる性格像の侵害の危険、(4)差別待遇などによる労働者の名誉の侵害、(5)人事管理・ヒューマン・リレーションなどによる私生活・プライバシー侵害の危険、(6)労働者の個人の秘密領域が侵される危険性などについて、人格権保護の観点から問題になりうることを指摘している。
47) Hueck-Nipperdey, Lehrbuch des Arbeitsrechts, 3./5. Aufl. S. 495 f. 常盤忠允「団結権侵害と不作為請求権―ワイマール・ドイツの判例学説を中心として―」(季労51号154頁)参照。
48) 石井照久『労働法総論』318頁、石川吉右衛門11、16頁は、使用者のこれに反する団体交渉の拒否、支配介入は不法行為になるとする。ただし石川・同所によれば、その結果生じた損害については、財産上の損害だけが考えられているように思われる。
49) 筆者は、「組合活動の権利と正当性」(別冊季労・労働組合法125頁)でこの点を論じた。
50) Hueck-Nipperdey, Lehbuch des Arbeitsreches, 7. Aufl. II/1 S. 132.
51) W. Däubler, Das Grundrecht auf Mitbestimmung は、労働法の原理を、労働者の自己決定権への要求に求め、それを人間の尊厳の不可侵と人格の自由な発展への権利の上に築こうとする。
52) 「組合所属を理由とする配車差別の不法行為性ならびに損害賠償のあり方について」、本書第Ⅲ章第2節164頁以下を参照。

第2節　労働者の名誉侵害と損害賠償

1. 事　　実

1) 対立組合の併存

　東京計器（従業員約 2,000 名）には、総評傘下の全国金属東京地本・東京計器支部（全金支部・組合員 62 名）と、従業員組合である東京計器労組（Y_1 組合・約 1,500 名）の二つの組合が併存し、組織方針の違いから対立関係にあった。本件で問題とされている Y_1 組合の機関紙コラム欄の記事も、この組織間競争から派生したものである。

　(1)　もともと東京計器には、昭和 26 年に全国金属加盟の組合が結成されて以来、典型的な一企業一組合の状態が続いていた。ところが同会社が昭和 52 年に三つの子会社の吸収合併を決定してから、それぞれの子会社に組織されていた組合のうち二つが同盟傘下の全金同盟に加盟していたため、組合間の組織統一をめぐる紛争が発生することになった。当時の全金東京計器支部（旧全金支部）の執行部は、4 労組共同の協議にもとづいて、各組合とも上部団体から脱退したうえで組織を統一するとの案をつくり全金本部と交渉したが了承を得られなかった。そこで臨時組合大会ならびに組合員投票などの手続きを経て、旧全金支部は、昭和 56 年 2 月に Y_1 組合と名称を変更し、3 月に全金から脱退した。しかし旧全金支部のなかでこれに反対する組合員約 60 名は、全金本部の指令のもとに直ちに支部臨時大会を開催して新執行部を選出し、現在の全金支部を再建した。原告の X ら 4 名は、いずれもこの全金支部に属する女子労働者である。

　(2)　使用者・Y_1 組合とも、再建された全金支部の存在を認めないとの態度をとった。使用者の団体交渉の拒否は、労働委員会の救済命令（東京地労委昭 57・3・16、中労委昭 57・12・1）を待って中止されたが、Y_1 組合は、あくまでも

全金支部と対決しこれを消滅させるとの方針から、昭和 56 年 5 月には全金支部の役員 8 名を分派活動を理由に除名処分にし、同 58 年 2 月には残りの全金支部の組合員 54 名を除名審査のため査問委員会に告発するなどの手続きを取っている。

2) 女性組合員への侮蔑的攻撃

(1) Y_1 組合は、この方針のもとに、全組合員に配布している週刊の機関紙「しんろ」とりわけ"みどりの小箱"と称するコラム欄において、全金支部およびその組合員を「分派集団」「寄生虫」「仕事もせずに給料をとる扶養家族」「病的で性格が暗い精神異常者」「日共類分派目ジャマ科の害虫」などと名付け、企業の従業員から排除することを執拗に訴えていた。

本件で名誉侵害にあたるかどうか直接問題にされたのは、この「しんろ」"みどりの小箱"欄に掲載された 2 回にわたる記事であった（昭 58・2・28、同 3・14 付）。どちらも短いものであるが、それでも全文を紹介するわけにはいかないので、X ら 4 名の女子労働者に直接言及している部分だけを示すことにする。1 回目の記事には、「チビ・ブス・教授子女・etc. ……異色経営者の故田辺茂一氏の大手書店『紀伊国屋』の女子不採用ガイドとか。……さて、今回査問委員会に付された連中には女子が 4 人混じっているが『教授子女』を除くほぼ全ての項に該当するのではと思っているのは私 1 人か」とある。そして 2 回目の記事でも、先の記事に対し全金支部から抗議がきたとことわったうえで、「容姿の話はともかく、性格ブスという言葉がある。これは性格が悪いことであるが、人間として成長していないという意味で、人格チビという言葉を作った。いい年をして、まともな社会生活ができない輩にピッタリの言葉であり、『根暗の偏執狂』にも通じるのではないか」と再び同趣旨の主張を繰り返している。

(2) X らの主張は、上の記事はいずれも X らを職場から排斥されるべき存在もしくは社会生活上の欠陥者であるかのような印象を与え、婦人であり労働者である X らの人格的価値に対する社会的評価を低下させ名誉毀損＝不法行為

にあたるというものである。

　そして、それによって職場内でさまざまな嫌がらせを受け職場八分の状態におかれるなど甚大な精神的苦痛を被ったとして、Y_1組合ならびに組合書記長Y_2・委員長Y_3の3名を共同被告にして、1人あたり100万円の慰謝料の支払いと、名誉回復のためYら連名の謝罪文を組合機関紙に掲載して全組合員に配布することを求めた。Y_2は組合機関紙の発行責任者として本件記事の掲載・配布にあたったこと、Y_3については委員長として違法行為を阻止する義務を怠った機関責任が理由にされている。

　(3)　これに対しYらは、(イ)「チビ・ブス」といった表現は愛称ないしは流行語にすぎず侮蔑的意味をもっていない、あるいは女優・モデルなどの特殊な職業に従事する女性を除けば、容ぼう身長などは婦人労働者としての人格的評価にかかわるものではないと争った他、(ロ)これらの記事は、Xらの分派活動や組合規約違反行為に対抗してなされた正当な組合活動であるから違法性を欠くと主張した。

2.　判　　　旨

1)　組合の情宣活動と名誉侵害

　(1)　「民法723条にいう名誉とは、人がその品性、徳行、名声、信用等の人格的価値について社会から受ける客観的評価をいい、名誉毀損とは右の如き社会的評価を低下させる行為である。そしてその成否はその人の社会における位置・状況等を参酌して考慮すべきであり、特定の文書に掲載された記事の内容が人の名誉を毀損するものであるか否かは、その記事を読む者、本件では被告組合の組合員の通常の読み方を基準として判断すべきである。(この観点からみれば、)……本件第一文書の『チビ・ブス』という表現、本件第二文書の『性格ブス』『性格が悪いこと』『人間として成長していない』『人格チビ』『いい年をしてまともな社会生活ができない輩』『根暗の偏執狂』という表現は、これら

の記事を読む者をして、女性であり、訴外会社の従業員である原告ら4名がその容姿、品性、徳行、社会的ないし職場における適応性について劣っているとの印象を与えるものというべきである」。

Yらのいう、「チビ・ブス」の表現は侮辱的意味をもたず単なる流行語にすぎない、人の容ぼうの美醜・身長の高低は名誉にあたらない等の主張は、「『チビ・ブス』なる語は原告ら4名の人格的評価に向けられており、かつ侮蔑的意味をもって使用されていることは明らかであるから……採用することができない。」

(2) Xらの分派活動に対する対応であったとのYらの主張は、「訴外会社における労働組合と全金支部の二つの組合の併存・対立について自己の立場からのみ評価したものにすぎ（ない。）……被告らが自己の組合の正当性を主張することが許容されることはいうまでもないところであり、こうした論争の過程において若干の誇張や攻撃的表現を伴う議論がされたとしても、その全体の趣旨、論調が組合の正当性に関する相応の節度のある合理的主張の範囲に止まるものである限り、事柄の性質上、これを是認すべき場合もあるものというべきであるが、被告らの本件各記事における言辞は、もっぱら、原告らに対する低俗な人格的非難、中傷、揶揄に終始したものといわざるを得ず、明らかに右範囲を逸脱しているものと判断される」。

2) 組合役員と組合の責任

各被告の責任について、Y_2は本件記事を「原稿の形で……読み、その判断により記事として採用され印刷・配布されたということができ、……原告ら4名の名誉が毀損されることを認識して本件各文書を発行したものと認めることができる」。

Y_3は「当時の代表者執行委員長として、発行の最終責任者である書記長を監視する等して本件各記事の掲載・各文書の配布を阻止すべき義務があるのにこれを怠ったものと認められることができる」。

「右Y_3の不法行為は、当時被告組合の代表者であったY_3が職務を行うにつ

きなしたものであるから、Y_1組合は民法44条1項により……責任がある」。

3) 慰謝料の支払いと謝罪文の掲載

損害について、X_1は「本件各文書の配布によって、訴外会社内の多数の従業員に、社会的不適格者の如く流布され、廊下ですれ違いざまにチビ・ブスと言われる等の嫌がらせを度々受け、更には職場内の小集団グループから事実上排除される等いわゆる職場八分の状態におかれ、精神的苦痛を被ったことが認められ、X_2〜X_4も同様の事由により精神的苦痛を被ったことが推認される。……（この事実に）、本件文書の内容、配布範囲、原告らの社会的地位、その他本件に顕われた諸般の事情を総合勘案すれば、Xらの被った精神的苦痛を慰藉するにはXら各自につきそれぞれ金30万円の支払いが相当であり、かつXら4名の名誉を回復するためには、……謝罪文の掲載及び配布が必要かつ相当である」。

3. 労使紛争と損害賠償

1) 労使紛争における人格的権利主張

(1) 本件は労使紛争における人格的権利の主張に法的保護を与えたものであるが、事件の性格としては二つの側面をあわせもっており、判決としての位置づけもその双方の側面からみることが必要であろう。その一つは、組合併存下における組合間の対立から生じた事例としての性格である（事実の1）。

① この点からみると、本判決は、旧全金支部は組織として全金支部から脱退したのであるから、いわゆる引きさらいの効果としてXらが所属している全金支部なるものは存在しない、Xらの行動はY_1組合による統制の対象になって当然であるとのY_1組合の主張を否定し（判旨1)の(2)）、多元的組合主義を改めて確認した意味をもつ。Y_1組合が主張するような組合の統制として行われたものであれば本件のような機関紙の記事内容も正当として許されるかど

うかは、もちろん別個の問題ではあるが、その正当性判断にあたって考慮されるべき事情であることはいうまでもない。例えば全国一般穂波分会事件（福岡地飯塚支判昭 54・5・31 労判 324 号 40 頁）は、労働争議の継続中、使用者との意思の疎通をはかったうえで組合から脱退し就労した労働者に対して、組合が宣伝カーを使い、その自宅付近や運転中のタクシーを追っかけるなどして、「裏切り者」とか「労働者と家族を地獄におとして甘い汁をすっている」などの非難的言辞を用いたというケースである。判決は、人格的名誉と平隠な家庭生活を不法に侵害されたとしてこの労働者から組合に対してなされていた慰謝料請求を棄却しているが、その理由に、組合の教宣活動として穏当を欠く点がなかったわけではないが、原告労働者の行動は争議中の組合員として背信的で組合の統制をみだすものであったなどの事情を挙げて、不法行為の成立を認めるまでにはいたらないとの結論を導いている。組合の統制権の行使ならびにその一環としてなされる情宣活動の自由と人格的利益の保護との間に引かれる一線が、実際には微妙な問題であることを示す事例である。それだけに、本判決による多元的組合主義の確認は生きている。

　なお、本件のように産業別の上部団体から企業支部が組織として脱退を決定した場合には、企業内組合と、脱退に反対の残留組合員によって再建された組合とが併存することになるとの結論は、すでに多くの先例によって確認されてきたところである（例えば住友海上火災事件・東京地決昭 43・11・15 労民集 19 巻 6 号 1502 頁）。そのうえで、どちらの組合が以前の企業支部のもっていた権利・義務を承継すべきかは、組織実体を実質的に検討してどちらが同一性を保っているかによってきめるというものであった（本件の労組間で同一性を争っている別の訴訟では、Y_1 組合のほうが旧全金支部と同一性をもつと判断されている。東京地判昭 60・1・29 労判 446 号 22 頁）。それにもかかわらず、Y_1 組合が X らに対し統制処分の手続きをとり、本件でみられるような全金支部の存在を否認する態度をとったのはなぜか、むしろ問題にしてよいのはこの点であろう。後で述べるように本件を単なる労・労紛争とみることに躊躇を感じざるをえない理由の一つはここにある。

② この点はさておき、組合併存下で対立する組合に向けられた教宣活動が、人格的権利の侵害として相手組合から訴えられるという事例は、すでに郵政省における総評加盟の全逓労組と同盟傘下の全郵政労組間の組織対立下でいくつか発生している。いずれも、全逓労組の教宣活動によって組合の人格的名誉を侵害されたと主張する全郵政労組が、本件の場合と同様に慰謝料の支払いと謝罪文の掲示を求めたものである。全逓九州郵政局支部事件（熊本地判昭56・1・21労判360号70頁）では、スト資金の積立をきめた全郵政労組の組織決定を指して、ストライキを本気で考えていないのになされたもので「これは明らかに企業離席した2組専従者の持ち逃げ資金である」と論評した全逓発行のビラにつき、横領行為を意味する表現は組合の教宣活動の範囲を逸脱するとして10万円の慰謝料の支払いを命じている。全逓長崎中央支部事件（長崎地判昭58・5・13労判419号51頁）は、「寄生虫（全郵政）駆除大作戦‼展開中」と記載した縦60センチ・横6メートルの横断幕を公道に向けて掲示した行為が問題とされたものであるが、判決は、「寄生虫」という非難は相手方を揶揄・誹謗するもので特別の事情のない限りその者の名誉・信用を毀損するとして10万円の慰謝料請求を認めている。

本件の場合にも直接訴訟の対象にされていないとはいえ、Y_1組合の機関紙コラム欄で、全金支部を指して「寄生虫」「日共類分派目ジャマ科の害虫」などといった非難が繰り返されていたことは、判決で認定されている（事実2）の(1)）。先の二つの事例がいわゆる労使協調に対する左派的立場からの批判であり、これに対し本件は左翼組合に対する右派的立場からの避難という相違はあるが、法理論的には異なる評価を用いなければならない根拠は存在しない。そしてあまり上品な表現とはいえないにせよ、対立する組合間の批判活動の限度を逸脱しているかといわれれば、筆者には少なくともこの範囲においては否定すべきだと思われる。むしろそのうえで、本件で直接問題とされている「チビ・ブス」などの特定個人に向けられた非難はなぜ同一の評価に服すべきでないのかを検討し、その限界を画する基準を明確にすべきであろう。

(2) しかしその前に本件のもつもう一つの側面を指摘しておかなければなら

ない。それは、本件は単に対立する組合間の組織競争としての性格を超えて、少数組合の組合員個人に人格的欠陥者としての印象を与え、職場内での嫌がらせやいわゆる職場八分を通して企業内における従業員の人間関係からの排除を意図し訴えるものであったという点である。被告 Y_1 組合が全金支部の存在を認めず X らを含む少数組合の組合員を分派として統制処分の手続きにこだわったのはなぜかという疑問も、この点にかかわっている。全金支部に対する組合否認は、同じ時期、軌を一にして使用者がとった態度でもあった（事実1）の(2))。つまり本件は、圧倒的多数の Y_1 組合が、使用者との連携のもとで、少数組合に属する組合員を企業内の職場集団から孤立化させて企業外に排除しようとした行為の一環として理解すべきものだといいたいのである。Y_1 組合が全金支部を攻撃して用いている「寄生虫」という表現は、全逓が全郵政を批判する際に、当局の力に依存して活動している自主性をもたない存在という意味で使っているのとまったく反対に、「仕事もせずに給料をとる扶養家族」（事実2)の(1)) の意味をもたされている。これもまた、使用者による典型的な組合否認の論理と区別することは難しい。

そうだとすれば、この種の人格的非難や職場内におけるいじめ[1]に類する本件 Y_1 組合の行為を、別に対立する組合間の教宣活動の限界として考察する必要性はないといわなければならない。むしろ、企業内において、従業員を組織しその行動を指揮命令する地位にある使用者によって行われるのが通例であろう。その意味で、本件は、少数の組合員を企業外に排除する目的で使用者側職制の主導のもとで組織された従業員による共同絶交と退職勧告書の交付を、退職を強要しそれに応じない限り自由及び名誉の侵害を告知する使用者の違法な行為にあたるとした中央観光バス事件[2]（大阪地判昭 55・3・26 労判 339 号 27 頁)、あるいは、特定の政党所属の労働者を職場の内外を問わず特別の監視態勢のもとにおき、企業内において他従業員との接触を妨害し孤立化をはかった使用者の系統的措置を、「思想・信条の自由を侵害し、職場における自由な人間関係の形成を阻害するとともに、原告らの名誉を毀損し、その人格的評価を低下せしめたもの」と評価して 90 万円と比較的高額の損害賠償を命じた関西電力事

件（神戸地判昭59・5・18労判433号43頁）に類するものと位置づけることができよう。

2）　労働者の名誉毀損の成否

(1)　使用者が、労働組合の活動によって受けた財産上の損害を労働者や組合に対して請求する訴訟なら、ずっと以前から行われてきたことであって何も珍しい訳ではない。しかし、組合相互間あるいは組合対組合員ないし個人労働者の間で生じる労・労紛争を含んだ広い意味での労使紛争に、慰謝料請求の形をとった金銭賠償の方式が持込まれるようになったのは、比較的新しい現象に属している。そしてすでに、先に挙げたいくつかの判例を含めてかなりの数の判例が蓄積されているが[3]、他面では、一体それは労使紛争になじむものであるのか、あるいは好ましい現象なのかとの疑問が依然として残っているのも事実であろう。これまでの判例で認められた慰謝料の額が、概して名目だけのわずかな象徴的金額にとどまる傾向にあったのも、この種の訴訟に対するためらいからではあるまいかと思われるのである。

しかし、市民相互間で行われたものであれば当然に個人の名誉その他の人格的権利の侵害として違法評価を受けなければならない行為であっても、労使間においてなら許される、あるいは法の介入すべき領域を離れる、と考える方がむしろおかしいというべきであろう。これまでもこと企業の人格的権利の保護に関する限りは、企業の技術的あるいはそれにとどまらない広い秘密の保護、企業の名誉や信用の保護などの広い範囲で認められ、多くは組合の情宣活動に対する限界や労働者個人の私生活における行動――とくに非行――に制約を加えうる根拠として機能してきたこと[4]を想起すべきである。労働者の人格的権利の保護についてこれと別個に取扱われなければならない理由は存在しない。プライバシーを私的権利として認めた最初の判決として知られる「宴のあと」事件東京地裁判決（昭39・9・28下民集15巻9号2317頁）は、「近代法の根本理念の一つであり、また日本国憲法のよって立つところでもある個人の尊厳という思想は、相互の人格が尊重され、不当な干渉から自我が保護されることによ

って確実なものとなる」とその基礎を個人の尊厳の理念に求め、それは「単に倫理的に要請されるにとどまらず、不法な侵害に対しては法的救済が与えられるまでに高められた人格的な利益である」と述べていた。同じことは、企業という使用者の支配する組織体に組み込まれて労働せざるをえない労働者についても、原則として妥当しなければならない。むしろそれだからこそ、そこでは、買入れた労働力の消費について自由に処分できるはずだという使用者の主張に対して、「労働は商品にあらず」との法理念[5]が妥当するのであり、たとえ労務指揮権の行使という形をとったものであっても、労働の担い手である労働者の人格的権利を不当に侵害する行為は違法であるとの評価を免れるわけにはいかないのである。

(2) 本件は、先に指摘したように、労・労紛争のなかで生じた特別のケースというより、使用者によって行われた場合を含めて、企業内における労働者の人格的名誉の侵害として検討するにふさわしい。この立場から、以下では労働者の名誉毀損の成否の判断にあたってとくに考慮されなければならない事情とは何かという問題について、本判決にそくして若干の考察をしてみたい。

名誉毀損は、他人の人格的評価についてその者が社会から受ける客観的評価を低下させる行為であると考えられている。そしてその判断にあたっては、本件判決も明言しているように、「その人の社会における位置・状況等を参酌して考慮すべきであ（る）」ことはいうまでもない。その際に重要なことの第一は、企業も従業員相互間の人間的関係が成立している一つの社会であり労働者の生活にとって――1日の活動的時間の半分以上、通勤時間を含めるとおよそ3分の2をそこで過ごすことになる――決定的に重要な意味をもっている生活空間でもあるという事実である。もちろん労働者の名誉毀損にあたるとされたもののなかには、懲戒解雇の事実を取引先や県内の同業他社に通知したり新聞広告に掲載したというように（日生興業事件・大津地判昭48・10・15判時736号81頁、同控訴審・大阪高判昭50・3・27判時782号48頁、泉屋東京店事件・東京地判昭52・12・19労判304号71頁）、広く対外的に流布した事件もあり、このような場合には、かりに懲戒解雇が有効であったとしても、不必要に労働者の名誉を侵

害することに変わりはない。しかし、本件で被告が反論しているように、問題の組合機関紙がY_1組合所属の組合員という特定の読者に配布される印刷物にすぎなかったとしても、それは当該企業の従業員からなる職場社会における人格的評価を低下させることに相違はないのである。それがいかに重大な意味をもっているかは、本判決が認定しているように、Xらはその後で、廊下ですれ違いざまにチビ・ブスとののしられるなどの嫌がらせを受け、さらには職場内の小集団グループから排除されるなどの被害を受けている事実からも明らかであろう。先に挙げた関西電力事件判決は、もっと直截に「職場における自由な人間関係の形成を阻害する」ことが違法だと述べている。企業における生活空間が、家庭や地域といった私生活領域に劣らないかそれ以上の比重を占めているだけに、そこでの名誉の保護はありえないのだとしたら、労働者は人格の自由な発展の場から決定的に疎外されてしまう。

　第二に、企業が労働者の集団的協働労働が行われる場であることから、企業内における労働者の名誉の毀損はその労働者を労働の場から排除することにつながる可能性をもつという点である。誰しもまともな人間ではないとレッテルを貼られた労働者と一緒に働きたいとは思わないであろう。危険を伴う作業であれば、1人のミスは直ちに他の労働者の安全を脅かす。分担と協力によってなりたっている企業における労働には、労働者相互間のコミュニケーションと最低限の信頼が不可欠なのである。本件でY_1組合が意図したのはまさにこの点であった。

　本件で問題となっているコラム欄の記事の評価は、以上の二つの点に留意して行われるべきものであろう。被告の反論の中心は、「チビ・ブス」という表現は愛称ないし個性的・活動的な女性を指す流行語にすぎず、また人の容貌・身長は女優・モデルなどの特殊な職業に従事する者を除けば女性労働者の名誉にかかわりはないとの主張におかれていた。表現だけを孤立的に、かつ客観的にもつ意味や機能と切り離して、軽い気持で用いただけだと弁解しているわけである。判決が、記事を読む組合員の通常の読み方を基準として判断すべきだといっているのは、それが同時に企業という社会の圧倒的多数の従業員だから

であり、そのうえで、「性格ブス」「人格チビ」などの表現はXらの「容姿、品性、徳行、社会的ないし職場における適応性について劣っているとの印象を与えるもの」で許されないとしているのは、この種の人格的価値に対する攻撃が労働者の職場生活にとって深刻な意味をもつことを認めたものと評価すべきであろう。労働者の人格的権利の保護について本判決のもつ意義は、まさにこの点である。そして実際、本件の場合、Xらに対するさまざまな嫌がらせや小集団グループからの排除など労働の場からの疎外という結果が生じている。ただ本判決が、名誉毀損の成否の個所でこのような結果に言及していないのは、要件として結果の発生まで必要としない趣旨に読むべきであろう。

　もう一つ付け加えておきたいのは、本件では直接問題にされてはいないが、労働者の人格的価値が労働との関係で語られなければならないことである。職場における労働者の人格的評価はその仕事を通してなされる。労働者にとっても、仕事がたとえ使用者から与えられ命じられるものではあっても、彼の職業的能力の投影であり、労働を通して職業的・人間的能力を高めていくのであって、人格の形成要因として重要な意味をもっている。例えば使用者による配車差別に、労働者の人格及び名誉を傷つけるとの観点から慰謝料の支払いを命じた判決がある（山陽急行バス事件・山口地下関支判昭52・1・31労判370号39頁）[6]が、それは、このような差別的措置が労働者の人格的蔑視（Mißachtung）としての性格をもつからだといわなければならない。

　(3)　名誉侵害の不法行為責任の主体として、本判決は、Y_1組合の他に、書記長Y_2と委員長Y_3を加えた3名による共同不法行為にあたるとの見解をとっている。Y_2については、組合機関紙の編集責任者として、実際に本件記事を原稿の段階で読んで掲載をきめ、印刷・配布したとの行為責任が問われたもの、これに対してY_3は、組合委員長としてこれらの違法行為を阻止する義務を怠ったとの純然たる機関責任である。そしてY_3の職務上の行為についてはY_1組合も責任を免れない（民法44条1項）という構成が採用されている。

　労働組合の正当性を欠く争議行為の場合の責任主体についてさまざまな議論があることは周知の通りである。本判決は、Y_1の不法行為責任は民法の法人

一般に関する規定の適用ないし準用によって、Y_3 の責任は、懲戒処分におけるいわゆる幹部責任の議論のなかの一つを借りる形をとったものと思われる。ここではこの問題に関する議論は省略するが[7]、筆者は、Y_3 に機関として、本判決がいうような第三者に対する違法行為阻止義務なるものを認めることには反対である。組合自身に直接不法行為の責任主体としての地位を認めれば足りるというべきであろう。

3) 名誉毀損の救済

(1) 労使紛争における人格権の侵害は、ほとんどの場合直接的な財産上の侵害が発生することは少ないため、人格的評価の低下に伴う無形の損害、精神的苦痛、場合によってはそれらに起因する健康障害などにいかなる法的救済の途がありうるかが問題となる。

人格的権利への侵害が継続して行われているか、または確実に予測される場合には、その行為の差止めないし予防の訴えが認められなければならない。例えば、希望退職への応募を拒否して退職届の提出を拒否した労働者に対し管理職員による暴力や脅迫的言辞が加えられたとして、それらの行為ならびに名誉を毀損する一切の行為の差止めと将来の不作為を命じたエール・フランス事件（千葉地決昭60・5・9労判459号92頁）、あるいは反対に、経営者の自宅付近で繰り返された労働組合の抗議・宣伝行動に対して、私的生活の平穏を根拠とした使用者側からの差止請求を認めた大照金属事件（大阪地決昭57・12・27労判カード295号27頁）などがその例である。仮処分命令のため理由が付されてはいないが、人格的権利を被保全権利とするものであることは疑いないであろう。

無形の損害ないし精神的損害に対しては、慰謝料の支払いが認められている。労使紛争に関する慰謝料の支払いが名目だけの象徴的金額にとどまるこれまでの傾向の要因として、人格的権利保護の観点から取り上げることへのためらいがあるのではないかと述べたが、それにあわせて、慰謝料の性質そのものが必ずしも明確でないことが指摘されるべきであろう。慰謝料が支払われる無形の損害ないし精神的損害は、もともと損害といってみても、財産的損害のよ

うに金銭で計量し塡補できる性質のものではない。そこから慰謝料の性質について、基本的に損害の塡補とみるのか、それにとどまらず被害者の苦痛を埋合わせる満足的機能、あるいは私的制裁およびそれによる抑止的機能が重視されなければならないといった主張がなされていることは周知のとおりである。さらに一般的な民事事件においては、立証困難な財産的損害について慰謝料の算定で考慮する補完的機能が認められている。これらは、いずれも相互に排斥し合う関係にあるわけではあるまい。単なる名目だけの象徴的意味にとどまるだけではなく、人格的権利を定着させていくためには、精神的苦痛の慰謝とあわせて侵害を現実に抑止していく機能をもたせることが要請されているというべきであろう。

(2) 本判決は、労働者の名誉毀損の救済として、Xら1人あたり30万円の慰謝料の支払いと、Yら3名の連名による謝罪文を組合機関紙に1回掲載しそれを全組合員に配布することを命じている。

　労使紛争における人格権侵害を理由とする慰謝料の金額についてみると、まったくの名目的金額にすぎなかった以前のころに比べれば[8]、確かに高額化の傾向がみられるように思われる。慰謝料の算定は、その性質上裁判官の広い裁量に委ねられており、諸般の事情を考慮して妥当と考える金額を示せば足りその額を導きだすための係数的な根拠は必要でないし、また財産的損害の算定の場合と違って加害者の地位・行為の悪質性といった諸事情も合わせて考慮に入れるべきもの[9]と考えられている。その意味で単純に比較するわけにはいかないが、概して組合対立から生じた労・労紛争については金額にあまり変化はみられない。例えば先にあげた全逓九州郵政局支部ならびに全逓長崎中央支部事件判決の場合には、どちらも全逓労組に対して10万円の慰謝料の支払いを命じている。裁判所として、この種の紛争に深くかかわることへのためらいが反映しているのかも知れない。これに対して、労使間における人格権侵害についてみると、いわゆる職場八分・共同絶交という同種の事件について先にあげた中央観光事件は5万円の慰謝料であったのに（昭55）、関西電力事件（昭59）では80万円が認められている。また高額という点では、寄付金を着服したと

の汚名で不当に校長の職を追われた学校長に名誉侵害として200万円の慰謝料を認めた判決もでている（順天高校事件・東京地判昭56・3・31労判カード377号35頁）。

本判決は、損害額の認定にあたって、本件記事の配布によってXらは広く企業内に社会的不適格者のごとく流布され、廊下ですれ違いざまにチビ・ブスと言われるなどの嫌がらせを度々受け、さらには職場内の小集団グループから排除されるなどの職場八分状態におかれ精神的苦痛を被った事実を重視している。組合間紛争というより共同絶交や職場八分のそれに類似した性格をみたものであろう。金額としては従来のそれに比べて比較的高いといえようか。

もう一つは、謝罪文の掲載と配布を認めている点である。これまで慰謝料の支払いがあればそれで足りるとする判例が多かったことを考えれば、名誉毀損の救済に一歩を進めたものとして評価することができる。これからも同じ職場にとどまり働き続ける労働者を考えれば、名誉を回復し同種の侵害行為の繰り返しを防止する点からも、その必要性は高いといわなければならない。

注
1) 学校内における子供のいじめは、それによる自殺者が相次いでいることもあって、教育における競争と管理強化が生みだした深刻な問題として注目を集めていることは周知のとおりである。ある火災保険企業が行った「社内人間関係調査」によると、企業内においてもいじめがあると答えたサラリーマンが16％おり、その原因として、性格が合わないとか、しっと・ねたみ、単にウサ晴らしの対象にされたなどのどこの会社でも共通するような理由の他に、仕事上の失敗や職場に活を入れるための対象にされたためといった競争の厳しさや歪みを反映したと思われる項目が挙げられている（東京都労働経済局発行・東京労働873号）。単純に人格的権利の侵害と結びつけて考えられるものでないことは当然であるが、野放図な労務管理のやり方が許されてよい訳はない。
2) 筆者は、この判決の評釈という形をとって広く「労使関係における労働者の人格的利益の保護」（労判354号4頁、同355号4頁）の問題を取り上げて考察を加えたことがある。
3) 筆者は、先の注2)と6)の文献ならびに「労使紛争と損害賠償の請求」労働法学研究会報1277号で、これまでの判例の類型化を試みた。
4) その多くは、使用者が懲戒処分によって対応するというものであったが、それにとどまらず、使用者の人格的権利を根拠とする差止めや慰謝料請求を認めた判決も

現われている。
5)　菊池勇夫「『労働は商品ではない』の基本原則について」九大産業労働研究所創立25周年記念論文集1頁以下を参照。
6)　この判決は同時に労働組合自身にも、団結権侵害を理由とする損害賠償を認めている。このような場合、団結権も人格権としての性格をもつことについては、角田「団結権侵害と損害賠償の法理」季労112号20頁を参照。
7)　角田・西谷・菊池『労働法講義2』220頁以下（西谷執筆）を参照。
8)　阿部和光「配車差別等の不当労働行為における不法行為責任」季労105号112頁の注13)にそれまでの慰謝料金額があげられているが、少ないもので1,000円、多くて15万円までである。
9)　田中康久「慰謝料額の算定」現代損害賠償法講座7巻253頁。

第3節　組合活動の権利

1.　狭義の組合活動

　論争の対象としての組合活動とはどの範囲のものをいうのかが、まず問題とされなければならない。
　(1)　団体交渉ならびに争議行為を含めて、いわば団結によって展開される行為という広い意味で組合活動の名が用いられることがある[1]。これに対して争議行為と組合活動を峻別する見解は[2]、いずれも、争議行為には民事免責が認められているが（労組法8条の文言）、後者すなわち組合活動には、刑事免責（同1条2項）と不当労働行為による保護（同7条1号）はありえても、使用者の損害賠償請求からの免責は認められないと主張している。しかしその場合でも、争議状態下の大量のビラ貼りのような組合活動と、組合の組織運営にとって不可欠な日常的組織・情宣活動との区別は、念頭におかれていない。
　(2)　労働者の団結体としての労働組合の組織運営は、組合ならびに組合員労働者の組織・情宣活動を抜きにして考えることはできない。
　労働組合にとって、組合員をその目的に向けて組織化し、メンバーや未加入労働者の組合への信頼と支持を得るために、その意見と政策を正確かつ迅速に伝達する組織・情宣活動は、不可欠の要請である。また組合の政策形成にあたって、組合員の積極的参加が保証されなければならないというのは、いうまでもなく、組合民主主義の要請するところである。このような、団結の集団性・組織性という性質ならびに組合民主主義の要請から、労働組合の存在と維持・運営と内容的に一体のものとして考えられるべき組織・情宣活動を、狭義の組合活動として問題にすべきであろう。それは、争議行為と組合活動、あるいは争議状態下の組合活動と狭義の組合活動についての、法的保護の範囲と方法の差異を明らかにし、組合活動の権利をめぐる争点を整理するために必要なことだと思われる。

2. 組合組織の企業内存在

　組合活動を理由とする解雇その他の不利益な処分が不当労働行為として違法評価を受けることについては、およそ争いのないところであろう（労組法7条1号）。そこでいう「労働組合の正当な行為」のなかに、正当な組合活動も含まれていることについては、疑いの余地がないと考えられているからである。しかしそこからもう一歩進めて、正当な組合活動の範囲はどこまでか、さらに遡って、その正当性の内容、すなわち組合活動が使用者の干渉や妨害から法的に保護されることを、組合活動の権利として構成することができるのか、仮にそれが肯定されるとすればそれはどういう内容の権利でありいかなる法的救済の途がそれに伴うべきかという問題にまで立ち入って考えることになると、学説・判例を含めて、コンセンサスを見いだすのは難しい。

　(1)　問題を困難にしている最大の理由は、先に述べた狭義の組合活動が、わが国では企業内職場を中心にして行われているという事実である。ところが他方、職場は、市民法的に考えれば、使用者の市民的権利と自由——所有権と契約の自由——にもとづく施設管理権と労務指揮権によって支配される領域である。もしそれが形式的に適用されることになれば、使用者の承認による以外企業内に組合活動や組合組織が存立しうる余地はなく、企業は資本の聖域と化してしまう。反対に、企業内における組合や組合組織の代表者（職場委員のような）の存在とそれに伴う組合活動の法的保護をはかろうとすれば、使用者が労使関係の場において行使する市民法の権利や自由を、むしろ組合や組合活動に対する干渉・妨害＝資本所有権の濫用としてとらえ、その制約すなわち何らかの意味における権利調整の法理を考えざるをえないことになる。そして判例や学説の多くは、後者の途を選び、企業内組合活動に一定の保護を与えてきたということができる。

　今日でも、「労働者の労働組合活動は、原則として就業時間外にしかも事業場外においてなすべきであって、労働者が事業場内で労働組合活動をすることは使用者の承認がない限り当然には許されず」（日本エヌ・シー・アール事件＝東

京高判昭52・7・14労判281号58頁）として、わが国の企業内組合活動の労使慣行そのものを真っ向から否定する考え方がないわけではない。しかし企業内における組合組織ないし組合代表者の存在とこれに必然的に伴う組合活動の承認の要請を、これを批判する論者がいうように、企業別組合というわが国の特殊な、あるいは歪んだ労使関係に由来するものとみるのは正しくない。それは、産業別組織をとる欧米の組合にとっても共通する要請であり、今日の段階における労使関係の秩序形成に不可欠のものとして保護と承認を受けているからである[3]。

(2) 企業内組合活動が、一定の範囲で法的保護を受けるものと考えられてきたとしても、それが直ちに法理論上も特定の内容をもった組合活動の権利として理解されてきたことを意味しない。

第一に、労働委員会による組合活動の保護と救済は、その行政救済という性質上、組合活動の権利をその侵害から守るという判断をするものではなく、また常に正当な組合活動だから保護するといわなければならないわけではない[4]。

第二に、裁判所で争われる場合にも、使用者が企業内組合活動を理由として行った懲戒処分の是非という形で争われる場合には、組合活動の権利や正当性を必ずしも前提とする必要はない。事実、使用者側の態度との相関関係や、懲戒処分は重きに失し許されないという判断の仕方をする判例は少なくない。

第三に、組合活動として議論される場合、狭義の組合活動と争議状態下における大量のビラ貼りのような争議行為に付随して行われる組合活動とが区別して論じられていないことが、組合活動の法的評価に不必要な混乱をもたらしているように思われる。組合活動の妨害を理由とする不法行為＝損害賠償請求や差止請求（団結権にもとづく妨害排除請求）の問題は、組合活動の権利の性格を抜きにして論じることはできないが、その保護の対象としては、いずれにせよ狭義の組合活動のみが念頭におかれていることは間違いあるまい。

3. 組合活動権の構造

(1) 組合の存立、維持・運営と内容的に一体のものとして理解さるべき組合活動は、企業内でも一定の法的保護を受けるべきだという場合、それはどういう性格をもった権利なのか。

従来の通説的見解とされている受忍義務説はおよそ次のように考えてきた、ということができる。(イ)憲法による団結権保障は、労使という私人間に対しても直接的効力（いわゆる基本権の第三者効 Drittwirkung）を有している。(ロ)その具体的内容は、使用者に対する関係でも自由に組合を結成し、自由に組合活動を行う権利を保障したものということができる[5]。(ハ)使用者によるその侵害は、市民法的権利や自由の行使という形式をとって行われる労働者の団結ないし団結権行使の場の支配としての性格をもつ。そしてそのような侵害行為を定型化し類型化したものが不当労働行為制度（労組法7条）にほかならない。したがってその規定は、単に労働委員会による行政救済の準拠規定としての性格にとどまらず、直接私法上の効力規定でもある。いいかえれば組合活動に対する侵害行為は、私法上も違法・無効である。(ニ)組合活動が行われる場とは、現実には企業内・職場を意味する。そうだとすれば、団結権保障は、使用者に、団結の存立と維持・運営に不可欠な組合活動の自由を受忍する義務を課し、その結果、使用者が市民法上有する労務指揮権・施設管理権限の行使は一定限度制約を受けざるをえない。そしてその範囲は、組合活動の保護の必要とそれによる使用者への実質的支障の程度などの事情の比較衡量によってきめられるべきである[6]。

(2) これに対する最近の批判は、従来からいわれてきた団結権の第三者効の否定、組合の自主独立性に反する、あるいは、企業は使用者の聖域だという主張を除けば、使用者の権限を制約すると解するには団結権などの権利内容が現行法上不明確・不確定であること、団結権が当然に企業の施設利用権を含むとは考えられない等々、団結権ないし組合活動の権利の性格の問題に向けられているといってよい。

もっともこれらの説によっても、企業内組合活動がすべて否定されているわけではない。その場合には、違法ではあるが一定の範囲で違法性は阻却される[7]と考えられているようである。その結果、使用者の不利益処分の禁止（労組法7条1号）のみが生ずるのか、損害賠償の免責効果も生ずるのか論者によって異なるし、あるいは、そもそも違法性阻却という法律構成が狭義の組合活動についても妥当すると考えられているのか、必ずしも明らかでない。

　(3)　団結権侵害を理由とする損害賠償請求事件の増大、団結権にもとづく妨害排除ないし差止請求において団結権は仮処分訴訟における被保全権利たりうるかという問題を含めて、これらは、いずれももともと、市民法の財産権秩序との抵触・衝突から解放されることによって保障されると考えられてきた団結ないし組合活動の自由が、どのような性格をもった私法上の権利として裁判所に救済を求めうるに至るのか、という問題を提起している。

注
1)　例えば、籾井常喜「組合活動の法理――その今日的課題」労旬953号4頁。
2)　山口浩一郎「争議行為綺論三則」（石井追悼論集『労働法の諸問題』37頁）、松田保彦「労働組合活動と民事上の責任」判タ282号16頁、下井隆史「労働組合のビラ貼り活動と民事上の責任」判タ326号29頁。
3)　角田「組合活動の権利と正当性」季労・労働組合法114頁。
4)　石川吉右衛門・労働組合法305頁がこのことを指摘している。
5)　有泉亨「団結権の侵害とその救済」（『末川還暦・労働法経済法の諸問題』109頁）。
6)　例えば、籾井常喜『経営秩序と組合活動』165頁以下。
7)　小西國友「ビラの貼付と施設管理権」季労95号39頁、下井・前掲論文。

第4節　企業秩序と組合活動

1. 最高裁による「企業秩序」の定立

(1)　労働組合への加入を訴え、組合の意思をメンバーに伝達し、反対にメンバーの意思を組合決定に反映させるために行われるコミュニケーション活動、あるいは組合の意思決定のために必要な組合活動は、一般に組織・情宣活動と総称されているが、これらは、民主的組織体としての労働組合が存在していくために欠かすことができないもの、ということができる。ここで団結権保障の一環として取り上げる組合活動とは、このような組合の存在を維持していくのに不可欠な意義をもつ組織・情宣活動を指しており、争議行為のような団体行動を含めた「労働組合の正当な活動」（労組法7条1号）一般とは異なることに注意しなければならない。

　そうはいっても、これらの組合活動が企業内で行われることになると、使用者の伝統的な管理下におかれてきた企業内の秩序に抵触せざるをえないことも当然である。法律的にいえば、就業時間中であれば使用者の労働指揮権限に、就業時間外であっても施設管理権限に違反し、いずれにせよ企業内での組合活動は使用者の承諾なしに行うことは許されないと説明されてきたものである。

(2)　しかし、わが国の組合の殆どが、発足以来、企業内に組織基盤をおき組織運営の中心を企業レベルにおく企業別組合であったため、これと結びついて、企業内組合活動の保障は労働協約や労使慣行の形をとって早くから労使間に定着することとなった。その実情を踏まえて、使用者の労務指揮権および施設管理権限も一定の限度で制約を受けざるをえず、その範囲は、組合活動の組合運営にとってもつ意味と、他方で業務に与える支障の程度を考慮しながら、権利ないし法益衝突の調整作業によって画定されるべきであるとの考え方が、学説ならびに膨大な判例・労委命令の蓄積を通して、広く承認されてきたといってよい。これを使用者の「受忍義務」として説明する学説[1]は、その典型で

あった。

　この種の組合活動の法的保障がわが国に特有の現象でないことも、今日では広く知られている。労使関係における企業レベルの比重の増大によって、組合にとって、企業内で組合員と接触し、企業に対する発言力を確保する必要性は不可欠となった。そこから、超企業的な組織形態をとっているが、もともと企業内に支部をおくアメリカ、あるいは伝統的に企業内に足場をもたなかったヨーロッパの組合のいずれを問わず、企業内への組合組織の浸透が進んだことによるものである[2]。

　(3)　しかし転機をもたらすことになったのは、国鉄札幌駅ビラ貼り事件・最高裁判決であった（最3小判昭54・10・30民集33巻6号647頁）。春闘の際に、組合の要求を書いたビラを、使用者の禁止命令を無視して、職員の更衣・休憩のための詰所に置かれている専用ロッカーに貼ったことを理由とする戒告処分の効力が争われたこの事件は、企業内組合活動に関する最高裁のはじめての判決として注目を集めただけではなく、それまでのどの判決とも異なる見解を示した点でも特筆すべきものであった。

　第一に、判決は冒頭で、「思うに、企業は、その存立を維持し目的たる事業の円滑な運営を図るため、それを構成する人的要素及びその所有し管理する物的施設の両者を総合し合理的・合目的的に配備組織して企業秩序を定立し、この企業秩序のもとにその活動を行うものであって、企業は、その構成員に対してこれに服することを求めうべく……」と述べて、組織体としての企業には企業秩序を定立する権限が認められなければならないことを強調する。最高裁による「企業秩序」論の定立といってよい。

　第二に、企業内で働く労働者およびそこを活動の主要な場にしている企業内組合のいずれにも、企業施設を組合活動のために利用する当然の権限はなく、また使用者はそれを受忍しなければならない義務もないという。「受忍義務」説に代表される見解を否定し、団結権の法的保障が企業秩序に何らかの制約を加えるものではないことが主張されている。

　第三に、そうすると、使用者の許諾、すなわち典型的には労働協約によって

しか企業内組合活動の保護はありえないことになりそうであるが、判決はこれに加えて、使用者の施設利用の拒否が「権利の濫用であると認められるような特段の事情がある場合」は、正当な組合活動になりうることを認めた。

2.「企業秩序」論をめぐる争点と軌跡

(1) 最高裁判決による「企業秩序」概念の定立は、多くの批判やとまどいを生み出すこととなった[3]。争点は、先の3点のすべてにまたがって展開されることとなった。

① このような「企業秩序」の概念が、使用者の労働契約にもとづく労務指揮権限ならびに財産権の行使を意味する施設管理権限によって円滑に維持されている社会的・機能的性質をもつものと理解されてきた「経営秩序」ないし「職場秩序」とは基本的に異なるものであることが指摘されなければならない。企業活動が集団的・組織的労働によって行われることから、個別契約に解消されない集団的秩序が想定されなければならないことについては、異論のないところであろう。そのうえで、このような秩序の内容は、企業内に組合が存在し活動をすることを前提にした柔軟なものでなければならないし、むしろ「経営秩序」ないし「職場秩序」の観念そのものが、そこから生じる労務指揮権限と施設管理権限の行使に対する内在的制約の範囲を定立するために必要な法解釈上の機能概念であったといわなければならない。

ところが最高裁の「企業秩序」の観念は、使用者のもつ労務指揮と施設管理の権限からではなくそれを超えたところで、また、人的要素と物的施設からなる組織体としての企業という社会的実態から直接に根拠づける形を取って、企業が企業の管理下におかれるものであることを強調するものであった。しかしなんらの法的媒介もなしに、企業には「企業秩序」を定立し、その構成員に対してこれに服することを求める権限があるということにはならないであろう。先験的に企業秩序定立の必要性をいうだけでは、既に一度は克服されたかつての「経営権」の主張と変わりはないし、また企業は経済活動の主体ではあって

も、労使関係の法的当事者はあくまで対等な契約関係にある使用者と労働者であり、それを超えて、企業に法的実体 legal entity を承認されうるものではないからである。

②　労働者も企業内を主要な活動の場とせざるをえない企業内組合も、企業施設を利用する権限を取得し、また使用者に利用を受忍する義務を要求しうるものではないとの見解は、組合活動保障の法的構造について再考をせまる意味をもっていたことは否定しがたいと思われる。

(イ)　判決は、団結権には施設を利用しうる権限を含むものなのか、という問い方をしたうえで、これを否定しているように読むことができる。しかし、企業内組合活動の保障は、企業施設を利用する権限の有無とは異なる性質の問題であろう。団結権保障の一環としての組合活動とは、基本的にはコミュニケーション活動なのである。休憩室で組合に関することについて話題にすることを、誰も休憩室の利用権限をもっているから許されるとはいわないのと同様である。また企業は、確かに生産のための場であることに間違いはないが[4]、同時に、労働者の職業生活と人間的コミュニケーションが行われる生活空間でもあることが看過されてはならない。職場と労働への関心の具体化である組合活動を企業内から排除することの方が問題視されてよいであろう。

(ロ)　そのうえで、組合活動保障の機能をもってはいても、①組織・情宣活動の受忍ではなく、②組合事務所の貸与のような一定の施設の便宜供与とを区別して考える必要があると思われる。この後者についてならば、判決のいう施設利用の権限の有無が問題にされてもあながち不当ではないであろう。さらに、③争議中のビラ貼りのような示威的団体行動は、もともと団結権というより、団体行動権保障に属するものであろう。組合活動一般というより、その類型にふさわしい法的構成が必要だと思われる。

③　判決は、これまで組合活動の正当性判断に際して行われてきた法益調整を一旦は否定しながら、権利濫用法理の適用に余地を残した。「特段の事情」とは何をいうのか明らかではないだけに、余程の例外的場合に限られるのか、それとも権利衝突の調整原理として機能している現代的権利濫用論の適用を期

待できるのか、その具体的展開は新たな判例の形成にまつほかはないとしかいいようのないものであった。判決が排斥した受忍義務論も、もともと、労使関係秩序の今日的あり方にそくした権利調整の法理としての性質をもち、権利濫用論の延長上で構成されたものであったことを想起すべきであろう。

(2) 事実、その後の「企業秩序」論の展開は、注意深い観察を要するものであった[5]。

① 第三小法廷の「企業秩序」の観念に、他の小法廷は、かならずしも同調したわけではなかった。第二小法廷は、使用者の中止命令に違反してなされたビラ配布に対する懲戒処分事件のケースで「格別上告会社の作業秩序や職場秩序が乱されるおそれのない場所であった」として処分を無効とし（住友化学工場事件判決・昭54・12・14労判336号46頁）、第一小法廷もまた、従業員控室での無許可ビラの配布に対する使用者の警告（西日本重機事件判決・昭58・2・28労判408号50頁）、ならびに組合からの施設利用の申込み拒否（総合花巻病院事件判決・昭60・5・23労経速1236号3頁）をいずれも支配介入にあたるとして、第三小法廷の「企業秩序」論とは明らかに一線を画す姿勢を示したのである。

さらに第三小法廷自身ですらも、従業員食堂でのビラの配布が平穏に行われたのであれば、就業規則に違反する無許可のものであっても、「工業内の秩序を乱すおそれのない特別の事情が認められる場合」にあたるとして、「企業秩序」論をもちいながらも実質的業務阻害の有無を基準にするという微妙な揺れを示した（明治乳業事件判決・昭58・11・1労判417号21頁）。

② しかし、このような「企業秩序」論の動揺にも、終止符がうたれたように思われる。第三小法廷による「企業秩序」論の適用に再び厳格さが戻り（池上通信機事件判決・昭63・7・19労判527号5頁、伊藤正己裁判官の補足意見を参照）、第一小法廷（日本チバガイギー事件判決・平元・1・19労判533号7頁）、続いて第二小法廷でも（済生会中央病院事件判決・平元・12・14労判552号10頁）、「企業秩序」論が採用されるようになった。

これらの判決は、いずれも、労働委員会命令に対する使用者の行政訴訟をうけ、労委の救済命令を取り消すものであっただけに、労働委員会にも「企業秩

序」論に従った不当労働行為の判断を要求することになりかねない。それは、両者の関係をどう見るかという古くて新しい問題の重要性を改めて問いかけているということができよう[6]。

3. 組合活動の正当性

(1) 企業内組合活動の保障が、使用者の労務指揮権限あるいは施設管理権限との抵触を抜きにありえないことは最初に述べたとおりである。そして、最高裁の指摘をまつまでもなく、その保障が、本来、使用者との団体交渉による合意にもとづいて行われるのが望ましいことはいうまでもない。どの範囲で認められるのかという微妙で一義的というわけにはいかない面倒な作業を裁判所や労働委員会の手に委ねるよりも、労使の自治によって定めるのが望ましいからである。また事実、労働協約のなかで、組織・情宣活動のみならず、組合事務所の供与と組合役員の在籍専従制、さらにはチェック・オフに代表される便宜供与を含めて union security の性格をもつ組合活動保障条項をおくのが一般的となっており、これに労使慣行による承認とあわせれば、戦後から今日に至るまで一貫してみられる普遍的現象であるといってもよいであろう。

しかし、組合活動の正当性は、これらを一切認めようとせず、具体的には、組合に対する警告・妨害行為などの措置で対抗し、あるいは企業秩序違反を理由に懲戒処分を加えるなどの使用者の行為を、団結否認の現れであり不当労働行為として評価すべきかどうかを問う問題である。その意味で、団体交渉にすべてを委ねるのではなく、むしろ団体交渉がそのうえに成り立つ組合の存立保護としてとらえることの是非の問題だということができよう。およそ組合の存在を認めたくない使用者、あるいはそれまでの良好な労使関係がまずくなった途端に使用者が協約の解約や慣行を撤回し、それが争いの発端になるケースが圧倒的に多い事実も、このことを裏づけている。

いずれにせよ、企業内組合活動が具体的にどの範囲で認められるかは、団結権の保障の一環としてとらえる立場からは、施設管理権限および労務指揮権限

との権利調整の問題として、これに対し、最高裁の「企業秩序」論に従えば、権利濫用にあたる特段の事情の有無という基準で判断されることになる。

(2) 施設管理権限が、使用者の有する所有権ないし財産権に根拠をおくものであることはいうまでもないし、施設利用の範囲や方法を定めることをとおして、企業内で働いている労働者の活動に一定の制約を加えることができることも否定できないであろう。それは物権の排他性に由来し、生産目的に供せられている企業の物的施設を経営の制度目的に合わせて行使する場合に観念せられるものということができる。

しかしこのことは、使用者による恣意的行使が許されることを意味しない。反対に、他ならぬ企業の物的施設であることに伴って、使用者の純粋な私宅やプライベートな施設とは異なる制約に服することが注意されなければならない。私的生活の場所にまで、労使関係の問題を持ち込みたくないと思うのは当然であっても、こと企業施設に関しては、職業的関心をもった労働者のコミュニケーションが交わされる生活空間であり、さらに労使関係が展開される場としての意味をもっている。このような企業施設＝職場のもっている性格を否定するような行使の仕方は許されないとの内在的制約を想定するからこそ、施設管理権限の概念が成立するといわなければならないのである。そして本来なら、このような内在的制約を具体化するのに必要となる法解釈上の概念が、「職場秩序」ないしは「経営秩序」というものであったと思われるが、例え権利濫用にあたる特段の事情の有無を判断するにあたっても、企業施設のもつこのような性格が考慮されるべきであろう。

具体的な正当性の範囲は、一方で、ビラ配布やビラ貼りなどのコミュニケーション、会議や組合員集会といった組合活動の目的や形態を、他方で、場所や利用の仕方によって生じる企業施設の機能ならびに業務への障害を考慮しての総合的判断とならざるをえない。そして企業施設の機能という点では、生産現場や顧客に対するサービスが提供される生産区域と、食堂や休憩に利用される生活空間的区域との違いが考慮されるべきであろう。前者では、直接的業務阻害が生じやすいが、後者では居住性・美観といった生活環境や他人の休息の妨

害にあたるかどうかが問題となる。

　また、複数組合の併存下で、一方組合にだけ施設利用を認めながら他方には拒否する場合、従業員のサークル活動には認めながら組合には認めないなどの差別的取扱いは、権利濫用としてもその典型的場合といってよいであろう。

(3)　勤務時間中の組合活動は使用者の同意がないかぎり許されないとの原則は、労働契約によって負担している労務提供義務に違反するということを、裏から表現したものである。この観点からは、勤務時間の前後あるいは休憩時間中の組合活動までが禁止の対象になるわけではなく、施設管理権限のように、企業内のコミュニケーション活動のすべてが不可能になるものではない。また通常は、離席による仕事の中断を伴うだけに、業務に対する支障も無視できないというべきであろう。それだけに、明確な離席を伴う就業時間中の組合活動は、原則として使用者の明示・黙示の承認を要するといわなければならない。

　この種の組合活動に関する労使間の取決めでもっとも多いのは、団体交渉・労使協議をはじめとする交渉に伴う組合活動であるが、交渉の前提となる組合内部の会議出席、交渉結果の総括と教宣のための活動、さらには非専従役員に時間数や回数を定めた離席の承認に及んでいる。コミュニケーション活動を除外しても、組合の組織運営に携わる役員を中心に、勤務時間中の組合活動が一定範囲で必要とされていることを現わしている。

　しかしながら、使用者がこの種の組合活動を承認しない場合の一方的な組合活動のための離席が、直ちに正当性をもつとみるのは困難であろう。一般的にいえば、勤務時間中にかかわらず緊急に対処しなければならない組合業務の発生、とりわけそれが使用者の不当な行為や措置によって生じたなどの事情の存在、あるいは手待時間で実質的な業務への支障がなく、交替制などのためにその必要性が高いといった例外的場合に限られるというべきであろう。春闘の時期に限っての臨時の専従役員の承認要求を拒否された組合が、委員長を指名ストに突入させたケースは（一畑電鉄事件・島根地労委昭47・1・17労旬813号77頁）、組合に残されたギリギリの対応を示すものであろう。

　勤務時間中であっても、組合員記章の着用のように、業務阻害や職場規律が

乱されるといった具体的支障のないものまでを含めて一切の勤務時間中の組合活動が許されないというのはあまりにも観念的に過ぎる。これらを正当な組合活動と認め、取りはずしの強要や処分・手当減額などの措置を不当労働行為にあたるとした都労委命令が参考になる（JR東海組合バッジ着用事件・都労委平元・2・7労判540号85頁）。

注
1) 例えば、籾井常喜『経営秩序と組合活動』165頁以下。
2) 季労117号特集・諸外国の企業内組合活動は、米・英・独・仏・伊・ILOについて、蓼沼謙一編『企業レベルの労使関係と法』（1986勁草書房）所収の各論文は、英・米・独・仏についての実態と法理を取扱っている。
3) たくさんの論評がなされたが、日本労働法学会の第60回シンポジウムもこの判決を意識して、「企業内組合と団結権」をテーマに開催されている。学会誌労働法57号。
4) 第三小法廷は既に、目黒電報電話局事件判決・昭52・12・13判時871号3頁において、このことを強調していた。
5) 角田「企業秩序と組合活動―最高裁『企業秩序』論の軌跡」労判435号4頁。
6) 中嶋士元也「不当労働行為救済規定の解釈」学会誌労働法72号72頁。

第5節　組合事務所の利用権と侵害に対する救済方法
―― 新潟放送事件二判決を契機として ――

1. 組合事務所供与慣行と紛争の類型

1) 組合事務所供与の慣行

(1) わが国の組合は、その存在と活動の物的基礎というべき組合事務所を、使用者から企業施設の供与を受ける形で企業内にもつものが多い。このよう組合事務所のあり方は企業別組合を現実の基盤として展開されてきたわが国の労使関係において、今日まで労使双方によって受け入れられ、集団的労使関係の秩序の基礎をつくってきた慣行に属するといってよいであろう。

労働組合にとってみれば、企業施設内に組合事務所をもつことは、労働組合の組織を維持し運営していくために不可欠のものであった。わが国の組合の組織活動は、企業の枠を超えた社会的連帯の上に立って労働者の社会的利益を守ってきた、職業団体としての労働組合という組織的伝統を欠いたところで、かつ、すでに使用者に採用され、生産組織としての企業に編入せられている労働者＝従業員を相手にして行わなければならなかった。労働者＝従業員を組合に組織し、その組合を従業員である以前の労働者としての社会的連帯の上に築きあげ、使用者に労働力の統制体としての実質的存在を認めさせるためには、企業内――労働組合にとっては労働者が集結している場である生産点――に組合活動の足場を求め、そこで組織活動を展開するよりほかに現実的な途はなかったからである。そして現に企業別組織は、今日にいたるまで、支配的形態として定着をみていることは周知の事実である。

使用者にとっても、企業内に組合事務所をもつことが、企業別組合の存在と活動にとって、組織活動の拠点としてのみならず組合財政上も不可欠の要請であることは、十分に認識されてきたといってよい。そのうえで、従業員的体質

と労働者団結としての自主的性格との間で揺れ動く企業別組合を間接的にコントロールする手段として、あるいは組合活動を常時看視し、情報を得る等の利点をも伴うものとして、組合事務所の供与を認めてきたというべきであろう。日経連は、労働組合側が企業別組合からの脱皮を目指して打ち出した産業別統一協約闘争に、「労働協約基準案」をもって対抗したが（昭和28年）、その中で、「組合は会社が適当と認める建物を組合事務所として使用することができる」と供与を原則として承認し（30条）、「組合事務所の如きは、賃貸借契約を結ぶことによって後日動きがとれなくなる惧れもあるから注意が肝要である」と、供与にあたってのフリー・ハンドの確保に意を用いるように注意を喚起している[1]。しかし、いずれにせよ、組合事務所を供与するということ自体についての異論が出されていたわけではなく、事実その後も労使の慣行として定着をみていったのである。

　法理論としてみれば、この慣行が、使用者の同意によって成り立っている側面ではなく、むしろ、使用者は労働者＝従業員の労働力の統制体としての企業内組合の存在を認め、その統制力を前提とした組合との団体交渉に臨まなければならないという、わが国の集団的労使関係秩序の現実的・具体的あり方そのものの一環を構成していることが注目されるのである。組合から企業内組織活動の拠点である組合事務所を取りあげることは、労働者＝従業員の労働力の統制体としての企業内組合を従業員から切断することであり、企業を超えたところでそれを受け止める組織が現に存在しないところでは、組合の存在と活動の意義を実質的に否認する意味をもつ。細かな法的構成の仕方を抜きにしていえば、こういう実態が、組合に企業内組織活動の場を保障することも、団結権の保障が使用者に課している団結承認義務――労働組合に、労働者＝従業員の労働力の統制体としての地位を承認すべき使用者の義務――の一内容として含まれていなければならないという主張を基礎づけてきたのである。

　(2)　このような慣行は、今日でも基本的に変化しつつあるとは思われない。企業別組織から産業別組織へという組織論の課題としてのスローガンは、現実には企業の合併や合同を伴った資本の集中に対応して、規模を拡大した企業別

組合の集積としての体質を含む資本別・企業別連合組織を中軸として定着をみており、企業内労使を中心においたわが国の労使関係の構造が、根本的な変容を受けるとは考えられない。それにもかかわらず、今日、組合事務所ならびそれを含む組合の企業内組織活動に関する事件が多発し、それに対する判決に一定の変化がみられるとすれば、それは何を背景とした、どういう質の変化なのかが検討されねばならない[2]。

さらに、企業別組合（社会的連帯の上に立った超企業的組合組織を欠いている）という特殊性の契機を抜きにして考えてみれば、企業内職場レベルにおける組合の存在の必要性は、日本と逆に職場組織をもたなかったヨーロッパの組合によって努力されている課題にほかならない。伝統的な労働者意識の変容や拡散に対する組合組織の建て直しと強化、合理化や技術革新によって生じてくる問題への対応は、組合の企業内活動の存在を抜きにして考えることはできない。これらの事情は、フランスやイタリアのように立法によって経営内組合活動の権利を保障するか[3]、ドイツのように団結権の保障は組合の存続と活動に不可欠な企業内活動（インフォメーションないし情宣活動の権利）の権利を含み、使用者にそれを受忍する義務（Duldungspflicht）を課しているという日本と類似した法的構成を行うか[4]の違いはあれ、一定の法的保障としてすでに実現している。

これらの現象は、これまで労使慣行として認められてきたわが国の企業内組織活動を、変則的な特殊事情に由来するもので組合活動は就業時間外・企業施設外という原則に戻るべきだという根拠のない、今日ではむしろ誤った認識から出発すべきではなく、改めて法理の比較と再検討を促している、ということができよう。

2) 組合事務所をめぐる紛争

(1) 組合事務所についての法的紛争は、おおよそ、次の三つの類型に分けて考えることができる。

第一の類型は、従来組合事務所を企業内にもたなかった組合が、いわば創設時に組合事務所の供与を使用者側に要求する場合である。使用者にいったいこ

のような供与義務があるのかという問題と並んで、同一企業内に組合が併存しているとき、一方の組合だけ供与し他方には与えないという組合間差別の問題として生じ、かつ論じられることが多い。

　第二は、使用者側から、労働協約の失効あるいは契約解除等を根拠として、従来から供与されていた組合事務所の返還・明渡しを求めるものである。その実質的理由も、文字どおり組合対策的なものから、業務上の場所の必要性、他への売却を理由とするものまで、また明渡し要求にあたって代替場所の提供を条件とする等種々である。

　第三は、組合は貸付を受けた組合事務所についてどのような利用権を取得し、どの範囲で利用することができるか、いいかえれば、施設の維持・管理権者として、使用者はどの程度の権限を組合事務所に関し行使できるか、あるいは反対に団結自治への介入禁止という観点から制限されるのかという問題である。組合事務所の使用時間の制限、上部団体の役員や部外者の立入禁止措置、利用にあたっての手続き規制等がその典型的なものであろう。

　組合事務所の貸与については、使用者もまた、組合との接触が容易であるというメリットから、さらに進んで、組合の動向をキャッチし、看視することができる点に利点を感じ、そのために利用される危険があるとすれば、会社側要員の組合事務所への立入りもまた、このような性格をもちやすい。ここで取りあげる二つの新潟放送事件（新潟地判昭53・5・12労判299-35、46）は、会社側守衛が、夜間、組合に無断で組合事務所に立ち入ったことが争われたものであるが、まさに組合事務所のもつこのような可能性から生じたものといってよい。

　(2)　同時に、先にあげた三つの類型に共通して組合事務所をめぐる法的紛争の救済方法も重要な問題をなす。これらの問題は、不当労働行為として労働委員会に救済を求めることができる。この点は当然のことと考えられている。しかし、同じ事例を、裁判所に対して訴えることができるのか。仮にできるとなれば、その救済はどういう方法・内容のものになるのか。団結侵害を理由とする損害賠償請求、ないし妨害排除を求める差止請求の適否として争われている

問題がこれである。

　ここで素材とする判例は、労働委員会に対してではなく、この二つを裁判所に求めた事例であり、まだ十分な結論の出ていないこの問題を、どう考えるかについて、検討の素材を提供するものである。したがって本節では、この判決を素材として、組合事務所をめぐって生じている紛争の法理と、その法的救済方法の再考を試みたい。

2. 事件の概要と判決の要旨

1) 事件の概要

　(1) 原告である新潟放送労働組合は、会社から無償で、組合事務室として施設内の事務室3坪の供与を受け使用していた。供与の条件については、労使間で、「組合事務室貸借契約」が締結されており、本件で問題となった組合事務室への会社側要員の立入りに関しては、「この建物の保全、衛生、防犯、防火、救護、その他緊急止むを得ざるときは甲（会社）の命令に於て非組合員は貸借物件内に立入り、またはその内外を巡視することができる」という規定がおかれていた。

　組合事務室の貸与に際して行われた労使交渉における会社側原案中、この条項の「その他緊急止むを得ざるときは」にあたる部分は「その他必要あるときは」となっていた。また、「非組合員は『随時』貸借物件内に立入り、又はその内外を巡視することができる」という文言も入っていた。しかし、この2点については、いずれも、防火、防犯を名目に組合事務所に自由に立ち入られたのでは組合の独立性、自主性が保てないという組合側の主張にそって修正されたうえで、先のそのような規定となったわけである。

　その後、会社は守衛制度を発足させ（昭和37年）、施設の巡回巡視を行うようにしたが、組合事務室を巡視の対象に含めるかどうかについて、労使間で話し合われたこともなく、また使用者からその旨の通告もなされたこともない。

判決の認定によれば、組合事務室は巡視の対象からはずされていた。

　先の守衛制度と並んでさらに警備保障会社から派遣されたガードマンによる巡視体制が採用されて（昭和42年・夜間巡視、翌43年から常駐警備）、内部および外部巡回に関する責任を負担することとなり、巡視の実行性を確保するため、各施設に時刻キーをとりつけてガードマンが巡回したことの記録を留めることになった。しかしこの際にも、組合から、ガードマンの組合事務室への立入りに異議が出されたため、組合事務室は、時刻キーの設置ならびに巡回巡視の対象からはずされ、今日にいたっている。

　(2)　昭和41年、原告組合が民放労連に所属することに反対する者を中心にBSN労組が結成され、組合が分裂するにいたって、原告労組と使用者間の関係は極度に悪化した。原告組合所属の組合員に対する懲戒・降格処分が数度にわたって行われているし、人事査定・給与・昇給・昇格について組合間差別による不当労働行為が行われている旨を認定した労働委員会の救済命令が出され（新潟地労委昭51・2・5別冊中時887、同52・2・24別冊中時901）、いずれも中労委に係属している。

　このような状況下にあった昭和45年8月25日午後9時25分頃、会社側守衛が組合事務室に立ち入っているのが、原告組合の執行委員Hに発見された。Hはその日、組合事務室で仕事をしていたが、外で食事をするためそれを中断して組合事務室のドアに鍵をかけ、再び戻ってきたところ、組合事務室内に「真暗闇の中で身をかがめ、頭を下げて伸ばした両手で取手を把んで引張っているような人物を発見した」。それが会社の守衛Kであったというのである。

　これを原告組合に対するスパイ行為と判断したHは、原告組合の委員長Nと民放労連傘下の他組合役員と共に、守衛室におもむき、同日午後9時50分頃から11時頃までの間、守衛Kの不審な行動について追及し抗議した。

　(3)　会社は、守衛の立入りは、会社の指示によるものであることを認め、前記の組合事務室貸借契約5条にもとづいて行われた防火・防犯等を目的とする正当な立入巡視活動であり、今後もひき続き行うつもりであるとの態度をとった。そして逆に、NとHの守衛Kに対する抗議行動は「守衛の巡視業務にい

いがかりをつけ、当該守衛を脅迫つるしあげ、守衛業務を妨害した」ものという理由で、NとHをそれぞれ出勤停止3日間の懲戒処分に付した。

組合の申請にもとづき、裁判所は、使用者の組合事務室立入禁止を命じた仮処分決定を出している（新潟地決昭45・9・16）。

(4) 新潟地方裁判所には、この事件に関して二つの訴訟が係属した。

一つは、組合ならびにN・Hが原告となって、(1)N・Hに対する懲戒処分は不当労働行為（労組法7条1・3号）であり、違法・無効であることの確認と、それによって失った賃金額の支払い、ならびに懲戒処分が同時に不法行為（民法709条）であることを理由として、賃金相当額の損害を選択的に請求するとともに、これに合わせて、慰謝料・弁護士費用の支払い（50万円）を求め、(2)原告組合自身に対しても、組合事務所への違法な立入りならびにN・Hに対する懲戒処分による不法行為として、それによって受けた有形・無形の損害（500万円）を支払うよう求めたものである（労判299-46）。

他の一つは、使用者側から、先に出された裁判所の組合事務所立入禁止処分決定（昭45・9・16）を不服とし、その取消しを求めて出された仮処分異議訴訟である（労判299-35）。

2) 判決の要旨

この二つの事件について、同一期日に、同じ裁判官によって構成された裁判所による判決が出されている。事実認定・内容とも共通する部分が多いので、以下では合わせて紹介することにしたい。

(1) 組合事務所の利用権と使用者の立入権限について

「使用者は労働組合に対し、当然に組合事務室を貸与すべき義務を負うものではないが、一旦組合事務室が貸与された以上、労働組合は組合活動のため社会観念上通常必要と認められる範囲内で組合事務室を自由かつ独占排他的に使用し、自らこれを管理する権限を有するものである。使用者といえども正当な理由なくして組合に無断で組合事務室に立入ることはできず、かような立入は

労働組合の貸借権ないし占有権を侵害する違法な行為であるに止まらず、労働組合の運営に対する介入として不当労働行為（労働組合法第7条第3号）が成立することもあると言わなければならない。」

　もとより使用者は組合事務室の貸与に際して、その場所や範囲、さらに使用方法についても、合理的理由の存在する限り、施設の維持管理の必要上種々の条件や制限を求めて貸借契約の内容とすることはできる。しかし「右条件や制限規定の解釈にあたっては、組合事務室が労働組合にとって組合活動の中心（心臓部分）であり、使用者に対して秘密を保つべき書類、情報等が保管されている場所であることの特殊性を前提にして組合事務室貸借契約が締結されていることに鑑み、……労働組合法の制定された趣旨に従い労働組合の自主性や独立性を侵さない様解釈するのが契約当事者の合理的意思に合致するものというべきである。」

　本件契約書の規定については、「原告組合と被告の厳しい労使対立の中で締結、更新、運用されてきたこと、同条訂正の経緯、原告組合事務室立入監視の実情、本件事務室の構造及び労働組合の自主性、独立性確保の要請等を斟酌すれば、同規定の文言に忠実に『建物の保全、衛生、防犯、防火、救護、その他の事由により、緊急止むを得ざるときは、被告の命令において非組合員は組合事務室に立入ることができる』趣旨と解釈すべきである。」

(2) 会社守衛の立入行為・懲戒処分の違法性

　本件で問題とされているK守衛の組合事務室への立入行為は、防火防犯のためではなく、先に認定した事実から考えて、原告組合情報の収集も職務の一つとしてやってきた守衛が、「原告組合情報収集のため本件事務室に立入り、侵入したものであるから、右立入行為は原告組合の組合活動の自主性を阻害するおそれのある違法な行為と解するのが相当である。」

　原告組合の執行委員長Nと執行委員Hが、K守衛に対し、立入行為の目的、不審な行動等を追及し、今後本件事務室に立入らないよう求めた抗議行動は、「原告両名の組合員個人としての行為であると同時に原告組合としても当然取

るべき行動であると解されるから、原告両名の右行為は労働組合法第7条第1号の『労働組合の正当な行為』と解される」。さらに抗議行為の態様・程度も、不当に節度を越えたものではない。これらの点からすれば、本件懲戒処分は処分理由がないに等しく、「懲戒権の濫用として、また原告両名の労働組合の正当な行為をしたことの故をもって不利益な取扱いをした不当労働行為……として違法、無効と解するのが相当である。」

同時にまた「本件懲戒処分は原告組合を威圧して同組合の責任追及を逃れようとしたものと解せられ、しかも……本件立入行為を正当な巡視として正当化し、……その後も本件事務室に巡視名目で日常的に立入ることを前提にしているので、……厳しい労使関係のもとでは原告組合の組合活動を萎縮させるおそれが十分ある行為と解される。従って本件懲戒処分は右の点において原告組合に対しても労働組合法第7条第3号の支配介入行為として違法な行為と言わざるを得ない。」

(3) 組合ならびにN・Hに対する不法行為責任

本件立入り行為は、「被告の㊙労務政策である原告組合情報収集のため、被告の指示により」行われたものである。したがって、「その目的によれば当然違法であることを被告自身十分認識していたものと解せられ、さらに違法な立入行為であるから、正当なる守衛の巡視業務との不当な理由をつけて原告両名に対し本件懲戒処分に付し得ないこと、また、同時にそれが原告組合に対しても自由な組合活動に対する妨害行為になることがわかっていながら、本件懲戒処分に及んだと解するのが相当である。（原文改行）よって被告は故意に原告らに対し違法行為をなしたものであるから、民法第709条に基づき原告組合に対し、本件立入行為及び本件懲戒処分によって同組合が蒙った損害を、また原告両名に対し本件懲戒処分によって蒙った損害をそれぞれ賠償すべき責任を有するものである。」

組合の受けた損害は、「本件事務室が団結権の拠点（心臓部分）として期待されていた機能を果たさなくなったので、原告組合の組合活動に一定の支障や不

便を生じたことが認められ」、また「本件立入行為はその目的及び態様に照らし極めて違法性の高い不法行為であることに鑑み」、30万円と評価するのが相当である。

(4) 立入禁止の仮処分

　会社は、組合事務室貸借契約（5条）にもとづき、そこに定められた場合にかぎり、事務室に立ち入り巡視する権限を有するが、「他面右の場合以外は本件事務室に立入れない不作為義務を債権者に負っているというべきである。」

　よって組合は、会社に対し「『建物の保全、衛生、防犯、防火、救護、その他の事由により緊急止むを得ざるとき』を除いて、本件事務室に立入り、または第三者をして立入らせてはならないことを求める権利があると解すべきである。」

　会社は、もし仮処分決定がなければ、今後とも組合事務所への立入りを行うおそれがあり、ひいては、組合のこれに対する抗議行為に対する懲戒、自主的な組合活動への侵害のおそれが生じるから、仮処分の必要性が存することは明らかである。

3. 組合事務所使用権限の法的性格

1) 企業内組合活動についての視点

　企業内の使用者の施設を組合事務所として利用する関係は、その他の企業内組合活動が使用者の施設管理権限と抵触し、その結果、使用者の施設管理権限の行使が一定限度で制約を受けるとされる場合と基本的には同一の性格をもつ。例えば、休憩時間中、一般の利用が認められている場所での組合のビラの配布や組合掲示板へのビラ貼り等、企業施設を利用して行われる情宣ないしインフォメーション活動は、一定限度で正当な組合活動であるとされ、使用者の妨害やそれらを理由とする不利益処分は、不当労働行為として許されない。団

結の存在を維持しその機能を強化していくのに不可欠なこれらの企業内組織活動は、憲法上保障されている団結権の行使としての性格を認められ、その限度で、使用者の施設管理権の行使も制約を受けざるをえないからだと通常説明されている。

このような権利調整の考え方は、賛否両論がありうる。「団結権の行使」、「施設管理権」、「受忍義務」という法的構成やその内容の当否を一応おいて考えてみれば、企業内に組合組織が存在する以上、組合が職場で従業員＝労働者と接触し組合のための組織活動をすることが承認されるべきこと、それに伴う企業施設の利用についても、使用者は一定限度で容認すべきだということを意味している。そしてこのこと自体は、今日、とりたてて、日本の企業別組合だけに認められた、あるいはそれを前提とした特殊・例外的現象でも何でもないといわなければならない。

例えば、経営組織法の制定によって、組合とは別個に従業員代表としての経営協議会を設置し、制度的に労働組合の企業内への浸透と影響力の行使を拒否してきたドイツでさえ、組合独自の職場活動家（Vertrauensleute）の職場配置が進んでいる。この制度を最も強力に進めている金属労組（1976年に、6,015の経営内に計12万4,500人の職場活動家をもつ）が1974年に行った組織内アンケートによれば[5]、かなりの職場活動家が、一定時間（90パーセント近くが週に1～3時間）賃金カットなしに職場内で組合活動に従事できると答えており、半数以上の事業所で（2,259のうち1,875）、職場活動家は、経営協議会に使用者が与えなければならないとされている（経営組織法40条）事務室・施設を、組合活動のため利用できると答えている。

こういう現実を背景に、法理論上も、団結権の保障は、単に組合結成・加入の権利だけでなく、組合の存続・維持のために不可欠な職場における情宣・インフォメーション活動をも含むものとされ、使用者はそれを受忍する義務を負うものと解されている。連邦労働裁判所（BAG, Urteil v. 14. 2. 1967. DB 1697-341）が述べるその理由は示唆するものが大きい。すなわち組合の情宣・インフォメーション活動は、経営の外でも少なからず効果をあげうるであろうが、「経営

こそは、労働生活が行われ、被用者が協約によってその対価を受けているところの労務給付が行われている場所である。まさにそこで、使用者と労働者の共働・労働者相互の共働に起因する問題が生ずる。したがって、経営内でメンバーに対し、あるいは新しいメンバー獲得のために行われる組合の情宣活動は憲法上の団結権保障の核心的範囲（Kernbereich）に属する」というのである。そして、その保障は、従業員ではない組合役員から、情宣活動のための企業施設立入りについて請求があれば、その組合に所属する組合員が従業員としているかぎり、使用者はこれを受忍しなければならないというところまで及んでいる（BAG, Urteil v. 14. 2. 1978, AuR 1978-121）。

　ここでいわれていることは別にそれほど珍しいことではない。わが国において、これまで通説的見解として承認されてきたものというべきであろう。しかし注目すべきは、伝統的な産業別組合にとっても、今日、職場に組合が存在すること、すなわち労働組合が職場で労働者とコンタクトを保ち組織活動を行いうることの保障が、労働者の組合への信頼をつなぎとめ、労働力の統制体としての機能を維持していくために不可欠の要請になっており、それが法的にも承認を受けているということにほかならない。職場は、単に、「元来、職場は業務遂行のための場」（目黒電報電話局事件最3小判昭52・12・13労判287）というに止まらず、同時に、「労働生活が行われている場」でもあることが考えられなければならない。職場において実質的に必要とされる管理や秩序に具体的な障害を与えないかぎり、労働者の人格や自由（個人の尊厳）を尊重すべきことは、今日、企業に課せられた公序というべきだからである。組合の企業内組織活動を、企業別組合の特殊的事情と結びつけてのみ理解する見解は、この点を不当に看過することにならないであろうか。

2）　組合事務所貸与の法的性格

(1)　組合事務所の貸与と利用が、基本的には、企業内組織活動の保障に伴う使用者の施設管理権との権利調整ないしは「受忍義務」の問題であるとしても、それは、使用者に課す拘束の内容という点からみて、他と異なる特徴をも

っている。法的考察にあたっては重要な論点であろう。

　例えば、ビラの配布を理由としてなされた使用者の懲戒処分が不当労働行為として違法・無効であるとされるのは、組合活動に正当な行為としていわゆる「免責効果」が与えられるからである。企業内組織活動や組合の運営に対する使用者の介入や妨害には、その中止を求めることが認められる。これは、労働委員会が、支配・介入事件（労組法7条3号）について発する救済命令の典型的なものであり、他方同じような救済を、団結権にもとづく妨害排除ないしは予防の請求として、裁判所に求めることが認められるかどうか争われている問題でもある。しかしいずれにせよ、この場合に使用者が課せられる義務の内容は、介入や妨害行為をしてはならないという不作為である。

　これに対して、先にのべた組合事務所をめぐって生ずる争いの類型のうちの1と2、すなわち、いわば創設的な組合事務所の貸与と、それまで貸与されていたものの返還・明渡しに関する問題は、使用者に対して貸与ないしは供与の義務を課すことになる。受忍義務という概念を、使用者に一定の義務を課することに対応する請求権（民法上のいわゆる抗弁権と区別される意味での）を労働者または組合に生じさせるもの、あるいはそれを含むものとして理解する場合には、使用者に不作為を求める場合と、先の組合事務所に関する供与義務の有無（在籍専従も、同様の性格をもつ）を語るのに最もふさわしいということができよう。組合が自力で特定の企業施設を組合事務所として使用を開始し、これに対する使用者の懲戒処分や使用妨害が争われるような場合には、免責効果あるいは懲戒処分の相当性、使用者の不作為義務という外形をとることになろう（外尾健一・労働団体法97頁は、組合活動の自由の一環としてこういう形で論じている）。しかし、それでも、供与義務の問題を抜きにして論じるわけにはいくまい。

　(2)　組合事務所の供与が、労使の合意によってなされていれば、その貸与についての契約がどういう法的性質をもつかという点を除けば、さしあたり、供与義務自体についての論議は必要ないようにみえる。しかし実は、貸与契約の法的性質論は、以前の組合事務所の返還や明渡しを使用者が求めた場合に、契約の解除の要件や終了の時期をどう考えるかということが念頭におかれてい

た。

　組合事務所が無償で供与されている場合に、これを民法の契約類型にあてはめて考える立場をとれば、「典型契約たる使用貸借であり、それ以外のなにものでもない」ということになる（ラジオ関東事件東京地判昭50・7・15労判229-25）。そうすれば、「使用貸借契約は本来貸主の好意若しくは恩恵に基づくものであって、専ら借主にのみ利益となるものであるから、著しく長期間にわたり、そのために貸主に過当な不利益を与える結果を生ずることは避けなければならない」（興国人絹パルプ事件熊本地八代支判昭39・5・13労民集15-3-470）ということになりやすい。解約は、「組合から会社内の組合活動の本拠である組合事務所を奪い、これを会社外に放逐しようとするもの」というような不当労働行為性が認められるような場合を除けば（エスエス製薬事件東京地判昭45・1・30労民集21-1-109）、自由だということになる。協約によって供与されていれば、協約の解約・失効によって当然使用貸借契約も失効したとされる（前掲ラジオ関東事件は、使用貸借の成立を協約と別個のものとしながら、協約上の便宜供与を目的としていたから、協約の解約・失効によって、またその目的も終ったといういささかこじつけ的解釈によって民法597条2項の解約告知権を認める）。労働協約の解約には別段合理的な理由を要求されるわけではないから（労組法15条3項）、原則として権利濫用や不当労働行為になるとは考えられないのである。日経連が、その「協約基準案」のなかで、「賃貸借契約を結ぶことによって後日動きがとれなくなる惧れもあるから注意が肝要」としていたその意図が、見事にこれらの判決の中で生かされている。

　組合事務所無償供与契約を、「一の無名契約」と解し、特別の定めや事情がないかぎり、組合事務所としての機能を果たしうる最小限の広さの施設を、具体的指定や変更を使用者の裁量に委ね、かつ企業経営に支障を来たさないかぎり存続するものという条件で使用させる内容のものだとする中国放送事件（広島地判昭43・3・14労民集19-2-401）の判決は、適当な代替施設の提供がなされたことを前提として、使用者の明渡し要求に応じる契約上の義務を導き出している。最小限の広さの組合事務所の必要性という組合側の要請は、具体的な場

所の指定は使用者が行うことができるという利益調整の配慮の下に満たされることとなり、場所の変更権限が使用者に与えられることで、反面、「企業経営に支障を来さない限り」での組合事務所の長期的存続が前提とされその確保がはかられているということができる。組合事務所供与の実態にそくして妥当な結論を導き出すための苦心を、そこにみることができるのである。

　そして、筆者には、判決がここで掲げる組合事務所供与についての実質的基準は、判決で問題とされているすでに存在している組合事務所の返還・明渡しに際してのみならず、創設的な供与義務そのものが問題となる場合にも妥当すべき基準だと思われる。先にのべたように、組合事務所の供与についての労使慣行は、使用者が、労働者＝従業員の労働力の統制体としての組合が企業内に存在することを承認するという意味をもつものである。そうである以上、貸与についてもその明渡しについても、使用者にまったく自由な判断・すべて自由な交渉に委ねられてしまうべき事項としてではなく、むしろ現実に企業内に組合が存在することを前提とし、その上に立って、団体交渉による労使関係秩序の形成がはかられていく、その基礎をなす使用者の団結承認義務の一内容をなすものとみるべきであろう。使用者の団結承認義務は、組合を相手として交渉に応じればよいというだけではなく、現に企業内に組合が存在すること、その組合の組織としての存在を支える慣行的組織活動を企業に実質的支障がないかぎり承認する義務を含むものとして理解しないかぎり、団結権の保障を前提とする集団的労使関係秩序を現実のものとして構想することはできない。団結権の保障は、単に結成や加入権の保障に尽きるものではなく、団結自体の存続・維持のための権利をも含むものであり、それに伴う組織活動の使用者による承認――その範囲は労使の慣行によってきまる――も、団体承認義務の内容をなすと考えることができるからである。

　こう考えれば、それは、組合事務所貸与契約を使用貸借とみるか無名契約とみるかという法的性質論で解決さるべき問題ではないというべきであろう。契約＝合意としてこの問題を考えるかぎり、創設的な組合事務所の供与は、一種の契約締結の強制という性質を帯びざるをえないのであり、中国放送事件判決

が提示する妥当な結論を導くための基準も、当事者の補完的意思解釈という以上のものではありえず、当事者の明示的合意によって排除されることができるのは当然だということになる。いずれにせよ、そこで提示された具体的基準を適用させていくことはできない。組合事務所供与に関する労使の協定は、例えば、労組法2条但書にいう組合員の範囲を労働協約で確定したり、あるいは労働協約の人的適用範囲を定めたりするのと同様に、労使間で使用者の受忍義務の範囲を具体的に確定する意味をもつ集団的労働法上の合意だとみるべきであろう。

3) 組合事務所の供与に関する判例・労委命令

　本判決は、もとより供与された組合事務所の利用権の範囲に関する事件であって、直接組合事務所の供与自体の問題を取扱ったものではない。ただ利用権の範囲や使用者によるその規制が、団結自治の観点から考察されねばならないという論理を展開するに先立って、「使用者は労働組合に対し、当然に組合事務室を貸与すべき義務を負うものではないが」、という立場から出発することを明らかにしている。組合事務所の利用権を契約＝合意に基礎づけようとするかぎりで、当然のことであろう。しかしいかなる場合でも使用者は供与ないし供与の継続を義務づけられることはなのかといえば、現実の労委命令・判例についてみても不当労働行為とからんでことはそう簡単ではない。

　(イ)　組合事務所の供与を命ずる労働委員会の救済命令は、使用者が企業内に併存する組合のうち一方だけに組合事務所を供与し、他方に供与しないという組合間の差別的扱いがなされる場合に、これを支配・介入・不当労働行為と認定したうえで出されている。その数も決して少なくはない（例えば、第一広告社事件大阪地労委昭46・7・17命令集45-81、大倉建設事件大阪地労委昭46・8・17命令集45-119、大幸銘鈑事件大阪地労委昭46・12・25命令集45-561、一畑電鉄事件島根地労委昭47・1・17命令集46-45、杏林製薬事件東京地労委昭49・3・5命令集53-132等）。

　裁判所による救済については、そもそも団結権の侵害ないし不当労働行為の

性格ならびにそれを理由とする訴えが許されるかどうかという問題にもかかわる。判決には、この点から、一方組合のみに対する組合事務所の供与行為が不当労働行為にあたるとしても、だからといって別組合に供与を求める権利が生じたり、また使用者の解約行為が無効になるものではないとしてこれを否定する日本航空沖縄支社事件（那覇地判昭 51・4・14 労民集 27-2-212）、反対に、組合間差別を差別された組合と組合員に対する不利益取扱いとし、「不当労働行為による権利侵害を排除するため、労働組合事務所の供与を求める権利」があるとしたものがある（日本航空大阪支部事件伊丹簡判昭 45・4・25 判タ 248-205）。

㋺ すでに貸与されていた組合事務所について、例えば、使用者に主観的な反組合的意図があることを理由とするものではなく、協約失効によって、「支部の運営に対し急激に不便と打撃を与える」一方的組合事務所の撤廃が客観的に「合理的理由」を欠くとして不当労働行為の成立が認められるとすれば（三菱重工業事件東京地労委昭 48・8・21 命令集 51-125、労判 186-84）、組合事務所供与の継続については、客観的にみて一定の保護が与えられていることを意味する。倉吉市農協事件（鳥取地労委昭 52・11・18）では、もっと明瞭に、協約あるいは慣行にもとづくものであっても、従前から供与されていた組合事務所については、「使用者に客観的に合理性をもった必要が生じたときはともかく、一方的に撤去し、あるいは無条件の明渡しを要求することは相当でない」という立場をのべる。そして組合事務所のあった旧建物が取り壊された場合には、新しい建物内に組合事務所としての場所を供与するよう命じている。

これらは、もとより、不当労働行為を理由とする労働委員会の救済命令として出されたものであって、直接私法上の権利・義務関係としての判断が示されているわけではない。そこにまた、労働委員会の行政命令を通してなされる救済命令の特徴が認められるのである。しかし、不当労働行為は、およそ私法上の権利・義務関係として、すなわち裁判所による救済の対象になりえないのかといえば、不当労働行為制度が団結権保障の確認としての性格を有すると考えるかぎりは、そういってしまうことはできない。団結権の保障が、使用者に対してどのような私法上の権利・義務関係を生じさせ、裁判上のいかなる救済を

求めうると考えるべきか、組合事務所の供与に関して生じる事例を素材として、後で項を改めて検討してみることしたい。

4. 組合事務所の利用権の範囲と使用者の施設管理権

1) 組合事務所の利用条件と団結自治

(1) 判決は、組合事務所の利用につき使用者が課しうる制限・条件について、その基本的立場を次のようにのべる。使用者は労働組合に対して当然に組合事務所供与の義務を負うものではないし、貸与条件中に、施設の維持管理の必要から生ずる合理的使用方法についての条件や制限をつけることもできる。しかしいったん貸した以上は、「労働組合は組合活動のため社会観念上通常必要と認められる範囲内で組合事務室を自由かつ独占排他的に使用し、自らこれを管理する権限を有する」。また、組合事務所の利用条件や制限についての合意が付されている場合にも、「労働組合法の制定された趣旨に伴い労働組合の自主性や独立性を侵さない様解釈するのが契約当事者の合理的意思に合致する」。

これは、もちろん、会社側要員の組合事務所への立入りを念頭において述べられたものであり、同時にまた本件は、労使間に、「建物の保全、衛生、防犯、防火、救護、その他緊急止むを得ざるときは、会社の命令に於て非組合員は貸借物件内に立入り、又はその内外を巡視することができる」(組合事務室貸借契約)という取決めがなされていて、その解釈をめぐって争いが展開された事例であった。判決が、組合事務所の自由かつ独占・排他的な使用権と管理権を組合が取得している点を強調し、また団結自治への介入・侵害の禁止を労使間の合意の意思解釈にあたって参照されるべき解釈の基準として取り上げているのは、このような本件の特殊性に根差すものということができる。しかし、そこに含まれている考え方は、より一般的な形で、次のように、いい直すことができよう。

組合事務所の利用について付せられる条件・制限は、内容次第によっては組合事務所を基礎に展開される組合活動を不当に制限し、あるいは、内部自治への介入になりうる。この観点からテストを受けるべきだという原則である。この判決が、当事者の合理的意思解釈にかなうものとしてのべている団結自治の保障の要請は、当事者間の合意が不明確な場合の補完としてのみ考慮されるものでも、また、これに反する意思が明確に示されてさえいれば、それによって排除されうるものでもないというべきであろう。

また、貸与にあたっての条件や利用制限は団結自治の観点を考慮しなければならないというこの立場は、組合事務所の供与義務そのものを認めていないにせよ、「組合事務所の貸与は労働組合法7条3号但書の示すとおり、あるべき労使関係の姿に照らした場合例外的に認められるに過ぎないもの」（日本航空沖縄支社事件那覇地判昭51・4・14労民集27-2-212。まったく同様の見解を示すのは、ラジオ中国事件広島地判昭42・3・14労民集18-2-163である）とみる見解とは基本的に相容れないものであることも注意されてよい。この二つの判決は、いずれも組合事務所貸借契約の解約の自由を認めるにあたって、その正当化の根拠としてそうのべている。すなわち、組合の自主・独立性の確保という要請を形式的にのみ考えることによって、企業内組合事務所の存在は経費援助として本来的には好ましくないもの、したがってまた、使用者の解約によって廃されるのは当然、とされてしまうのである。しかしこれは、「組合活動は企業の外で」という、根拠を欠く前提に立つものにほかならない。

このような考え方とは反対に、企業に組合組織が存在しうるために、組合事務所が欠かせないものであるからこそ——7条3号但書で最小限の広さの組合事務所の供与が承認されざるをえなかったのは、実は、先の判決のいうところとは逆に、このためにほかならないのだが——、使用者の施設の維持・管理権限と団結自治との緊張関係が鋭く意識されざるをえないのである。そして、この事実をそれ自体のもつ性格を認識する中から、組合事務所の貸与条件・利用制限も団結自治の確保という観点からテストされるべきだという要請が生じてくるのである。

(2) 先の両者の関係は、原則的には、東京地労委が示す次のような見解に従って判断されるべきもの、ということができる。すなわち、「会社が組合に事務所を貸与する場合、その条件を付することが許されないわけではないが、それは組合事務所としての機能を損わない範囲内におけるものでなければならない。また、組合事務所を貸与する以上は原則として組合の自主的運営に委ねるべきものであって、会社の運営上支障が生ずる等の合理的理由がない限り組合の自主的運営を阻害するような条件を付することは許されない」（東京特殊金属事件東京地労委昭 52・12・6 労判 292-75）。

(イ) この事件では、合同労組への組合事務所貸与について、委員長・副委員長・書記長の三役以外の従業員でない組合員の立入りは、前日までに会社に届け出てその許可を受けなければ認められないという会社提案の妥当性が争われた。そして、このような条件は、中小企業労働者の「企業の枠をこえていわば横断的協力関係を基盤として結成した合同労組の運営に対する介入である」と判断されている（同事件に対する東京地判昭 53・7・18 労判 301-13）。また、会社構内にある組合事務所への立入りに際し、部外者が会社構内を通行するのは認められないという理由から鉄柵をめぐらし、構内から直接組合事務所へ行けないように妨害した行為が不当労働行為と判断された日本計算器事件（京都地峰山支判昭 43・11・5 労民集 19-6-1464）では、判決は、使用者が施設管理権限にもとづいて有する規制権限は、これらの者に資格を明らかにしてもらうとか、会社構内に通って組合事務所にいたる通路を限定することまでにとどめられるべきだという。

これが、組合事務所の利用制限について一番争いの多い組合役員・部外者の立入制限について、使用者が付することのできる限界だということができよう。

(ロ) 事務所の利用規制で問題になることが多いもう一つの例は、組合事務所の使用時間の制限である。先に挙げた東京特殊金属事件は、この点についても、平日の使用開始時刻は終業時である午後 4 時 35 分以降とし、それ以外の休憩時間を含む平日ならびに休日の使用についてはすべて届出を必要とする旨

の利用制限を、企業の運営・施設管理上の合理的必要性を越えたもので、この要求が容れられなければ組合事務所の引渡しを拒絶するというのは組合の運営に介入する不当労働行為であるとしている（前掲東京地労委命令、同東京地裁判決）。

2) 組合事務所への立入行為の限界

(1) 本判決で問題とされている、組合事務所への使用者側要員の立入りは、具体的事情を離れて、一般的・抽象的にその適否をきめるわけにはいかない問題であろう。例えば組合事務所供与の際に、施設や安全や巡視のための立入りやその条件について定めることも全面的に許されないということはできないであろう。しかし他面で組合の意思を無視し、組合の自治を侵害するおそれのあるような立入りは、たとえ使用者の立入りを承認する規定が存在しそれにもとづくものという主張がなされたとしても、許されないであろうからである。労使関係の対立状況、立入行為の目的や態様、それまでの慣行などを考慮に入れたうえで、使用者の施設の維持・管理の合理的必要性と、団結自治への介入とその危険性からの保護の要請に照らして判断さるべき問題である。

(2) 本件の場合には、①先に挙げたように、組合事務室貸借契約中に会社側要員の立入りに関する規定がおかれており、この解釈をめぐって争われているのが特徴である。会社は、この条項の趣旨を、そこに挙げられている建物の保全・衛生・防犯・防火等の目的のためなら、いつでも組合に通告や同意・立会いを求めることなく組合事務所への立入り・巡視を予定したものと主張し、それに加えて、それ以外の目的でも、「その他緊急止むを得ざる」事情があれば、立入りできる旨を認めたものと解釈すべきだというのである。これに対して判決は、この条項で挙げられている防犯・防火等を、目的についての例示とみて、それらを含めて「緊急止むを得ざるとき」にのみ、組合事務所への立入り・巡視を認めた趣旨と解釈すべきだと判断している。この条項が定められた際の労使間交渉の経過・その下で行われてきた巡視の慣行（判決は、組合事務所はその対象からはずされてきたと認定している）などに照らすと、判決の結論は説

得力をもっている。

　しかし同時に、本件の立入行為を違法と評価するあたっては、次のような諸要素が重要な役割を果たしていることに注意しなければならない。②労使の厳しい対立を背景として生じた事件であったこと、③守衛・ガードマンの日常的な巡視・巡回は、組合事務所については行われていなかったという慣行、④問題となった守衛の組合事務所への立入行為が異常な形で行われたこと、などの事情がそれである。判決は、これらの事情を踏まえて、単に、本件立入り行為は不当労働行為として許されないというにとどまらないで、もっと積極的に、「原告組合情報収集のため、被告の指示により」行われた、「自由な組合活動に対する妨害行為」として性格づけている。このような組合事務所への立入りが許されるものでないことは、明らかであろう。

　刑事事件であるが、集団交渉における示威行動のため他局から動員されてきた組合員の退去を求めるべく、無断で組合事務室に入室した管理者を、組合事務室から外に押し出し、暴行を加えたとして、その行為が、暴力行為等違反・公務執行妨害に問われた事件がある（全逓仙台郵便局事件仙台地判昭37・9・12労旬別冊472）。判決は、庁舎内の平穏を乱すような行為が行われた場合、組合事務室にいる者に対しても庁舎管理権にもとづく退去命令を発しうるという。しかしそのうえで、組合の意に反して組合事務室に強制的に入室することはできないから、この点で、組合の意思に逆らって組合事務室に立ち入った管理者を外に押し出した行為も、「正当防衛として是認さるべきもの」と判断している。組合事務所が供与された以上、組合は、組合活動の本拠として客観的に相当と認められる範囲で、組合事務所についての独占排他的な使用・管理権限を有している。この原則に立って、労使の厳しい対立状況下における無断立入行為の違法性を宣したものということができる。この点で、本件判決と同様の立場に立っているとみることができよう。

5. 組合事務所の利用権侵害に対する救済方法

1) 問題の所在——団結権侵害と司法救済

(1) 団結活動に対する使用者の不当な侵害や団結自治対する干渉は、「不当労働行為」として禁止されているし、その救済として、労働法には労働委員会への申立ての途が用意されている（労働法27条）。しかし、このことは、不当労働行為については、もっぱら労働委員会だけが専属的な管轄権を有する、という結論を意味するものではない。いいかえれば、不当労働行為に該当する行為は、同時に団結権を侵害する違法な行為であることを理由として、裁判所に訴えを提起して救済を求めることができなければならない。

これは、今日、学説のみならず判例上も承認された、確立された実務の取扱いだということができる。もっとも少数の反対意見がないわけではない。例えば、憲法上の労働基本権の保障は、国家に対するプログラム規定で、労使という私人間に直接効力を及ぼすものではないとする見解[6]、さらに不当労働行為を禁じた規定（労働法7条）は、私法上の効力規定ではなく、単に労働委員会による救済を予定し、その判断にあたっての基準を定めたものに過ぎないとみるものがそれである[7]。

しかしここでは、これ以上、半ば結論がついているとみてよいこの問題には、立ち入らないことにしよう。むしろ、問題は、それから先の、たとえ団結権の保障が労使間に一定の効力を持ち、したがって裁判所に司法救済を求めうるにしても、どういう行為に対して、どのような救済内容が可能なのか、という点にあると考えるからである。

(2) 問題を明確にするために、わが国のような労働委員会による行政救済を予定した不当労働行為制度をもたず、したがって、団結権を侵害する使用者の行為を、もっぱら裁判所による司法救済の次元で取扱っているドイツの場合と比較してみよう。

団結権の保障について、ドイツ労働法は、憲法上にこれに関する一条項を有

するのみで、それを具体化した法律は存在しない。周知のように、「労働条件および経済条件を維持し改善するために団結する権利は、あらゆる者およびすべての職業に対して保障される。この権利を制限または妨害しようとする合意は無効であり、これに向けられた措置は違法である」(基本法9条3項)という条項が唯一それである。したがって、個々の労働者、ならびにそれと並んで団結権の担い手であることが認められている団結それ自体の団結権侵害に対する救済は、この条項の解釈として展開されることになる。

(イ) 例えば、組合所属や組合活動を理由とする解雇のような法律行為は、憲法上の団結権の保障に直接抵触し、それゆえに「法律上の禁止に違反する法律行為は、別段の定めがなければ、無効とする」(ドイツ民法134条) 旨の規定によって無効となる。それとは別個に、例えば、先に挙げた東京科学事件判決流にいえば、解雇制限法によって、社会的に不当とされているから無効であると、根拠をわざわざ別のところに求めなければならないとされるわけではない。

(ロ) 事実上の措置による団結権侵害行為は違法であり、不法行為の規定に従いそれによって組合員ないし組合に生じた有形・無形の損害(ドイツ民法249条以下、同478条1項)を賠償しなければならない。また、ドイツ民法の損害賠償の一般原則によれば、損害賠償は、まず違法な行為がなければ生じなかったであろう状態への自然的回復(Naturalherstellung)によって行わなけれなければならない(249条)。したがって例えば、組合所属や組合活動を理由として、労働指揮権の行使という形で不利益な職場への配置転換が行われた場合には、わが国の労働委員会の不利益取扱い事件に対する救済命令と同様に、原職への復帰が命じられることになる。

(ハ) 不法行為法による救済とは別個のものとして重要なのは、団結権にもとづいて、団結侵害行為に対する妨害排除(Beseitigungsklage)ないし不作為の訴え(Unterlassungsklage)が認められていることである。ドイツ民法が所有権者に認めると規定しているこの訴えは(1004条1項)学説・判例によって、違法な侵害が行われ、かつその反復による侵害の継続が真に予想される場合、ま

たは、たとえ1回きりのものであれ違法な侵害の虞れが真に存在する場合には、慣習法上確立された原則にもとづくものとして、団結権にも認められている[8]。

この団結権にもとづく妨害排除と不作為の訴えは、不法行為と異なり、客観的に違法な侵害があればよいのであって、それ以上に帰責任（Verschulden）を必要としない。前に挙げた、企業内での組合の情宣活動、ならびにそのために従業員でない組合役員が企業内に立ち入ることを認めたドイツ連邦労働裁判所の二つの判決（BAG, Urteil v. 14. 2. 1967, DB 1967-341 ; v. 14. 2. 1978, AuR 1978-121）は、いずれも、組合が原告となって、使用者に、これらの組合活動を妨害してはならない旨の不作為を求め、それが承認されたものであった。そしてこの不作為を命じた判決は、もしこれに使用者が違反すれば、罰金ないし拘留が科せられることによって実効性が担保される（民事訴訟法890条による強制執行）。

このような救済方法は、支配・介入（労組法7条3号）に対する労働委員会の救済命令としてわが国でも発せられている、いわゆる抽象的不作為命令を彷彿させるものがある。わが国の不当労働行為制度でも、労働委員会の救済命令に違反した使用者に対しては一定の制裁が科せられている（確定した労働委員会の命令と裁判所の緊急命令違反には過料、確定判決によって支持された救済命令違反には禁錮ないし罰金刑、労組法28条、32条）。そして、最高裁は栃木化成事件（最3小判昭37・10・9民集16-10-2084）において、同種、類似の不当労働行為が繰り返される虞れが認められる場合には、あらかじめ、このような制裁によって担保された不作為命令を発する権限を、労働委員会に認めたのである。

(3) ところでわが国でも、先にのべた(イ)に属する不当労働行為については、すでに最高裁は、「不当労働行為禁止の規定は、憲法28条に由来し、労働者の団結権・団体行動権を保障するための規定であるから、右法条の趣旨からいって、これに違反する法律行為は、旧法・現行法を通じて当然に無効と解すべきであって、現行法においては、該行為が直ちに処罰の対象とされず、労働委員会による救済命令の制度があるからといって、旧法と異なる解釈をするのは相当でない」（医療法人新光会事件最3小判昭43・4・9民集22-4-845）とのべている。

これは、先に述べた、不当労働行為の禁止規定（労組法7条1号）は労働委員会の行政判断の基準（同27条）であって私法上の効果を生じさせるものではないという反対意見を斥けたものである。そもそも、不利益取扱いの禁止を定めた「解雇」という文言自体が、行為の団結妨害という事実上の側面ではなく、法律行為としての性格をとらえていると考えられるのであって、司法上の無効判断を予定しているとみることができるのである。先の最高裁判決は、不当労働行為にあたる解雇はそく無効であるとして、不当労働行為の禁止規定が、少なくとも法律行為の無効をもたらす点で、司法判断の基準たりうることを承認したものと読むことができる[9]。

　しかし、それでは、ドイツ労働法の確立した学説や判例で認められているような、(ロ)、(ハ)の内容の救済が、わが国でも裁判所を通して与えうるものであろうか。この点を検討してみよう。

2) 団結権侵害と損害賠償

(1)　最初に、使用者の不当労働行為を理由として、不法行為にもとづく損害賠償を認めた本件判決の特徴に注目しておきたい。

　　(イ)　判決は、問題となった会社守衛の組合事務所への無断立入りを、「原告組合情報収集のため本件事務室に立入り、侵入したものであるから、右立入行為は原告組合の組合活動の自主性を阻害するおそれのある違法な行為と解するが担当」と判断している。単に無断立入りであるというのではなく、立入行為が、組合活動の自主性を阻害する、すなわち団結権侵害の違法行為であるという積極的違法評価が行われている。

　同時に、この違法な立入りに抗議した組合役員NとHに対する懲戒処分についても、「正当な組合活動を理由とする解雇であるから違法・無効であるというにとどまらない。ここでも、懲戒処分を原告組合に威圧して同組合の右責任追及を逃れようとしたものと解せられ、しかも、……厳しい労使関係のもとでは原告組合の組合活動を萎縮させるおそれが十分ある行為と解される」として、それが団結権に対する違法な加害行為としての性格（不当労働行為）をも

つことを指摘している。

　(ロ)　先の立入りと懲戒処分から不法行為責任が発生するには、行為の有責性が必要とされることは、当然である。判決は、立入りの目的（組合情報収集のため）、懲戒処分が「自由な組合活動に対する妨害行為になることがわかっていながら」行われたことからみて、いずれも、違法行為についての認識＝故意の存在を認めている。

　(ハ)　懲戒処分を受けた組合役員ＮとＨに対する損害として、判決は、それによって失った賃金等のほか、「原告両名が一社員として、一組合員として受けた屈辱、憤激、精神的苦痛は大きいものが容易に推認される」とし、慰謝料請求（約30万円）を認めている。

　しかし注目すべきは、さらに進んで、「労働組合は、憲法及び労働組合法等の団結権保障規定によって、使用者から不当に団結権を侵害されない法律上の利益を有する（が）、……本件事務室立入行為によって原告組合の団結権を侵害し、その後の本件事務室に立入る旨公言したため、……本件事務室が団結権の拠点（心臓部分）として期待されていた機能を果たさなくなったので、原告組合の組合活動に一定の支障や不便を生じていることが認められ」るとの理由で、組合自身にも無形の損害（30万円）を認めた点である。もっとも、組合を原告とするこの請求は、原告ＮとＨが提起した訴訟の途中で、訴えの変更・追加という形をとってなされたものであった。そしてその時点で、すでに不法行為にもとづく損害賠償請求権の短期消滅時効である3年間を経過していたため（民法724条）、被告会社の消滅時効の援用によって、実際に認められていない。しかしいずれにせよ、理論的には、団結侵害を理由として、組合自身に、損害賠償請求権が生じることも承認していることに変わりはない。

　(2)　不当労働行為を、同時に、民法の不法行為として評価し、損害賠償請求を認めた判例は、すでにある程度の積み重ねをみつつある。それらは、そこでとらえられている被侵害利益に着眼すれば、次のように分類することができる。

　まず第一の類型は、本件判決が、不当労働行為にあたる懲戒処分を理由とし

て、組合役員NとHに慰謝料請求権が発生したことを認めるにあたってのべたと同様に、差別的待遇や不当な処分という職業上の不利益によって受ける精神的苦痛、あるいは労働者としての名誉を傷つけられたことに根拠をおくものである。この類型のものは、より詳細に比較すれば、ニュアンスを異にする二つのグループに分かれる。「昇格・昇進について事実上不利益となる可能性があるということで……精神的苦痛を味わった」(灘郵便局事件神戸地判昭42・4・6労民集18-2-302)、あるいは、「差別取扱いの結果として、……職務にふさわしい取扱いを受けるべき期待感情を害され、精神的に多大の苦痛を蒙った」(山陽急行バス事件山口地下関支判昭52・1・31労判270-39)という判決は、個人労働者の職業上の期待権や人格権侵害を理由とするもの、といってよいであろう[10]。

　これに対し、同様に、労働者としての精神的苦痛や、名誉が傷つけられたとしながらも、処分が労働組合の組合員として行った正当な行為に対する侵害である点に根拠を求めるならば(国労青函リボン事件函館地判昭47・5・29労旬818-52、評釈拙稿同46頁、石川島播磨重工業ビラ配布事件東京地判昭49・1・31労判195-32)、その侵害利益は、むしろそれらの行為が個人労働者の団結権行使たることに求められているとみられるのである。そこに次にのべる、組合自身にも不法行為にもとづく損害賠償請求権を承認する判例への、橋渡しをみることができる。

　そこで、第二の類型は、本件判決もそうであるように、団結権侵害を理由に組合自身に損害賠償請求権が発生することを認める判決である。大栄交通事件(横浜地判昭49・3・29労判200-39)は、複合組合の一方への使用者の加担と他方への差別的取扱いを、「合理的な理由のない限り、他の労働組合より不利益な取扱いを受けないという、労働法によって保護され、保障されるべき法律上の利益……を侵し、延いては組織統制を妨害して、組合員の激減を招来し、組合固有の団結権をも侵害したほか、労使間の法秩序たる不当労働行為禁制によって自主的労働者集団たる原告組合が当然享受している主観的、客観的法感情利益(組合と組合員とは不可分であるということから生ずる)をも傷つけたもの」と

して、はじめて、組合自身に損害賠償請求権を認めたものであった。

　次いで、同様の組合差別の事例に関する前掲山陽急行バス事件判決（山口地下関支判昭52・1・31）も、他の組合より不利益に取扱われないという労働法上の規定による保護利益の侵害は、「一面において労働組合法第7条第1号、第3号に該当する不当労働行為であると共に、他面において民法第709条の不法行為」としてこれに続いた。本判決も、この延長線に位置するものにほかならない。

　第三の類型は、団体交渉の拒否を理由として損害賠償請求権が生ずることを認めるものである。団体交渉拒否に対する司法救済の問題は、本来的には団交応諾義務を命ずる判決、とりわけ仮処分をだすことができるかどうかという形で争われてきたし、また現在でもそうであることに変わりはない。そして、そこでの問題が、憲法上保障されている団体交渉権の権利性を、私法上の具体的団体交渉権ならびにそれに対応する使用者の団交応諾義務として考えることができるかどうか、その義務の内容、ならびに法的強制方法として何が可能か、という点にあることはいうまでもない。

　そして、最近の判例の中に、私法上の団体交渉請求権が現行法上認められているとするのは困難であるが、団交拒否は、労使間の公の秩序に違反する違法な行為（不法行為）として損害賠償を生ぜしめるという、いわば中間的な解決方法を示唆するものが生じていた（その代表的なものとして、新聞之新聞社事件東京高決昭50・9・25労判238-52）[11]。この判決は、団交応諾の仮処分請求を、被保全権利がないとして却下するにあたって、傍論としてのべたにすぎなかった。ところが、この趣旨を適用して、上部団体の団交申入れを拒否した行為に不法行為にもとづく損害賠償を命じた判決が現われるにいたった（日野車体工業事件金沢地判昭51・10・18労判272-44）

　この問題は、団体交渉権の性格を抜きにして考えることができないから、本章ではこれ以上触れないことにする。しかし、団体交渉の拒否が、交渉当事者としての組合そのものを認めない、すなわち団結権の侵害としての意味をもつ限りにおいては、不法行為として損害賠償を発生されるというべきであろ

う[12]。

　(3)　さて、何ゆえ不当労働行為が、他面で民法上の不法行為として、損害賠償を発生させるのか、その被侵害利益は何か、という問題は、実はそれほど自明のことではない。先にみた判例の中でも、第一の類型については、労働者としての「人格権」あるいは「労働者の団結権」が、第二・第三の類型では、「労働法上の規定によって保護されている利益」、「憲法によって保障された労使間の公の秩序」、さらには「組合固有の団結権」（前掲大栄交通事件判決）を侵害することが、それぞれ不法行為を成立させる理由として挙げられているように、かならずしもはっきりしない。

　理論的には、民法の不法行為法における、「権利侵害」ないし「違法性」の要件をどう考えるかという問題である、と同時に、労働法上の労働基本権・団結権保障が、労使という私人間にどういう内容の法律関係を設定するのか（いわゆる第三者効 Drittwirkung の問題）、さらに、不当労働行為の禁止に関する規定を（労組法7条）いかなる法的性質のものと考えるべきか、という問題でもある。

　前者、すなわち民法の不法行為理論についても、最近新しい再構成の試みがなされているところであり[12],[13]、また後者も争いのあるところである[14]。

　しかし、ここでは、これらの議論について細かな検討は省略し、簡単に筆者の考えだけをのべるにとどめる。

　(イ)　筆者には、不当労働行為制度をもたないドイツ労働法における団結権侵害行為の不法行為性に関する議論は、この点でも示唆するところが多いと思われる。

　ドイツではすでにワイマール時代から、憲法上保障された団結権侵害行為（ワイマール憲法159条）を理由とする不法行為責任が肯定されていた。その根拠については争いがあったものの、多数の見解は、憲法上の団結権の保障を、不法行為法上の「主観的権利侵害」（ドイツ民法823条1項）とみることに疑問を呈し、憲法上の保障は、一般的禁止規定（eine allgemeinene Verbotsnorm）を定立したに過ぎず、個々人に対して、法的に保護された利益を創設するにすぎな

いとしていた[15]。そして保護法規違反たることに（同823条2項）、不法行為責任の根拠が求められたわけである。わが国についていえば、憲法による団結権保障を労使間に一定の「公序」を設定するにすぎないとする学説（例えば石井照久・新版労働法74頁）、あるいは、先に挙げた判例のうち「労働法上の規定によって保護されている利益」の侵害だとするものは、これと同様の考え方に立つものであろう。

しかし、団結権の憲法上の保障は、単に、「公序」としてその尊重を私人間に要請しているにとどまらず、直接私人間においても、主観的意味での権利として保障したものと解せられないのか。ニッパーダイは、ファシズムをくぐり抜けた現代の人権状況を考慮して改説し、このことを肯定している。人間の尊厳の不可侵性（基本法1条1項）、自由な人格発展の権利（同2条1項）は、現行法上、主観的権利として保障されている「一般的人格権」（allgemeines Persönlichkeitsrecht）に統合せられてその構成要素をなし、憲法上の基本権であると同時に、不法行為法の意味におる主観的権利だという。そして、このような人格権は、経済的・社会的生活領域においても認められるべきで、社会的領域においては、団結権の保障を含むものだとするのである[16]。

このように、団結権を労使間における私権として認める考え方は、わが国においても基本的に妥当するものというべきであろう。個別労働者の契約の自由は、その経済的・社会的な従属的地位のゆえに、実際には、経済的強制にもとづく不自由と使用者による他律的企業秩序への従属という結果をもたらす。団結権の保障は、このような他律的秩序の克服をめざす団結を、個々の労働者に代わる権利主体として法的にも承認したものほかならない[17]。いいかえれば、団結は、個々の労働者の実質的な自由と人格の回復（人間の尊厳）を追求する主体として、労使間という社会的領域における人格権の担い手たるものととらえられるのである。

わが国の場合、憲法上の保障にあわせて、不当労働行為の禁止規定がおかれている（労組法7条）。この規定がどういう法的性質をもつかについては、先に指摘したように争いのあるところであるが、筆者は、この趣旨から団結権保障

が私人間、とくにこの場合には労使間に及ぼす効果を、具体化したものであり、したがって、単に労働委員会の行政命令の基準としてのみならず、実体法的意味をもつものと解したい。

　㊁　しかし社会保険診療報酬支払基金事件（大阪地判昭50・4・28労判237-57）判決がいうように、一般論としては、使用者による団結権の侵害といっても、「不当労働行為が成立しこれが救済命令の対象となるからといって、このことから当然に不法行為の成立も認めなければならないものとは解されない」（会社事務所内で、休憩時間中に無断で組合新聞を印刷していたため、会社がその中止を求め印刷器具を撤去したという事件である。労働委員会はこれを不当労働行為と認定したが、判決は会社は、許可手続きを履践さえすれば事務所の使用を認める方針であることを表明していたから、会社の撤去は違法性を欠くとした）。

　不当労働行為の成立要件として、使用者に反組合的意思の存在が必要かどうかについて争いがあるが、これを不必要とする立場でも、不法行為に帰責性が要求されることには争いがないであろう。反対に、労組法7条は、「使用者の行為」のみを対象にしているが、憲法上の団結権保障については、使用者以外の第三者による侵害行為も禁止されていると考えてよいであろう[18]。このように成立要件に違いがあるだけでなく、救済内容についても、労働委員会が、行政命令という特質を生かして、より柔軟な救済命令を発することができることはいうまでもない。労働委員会が、労使関係の集団的秩序形成という観点から、不当労働行為の成立と救済を考えるのに対して、司法機関としての裁判所による救済は、団結権侵害行為による損害の賠償という判断を通してなされるものだからである。

　団結権侵害行為に対する司法救済の問題としては、不法行為に基づく損害賠償のほかに、団結権にもとづく妨害排除請求権がある。本判決は、原告が団結権を被保全権利として組合事務所への立入り禁止の仮処分を求めたのに対して、組合事務所の貸借契約上の合意による「不作為義務」を負っているとの理由でこれを認めている。判決の論旨はかならずしも明らかでないが、人格権としての性格をもつ団結権から導かれる効果として考えるべきであろう。

追　補

　本節を執筆した後に、労判 303 号 69 頁掲載の教育社事件判決（東京高判昭 53・5・10）に接した。会社の社屋移転に伴い、旧社屋内に供与されていた組合事務所が返還されることになったが、その際労使で、移転先の新社屋内のどこかに、新しく組合事務所用の場所を供与する旨の抽象的合意がなされた。ところが会社が供与すべき具体的場所の指定を行わなかったため、組合側は、自救行為と称して、会社側との合意を待つことなく、社屋内に組合事務所を自力で設置してしまった。そこで会社側から、組合事務所の収去と敷地の明渡しを求めたという事件である。

　判決は、(1)組合事務所の供与義務の有無は、もっぱらそれに先立って労使間に供与に関する合意がなされているか否かによって決せられるべきである、(2)供与する具体的場所の位置、広さ等の条件も合意によって決せられるのが望ましいが、究極的には、最小限の広さという限度内で使用者の裁量に委ねられている、(3)供与についての抽象的合意があるからといって、組合が一方的に具体的場所を指定して、使用権原を取得しうるものではない、として会社側の請求を認めている。しかし組合事務所が、「組合活動の本拠として、組合維持、運営延いては団結権確保のための手段たる機能を果たしている以上は、使用者は合理的理由なくして無条件に組合事務所の返還を求めることは許されない」とのべ、組合事務所供与の継続について、労働委員会ではなく裁判所としても、一定の保護を与えうることを承認した注目すべき判決である。

　その根拠はどこにあるかについても、本判決の考え方は注目に値する。まず第一に、組合事務所の供与に関する合意は、「賃貸借もしくは使用貸借とは異り、特定の場所に固定して使用を許すことに意味があるのではなく、またかかる拘束を伴うものでもない」という。事務所供与の法的性質論を、民法上の使用貸借等の規定から解放して、存続については、権利調整・受忍義務の次元で判断すべきだとしたもの、と解したい。そして第二に先に述べた組合事務所が団結権保障にとってもつ重要性と、他方使用者の施設に関する管理・利用につ

いての決定権限という両者の権利調整をはかることが必要だという基本的態度の表明である。

具体的には、「組合の事務所供与を求める必要性の程度と、使用者のこれによって被る不利益の性質、程度とを比較考量して決するよりほかないものというべきで、……前者の必要性が後者の不利益より大きい場合には、使用者は組合の最小限の必要性に応ずる程度の代替組合事務所の供与を依然受忍すべきもの」ということになる。そしてその保護の方法は、(1)「その供与を履行するのでなければ旧事務所の返還を求め得ない」、あるいは、(2)「旧組合事務所の返還をし、然る後、爾後の事態の変動に応じて代替組合事務所の供与の具体的履行を請求すべきもの」、ということによってはかられる。

筆者は、判決が、組合事務所の継続的供与の問題ならびにその法的救済方法を含めて、これを受忍義務の内容として論ずるべきだとする考え方を取るものと理解して賛意を表したい。

注
1) 日経連『労働協約基準案』(1953年) 33頁。
2) 片岡曻「団結権と施設管理権」(末川博追悼論集『法と権利』347頁)。
3) 脇田滋「イタリア「労働者憲章法」と企業内組合活動」季労117号55頁、田端博邦「フランス「六八年法」と企業内における組合権の行使」季労同号47頁。
4) ドイツにおける今日定着した判例・通説 BAG, Urteil v. 14. 2. 1967. なお、角田邦重「西ドイツにおける企業内組合活動の法理」季労同号37頁。
5) Ergebnis der Vertrauensleutewahlen 1976.
6) 「団交応諾の仮処分と間接強制」萩沢清彦・和田良一・鬼頭史郎三氏による座談会、季労86号83頁の鬼頭発言、判例としては西岡貞事件〔大阪地判昭47・4・29労旬813-94〕が、団結権にもとづく妨害排除請求の被保全権利性を否定するにあたってそうのべている。
7) 例えば、吾妻光俊「条解労働組合法」73頁、三藤正「不利益取扱」旧労働法講座2巻268頁、判例としては、東京科学事件〔東京地判昭44・7・15判時581-75〕が、解雇が無効とされるのは、不当労働行為としてではなく、合理的な相当の事由が存在しないことによるとのべている。
8) Hueck-Nipperdey, Lehrbuch des Arbeitsrechts, 7. Aufl. II/1. S. 133. なおワイマール時代の判例・学説の展開を取扱った常盤忠允「団結権侵害と不作為請求—ワイマール・ドイツの判例学説を中心として—」季労51号154頁参照。もっともこれは、

自然的回復を原則とする損害賠償の方法の延長線上で、すなわち、事後的な原状回復を事例の損害発生防止に移行させたものとしてではなく、物権的請求権の拡大としてとらえられるべき性質のものである。この点については、原島重義教授の力作「我が国における権利論の推移」法の科学4号54頁、とくに64頁が参照さるべきである。
9) この点については、横井芳弘「不当労働行為の私法上の地位―不当解雇の効力を中心として―」法学教室2期6号98頁を参照。
10) なおこの判例について、阿部和光・季労105号112頁参照。
11) 解説として菅野和夫・ジュリスト増刊労働法の判例〈2版〉164頁。
12) 菅野・注11)解説参照。ただし筆者は、その分類のうち、団交の主体の適格性に関する争い―日野車体工業事件はこれに該当すると思われる―も、組合否認・団結自治の否認たる性格をもつものとして、不法行為になると考える。
13) 故意・過失、すなわち、損害の発生を認識し、その結果の回避義務違反の点に、不法行為の帰責性を求め、違法性の要件をその中に吸収していこうとするものということができる――例えば平井宜雄『損害賠償法の理論』396頁以下、石田穣『民法講義6』137頁以下等を参照。損害発生の防止を命ずる法規範＝不法行為規範として、団結権の保障ないし不当労働行為禁止規定を考えることができるかどうかが、そこでの問題となる。最近の最高裁のように違法一元論の立場をとれば、不当労働行為から不法行為性を導き出すことは、容易であろう。
14) 例えば、横井芳弘「団結権の保障と不当労働行為」（片岡＝横井編・演習労働法149頁）、岸井貞夫「不当労働行為禁止の法理」（沼田還暦記念（下）『労働法の基本問題』43頁）などを参照。
15) Hueck-Nipperdey, Lehrbuch des Arbeitsrechts, 7. Aufl. S. 131. なお常盤・前掲162頁参照。
16) Hueck-Nipperdey, a. a. o., S. 132.
17) W. Däubler, Grundrecht Auf Mitbestimmung, S. 129 ff.
18) ドイツでもそうである。例えばSöllner, Arbeitsrecht, 5, Aufl. 58.

第Ⅴ章　終論——労働者人格権の射程

第1節　労働者人格権の射程

1）精神的人格価値の法的保護

(1)　労働者人格権の主張は、使用者によって設定された他律的な企業秩序のなかで発生している人格権侵害とりわけ精神的人格価値への侵害に対して法的保護を及ぼそうというものであった。使用者の支配する空間である企業内部の出来事に、公共的空間として法の適用を可能にする試みであると同時に、労働関係においては労働者の人格的権利の制限なしに労働力の管理と企業秩序の維持は成り立ち得ないという伝統的考え方への疑問でもあった。

　もちろん、労働法の伝統的保護が人格的権利にまで及んでいるとはいうものの、念頭におかれているのは、生命・身体・健康などの根源的でプリミティブな保護であり、精神的人格価値の保護については労働基準法の憲章規定による自由と差別禁止などいくつかの限定的対象にとどまっている。しかし、これらに包摂されない形態のさまざまな侵害行為とその脅威から労働者の精神的人格権を守る必要性に応えるためには、保護領域がはじめから限定的に特化されているわけではなく、包括的で開かれた性格をもち、侵害の形態に対応して具体的保護法益を生み出していく母権的性格（Mutterrecht）をもつ人格権がもっともふさわしいと考えられたからである。もっとも、当初は「労働者の人格権」を正面から掲げるというより、「人格的利益の保護」の必要性を強調するところから出発したのは[1]、労働者にとって人格権概念が何を意味するのかという問題の前に、保護法益として受け入れられることを優先すべきとの考慮で

あった。

　しかし現在では、労働者の人格権保護の必要性は、当然のことと受け入れられるようになっている。もはや労働関係で労働者の人格権の制限は当然のことで、その保護は問題になりえないという正面からの反論というよりも、それを前提にして企業の利益保護の観点からの人格権に対する制約はどの範囲で可能なのか、またその際の利益衡量の基準のあり方はどうあるべきかが現実的な問題関心になっているというべきであろう。

　(2)　しかし、残された課題も少なくない。第一に、人格権侵害の形態が多様化し深刻化するに伴って、保護の対象と範囲も拡大している。人格権はもともと特定の侵害形態を想定して構成された権利ではなく、包括的かつ開放的性格をもつ権利であることから生じているものであるが、この権利のダイナミックな性格に注目し保護対象の展開の跡を追い、具体的保護対象の拡大と、それに伴う救済方法の検討も必要とされている。これまでの法的救済のほとんどは、侵害行為を不法行為として位置づけ損害賠償による司法的救済が想定されてきたといってよいが、不法行為の成立には、権利の侵害のみならず法的保護に値する利益を違法に侵害する行為があればよいのであって、特に人格権という構成が必要とされるわけではない[2]。人格権の救済方法が、司法救済やまして損害賠償に尽きるものではないとすれば、どのような法的手段と方法が必要とされているのかが検討されなければならない。労働者人格権の権利性を、現行私法の解釈による救済対象の類型化や具体的救済方法にとどめてしまわないためにも、どのような内容と性格をもつものなのかが改めて問われている。

2)　労働者人格権検討の出発点

　労働者人格権の性格と救済方法の検討は、労働者人格権をどのレベルで論じるのかとかかわっている。憲法における基本的人権には、信条の自由や言論・集会、結社の自由などの精神的自由権、あるいは経済的基本権などの個別の人権とならんで、個人の尊重や生命・自由・幸福追求権などの一般的・包括的な基本権の保障の存在が承認されている。このレベルで位置づけてみれば、労働

者人格権は、個人の尊重と生命・自由・幸福追求権、さらには生存権、労働権、平等原則の保障から導かれる「労働者の人間に値する生存」の保障を意味しているということができる。それは、単に公権力による侵害からの保護にとどまらず、国に立法や行政による必要かつ適切な具体的施策を要請するとともに、一般私法による権利・義務の解釈を通じて司法救済の保護が図られなければならないことを要請しているはずである。

　本章では、まず労働人格権を憲法上の基本権として位置づけてその法的構成の意義を検討し、その上でこれまでの法的保護がどの分野に及ぼされてきたか、その展開のプロセスを追い、依然として残された課題を明らかにすることで、改めて労働者人格権の射程を検討することにしたい。

注
1)　拙稿「労使関係における労働者の人格的利益の保護1～2」（労判354号4頁、355号4頁、1981）。労働者人格権を掲げるようになったのは「労働者人格権の保障」（争点・新版152頁・有斐閣1990）が最初であった。
2)　島田陽一「企業における労働者の人格権」（日本労働法学会編『労働者の人格と平等』21世紀の労働法6巻2頁（有斐閣2000）は、不法行為による救済のためだけなら、労働者人格権という権利構成は必ずしも必要ではないという。

第2節　憲法における労働者人格権の保障

1. 憲法上の基本権としての労働者人格権

1) 憲法13条と労働者人格権

　労働者人格権の法的救済が不法行為にもとづく損害賠償から始まったというものの、労働者人格権は不法行為上あるいは私法上の権利にとどまるものではなく、憲法上の基本権としての性格をもち、公権力による侵害からの保護のみならず、国に対して救済のために必要な立法・行政的施策を義務付けていると理解することで、その保護ははじめて現実的で効果的なものになり得る。

　憲法のレベルで考えれば、人格権が憲法13条の個人の尊重と幸福追求の権利に基礎を置く包括的権利として承認されていることは周知のとおりである。通常、名誉、プライバシーのほか、積極的プライバシー権や個人の人格的生存にかかわる私的事項を権力の介入なしに自律的に決定できる自由を含む自己決定権として含める見解が多い[1]。労働者人格権は、この普遍的な個人の基本権として保障されている人格権を労働関係の場における労働者の特性に合わせて具体化された権利として構成されるべきである。

2) 労使関係観の転換

　しかし、普遍的個人を念頭においた人格権の保障が、労働関係のなかでの労働者にも適用されなければならないという出発点は、当然のように見えながら、労働関係の現実と法理の両面から立ちはだかる厚い壁の克服が必要であった。

　労働関係を、労働者の人格を丸ごと包摂する擬似共同体とみなしてきたわが国の労使関係では、長い間、労働共同体ともいうべき企業にその一構成要素として取り込まれた労働者に市民相互間で認められる人格権の保護は想定できな

いし、制約されるのは当然という理解が支配的であった。法理の上でも、当事者間で人権を制約する合意を契約上も有効とした判決に典型的に示されているように契約法理の形をとりながら正当化されてきたといえるであろう[2]。また、労働関係が「単なる物理的労働力の提供の関係を超えて、一種の継続的な人間関係として相互信頼を要請するところが少なくない」という理由で、採用にあたって労働者の思想信条を含む全人格に及ぶ事項について調査することに相当の理由があると認めた三菱樹脂事件最高裁判決[3]も、このような労働関係の実態の追認を意味していたというべきであろう。

人格権の保障が労使関係においても適用をみなければならないという命題は、こうした考え方とは対極的な、人格的能力の発現を意味する労働力が企業の優越的力の支配下で管理される現実があるからこそ、人格侵害の脅威から保護する必要性が高いという認識への転換を意味している。

3) 労働者にとっての労働と職場

その上で、労働条件の処遇と労働力管理にまたがる労働関係の各局面で、労働関係の特質と労働のもつ性格にふさわしい人格権の具体的内容が検討されなければならない。労働の内容は契約によって決められるものの、現実的には使用者の指揮監督下で行われる他律的労働であって、しばしば3K労働や過酷なノルマを課される労苦を意味していることはいうまでもない。また職場という上司や同僚との人間関係からなる社会では、自らが選択したわけではなく、相互に協力と競争、場合によっては敵意といった必ずしも好意的でない人間関係のなかで組織の一員として過ごすことを意味している。しかし労働者にとっては、そのなかで遂行される日々の労働をとおして経済的自立と職業的能力の向上、さらには精神的充足感や人格的成長を図る他はないという立場におかれている。労働者にとっての人格権は、このような労働者のおかれている現実から出発しなければならない。

2. 労働者人格権の具体化

　憲法13条で保障されている人格権の保障を労働者人格権として具体化し、その内容と性格を考えるにあたっては、生存権（同25条）と労働権（同27条）、さらに平等権（14条）の保障をあわせて考慮に入れなければならない。

1) 生存権保障の今日的意味

　戦後の労働法学が、生存権理念と団結権に代表される集団的規制の過剰な優位性に立脚してきたことへの反省から、労働法の規整理念を生存権から自立した労働者個人の意思の尊重へのパラダイム転換が主張されている。生存権は敗戦直後の深刻な窮乏生活に直面し、ギリギリの最低生活の保持を切望していた多くの労働者に社会的にも共有されたものの、高度成長を経て「豊かな社会」が実現し中流意識が広がるとともに現実的基盤を失ったという認識に支えられている[4]。

　しかし、生存権の内容は当初から社会保障分野における健康で文化的な最低限度の生活の保障という狭い意味に限定して理解されてきたわけではない。19世紀的経済的自由権の無制限な行使によってもたらされた貧富の拡大と社会的混乱を克服するために登場した20世紀的基本権を総称するものと理解され、労働によって自らの生存を支える労働者にとって、労働権と労働基本権は生存権的基本権の中核をなすものと位置づけられてきた[5]。それ以来、生存権の権利内容も、時代の直面する現実の要求に応え、国民の規範意識による承認に支えられながら拡大[6]と質的進化を遂げ展開していくことになったが、それは社会権のもつ性格からみて当然のことであったというべきであろう[7]。生存権は、かつての生理的生存や経済的生存の国家による配慮という時代的制約を脱して、労働者の人格と自由を内包する精神的・文化的要素を含んだ「人たるに値する生存」の保障として理解されなければならない。

　もっとも、1990年代半ばから続く長期不況のなかで、効率的市場原理の追求と自己責任が強調されるようになった結果、ワーキング・プア層の拡大に代

表される社会的格差の増大と、久しく忘れられていた深刻な貧困問題の存在が明らかになるとともに、ギリギリの経済的生存の確保が再び生存権保障の切実な課題となっていることは周知のとおりである。

2) 労働権の保障

　労働権の保障（憲法 27 条）が労働者にとって生存権保障の中核をなすことはいうまでもない。その内容も、かつての緊急失対事業のような最終的な国による雇用確保の責任が大きな関心の的であった時代を経て、今日では、単に仕事の機会を仲介すれば足りるというものではなく、労働者の資質にふさわしい適職選択権の尊重と職業能力の開発・向上を含むキャリアの形成による職業的人格権を保障し、あわせて労働者にとって労働が社会的存在としての自己確認の意味をもつことを考慮に入れるものでなければならない[8]。

　労働者の処遇と管理にあたっても、労働者の人格が尊重されなければならないのはいうまでもない。憲法 27 条 2 項を受けて制定されている労働基準法が、労働条件について「労働者の人たるに値する生活」の保障を求めているのは生存権の理念を謳ったものであることはいうまでもない（1 条 1 項）。一般に、労働基準法の性格は、行政取締りと刑事罰による最低労働基準の確保と称されることが多いが、同条 2 項では「人たるに値する生活を充たすため」に、刑事罰の対象とされている最低基準にとどまらず生存権理念にふさわしい労働条件の向上を当事者に求めており、冒頭の位置を占める憲章規定（3〜7 条）は、限定的とはいえ自由と平等という労働者人格の保障を意図していることが見逃されるべきではない。

　労働条件は市場における労使の対等な合意によって決められる（合意原則と称される）ことを強調するだけでは、人たるに値する労働条件の保障は望めないどころか、「より安いコスト、より長い労働時間」を追求する企業の要求を受け入れざるをえない結果であっても「自己責任の原則」として正当化されてしまうことになる。市場は競争と高い効率を生み出すことはできても——それがグローバル競争に晒される企業にとって重要であることは否定できないとして

も——、それだけでは公共的善や社会的正義にもつながるわけではない。「労働者の人たるに値する生活」の確保を要求する労働権の保障は、雇用と労働条件の最低基準のみならず、労働者の人格の尊重に値する労働条件と労働管理のあり方を要求しているというべきである[9]。

3) 平等と人格権

　平等の理念（憲法14条）も人格権の尊重と不可分の関係にある。平等が主観的権利なのか、客観的法原則を意味しているのかについては争いがあるものの、正当な理由のない恣意的差別は人間の固有の価値を無視し、人格に対する蔑視を意味するというべきだからである。また憲法14条であげられている差別禁止の具体的事由が限定列挙ではなく例示規定と解すべきだという理解も共通したものとなっている[10]。

　憲法の規定が私人間に適用を予定したものではないと一般的に理解されてはいるが、公序良俗や不法行為などの一般条項の解釈のなかに憲法の人権保障の理念が流れ込むことを通して、労働関係への規整を及ぼしていることは周知のとおりである。雇用機会均等法制定以前に結婚退職制（住友セメント事件）[11]や男女差別定年制（日産自動車事件）[12]を労基法に違反するとはいえないが、性による不合理な差別であり公序良俗に反して無効とした判決は、その後の立法を先導することになったし、同一の仕事をしている女性間の正規社員とパートタイム社員の一定限度を超える賃金格差を労基法4条に違反するものではなく、また同一労働・同一賃金原則も実定法上は認めがたいとしながら、「人格の価値を平等と見る市民法の普遍的原則である均等待遇の理念から公序良俗に違反する」とした判決は、平等原則が人格権に支えられていることを端的に承認している（丸子警報器事件）[13]。この判決が2007年のパートタイム労働法改正につながったことは間違いないと思われるが、パートタイム労働法改正による均等待遇原則適用の前提となる要件は極めて厳しいものとなっているため（同条8条）、この要件を充たさない者への判例法理の適用可能性は依然として残されている。

4）労働者人格権の内容

上に見てきたように、憲法13条で保障されている人格権を労働者の社会的存在にそくして具体化していくためには、「人たるに値する生存の保障」（同25条）とそれにふさわしい「労働権ならびに労働者の処遇と管理」（同27条）、そして「雇用における平等」（同14条）をとおしてその内容を具体化し構成する作業が不可欠であり、生存権や労働権、平等権の内容も人格権保障の照射を受けることによって今日的な時代の要請に応えうる内容をもつことになる。「安定した雇用」、「均等待遇や公正処遇」、「仕事と家庭の調和」、「人たるに値する生活を充たす労働条件」、「労働の管理に際しての人格権の尊重」などの内容が、そこから導き出されるものであろう。

注
1) 例えば、芦部信喜・高橋和之補訂『憲法4版』115頁以下（岩波書店2007）。
2) 十勝女子高校事件最高裁判決（最2小判昭27・2・22民集6巻2号258頁）。
3) 三菱樹脂事件最高裁判決（最大判昭48・12・12労判189号16頁）。
4) 労働法学会の創立40周年記念特集号（学会誌77号1991）が、戦後労働法学の再検討をテーマにしている。とりわけ戦後労働法学の代表的論者の一人であった籾井常喜「労働法学に問われているもの」（151頁）が、正面から転換の必要性を強調している。
5) 我妻栄「基本的人権」（国家学会編『新憲法の研究』63頁以下、有斐閣1947）。
6) 例えば、大阪空港の夜間飛行差止めを求める裁判では、人格権とならんで生存権が「環境権」の法の根拠として主張され、大阪高裁判決もそれを認めていた（大阪高判昭50・11・27判時797号36頁）。
7) 菊地高志「わが国における生存権の展開」（荒木誠之還暦論集『現代の生存権—法理と制度』法律文化社1986）。
8) EUにおける差別や貧困を生み出している構造的問題を社会的排除（social exclusion）ととらえ、その克服に向けた社会的包摂（social inclusion）のための施策の中心におかれているのは雇用による差別のない社会参加である（石田信平「イギリス労働法の新たな動向を支える基礎理論と概念」（『イギリス労働法の新展開』36頁、成分堂2009、長谷川聡「社会的包摂と差別禁止法」同書297頁）。
9) ILOの1999年第88回総会で打ち出されたディセント・ワーク（decent work for all）の概念が参照されるべきであろう。世界的経済危機のなかで追求されなければならない経済成長は、労働者の物質的自由貧困からの脱出のみならず、労働者の自

由、公平、保障、そして人間的尊厳の前進を伴わなければ持続可能な社会をもたらすものではないことを強調している。厚生労働省によれば「働きがいのある人間らしい労働」と訳され、生計に足りる収入が得られる仕事、権利の保障と職場での発言権の確保、仕事と家庭の両立、公正な処遇と男女の平等など多様な内容を含むものと理解されている。当初はインフォーマルセクターの就労者を抱える開発諸国への援助の文脈で語られることが多かったが、もちろん、わが国にとって具体性をもつ課題として捉えられるべきである。西谷敏『人権としてのディーセントワーク』（労働旬報社 2011）には共感するところが多い。
10) 芦部・高橋、前掲書 129 頁。
11) 住友セメント事件（東京地判昭 41・12・20 労民集 17 巻 6 号 1407 頁）。
12) 日産自動車事件（最 3 小判昭 56・3・24 労判 360 号 23 頁）。
13) 丸子警報器事件（長野地上田支判平 8・3・15 労判 690 号 32 頁）。

第3節　労働者人格権保護の法的方法

1. 人格権保護の法的手段・方法

　労働者人格権の保障を憲法上の権利として位置づけるとして、次に検討を要するのは、その法的保護はどのような手段・方法をとおして行われるべきかという問題である。公権力による侵害からの保護が図られなければならないのは当然としても、それにとどまるものではない。人格権の内容が、情報技術の飛躍的な進展や社会の高度化と組織化に伴う侵害の形態と手段の多様化に対応して、具体的な権利内容と保護の手段を発展させてきたことは周知のとおりである。もちろん、侵害の脅威が国や自治体など行政上の措置によって生じることはあるが、むしろ圧倒的多くはビジネスをはじめとする私的な社会関係のなかで発生している。憲法の人格権保障が、直接に私的社会関係にまで適用されるとは考えられてはいないものの、少なくとも国は、このような私的社会関係のなかで生じている人格権侵害の脅威を防ぐための効果的で適切な措置を講じる義務[1]を負っていることは疑いのないところであろう。

　人格権が、プライバシーや性に関する自己決定のような私的領域の保護から、社会的評価や人格的個性とその表出物に対する侵害などにまで拡大されるようになると、これらが労働者にとっても重要な意義をもっていることを否定できないばかりか、労使関係ではもっと濃密な人的接触のなかで侵害の危険に晒されているというべきであろう。労働者のプライバシーに関する情報は、健康・家族構成と収入・職業上の経歴・人事評価などを含めて企業の人事管理にとって欠かせない人事資料であろうし、ビデオカメラを使用した労働の監視（肖像権の保護）、盗聴やメールのモニタリング（声や言葉の保護）などの例を想起するだけで十分であろう。このような人格権の内容の拡大と侵害形態の多様化を考えれば、個人情報保護法の制定（2000・5制定、2005・4施行）に見られるように、立法や行政による保護の必要性とその比重は格段に高くなっていると

いわなければならない。そして、このような特別の法令が存在しないところでは、一般的私法の解釈による適用を通して行われることになる。実際、結婚退職制や差別定年制を違法とする人格保護の流れは、私法上の一般条項の解釈にあたって憲法上の基本権保障の趣旨を考慮しなければならないという間接適用の道を開いた判決によって導かれ、それを追認する形で立法化が図られたことは記憶に新しい（雇用機会均等法・1985年）。

2. 立法による保護の進展

立法による労働者人格権の保護で求められているのは、事後的救済の途を明確にする必要性が高いことはもちろんであるが、それ以上に侵害の危険性を事前に防止する予防法制の整備であろう。

1) 労働者人格権の保護立法

近年の立法についてみると、雇用機会均等法のなかに取り込まれたセクシュアル・ハラスメントに関する規定（雇用機会均等法第1次改正1997、1999・4施行で導入、第2次改正2006、2007・4施行で強化された）は、事前の啓発活動と相談体制、適切な救済措置とプライバシーの保護、事実確認への協力を理由とする不利益取扱いの禁止などの措置義務を課した予防体制に重点をおくものとなっている（指針平18・10・11告示514号）。実効性の保障は、都道府県労働局長による行政指導と従わない場合の企業名の公表（同法17・30条）、紛争調整委員会による調停案の作成とその受託の勧告（同法20・22条）であって、性的自己決定権と人格の尊重に値する労働環境の確保を目的としているものの、労働者個人の権利救済はもっぱら司法に委ねられており、そこでは私法的人格権の侵害として扱われることとなる。

職場における人格権侵害の類型として同様の性格をもつ深刻な職場いじめについては、いじめによる精神疾患や自殺の多発という事態を受けて精神疾患にもとづく自殺の労災認定基準の見直しが行われたものの[2]、事前の予防体制を

義務付ける法制度の制定までには至っていない。職場におけるいじめの明確な定義が困難という問題があるのは確かであるが、すでにILOのレベルでもその深刻さと予防体制の重要性に関する認識が共有され、いくつかの国で刑事罰を含む法制の整備がなされていることを考えれば[3]、せめてセクシュアル・ハラスメント類似の措置義務を労働安全衛生法のなかに創設することなど立法的整備が考慮されるべきであろう。

2) 個人情報の保護

労働関係における個人情報の保護も進展のみられる分野となっている。職業安定法の改正（1999・7）によって、求人労働者の個人情報の保護を義務付ける規定がおかれたのは（5条の4）、もちろんILOをはじめとする国際的基準を受け入れる必要性に直面したからではあるが（民間職業仲介事業所に関する条約ILO 181号、批准は1999・7）、人材派遣元事業主が作成・保管していた、登録している派遣労働者9万人の容姿にランクをつけていた資料が売買されネット上に流失した事実が明らかになったからでもあった（1998年のテンプスタッフ事件）。

しかし、労働者の自己にかかわる情報のコントロールの必要性という点では、企業が人事管理のために収集し利用している労働者に関する人事情報の扱いこそが中心的位置を占めている。労働者の給与の支払いと税・社会保険の適正な控除のためには家族構成から収入に関する正確な情報が必要であり、労働安全衛生法で義務付けられている健康診断によってえられる健康情報や、さらに労働者の適正配置と賃金・昇進などの人事処遇に反映する人事評価にかかわる資料など、労働関係には労働者に関する多様な個人情報が集積している。しかし、放置しておけば暴走する危険が高いことは、日本航空の労使と対立する複数組合のなかで、これらの人事部に集積された個人情報がさまざまに加工され、狙いをつけた相手方組合員への攻撃の手段に用いられた事件に見られるとおりである[4]。

このような個人情報の収集や悪用に対する保護のために制定された個人情報保護法（2003・5）は労働関係にも適用されることになっているし、これを受け

て「雇用管理に関する個人情報の適正な取扱いを確保するために事業者が講ずべき措置に関する指針」も制定されている（2004・7厚労省告示259号）。しかし、その義務の範囲と救済方法についての立ち入った検討が十分になされているとはいい難い。

3）　労働契約法と人格保護

　労働契約をめぐる紛争に関する紛争の増大に対応するため、これまで判例法理に依拠してきた法的解決ルールの明確化と透明性を高めることを目的として制定された労働契約法（2007・12制定、2008・3施行）は、検討開始時点の意気込みと異なり竜頭蛇尾の結果に終わったものの、労働者人格権保護の観点からいくつかの条項が付け加わったことは留意されてよい。労働契約の原則について労使対等による「合意原則」を謳いながら、労働者の構造的な従属性から生じる力の不均衡を是正すべき法理念やシステムについては沈黙したままであるが、契約内容を説明して理解を深めるようにする（同法4条）との情報開示モデルで済ませられる問題でないことは明らかであろう。その意味では、労働基準法が冒頭で謳った生存権の理念こそ労働契約法を含め労働法全体を貫く基本的理念としての地位を占めている[5]。

　「合意原則」の修正のよりどころは、従来の判例法理に従って、民法の一般的原則である信義誠実の原則と権利濫用規定の導入に求める他、労働者人格の保護に配慮した規定として、すでに判例で確立されていた「安全配慮義務」（同法5条）と、新たに「就業の実態に応じた均衡待遇の配慮」ならびに「仕事と生活の調和」（同法3条2・3項）の二つが付け加わっている[6]。不十分ながら、今日的な労働者の「人たるに値する生存」の保障の内容をなす「公正処遇の原則」や「人間らしい働き方と労働の管理」の保障に歩みを進める意味をもつことは疑いないというべきであろう。これらは、文言からみて、直ちに具体的効果を導き出せるものではなくとも、就業規則の合理性の判断や、私法の一般条項を通して契約内容の司法的審査にあたって考慮されなければならないことはいうまでもない。

3. 一般私法による保護

　このような立法の状況から考えると、労働者の人格権の救済が裁判を通してなされる必要性は高いといわなければならない。そして裁判による救済は、原則として一般的私法の解釈と適用を通して行われることとなる。原則としてと、若干の留保をつけたのは、周知のように公法的義務規定を私法上の義務に転化させることの可否について争いがあり、それぞれの名宛人の違いを理由に、両者を同視することへの疑問には依然として強いものがあるからである。例えば、個人情報保護法の規定が、労使間における人事記録の閲覧請求を根拠づけることができるかといった問題を想起するだけで十分であろう。

　もちろん、「公序良俗」（民法90条）、「信義則上の付随義務」（同1条2項）、「権利濫用」（同3項）あるいは不法行為上の「権利又は法律上保護される利益の侵害」（同709条）といった一般条項の解釈にあたって労働者人格の保護が顧慮され、法律行為の無効や損害賠償を認めうることについては争いがないし、判例法理の定着がみられることも周知のとおりである。しかし、それにとどまらない法的救済策のあり方については、労働者人格権の私法上の権利の性格ともあいまって依然として検討の課題となっている。

　ドイツにおける労働者の人格権の保護は、若干の立法を除けば、基本法上の「人間の尊厳の不可侵」（1条1項）と「人格の自由な発展への権利」（2条2項）を基礎に、しかし、いわゆる基本権の第三者効とは異なる私法上固有の主観的権利として理解されている一般的人格権（ein einständiges subjektives privates Recht）の適用を通して行われている。わが国のように生存権や労働権保障の規定を有するわけではないものの、一般的人格権そのものが、学説と判例の協働によって民法上に定められた個別的人格権の範囲を超えて創設された法形成の成果であることから、進展する時代の要請と侵害の形態にそくした（労働関係にふさわしい）適用を可能にしている[7]。

　救済方法も損害賠償にとどまらない。一般的人格権の保障そのものが、民法を狭い財産権の保護という枠を超える開かれた体系へと変貌を遂げることを意

味しており、不法行為における「その他の権利」(BGB 823条1項) 侵害にあたるのはもちろん、所有権に認められている差止め請求 (BGB 1004条1項2文) と並んで、労務提供の拒絶権 (BGB 273条) や、信義則上の労働者の人格権尊重義務を根拠に、人事資料の開示・除去・訂正・反論の添付などの他、労働の受領義務のような付随的給付義務 (Nebenleistungspflicht) も承認されている。これに対比すれば、わが国では依然として人格権の法的性格とあわせて検討課題にとどまっていることが分かる。

注
1) ドイツ法では、基本権保障を防御権 (Abwehrrecht) と保護義務 (Schutzpflicht) からなるものとして構成されている (Dieterich, Müller-Glöge, Preis. Hanau, Schaub Hrsg., Erfurter Kommentar zum Arbeitsrecht, 6. Aufl., Beck, 2006, S. 33ff (Dieterich))。
2) 2008年に「心理的負荷による精神障害等の業務上外の判断指針」が改正され、上司のいじめ (パワー・ハラスメント) が精神疾患の強度の要因となることを明示することとされている (2008・2・6基労補発0206001号)。
3) ILOは職場における暴力の広がりに対して2002年に対策のガイドラインを"workplace violence"、2003年には専門家の会合をもちサービスセクターにおけるコードを作成している "code of practice on workplace violence in services sectors and measures to combat this phenomenon"、フランスの精神的ハラスメント禁止立法については石井保雄「フランス法における『精神的ハラスメント』とは何か—その概念的理解について」(季労218号74頁、2007)。
4) 船尾徹「働く者の市民的自由を求めて—JAL監視ファイル事件訴訟から」労旬1726号6頁2010)。
5) 三井正信『現代雇用社会と労働契約法』234頁 (成分堂2010) 以下は、労働基準法を保護法として理解するだけでなく、労働契約法の根本的理念 (2条) として位置づけ、さらに、労基法の規定から「企業の社会的権力のコントロール」を内容とする私的効力を導くことも提案されている。
6) この3条2・3項は、ねじれ国会審議の終盤で民主党の要求を入れる形で設けられた経緯をもつ。それにしても民主党の労働契約法案にあった、使用者に労働者の就業環境が害される言動を防止する配慮義務 (職場いじめの防止義務15条) の規定が見送られたのは残念という以外にない。
7) 拙稿「西ドイツにおける労働者人格権の保障」(横井芳弘編『現代労使関係と法の変容』375頁以下、勁草書房1988)。

第4節　労働者人格権保護の展開

　ここでは、これまでの労働者人格権保護の展開過程を素描しながら、どのような類型にまで及び、依然として何が残されているのかを明らかにして今後の課題と展望を試みる。

1. 人格権侵害の諸類型

　労働者人格権の法的保護は、一般私法で承認されている人格権の保障を労使関係や閉ざされた空間であった企業内にまで及ぼすことの重要性から始まったといってよい。労働関係ではむしろ労働者人格の制限は当然と考えられ、使用者の支配下で管理・運営されてきた閉鎖的空間に、法の公共的支配を及ぼす手がかりを与える意味をもつものであった。

1)　不当労働行為と市民的名誉の侵害

　もちろん、労働者の人格侵害に該当する使用者の行為に違法評価を与えるケースがなかったわけではない。しかし、当初は民法による人格権の保護ではなく、使用者が労働組合の組織対策として行われる組合員への威圧や監視などの行為を権利性の有無にかかわらず不当労働行為として認めるというものや（たとえば中外電気工業不当労働行為事件)[1]、例外的に労働者の名誉の侵害を認めたケースでも、懲戒処分としたことを対外的に新聞広告で告示したり、全従業員宛ての社内報で知らせるなど明らかに市民的名誉の侵害と評価されるケースであった（たとえば日星興業事件)[2]。

2)　労働者にとっての職場

　しかし、中央観光バス職場八分事件[3]で注目されたのは、伝統的な村落共同体のなかで発生し名誉毀損に当たると考えられてきた村八分のような行為が、

今日の企業組織のなかで発生していることであった。もちろん企業の意思を受けた管理職主導の形を取って行われており、だからこそ参加した従業員も従わざるを得なかった側面をもっているが、企業内という社会が労働者にとって濃密で重要な生活環境を形成しており、だからこそ職場から排除する有効な手段として採用され有効性を発揮していることを認識したうえで、一般的市民としての人格権の保護が職場に生きる労働者にとっての人格権へと、より具体的な形をとって行われたというべきであろう[4]。

このような理解は、職場の人間関係から特定の労働者の孤立化を図る行為を「自由な人間関係を形成する自由を不当に侵害するとともに、その名誉を侵害するもの」とする関西電力事件・最高裁判所判決[5]によってより一般的な形で定式化されることになった。それは、労働者にとって職場が人間的交流とそれを通して人格的成長が期待される空間であるとの認識に立って労働者の「人格権の保護」を認めたものと理解されるべきである。

3) プライバシーの侵害

関西電力事件では、同時に、職場におかれた労働者のロッカーや退社後の私生活領域の行動を監視する行為についてもプライバシーの侵害にあたるとした点でも注目されるものであった。

労働の監視とプライバシーの侵害も古くて新しいテーマに属しているが（例えば広沢自動車事件）[6]、電子機器を用いた仕事の監視、秘密裏の電話の盗聴やメールの閲覧（例えばF社Z事業部事件）[7]といった技術進歩に伴う労働過程の監視、あるいは労働者の健康に関する情報の無断入手や漏洩（例えば東京都・警察学校事件）[8]などもっとも今日的課題となっている。

4) 仕事差別と人格侵害

労務指揮権の行使という形態をとりながら、意図的に仕事をとりあげたり無意味な仕事を命じる、あるいは労働者の能力と適性にふさわしくない仕事を与えることで、労働者への屈辱感や他へのみせしめにするといった仕事差別が人

格権の侵害として評価されるためには、文字どおり労働者にとって仕事のもつ意味を抜きに考えることはできない。同僚や家族など労働者の属する社会のなかでの人格的評価はその職業的力量と能力によって量られるし、同時に、労働者自身にとっての自己評価の尺度でもある。仕事差別は、このような労働者の人格的評価を毀損するものであり、人格に対する蔑視として評価されるのである[9]。この流れは、退職に追い込む意図でキャリアにふさわしくない仕事を命じたり[10]、苦痛を与えるための意味の無い作業を命じる[11]などを人格権の侵害とする判例によって確実なものとなった。

2. 職場いじめの蔓延と人格権の保護

1） 職場いじめの蔓延

　少数派の労働組合員や思想・信条などを理由に特定の労働者をターゲットにしていた人格権侵害行為は、経済が長期不況に陥った1990年代後半以降、一般の労働者を対象として蔓延し、量的拡大と質的変化に見舞われることとなった。この現象は、行政相談によって「職場いじめ」と総称され分析されることとなった[12]。それによれば、解雇や退職の強要などを目的としたものとならんで、被害者に心あたりがない「いじめそのもの」、女性に対しては性的なものが多く（雇用均等法にセクシュアル・ハラスメントの規定が設けられる以前である）、仕事を与えない・逆に強要する、集団的・個人的無視、脅迫や侮辱的言辞、ときには暴力を伴う行為などが、事業主や上司（5割強）、あるいは同僚（2割弱）によってなされている。人格権の侵害は、リストラ促進の手段として、そうでなくても非正規雇用の差別的処遇や過度の効率と競争が支配するようになった職場環境のなかで、誰もが被害者になりうるものにまで普遍化していったことになる。

　同じ現象の広がりは、労働心理学の立場から職場における心理的テロ行為に等しいネガティブなコミュニケーションの一形態としてMobbingの名で警鐘

を鳴らした Leimann によって注目を浴び対策の重要性を認識させられることになった[13]。

2) セクシュアル・ハラスメントとパワー・ハラスメント

人格権の概念は、権利の内容があらかじめ限定されているわけではなく、むしろ包括的で開かれた容器の役割を有している点に特徴を有していることから（母権的性格）、その時々の要請に応じて新しい人格権侵害の類型が生み出されていくことになった。その点からみて大きいのはセクシュアル・ハラスメントとパワー・ハラスメントの類型であろう。

(i) セクシュアル・ハラスメントは、アメリカに倣って労使関係における性差別の一類型として取り上げられた経緯から、雇用機会均等法の改正（1997）にあたって「性差別を生み出す労働環境の改善」の観点からおかれることとなった。しかし、所管する厚労省による救済は、防止のための啓蒙活動と相談体制の整備、加害者への処分を含む救済措置などを使用者に求めているものの、これに応じようとしない者には助言・指導・勧告と、最終的な手段としては企業名を公表するにとどまっていることは先に述べたとおりである。それ以上の権利侵害としての救済は司法的手続きを取る以外にはなく、その場合は労働者人格権の侵害の一類型である性的自己決定権（対価型）や人たるに値する労働環境で働く権利の侵害ということになる。

(ii) パワー・ハラスメントも、職場いじめの一類型として大きな注目を集めるようになっている。期待した成果をあげられない、仕事上の些細なミス、チーム内での協調性が不足しているなどの理由から、使用者や監督者が、職務上の優越的地位を利用して、仕事上の指示や叱責の程度を著しく超え、言葉、ときには暴力的手段を行使して執拗に人格的攻撃を繰り返し精神的に追い込む行為である[14]。多くは労務指揮権の行使という形をとって行われるだけに、人格権侵害の判断基準が微妙であることは否定できないが、パワー・ハラスメントによる精神疾患や自殺が相次ぐという深刻な事態を受けて、労働災害補償保険法による事後的救済の道を容易にするため、労災認定基準の見直しが行われた

ものの、肝心の予防法制にまでは至っていない。

注
1) 行動監視の必要性と称して女子組合員を至近距離から撮影したり、席を離れるとトイレまで追いかけて写真撮影を行った行為を不当労働行為にあたるとしている（中外電気工業事件、東京地判昭55・3・19労判339号39頁）。
2) 会社の信用を害する言辞を弄したとして解雇した労働者の名前を広く同業他社に郵送し新聞広告に掲載したことを名誉毀損にあたるとした（日星興業事件、大阪高判昭50・3・27判時782号48頁）。
3) バス会社の違反行為を告発した労働者に対する共同絶交を自由および名誉を侵害する不法行為に該当するとして50万円の慰謝料を命じた（中央観光バス事件、大阪地判昭55・3・26労判339号27頁）。
4) 拙稿「職場における労働者人格的利益の保護1～2」労判354号4頁、同5号4頁（1981）は、この事件の判例研究から出発したものであった。
5) 関西電力事件（最3小判平7・9・5労判680号28頁）。拙稿「労使関係における精神的人格価値の法的保護について」（労旬1279・80号47頁1992）は、この事件の控訴審に提出した鑑定書を収録したものである。最高裁判決については同「職場における労働者人格権の保護」（労判688号6頁1996）を参照。
6) 秘密裏にテープレコーダーを設置して労働の監視のために利用したことを違法とした（広沢自動車学校事件、徳島地決昭61・11・17労判488号46頁）。
7) 社員の業務用パソコンを利用した私用メールを監視のため閲覧していたというもの（F社Z事業部事件、東京地判平13・12・3労判826号76頁）。
8) 応募者の同意をえずに行われたHIV抗体検査を違法なプライバシー侵害に当たるとした東京都（警察学校）事件（東京地判平15・5・28労判852号11号）。
9) バス会社で対立する複数組合の一方に属する労働者を新しいバスの運転から排除する配車差別を人格権の侵害としたサンデン交通事件判決（山口地判下関支判平3・9・30労判606号55頁）がその嚆矢をなす。控訴審における鑑定書（拙稿「組合所属を理由とする配車差別の不法行為性ならびに損害賠償のあり方について」労旬1345号32頁1994）では人格権侵害とともに慰謝料算定のあり方に主眼をおいている。
10) バンク・オブ・アメリカ・イリノイ事件（東京地判平7・12・4労判685号17頁）。
11) JR東日本（本庄保線区）事件（最2小判平8・2・23労判690号12頁）。
12) 東京都労働経済局は、1995-97年の事例の分析を踏まえ、98・4に防止に向けた対策の検討を開始している（「職場におけるいじめに関する労働相談事例集」は600件のケースを分析したはじめての試みである1999）。
13) H. Leimann, Mobbing, Rowohlt 1993. それ以来、労働法学の立場からも、Mobbingの法的定義や救済についての検討が進んでいる。早くからこの問題に取組んできた

マルティン・ボルメラート弁護士がドイツの現状を寄稿している「職場いじめ—ドイツ労働世界における深刻な問題」訳・根元到（季労218号85頁2007）。わが国の職場いじめとパワー・ハラスメントの事例をもっとも網羅的に扱っているのは水谷英夫『職場のいじめとパワハラ・リストラQA 150』（信山社2009）である。

14) 仕事の成果があがらないことを理由に人格を全否定する上司の暴言に耐えられず自殺した労働者に労働災害を認定した日研化学事件（東京地判平19・10・15労判950号5頁）や、接客態度が悪い・仕事のミス・無断で休んだなどを理由に、殴る・蹴るなどの暴行を加え、労働者の自宅にまで押しかけ人間教育のためと称して肋骨を折る暴行に及んだヨドバシカメラ事件（東京地判平17・10・4労判904号5頁、東京高判平18・3・8労判910号90頁）など、労働者がいかにも買い入れた「商品の消費」として取扱われ、およそ「人格の主体」として尊重されることのない事例が増えている。

第5節　課題と展望——結びに代えて

　人格権侵害の事後的救済もさることながら、事前に防止する環境整備の重要性は大きいにもかかわらず、未だ不十分なままに放置されているといっても過言ではない。結びに代えて早急に検討されるべき課題を指摘することにしたい。

1. 立法上の課題

　職場いじめに属する類型のうち、雇用機会均等法によってセクシュアル・ハラスメントに関しては予防策を講じなければならないとされているものの、それ以外の類型については何らの措置も採られていない。労働契約法の制定に際しても、すでに判例法理で確立されていた「安全配慮義務」の条文化（同法5条）にとどまったことは先に指摘したとおりである。しかし、それ以外の人格権侵害類型が蔓延し深刻な事態を生み出していることはさまざまな報告のなかに示されており、不法行為や債務不履行（職場環境整備義務）を理由とする侵害賠償による事後的救済で事足りるものでないことは疑いのない事実であろう[1]。
　立法による措置として重要なのは、使用者による予防体制の整備であろう。基本的にはセクシュアル・ハラスメントの場合と同様、防止に向けた啓発、相談の体制、適切な対応、事実調査とプライバシーの保護などを使用者の管理責任として定めることに尽きる[2]。性差別とは別個であることを考慮すれば、労働安全衛生法のなかに位置づけるのが妥当であろう。職場いじめの有無が精神疾患や自殺の労働災害認定にあたって考慮されるようになっている以上は、その防止体制の整備が労安法の課題であることは明らかであり、それとならんで、労働安全委員会で防止体制への労働者代表の参加が期待できると思うからである[3]。

2. 人事資料の開示請求

　労働者の個人情報の収集・保管・利用は、使用者の採用、配置と処遇から健康管理などの適正な人事管理全般にとって不可欠であるといってよい。しかし、それだけに労働者の個人情報の悪用によって生じる深刻な脅威は、先にあげたテンプスタッフ事件や日本航空監視ファイルの事案の例をみるだけでも明らかであろう。かつては、労働者の内面を含む全人格的な企業への同調を求める観点から、労働者に関するあらゆる情報を収集しようとする人事管理のあり方が問題とされてきたとすれば、これに加えて今日では、成果主義的賃金の普及による個別賃金の格差が客観的で公正な人事評価によるものかどうかにも関心が高まっている。

　情報化社会の進展によって高まったプライバシー侵害の脅威を受けて制定された個人情報保護法（2003・5、国・公共団体の責務を除き施行は 2005・4）を受けて、「雇用管理に関する個人情報の適正な取扱いを確保するために事業者が講ずべき措置に関する指針」が制定さている（2004・7厚労省告示259号）。これに先立って、OECD理事会の勧告「プライバシーと個人データの国際流通に関するガイドライン」（1980）を受けて旧労働省からもっと詳細で多岐にわたる内容を含んだ「人事・労務管理に伴う労働者の個人情報の保護に関する行動指針」（2000・12）が示されている。両者の関係は必ずしも明らかではないが、相互に補完する関係にあるとみるべきものであろう。

　これらによれば、個人情報収集の範囲と方法・保管・利用、第三者への提供の制限などとならんで、自己情報のコントロール権にもとづく本人からの開示請求、内容の訂正と削除、利用の停止請求権が認められている（同法25・26・27条）。個人情報保護法は違反に対して主務大臣の助言と勧告、中止命令が予定されているものの（同法33・34条）、労使関係上いかなる権利・義務を生じさせるのかは明らかではない。しかし、労働者の自己に関わる情報のコントロール権を具体化する意味をもつものであって、労働契約上の労働者人格尊重義務の内容をなすものと考えるべきであろう。もっとも、人事評価に関する資料

に関しては、例外的に「業務の適正な実施に著しい支障を及ぼすおそれがある場合」開示を拒めるとする規定（25条2項）の該当性が問題となる[4]。この規定は、労働者人格尊重義務の範囲を確定するために不可欠な使用者側法益との比較衡量にあたって相当性判断の基準としての性格をもつものと理解されるべきであろう。いずれにせよ、労働者の給与や手当の決定、昇格などの処遇に直接あるいは基礎資料として甚大な影響をもつ人事評価資料について、開示されれば管理者は被評価者に不利な評価をためらうようになり適正な評価を期待できなくなる、人事評価は主観性を免れないため不利な評価を受けた者との見解の相違から生じる対立・混乱を無視できないといった一般的理由が開示拒否を正当化しうるとは考えられない[5]。

3. 労働受領義務（就労請求権）

労働することが、労働者にとって単に賃金をうるための手段にとどまるものではなく、能力を高めキャリアの形成（職業的人格権）や社会的評価にとって重要な意味をもっている。それだけでなく、仕事と職場のコミュニケーションから正当な理由なく隔離されることによる屈辱と自己喪失感は、労働者人格への蔑視を意味するものというべきであろう。このような労働の特性から、使用者には賃金支払義務のみならず、労働者から就労の請求がなされれば、これを拒む相当の理由がなければ労務を受領する義務を負うとの主張（就労請求権）に対して、原則として否定してきたわが国の判例法理は、ほとんど進展しないまま今日に至っている。

もちろん、この判例法理に修正を促そうという動きは無くなったわけではないし[6]、バラエティに富んだ主張が見られることにも注目すべきであろう[7]。見逃せないのは、解雇無効にもとづく地位保全と賃金仮払いを命じる仮処分が本訴や上級審で取消された場合には、その全額の返還を求められる[8]とされていることから、仮払い賃金で生活を支えていた労働者にとって深刻な事態が生じている。それはさらに、賃金の支払いを命じる判決自体に、取消された場合

に返還に応じられる範囲内の救済にとどめる萎縮効果を生み出しているようにみえる。このような悪循環を断ち切るためには、一般的な労働受領義務とは別個に暫定的労働受領義務の承認が不可欠であろう。

注
1) 2001年に始まった個別労働紛争解決促進法にもとづく相談中、「いじめ・嫌がらせ」に関するものは例年 12～13％を占めている（2009年度の厚労省の施行状況報告によれば 24.7万件の民事紛争中 12.7％となっている）。濱口桂一郎「労働局個別労働関係紛争処理事案の内容分析」（ジュリスト 1408号 56頁）は、2008年に 4都道府県労働局が取扱ったあっせん事案 1,144件を対象にしたものであるが、いじめ・嫌がらせはそのなかで 260件（22.7％）を占め、会社への相談は役に立っていない、精神的後遺症で医者の診断を受け、退職あるいは相談したことで退職せざるをえなくなったという厳しい現実となっている。
2) ドイツも Mobbing の禁止と予防に関する特別規定をおいていないものの、EU指令を受けて制定された一般平等取扱法（AGG 2006・8）では、人種と民族的出自、性別、信条および世界観、障がい、年齢、性的指向を理由とする不利益取扱いを禁止し、不利益取扱いのなかには労働条件とならんで、威嚇や敵視、屈辱、侮辱、中傷などで人間の尊厳を傷つけるいじめ・嫌がらせ（Belästigung）が含まれることを規定し（3条3項）、これにセクシュアル・ハラスメントを加えている（同条4項）。さらに訴訟における証明責任の軽減（同22条）と、使用者に同僚や第三者、顧客による不利益取扱いから従業員を保護するために適切な予防措置を講ずる組織責任を課している（同12条）。Schwerdner, Arbeitsrechts-Handbuch, 13. Aufl. Beck 2009. S. 227f.
山川和義「ドイツ一般平等取扱法─包括的差別禁止立法の影響」（日独労働法協会 8号 79頁 2007）に条文の全訳が掲載されている。わが国でも、すでに 7つの県でパワー・ハラスメントの防止に関する規定や指針が策定されていると報告されている（圷由美子「職場内の人格権侵害」季刊労働者の権利 286号 49頁 2010）。
3) ドイツの経営協議会法（BetrVG）は 1972年の改正で、使用者と経営協議会に「労働者の人格の自由な発展の保護と促進」を義務付けたことから（75条2項）、これを受けて、Mobbing の予防体制整備に関する経営協定が結ばれている（A. Esser, M. Wolmerath, Mobbing 4. Aufl. 2001, S. 328f. に経営協定のモデル案が掲載されている）。
4) この規定を受けて作成されている指針では、非開示の範囲の決定についてあらかじめ労働組合等と協議し労働者等に周知する努力義務を（第3・6）、ガイドラインでも、請求者の評価、選考等に関する情報で開示によって業務の適正な実施に支障が生じるおそれがあると認められる場合には応じないことができるとほぼ同趣旨の定めとなっている（第3・1(2)）。

5) 拙稿「個人情報保護条例にもとづく人事考課の開示義務について」(労旬 1506 号 6 頁 2001) は個人情報保護法制定以前に高槻市の個人情報保護条例にもとづき勤務評定資料の開示請求事件で大阪地裁に提出した鑑定書であるが、裁判所 (大阪地判平 12・12・8 労旬 1506 号 55 頁) は開示を認めなかった。「人事考課資料の開示請求」(労旬 1503 号 4 頁 2001) も参照。類似の論点で争われている学校教育における学習指導要録の開示請求事件では、全面的開示 (西宮市個人情報保護条例事件、大阪高裁平 11・11・25 判タ 1050 号 111 頁)、あるいは主観的記述の部分を除いた部分的開示を認める判例が相次いでいるのと対照的である (大田区公文書公開条例事件、最 3 小判平 15・11・11 判時 1846 号 3 頁)。
6) 例えば、大沼邦博「就労請求権」(争点〈3 版〉143 頁 2004)、唐津博「労働者の就労と使用者の労働付与義務論」(『労働契約と就業規則の法理論』79 頁以下、成文堂 2010)。
7) 解雇禁止を定める特別の規定違反の解雇に限って就労請求権を肯定する渡辺章『労働法講義 (上)』231 頁、信山社 2009、就労を拒否されたことによる精神損害・スキルの低下による損害の債務不履行による賠償請求を提案する土田道夫『労働契約法』122 頁、有斐閣 2008) など。
8) 宝運輸事件 (最 3 小判昭 63・3・15 労判 523 号 16 頁)。この判決に付けられた伊藤正己裁判官の少数意見には説得力がある。

あとがき

　本書は、筆者のこれまで取り組んできた研究テーマから、労働者人格権に関する論文を集めて論文集を編んだものである。職場における労働者人格権の法的保障の必要性については、今日ではもうあたり前のこととして認知されているものの、外の世界から隔離され濃密な人間関係に支配された企業の内部や労使関係で生じる出来事に対して法的介入の途を探る試みは容易いことではなく、それを可能にしたのが労働者の人格権の保障であった。

　筆者がこの問題に注目するきっかけになったのは、バス会社の労使紛争で少数派の組合員が会社の交通法規の違反行為を監督官庁に申告したところ、これに反発した会社が従業員に呼びかけて、申告に関与した少数の組合員に対し共同絶交とバスの同乗勤務の拒否を通告したという事件であった（大阪地判昭55・3・26労判339号27頁）。村八分と称される村落共同体内での制裁は戦前から存在しており、これを不法行為とする大審院の判決もあるが、近代的組織であるはずの企業でも同様のことが行われていることをどう考えたらよいのかが、筆者の問題意識の出発点であった。

　この判決の論評を執筆したことを機に、いくつかの裁判で鑑定意見書を書くことになり、考えを深めていったように感じている。この論文集に裁判事件の鑑定意見書を収録することにしたのはそのためで、それらをとおして職場の人間的交流からの疎外にかぎらず、仕事からの疎外や差別、あるいは集団的労使紛争の領域を含む適用範囲の広がりをもつことに気づかされるようになった。あえて集団的紛争と人格権侵害の章を設けたのもそのためである。またわが国の労働者人格権と職場いじめの現状と法制度を比較法の観点からドイツの専門雑誌と論文集に寄稿する機会があったので、その論稿も収録することとした。

　収録にあたっては、原則として執筆当時の文章に修正を施さず、ただいくつかの論文のタイトルの変更と注のつけ方を後注に統一するなどの最小限の修正

にとどめている。

　本書に収録した論文の執筆時期は、1978年から2011年まで30年の長きにわたっている。この間、大学行政に神経をすり減らすなど健康状態も決して良好とはいえなかったものの、曲がりなりに健康を保持し研究を続けてこられたのは妻・佐代美の献身的な支えによるところが大きかったと認識している。私事にわたるが、あえてそのことを記して感謝の意を表したい。
　なお本書の編集作業にあたっては、中央大学出版部小島啓二氏の貴重なアドバイスと助力をいただいたし、出版するにあたっては、「中央大学学術図書出版助成」制度による助成を受けた。このことにも謝意を表したい。

　参考までに収録論文の初出一覧は次のとおりである。
第Ⅰ章　序――労働者人格権とは何か
　「労働者人格権への関心」（Chuo-Online 2011.3「労働者人格権の保障」）
　「労働者人格権の保障」（労働法の争点・新版　有斐閣 1990.9）
第Ⅱ章　労働者人格権保障の法理
　「労使関係における労働者の人格的権利の保障」（季労 143号、総合労働研究所 1987.4）
　「企業社会における労働者人格の展開」（学会誌 78号・1991.10）
　「団結権と労働者個人の自由」（学会誌 77号・1991.5）
　「西ドイツにおける労働者人格の保障」（横井芳弘編『現代労使関係と法の変容』勁草書房 1988.11）
　Die Entwickelung des Persönlichkeitsschutzes des Arbeitnehmers im japanischen Arbeitsrecht. AuR 1997.9, Bund-Verlag
第Ⅲ章　労働者人格権保障の諸相
　「労使関係における労働者人格的利益の保護 1～2」（労判 354・5号　産業労働研究所 1981.2～3）
　「組合所属を理由とする配車差別の不法行為性ならびに損害賠償のあり方に

ついて」（労旬 1345 号　労働旬報社 1994.10）

　「労使関係における精神的人格価値の法的保護について」（労旬 1979・80 号　労働旬報社 1992.1）

　「職場における人格権確立へ大きな一歩」（季刊労働者の権利 214 号　日本労働弁護団 1996.4）

　「職場における労働者人格権の保護」（労判 688 号　産業労働研究所 1996.4）

　「個人情報保護条例にもとづく人事考課の開示義務について」（労旬 1506 号　労働旬報社 2001.6）

　「人事考課資料の開示請求」（労旬 1503 号　労働旬報社 2001.5）

　Mobbing im japanischen Arbeitsrecht, H. Menkhaus/F. Sato, Hersg., Japanischer Brückenbauer zum deutschen Rechtskreis, Festschrift für Koresuke Yamauchi zum 60. Geburtstag, Duncker & Humblot Verlag, 2006

　Mobbing im Japan, M. Wolmerath/A. Esser Hersg., Werkbuch Mobbing, Bund Verlag, 2012

第Ⅳ章　集団的労使紛争と人格権侵害

　「団結権侵害と損害賠償の法理」（季労 112 号　総合労働研究所 1979.6）

　「判例研究　労働者の名誉侵害と損害賠償」（季労 139 号　総合労働研究所 1986.4）

　「組合活動の権利」（労働法の争点　有斐閣　1979.9）

　「企業秩序と組合活動」（労働法の争点・新版　有斐閣　1990.9）

　「組合事務所の利用権限と侵害に対する救済方法 1 ～ 2」（労判 302・304 号　産業労働研究所 1978.10 ～ 11）

第Ⅴ章　終論──労働者人格権の射程

　「労働者人格権の射程」（山田省三／石井保雄編『角田邦重古稀記念・労働者人格権の研究　上巻』信山社 2011.3）

著者紹介

角田邦重（すみだ　くにしげ）

経　歴

1965 年　中央大学法学部法律学科卒業
1965 年～67 年　最高裁判所司法研修（第 19 期）
1967 年　中央大学法学部助手
1971 年　中央大学法学部助教授
1978 年～2011 年　中央大学法学部教授
　　この間、法学部長、学長
1967 年～　日本労働法学会、日本社会保障法学会会員
　　この間、日本労働法学会監事、理事、代表理事
1988 年～　日独労働法協会会員
　　この間、同協会理事、会長
2011 年～　中央大学名誉教授

主要著作
　共編著
『労働法講義 2』（西谷敏・菊池高志、有斐閣）
『新現代労働法入門』（毛利勝利・脇田滋、法律文化社）
『労働法解体新書』（山田省三、法律文化社）
『現代雇用法』（山田省三、信山社）
『内部告発と公益通報者保護法』（小西啓文、法律文化社）
その他の主要な著作は山田省三・石井保雄編・角田邦重古希記念
『労働者人格権の研究（下巻）』（信山社）の巻末に掲載

労働者人格権の法理　　　　　　中央大学学術図書（86）

2014 年 10 月 20 日　初版第 1 刷発行

著　者　角　田　邦　重
発行者　神　﨑　茂　治

郵便番号192－0393
東京都八王子市東中野742－1
発行所　中央大学出版部
電話 042(674)2351　FAX 042(674)2354
http://www.2.chuo-u.ac.jp/up/

© 2014　Kunishige Sumida　　　　　印刷・製本　㈱千秋社
　　　ISBN 978-4-8057-0729-6
　　　　本書の出版は中央大学学術図書出版助成規程による